Kohlhammer

Felicitas Held / Britta Lauenstein / Stefan van der Hoek
(Hrsg.)

Handbuch Gemeindepädagogische Praxisforschung

Verlag W. Kohlhammer

1. Auflage 2024

Alle Rechte vorbehalten
© W. Kohlhammer GmbH, Stuttgart
Gesamtherstellung: W. Kohlhammer GmbH, Stuttgart

Print:
ISBN 978-3-17-044496-6

E-Book-Format:
pdf: 978-3-17-044497-3

Für den Inhalt abgedruckter oder verlinkter Websites ist ausschließlich der jeweilige Betreiber verantwortlich. Die W. Kohlhammer GmbH hat keinen Einfluss auf die verknüpften Seiten und übernimmt hierfür keinerlei Haftung.

Dieses Werk einschließlich aller seiner Teile ist urheberrechtlich geschützt. Jede Verwendung außerhalb der engen Grenzen des Urheberrechts ist ohne Zustimmung des Verlags unzulässig und strafbar. Das gilt insbesondere für Vervielfältigungen, Übersetzungen, Mikroverfilmungen und für die Einspeicherung und Verarbeitung in elektronischen Systemen.

Geleitwort

Christian Mulia

Liebe Leserinnen und Leser,
 im Jahr 1968 trat Klaus Wegenast für eine ‚empirische Wendung in der Religionspädagogik' ein, da sich die Praxis des Religionsunterrichts aufgrund der abnehmenden Akzeptanz in der Gesellschaft in einer Krise befinde. Als Gegengewicht zu überzogenen theologischen wie pädagogischen Idealvorstellungen gelte es, die Lebenswirklichkeit der Lernenden und Lehrenden nüchtern zu erfassen. Nur so könne es gelingen, in der Glaubenskommunikation wieder sprach-, anschluss- und relevanzfähig zu werden.

Ein halbes Jahrhundert später verdichten sich die Zeichen für einen ‚empirical turn' in der Gemeindepädagogik. Das 16. Symposium des Arbeitskreises Gemeindepädagogik an der Evangelischen Hochschule Ludwigsburg 2023 setzte sich mit ‚Empirie in der Gemeindepädagogik' auseinander. In den Vorträgen und Praxiserkundungen ging es um Qualitätskriterien, Methoden und Befragungsinstrumente der empirischen Forschung sowie um den Transfer von Forschungsergebnissen in die Wissenschaft, die kirchliche Praxis, die Aus-, Fort- und Weiterbildung sowie die kirchenleitenden Gremien.

Das von Felicitas Held, Britta Lauenstein und Stefan van der Hoek konzipierte *Handbuch Gemeindepädagogische Praxisforschung* profiliert und vertieft diesen fachwissenschaftlichen Diskurs. Die drei Herausgebenden entwerfen ein zirkuläres Modell, dem zufolge Handlungsbedarfe in kirchlichen Bildungsbereichen identifiziert, entsprechende Forschungsdesigns entwickelt, die Untersuchungsergebnisse in die Praxis eingespeist und – so der nächste Zyklus – auf ihre Wirksamkeit hin evaluiert werden. Kennzeichnend für diesen Forschungsprozess sind die aktive Beteiligung der haupt- und ehrenamtlich Mitarbeitenden vor Ort (Partizipation), die Weitung des Blicks auf interdisziplinäre Kooperationen (Ganzheitlichkeit) sowie die Erschließung komplexer und spannungsreicher Praxissituationen angesichts gesellschaftlicher Um- und Abbrüche (Flexibilität).

Der letzte Punkt verbindet sich mit einem weiteren Charakteristikum des vorgelegten Forschungsansatzes: Schon Wegenast wies darauf hin, dass die empirische Forschung ‚noch keine Therapie, sondern erst Diagnose' sei, also an theoretische Einsichten und normative Entscheidungen zurückgebunden werden müsse. Die Leitperspektive der Fachleute ist eine – von der Zukunft her denkende und innovative Kräfte freisetzende – *Transformation* von Kirche. Gemeindepädagogische Praxisforschung trage dazu bei, die Auswirkungen von gegenwärtigen Mega-Trends wie die Digitalisierung und Globalisierung auf die kirchliche Praxis zu ergründen und die Tragfähigkeit von veränderten Organisationsformen kirchlichen Handelns zu evaluieren: angefangen von neuen Gemeindeformen und deren Finanzierung über eine Ausweitung der Begleitung von Lebensübergängen bis hin zur Zusammenarbeit in interprofessionellen Teams.

Die didaktische Raffinesse des Handbuchs besteht darin, dass die 28 Autorinnen und Autoren zum einen aus der eigenen Forschungspraxis heraus entwickelte quantitative bzw. qualitative Zugänge sowie Mixed Methods-Ansätze beispielhaft darstellen. Dies geschieht anschaulich, differenziert und mit hilfreichen, mitunter kommentierten Literaturtipps. Zum anderen erschließen sie hierbei ein breites Spektrum von aktuellen Herausforderungen und zukunftsrelevanten Themen für die kirchliche Bildungsarbeit. So werden unter anderem Konturen einer diversitäts-, migrations- und diskriminierungssensiblen Gemeindepädagogik sichtbar.

Gemeindepädagogische Praxisforschung, so viel wird deutlich, ist ein ambitioniertes Projekt, dass konstruktiv zum Change-Management von Kirche beizutragen vermag. Sie bedarf allerdings auch einer stärkeren Verankerung in den gemeindepädagogisch-diakonischen Ausbildungscurricula und Modulhandbüchern. Als ‚Kompetenzzentren empirischer und angewandter Forschung' (Wolfgang Ilg) sollten die evangelischen (wie katholischen) Hochschulen Reflexionsräume für eine Neuorientierung gemeindepädagogischer Praxis eröffnen.

Die Einrichtung einer Arbeitsstelle oder Professur für Gemeindepädagogische Praxisforschung würde dem Anliegen institutionellen Nachdruck verleihen. Eingedenk der Reform- und Priorisierungsprozesse, in denen die evangelischen Landeskirchen momentan stecken, würde sich eine wissenschaftliche Begleitforschung der vielerorts erprobten Neuansätze einer Kommunikation des Evangeliums empfohlen. Das vorliegende Handbuch bietet nicht nur für Studierende und Lehrende, sondern auch für Fachkräfte vor Ort vielfältige methodische wie inhaltliche Anregungen.

Das Werk bildet eine Schnittstelle zwischen wissenschaftlicher Forschung und praktischer Anwendung im Bereich der kirchlichen Bildungsarbeit, in die auch spirituelle, soziale und kulturelle Dimensionen einbezogen werden. Es leistet einen Beitrag zur Professionalisierung und Weiterentwicklung der Gemeindepädagogik als einer interdisziplinär ausgerichteten, empirisch fundierten und zugleich praxisnahen Handlungswissenschaft.

Die Beiträge inspirieren dazu, eigene Forschungsvorhaben zu entwickeln und hierdurch eine forschende Praxis in der Gemeindepädagogik zu befördern. Darum wünsche ich dem Buch eine rege Verwendung in den religions- und gemeindepädagogischen Bachelor- und Masterstudiengängen, kirchlichen Fort- und Weiterbildungsangeboten sowie Fachstellen und Diensten.

Prof. Dr. Christian Mulia, Evangelische Hochschule Darmstadt
Vorsitzender des Arbeitskreises Gemeindepädagogik e. V.

Inhaltsverzeichnis

Christian Mulia
Geleitwort des Arbeitskreises Gemeindepädagogik e. V. 5

Einleitung

Stefan van der Hoek, Britta Lauenstein & Felicitas Held
Kapitel 1: Einleitung 11

Felicitas Held
Kapitel 2: Wie finde ich mein Forschungsdesign?
Überblick über empirische Forschungsmethoden 19

Quantitative Methoden

Stefan van der Hoek
Kapitel 3: Deskriptive Statistik: Ein Brückenschlag zwischen
akademischer Theorie und gemeindepädagogischer Praxis 32

Wolfgang Ilg
Kapitel 4: Einsatz standardisierter Fragebögen am Beispiel
von Freizeiten und Konfi-Arbeit 42

Felicitas Held
Kapitel 5: Jenseitsvorstellungen von Konfirmand:innen
quantitativ erhoben und multivariat ausgewertet 57

Qualitative Methoden

Ann-Sophie Markert
Kapitel 6: Dokumentenanalyse:
Einblicke in die kirchliche Bildungsarbeit mit Ehrenamtlichen 69

Leonie Preck & Marielena Berger
Kapitel 7: Frauenbilder im Spiegel von Christfluencerinnen –
eine strukturierte Inhaltsanalyse 82

Ann-Sophie Markert
Kapitel 8: Teilnehmende Beobachtung – Begleitung einer Jugendgruppe
auf dem Kirchentag 97

Carolin Erdmann, Maraike Winkler & Hildrun Keßler
Kapitel 9: Expert:inneninterview im Bibliodrama
und in der Frauenforschung 109

Konstantin Hardi Lobert, Bente Ruge & Simon Traute
Kapitel 10: Expert:inneninterviews zur Untersuchung
von spirituellen Angeboten für Junge Erwachsene 123

Britta Lauenstein
Kapitel 11: Bibeltexte in Leichter Sprache.
Expert:inneninterviews und Qualitative Inhaltsanalyse 136

Stefan van der Hoek
Kapitel 12: Praxeologische Zugänge in der
Gemeindepädagogischen Praxisforschung mit Migrationskirchen 148

Jennifer Paulus
Kapitel 13: Christliche Mentoringbeziehungen in der Bindungsperspektive:
AAP und Dialoggespräche mit tiefenhermeneutischer Auswertung 161

Martin Steinhäuser & Tino Schlinzig
Kapitel 14: Praxisleitende Kriterien erheben.
Die Dokumentarische Methode als Mittel der systemischen Erhebung
handlungsleitender Orientierungsmuster in der
bildungsorientierten Arbeit mit Kindern in Kirchgemeinden................. 174

Mixed Methods

Sina Müller & Florian Karcher
Kapitel 15: Kreative Zugänge in der Fragebogenentwicklung
am Beispiel von Evaluationen kirchlicher Innovationsprozesse............. 192

Nina Behrendt-Raith, Marianne Anschütz & Christian Zwingmann
Kapitel 16: Quantitative und qualitative Evaluation des Projekts
„GemeindeSchwester" 209

Inhalt 9

Sina Müller & Florian Karcher
Kapitel 17: Mit Forschung Wirkung sichtbar machen – Wirkungsanalyse
am Beispiel der Jugendverbandsarbeit 224

Ausblick und Konsequenzen

Marianne Kloke, Astrid Giebel & Mareike Gerundt
Kapitel 18: Spiritual Care als vierte Dimension der Palliativversorgung
und ihre Bedeutung für die Gemeindepädagogik 239

Britta Konz & Stephanie Lerke
Kapitel 19: Ich, du, ein Wir! – Konturen einer
diskriminierungssensiblen Gemeindepädagogik 257

Stephanie Lerke, Jan Christian Pinsch & Andreas Hahn
Kapitel 20: Religiöse Sinnsuche auf Abwegen –
Konfliktträchtigen Gruppen gemeindepädagogisch entgegentreten............. 272

Britta Lauenstein
Kapitel 21: Transformation braucht
Gemeindepädagogische Praxisforschung.. 286

Verzeichnis der Autor:innen 297

Kapitel 1: Einleitung

Stefan van der Hoek, Britta Lauenstein & Felicitas Held

Das vorliegende Handbuch ist von der Überzeugung getragen, dass damit ein vielversprechender Anstoß zur Weiterentwicklung der Gemeindepädagogik und ihrer Ausrichtung als anwendungsorientierte Wissenschaft im deutschsprachigen Raum geleistet werden kann. Das Handbuch richtet sich an alle diejenigen, die sich im professionellen Handlungsfeld der kirchlichen Bildungsarbeit und gemeindepädagogischer Forschung bewegen und an einer wissenschaftlichen Reflexion dieser Disziplin sowie ihrer Fortentwicklung interessiert sind.[1]

Praxisforschung in Kirchen und Gemeinden bietet eine gewinnbringende Möglichkeit, um existierende Spannungsverhältnisse methodologisch zu reflektieren und Impulse für innovative Lösungsansätze aus ihren Praxisvollzügen heraus zu entwickeln, indem theoretische, programmatische und empirische Dimensionen reflektiert und konstruktive Angebote im Sinne einer ‚empirischen Rekonzeptionalisierung' angeboten und evaluiert werden (Steinhäuser 2004, 399). Wie Asselmeyer betont, ist es von entscheidender Bedeutung für die Gemeindepädagogik, die Zukunfts- und Zielklärungsprozesse aus der Gemeindearbeit selbst anzuregen (Asselmeyer 2006, 13). Unser Anliegen bestand deshalb von Anfang an darin, eine dringend benötigte Neuakzentuierung einer wissenschaftlichen Orientierung für die Gemeindepädagogik voranzutreiben, ohne dabei die Anwendungsorientierung aus dem für sie wichtigen Fokus zu verlieren und zugleich die prozessualen Bedingungen und Gelingensvoraussetzungen der Praxis aufzunehmen. Praxisforschung bietet somit vielversprechende Ansätze, um die gegenwärtige Praxis aus ihrem aktuellen Vollzug heraus zu verstehen, zu analysieren und zu verbessern (Stöckli 2012, 15), und konzentriert sich darauf, Probleme und Herausforderungen in spezifischen Bildungsarrangements zu erforschen sowie Vorschläge zur Verbesserung von Bildungskonzepten und -theorien

---

[1] Bildung wird in der Gemeindepädagogik ganzheitlich und umfassend verstanden. Lernen als Teil von Bildung erfolgt sowohl formal (in einer Institution, strukturiert in Form, Inhalt und Bewertung) also auch non-formal (zielgerichtet und organisiert, aber freiwillig) und informell (ungeplant und unbeabsichtigt) (Domsgen/Mulia 2019, 153). Im Blick evangelischer Bildungsarbeit ist der Mensch als Person (in Beziehung zu Gott, zur Welt und zu anderen Menschen und mit einer unveräußerlichen Würde), als handelndes Subjekt und als einzigartiges Individuum (Spenn u. a. 2008, 8). Jeder Mensch ist bildungsfähig und bildungsbedürftig zugleich (Dressler 2003, 264). Ziel evangelischen Bildungshandelns ist die Ermöglichung gelingenden Lebens und die Befähigung zu Orientierung, Analyse und Gestaltung des Lebens in der Welt. Die christliche Tradition wird dabei als sinnstiftender Deutungshorizont angeboten (Spenn u. a. 2008, 8f).

in und aus ihren jeweiligen Settings heraus anzubieten. Wir verstehen Gemeindepädagogische Praxisforschung als eine notwendige Antwort auf die aktuellen gesellschaftlichen Veränderungen, die sowohl Kirchen als auch Gemeinden vor neue Herausforderungen stellen.

Wir sind uns als Herausgebende dieses Handbuchs bewusst, dass es nicht möglich sein wird, einen umfassenden Rundumblick sämtlicher empirischer Zugänge in den jeweiligen Sozialräumen und seinen bildungswissenschaftlichen Potenzialen zu ermöglichen. Stattdessen konzentrieren wir uns auf ausgewählte Bereiche, die bereits erprobt wurden, und wollen durch eine bunte Vielfalt aufzeigen, wie sich Konzepte der Praxisforschung in der Gemeindepädagogik anwenden lassen. Unser Ziel ist es damit, die Erkenntnisse und Reflexionen aus der gemeindepädagogischen Praxis in ein methodologisch fundiertes **zirkuläres Modell Gemeindepädagogischer Praxisforschung** zu überführen, das auf den Grundpfeilern der **Ganzheitlichkeit,** der **Flexibilität** und der **Partizipation** aufbaut. Damit leistet das Modell einen Beitrag zur Weiterentwicklung und Qualitätssteigerung der Bildungsarbeit in Kirche und Gemeinde sowie ihrer wissenschaftlichen Theoriebildung.

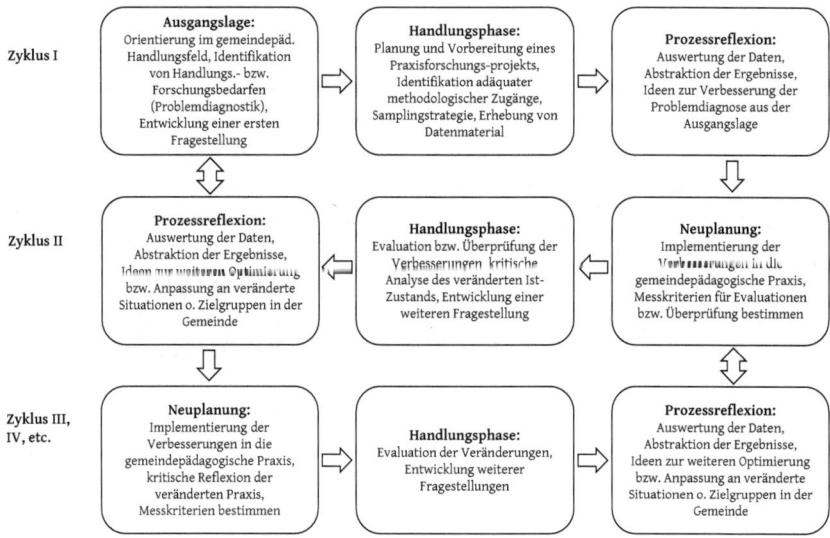

Abbildung 1: Modell einer Gemeindepädagogischen Praxisforschung (Darstellung nach Stefan van der Hoek).

Zirkularer Prozess. Praxisforschende finden sich im Laufe ihrer Forschungsvorhaben in einem iterativen (d. h. einem sich schrittweise annähernden) Prozess wieder, der sich rekursiv um Forschungsfragen, -methoden und -ergebnisse dreht, die in diesem Handbuch exemplarisch zusammengetragen werden. Auf der Grundlage von Forschungsergebnissen werden Maßnahmen aus der Forschung umgesetzt, verglichen, reflektiert und erneut angepasst, um kontinuierliche Verbesserungen der Praxis und wissenschaftlichen Zugänge zu erzielen (Altrichter/Posch/Spann 2018, 15f). Damit versucht Praxisforschung eine Brücke zwischen Bildungstheorien und der Praxis in Gemeinden herzustellen. Sie fördert die Anwendung theoretischer Erkenntnisse auf praktische Bildungssituationen und trägt damit auch zur Theorieentwicklung einer praxisorientierten Gemeindepädagogik bei.

Partizipation. Im Raum kirchlicher Bildungsarbeit fördert Praxisforschung die aktive Beteiligung interprofessioneller Teams und verschiedener Statusgruppen am Forschungsprozess und ist anschlussfähig für die aktuellen Entwicklungen der Fachdisziplin. Dadurch können neben den Gemeindepädagog:innen sowohl Erzieher:innen, Pfarrer:innen und andere Angestellte als auch ehrenamtliche Personen und Angehörige der Zielgruppen von der Identifizierung von Forschungsfragen bis zur Umsetzung von Ergebnissen profitieren und partizipativ eingebunden werden. Dadurch wird Praxisforschung keineswegs zu einem konfliktärmeren Unterfangen, sondern schafft und verstärkt bisweilen widersprüchliche Anforderungen und Erwartungen zwischen den beteiligten Akteur:innen bei dem Ringen um gemeinsame Wahrheiten und Zielvorstellungen. Praxisforschung fördert den Dialog und die Kontaktpunkte zwischen Forschenden und Praktiker:innen sowie Lehrenden und Lernenden in Gemeinde und Hochschule. Partizipative Forschung ist damit an die Ansprüche früherer Generationen von Gemeindepädagog:innen anschlussfähig (Foitzik 1992, 399).

Gemeindepädagogische Praxis und Forschung ist auf die Gemeinschaft der Gläubigen (*koinonia*) angewiesen und insofern lassen sich Forschungsparadigmen und ekklesiologische Ansätze, die auf einen partizipativen Austausch abzielen, nicht voneinander trennen, sondern sollten unserer Ansicht nach zukünftig stärker zusammengedacht werden.

Ganzheitlichkeit. Die Beitragenden dieses Handbuches berücksichtigen die spezifischen Kontexte und Settings des kirchlichen Raums und erweitern damit die Diskussion um Praxisforschung. Die Praxis kirchlicher Bildungsarbeit im Sozialraum Kirche sollte jedoch mehr als nur die eines sozialen Laboratoriums betrachtet werden. Hierbei ist nicht nur die Praxis innerhalb der eigenen vier Wände der Kirchengemeinde von Interesse, sondern auch der gesamte Sozialraum um und außerhalb des Gemeindegebäudes von Relevanz. Angesichts aktueller gesellschaftlicher und kirchlicher Herausforderungen erfordert die kirchliche Bildungsarbeit verstärkt interdisziplinäre Kooperationen und Interventionen mit lokalen Einrichtungen im Quartier und in Stadtteilen. Interdisziplinäre Forschung kann so zur ganzheitlichen Sichtweise auf das gemeindepädagogische Praxisfeld beitragen.

Flexibilität. In der Praxis unterliegt die Forschung in der Gemeindepädagogik einem prozessualen Wandel und ist von Interessen geleitet, die in einer konkreten gesellschaftlichen Situation stattfinden und die kirchliche Bildungsarbeit ganz unmittelbar und auf unterschiedlichen Ebenen betreffen (Schröder 2021,

124). Um den sich wandelnden Anforderungen im Spannungsfeld von Kirche und Wissenschaft (Steinhäuser 2004, 400) gerecht zu werden und um eine evidenzbasierte Ausrichtung kirchlicher Bildungsarbeit weiterzuentwickeln, sind empirische Methoden der Praxisforschung unerlässliche Werkzeuge. In diesem Zusammenhang ist es entscheidend, dass Forschende im Raum Kirche lernen, unterschiedliche Bedingungen und Veränderungen gleichzeitig aufzunehmen, zu analysieren und pragmatische Antworten auf komplexe Fragestellungen zu finden (Platow 2020, 79f).

Zusammenfassend ist zu sehen, dass Gemeindepädagogische Praxisforschung eine essentielle Rolle spielt, um den sich verändernden Anforderungen in Kirchen und Gemeinden gerecht zu werden und diese erfolgreich weiterzuentwickeln. Sie verbindet Theorie und Praxis auf innovative Weise und trägt dazu bei, die Kirchenarbeit in der heutigen Zeit zeitgemäß auszurichten. Ihr Hauptziel besteht darin, Bildungspraktiken zu verbessern, Pädagog:innen, Bildungsmanager:innen und -profis sowie weitere Fachkräfte im gemeindepädagogischen Handlungsfeld dazu zu emanzipieren, ihre eigenen Praktiken und Ansätze bzw. die der eigenen kirchlichen Einrichtungen zu hinterfragen, zu verstehen und gezielte Veränderungen zu bewirken. Das Sichtbar-Machen von bestimmten Wirkungen, sei es durch Beobachtungen, statistische Analysen, Interviews etc. gehört daher in den Instrumentenkoffer einer Praxisforschung immanent dazu (Moser 2022).

Diese Ziele haben Auswirkungen auf gemeindepädagogische Aus- und Weiterbildung. Die Gemeindepädagog:innen der Zukunft stehen der voraussetzungsreichen Anforderung gegenüber, empirische Allrounder zu sein, die Methoden der Evaluations- und Prozessforschung, Inhalts- und Diskursanalysen, aber auch quantitative Statistiken aus- und bewerten zu lernen haben. Diese Kompetenzen in Kirchen und Einrichtungen in kirchlicher Trägerschaft einzusetzen ist wichtig, um die sich ständig wandelnden Herausforderungen der modernen Gesellschaft erfolgreich anzugehen und die Kirchenarbeit zukunftsfähig zu gestalten.

Das vorliegende Handbuch möchte den Lesenden damit eine *empirical literacy* vermitteln, die sich auf die Kompetenz bezieht, empirische Forschung und wissenschaftliche Methoden zu verstehen, anzuwenden und kritisch bewerten zu können.

Im Kapitel 2 gibt Felicitas Held einen Überblick über empirische Forschungsmethoden. Wer sich grundlegend informieren möchte, findet hier eine Orientierung über Erhebungs- und Auswertungsmethoden quantitativer und qualitativer Forschung und die Verbindung mehrerer Methoden als sog. Mixed Methods. Einige Ausführungen zu Vorüberlegungen, Durchführung und Nachbereitung eigener Forschungsprojekte runden den Beitrag ab.

Die weiteren Kapitel des Buches sind nach ihrer Zuordnung zu qualitativer oder quantitatver Forschung bzw. zu Mixed Methods angeordnet. Im ersten Teil zu *Quantitativen Methoden* untersucht Stefan van der Hoek anhand einer *Deskriptiven Statistik* die Perspektive von Gemeindepädagogikstudierenden auf Forschung und Promotion. Dazu wurden Studierende aus ganz Deutschland mittels *standardisierter Online-Fragebögen* befragt, die mit mittels einer *Häufigkeitsanalyse* ausgewertet wurden (Kapitel 3).

Im vierten Kapitel zeigt Wolfgang Ilg den Einsatz *Standardisierter Fragebögen* am Beispiel von Freizeiten und Konfi-Arbeit auf und wie damit die entsprechenden Arbeitsbereiche evaluiert werden können.

Im fünften Kapitel stellt Felicitas Held die Methoden der *Faktoranalyse* und der *Korrelation* im zweidimensionalen Feld am Beispiel von Jenseitsvorstellungen von Konfirmand:innen vor.

Im Teil zu *Qualitativen Methoden* finden sich neun Kapitel, die aktuelle Themen der Gemeindepädagogik mit unterschiedlichen qualitativen Erhebungs- und Auswertungsmethoden untersuchen und reflektieren.

Im Kapitel von Ann-Sophie Markert (Kapitel 6) geht es um die Methode der *Dokumentenanalyse*, mit der bestehendes Material analysiert und ausgewertet werden kann. Markert gibt eine Einführung in Definition, Bedeutung und Nutzen sowie methodologische Grundlagen und konkretisiert dies anhand einer exemplarischen Untersuchung von Materialien zur (Aus-)Bildung von Ehrenamtlichen.

Die Methode der *Dokumentenanalyse* wenden auch Leonie Preck und Annalena Berger in ihrem Beitrag an (Kapitel 7). Sie stellen in ihrem Kapitel eine qualitative Untersuchung medial vermittelter Rollenbilder vor, indem sie die Frauenbilder von Christfluencerinnen auf Instagram untersuchen. Dazu wurden die Captions und Hashtags der Posts von vier Christfluencerinnen als Datengrundlage untersucht und mit der *Qualitativen Inhaltsanalyse nach Kuckartz* ausgewertet.

Sind die Forschenden selbst Teil der zu beforschenden Gruppe, bietet sich die Methode der *Teilnehmenden Beobachtung* an. Diese Erhebungsmethode beschreibt Ann-Sophie Markert in ihrem Kapitel über das Teilnahmeverhalten einer Jugendgruppe auf dem Deutschen Evangelischen Kirchentag in Nürnberg 2023 (Kapitel 8).

Eine weitere qualitative Methode stellen *Expert:inneninterviews* dar, die in den folgenden drei Kapiteln in verschiedenen Ausprägungen und mit verschiedenen Auswertungsmethoden beschrieben werden. Zunächst befassen sich Carolin Erdmann, Maraike Winkler und Hildrun Keßler in Kapitel 9 mit *narrativen Expert:inneninterviews*, zum einen zum Thema Körperwahrnehmung im Bibliolog und zum anderen im Bereich der Frauenforschung zum Thema Professionstheorie. Die Auswertung der Untersuchung zur Körperwahrnehmung im Bibliolog erfolgt mit Hilfe der *Dokumentarischen Methode*, die Auswertung im Bereich der Frauenforschung über eine *SWOT-Analyse* und der *Qualitativen Inhaltsanalyse nach Mayring*.

Auch das Themenfeld Junge Erwachsene lässt sich mit Hilfe von *Expert:inneninterviews* erforschen. Dies präsentieren Konstantin Hardi Lobert, Bente Ruge & Simon Traute in Kapitel 10, in dem es um spirituelle Angebote für Junge Erwachsene geht. Lobert, Ruge & Traute haben fünf *leitfadengestützte Expert:inneninterviews* durchgeführt und mit der *Qualitativen Inhaltsanalyse nach Kuckartz* ausgewertet.

Die Variante der *Expert:inneninterviews mit schriftlichen Fragebögen* stellt Britta Lauenstein in ihrem Beitrag am Beispiel von Bibeltexten in Leichter Sprache und den damit verbunden Übersetzungsherausforderungen dar. Lauenstein wählt für die Auswertung die *Qualitative Inhaltsanalyse nach Mayring* und fokussiert dabei die Ebenen der *Zusammenfassung* und der *Explikation* (Kapitel 11).

Die folgenden drei Kapitel zeigen komplexe Zugänge qualitativer Forschung.

Stefan van der Hoek beschreibt in Kapitel 12 *Praxeologische Zugänge* zu Migrationskirchen als Möglichkeit einer gemeinwesenorientierten Gemeindepädagogik und verbindet damit qualitative Methoden der *Teilnehmenden Beobachtung* und *Narrativen Interviews* miteinander, um sich die Praxen der Gemeinden zu erschließen

Anschließend beschreibt Jennifer Paulus in Kapitel 13 die Möglichkeiten der Anwendung von *AAP und Dialoggespräch mit tiefenhermeneutischer Auswertung* am Beispiel von christlichen Mentoringbeziehungen.

Kapitel 14 von Martin Steinhäuser erläutert die *Dokumentarische Methode nach Bohnsack/Nohl* zur Erhebung handlungsleitender Orientierungsmuster in der bildungsorientierten Arbeit mit Kindern in Kirchgemeinden.

Der Teil zu *Mixed Methods* bietet mit drei Beiträgen einen Ausschnitt der Kombinationsmöglichkeiten verschiedener Forschungsmethoden. In den beiden ersten Beiträgen geht es dabei um das Thema Evaluation, im dritten um Wirkungsanalyse.

Sina Müller & Florian Karcher legen in ihrem Beitrag den Schwerpunkt auf die (kreative) *Entwicklung von Fragebögen* am Beispiel der Evaluation kirchlicher Innovationsprozesse (Kapitel 15).

Nina Behrendt-Raith, Marianne Anschütz & Christian Zwingmann beschreiben die Evaluation des Projekts „GemeindeSchwester" des Diakoniewerks Ruhr als *Qualitativ-vertiefendes Design*, bei dem auf eine quantitative schriftliche Befragung mit Fragebögen *Leitfadengestützte Gruppen- und Einzelinterviews* folgen. Die Auswertung erfolgt mit Hilfe der *Qualitativen Inhaltsanalyse nach Kuckartz* (Kapitel 16).

Um *Wirkungsanalyse* am Beispiel der Jugendverbandsarbeit geht es im letzten Kapitel dieses Teils von Sina Müller & Florian Karcher. Am Beispiel der *Evaluation* eines Unterstützungsprojektes für Geflüchtete wird die Methodik der *Wirkungsanalyse nach Phineo* vorgestellt, welche Wirkung in einem Stufenmodell darstellt (Kapitel 17).

Der abschließende Teil bietet mit seinen Kapiteln einen Ausblick auf zukünftige Themen und Forschungsdesiderate der Gemeindepädagogik. Dabei geht es im Beitrag von Marianne Kloke, Astrid Giebel & Mareike Gerundt um *Spiritual Care als Dimension der Gemeindepädagogik* (Kapitel 18). Die Autorinnen begründen mit Daten einer groß angelegten Studie die Notwendigkeit der Weiterbildung im Bereich Spiritual Care und sehen hier ein großes offenes Forschungs- und Handlungsfeld für die Gemeindepädagogik. Anhand von sechs konkreten Projekten zeigen sie denkbare Forschungsthemen auf.

Auch das Thema Diskriminierungssensibilität ist ein zukünftiges Thema der Gemeindepädagogik. Britta Konz & Stephanie Lerke zeichnen in ihrem Beitrag „Ich, du, ein Wir!" Konturen einer *Diskriminierungssensiblen Gemeindepädagogik* auf und formulieren dazu offene Forschungsfragen (Kapitel 19).

Im Zeitalter der religiösen Pluralisierung werden auch sog. *Konflikträchtige Gruppen* immer mehr zum Thema der gemeindepädagogischen Praxis und Forschung. Dass die Forschung große Desiderate aufweist, zeigen Stephanie Lerke, Jan Christian Pinsch & Andreas Hahn in ihrem Beitrag „Religiöse Sinnsuche auf Abwegen" auf eindrückliche Weise. Hier gibt es zahlreiche Anknüpfungspunkte für zukünftige Forschung (Kapitel 20).

Abschließend präsentiert Britta Lauenstein in Kapitel 21 weitere Forschungsdesiderate Gemeindepädagogischer Praxisforschung, die in einer Online-Konferenz mit Autor:innen dieses Buches im Dezember 2023 zusammengetragen wurden. Hier liegt der Schwerpunkt auf dem Begriff der *Transformation*. Kirche wird sich verändern (müssen) und der Gemeindepädagogik kommt dabei in Forschung und Praxis eine entscheidende Rolle zu.

Dieses Buch will alle, die es lesen, ermutigen, dazu auch in kleinerem Rahmen einen (Forschungs-)Beitrag zu leisten.

Literatur

ALTRICHTER, HERBERT/POSCH, PETER/SPANN, HARALD (2018), Lehrerinnen und Lehrer erforschen ihren Unterricht, 5. Auflage Bad Heilbrunn.

ASSELMEYER, HERBERT (2006), Scheitern kirchlicher Projekte: Analysen, Herausforderungen, Perspektiven – Kirche zwischen Tradition und Lerntheorie, in: Aus Fehlern lernen? Scheiternde Projekte in einer lernenden Kirche, Frankfurt am Main.

DOMSGEN, MICHAEL/MULIA, CHRISTIAN (2019), Bildung, Erziehung und Sozialisation im Lebenslauf. Generationenverbindendes und lebenslanges Lernen als gemeindepädagogische Herausforderung in: BUBMANN, PETER/KEßLER, HILDRUN/MULIA, CHRISTIAN/OESSELMANN, DIRK/PIROTH, NICOLE/STEINHÄUSER, MARTIN (Hg.) (2019), Gemeindepädagogik, 2. Aufl. Boston/Berlin, 149–173

DRESSLER, BERNHARD (2003), Menschen bilden? Theologische Einsprüche gegen pädagogische Menschenbilder, in: Evangelische Theologie, 63, 261–271.

EKD (2023), Wie hältst du's mit der Kirche? - Zur Bedeutung der Kirche in der Gesellschaft – Erste Ergebnisse der KMU 6, Leipzig.
HASPEL, MICHAEL/KEßLER, HILDRUN/LAND, DOROTHEE/SPENN, MATTHIAS (2008), Lernwelten und Bildungsorte der Gemeindepädagogik. Bedingungen, Bezüge und Perspektiven, Münster.
ILG, WOLFGANG (2024), Von der Praxis in den Elfenbeinturm und zurück. Der Beitrag empirischer Studien für die Gemeindepädagogik, IN: BÖHME, THOMAS/BELL, DESMOND/FERMOR, GOTTHARD/FISCHER, RALF/HELD, FELICITAS/ILG, WOLFGANG/MULIA, CHRISTIAN/VAN DER HOEK, STEFAN (Hg.) (2024), Empirie in der Gemeindepädagogik. Forschen – Interpretieren – Kommunizieren (Religions- und Gemeindepädagogische Perspektiven Band 3), MÜNSTER, 25–42.
MOSER, HEINZ (2022), Instrumentenkoffer für die Praxisforschung. Eine Einführung für Studium und Praxis, Freiburg im Breisgau.
MOSER, HEINZ (2018), Praxisforschung - Eine Forschungskonzeption mit Zukunft, in: KNAUS, THOMAS (Hg.), Forschungswerkstatt Medienpädagogik. Projekt – Theorie – Methode, München, 449–478.
PLATOW, BIRTE (2020), Religionspädagogik (Kompendien Praktische Theologie 4), Stuttgart.
SCHRÖDER, BERND (2021), Religionspädagogik (Neue Theologische Grundrisse), 2. Auflage Tübingen.
STEINHÄUSER, MARTIN (2004), Welche Forschung braucht die Gemeindepädagogik?, in: ELSENBAST, VOLKER/PITHAN, ANNEBELLE/SCHREINER, PETER/SCHWEITZER, FRIEDRICH (Hg.), Wissen klären – Bildung stärken. 50 Jahre Comenius-Institut, Münster, 398–403.
STÖCKLI, THOMAS (2012), Pädagogische Entwicklung durch Praxisforschung. Ein Handbuch, Solothurn.

Kapitel 2: Wie finde ich mein Forschungsdesign? Überblick über empirische Forschungsmethoden

Felicitas Held

1. Einleitung

Zu Beginn eines Forschungsprojektes stellt sich meist die grundlegende Frage nach dem passenden Forschungsdesign. Dieser Schritt ist in der Praxis häufig von Zufälligkeiten bestimmt: Man belegt zufällig, da es zeitlich passend ist, dieses Forschungsseminar, der Schwerpunkt ist die quantitative Forschung und die Dozentin ist sympathisch – also wird für die eigene Forschungsarbeit die quantitative Forschungsmethodik gewählt. Oder: Der Auftraggeber hat schon ein bestimmtes Forschungsdesign im Kopf und möchte genau dafür Geld ausgeben. Um das Forschungsdesign nicht allein von diesen Zufälligkeiten steuern zu lassen, sondern eine theoriegeleitete Entscheidung treffen zu können, ist es sinnvoll, sich zunächst einen groben Überblick über die unterschiedlichen Forschungsmethoden zu verschaffen.

Im gemeindepädagogischen Kontext sind sowohl quantitative und qualitative Forschungsmethoden als auch Mixed Methods-Designs anzutreffen. Wichmann (2019) macht auf die unterschiedlichen Denkweisen, Zielsetzungen und Arbeitsprozesse quantitativer und qualitativer Forschung aufmerksam. Von daher werden zunächst diese sog. methodologischen Grundannahmen der beiden empirischen Forschungslinien sowie die Untersuchungsmethoden in Kürze dargestellt. Im Anschluss daran wird Schritt für Schritt durch Vorüberlegungen, Durchführung und Nachbereitung einer Forschungsarbeit geführt.

So gewinnen Sie einen ersten Überblick über verschiedene Forschungslinien und den Forschungsverlauf. Dadurch soll Ihnen die Entscheidung für das eigene Forschungsdesign erleichtert werden. Vertiefende und weiterführende Literaturarbeit ist unerlässlich und deshalb am Ende des Beitrags aufgeführt.

2. Quantitative Forschung

In Hochrechnungen der Wahlergebnisse, Darstellung der Arbeitslosenquote oder Statistiken zu Gesundheitsfragen werden in Nachrichtensendungen quantitative Forschungsergebnisse nahezu täglich präsentiert. Die Hintergründe der

Datenerhebung und -auswertung hingegen werden meist nicht oder in äußerster Kurzfassung aufgezeigt. In diesem Abschnitt wird kurz auf methodologische Grundannahmen und den Forschungsverlauf quantitativer Forschung eingegangen.

Wichmann fasst verschiedene Ansätze zusammen, die „Positivismus als Grundlage der quantitativen Ansätze" (2019, 7) benennen. Der Positivismus geht davon aus, dass es eine objektive Wirklichkeit unabhängig vom menschlichen Bewusstsein gebe, die sich entdecken, beschreiben und greifen lasse. Menschliches Verhalten sei durch bestimmte Gesetzmäßigkeiten gesteuert und lasse sich in isolierten Ursache-Wirkung-Zusammenhängen darstellen. Von daher werden in quantitativen Forschungsdesigns naturwissenschaftliche Methoden und Prinzipien angewendet, wie beispielsweise Häufigkeit und Verteilung, Objektivität, Isolierung von Ursache-Wirkung-Relationen und allgemeingültige Gesetzmäßigkeiten (Wichmann 2019, 7f).

Der Forschungsprozess verläuft in der quantitativen Forschung linear. Ausgehend von einem wahrgenommenen Problem werden das Forschungsziel und die Forschungsfrage auf Grundlage des aktuellen Forschungsstandes geklärt. Darauf aufbauend können empirisch prüfbare Hypothesen formuliert werden. Passende Erhebungs- und Auswertungsverfahren (siehe unten) werden gewählt. Die Befunde werden im Anschluss entsprechend interpretiert und diskutiert (Blanz 2021, 16f; Riegel/Unser 2022, 15–18).

2.1 Erhebungsmethoden

Das zu bearbeitende Material gemeindepädagogischer quantitativer Forschung besteht in der Regel aus Daten. Weiteres Material quantitativer Forschung wäre beispielsweise Material aus Experimenten. Es gibt generell zwei Möglichkeiten der Materialarbeit: die Arbeit an vorhandenem Material und die Erhebung eigenen Materials.

a) Arbeit mit vorhandenem Material

Es ist für eine Forschungsarbeit keineswegs zwingend notwendig, neues Material oder neue Daten zu produzieren. Überlegen Sie zunächst, ob schon Daten vorhanden sind. In sog. Forschungsdatenrepositorien werden Forschungsdaten digital gespeichert und veröffentlicht. Für die Gemeindepädagogik hat sich noch kein übliches Repositorium etabliert, von daher ist es ratsam, mit Hilfe einer Repositorium-Suchmaschine (z. B. re3data.org) Forschungsdaten zu suchen. Wenn Sie dort nicht fündig werden, dann scheuen Sie sich nicht, Personen oder Institutionen direkt nach Forschungsdaten zu fragen (z. B. das Sozialwissenschaftliche Institut der EKD). Sie könnten auch Ihre:n Betreuer:in um Hilfe bitten. Die Fachcommunity der empirisch Forschenden in Gemeinde-, Religionspädagogik und Praktischer Theologie ist klein und die Forschenden verfügen meist über persönliche Kontakte zueinander.

b) Erhebung eigenen Materials
Wenn eigene Daten erhoben werden, dann gilt es mit Blick auf die Forschungsfrage genau zu überdenken, welche Daten sinnvoll sind. In der quantitativen Forschung wird meist mit Hilfe von Fragebögen gearbeitet. Die Fragen (Items genannt) werden in Frageblöcken gruppiert. Die Items können entweder selbst formuliert oder es kann auf geprüfte Skalen zurückgegriffen werden (siehe dazu die Beiträge in diesem Handbuch von Kloke u. a.; Behrendt-Raith u. a. und Ilg). Kreative Methoden, um Items zu formulieren und Frageblöcke zu entwickeln, finden sind im Beitrag von Müller & Karcher dargestellt.

2.2 Auswertungsmethoden

Die gewählte Auswertungsmethode sollte immer im Einklang mit dem Forschungsdesign und der Forschungsfrage stehen. Ist es beispielsweise das Ziel, die zeitlichen Veränderungen innerhalb einer festen Gruppe zu untersuchen, dann sind andere Auswertungsmethoden anzuwenden, als wenn beispielsweise zwei Gruppen miteinander verglichen werden sollen. Generell gibt es zwei verschiedene Auswertungsarten: univariate (d. h. Betrachtung einzelner Merkmale) und multivariate (d. h. Betrachtung der Zusammenhänge mehrerer Merkmale) statistische Methoden.

a) Univariate statistische Methoden
Die beschreibende oder *deskriptive Statistik* verfolgt das Ziel, die erhobenen Daten „zusammenzufassen, zu ordnen und übersichtlich darzustellen" (Blanz 2021, 113). So lässt sich für jede nominalskalierte Variable die Verteilung in Prozent (d. h. bezogen auf alle Befragten) und gültigen Prozent (d. h. bezogen auf diejenigen, die die Frage beantwortet haben) angeben. Zusätzlich lässt sich das arithmetische Mittel in Form des Mittelwertes (M) und das Streuungsmaß durch die Standardabweichung (SD) berechnen. Wichtig ist auch anzugeben, wie viele Personen die Frage beantwortet haben, dies wird als gültige Antworten (N) bezeichnet (Blanz 2021, 114–128). Die gewonnenen Daten werden grafisch aufbereitet, zum Beispiel in Balken- oder Kreisdiagrammen. Im internen Vergleich oder Vergleich mit anderen (quantitativen) Forschungsdaten können die Daten dann beschrieben und diskutiert werden.

Mit Excel lassen sich Häufigkeiten, Standardabweichung und Mittelwert berechnen und grafisch gut darstellen. Dafür müssen die Daten entweder händisch in eine Excel-Tabelle eingetragen oder (bei einem Onlinefragebogen) die Daten nach Excel exportiert werden. Wenn ein Onlinefragebogen verwendet wird, dann ist es ratsam, sich im Vorhinein über die Exportmöglichkeiten der Daten zu erkundigen. Im Beitrag von van der Hoek in diesem Handbuch sehen Sie beispielhaft, wie Daten aus einer Studierendenbefragung deskriptiv ausgewertet werden.

Quantitative Daten können auf vielfältige weitere Arten ausgewertet werden. Die *Inferenzstatistik* (schlussfolgernde Statistik) strebt „Aussagen über eine Population (Grundgesamtheit) an, die über die Stichprobe hinausgehen" und zielt auf „eine Überprüfung zuvor formulierter Hypothesen (Aussagen, Annahmen) auf der Grundlage von Wahrscheinlichkeitsaussagen (z. B. Signifikanztest)" ab (Blanz 2021, 113).

Sollen mögliche Veränderungen innerhalb einer festen Gruppe zu mehreren Befragungszeiträumen überprüft werden, dann werden Verfahren zur Prüfung von Unterschieds- und Veränderungshypothesen angewendet, wie beispielsweise der *t-Test* oder *Chi^2-Test* (Blanz 2021, 195–235). Im gemeindepädagogischen Forschungskontext sei hier auf die Konfirmandenstudien hingewiesen, in welcher die Teilnehmenden zu mehreren Zeitpunkten befragt wurden. So lassen sich beispielsweise Einstellungen zum Glauben zu Beginn (Befragungszeitpunkt: t1) und zum Ende der Konfi-Zeit (Befragungszeitpunkt: t2) miteinander in Vergleich setzen (Simojoki u. a. 2024).

b) Multivariate statistische Methoden

Mit *Korrelationsanalysen* lassen sich Zusammenhänge zwischen zwei Variablen (bivariate Zusammenhänge) darstellen (siehe dazu den Beitrag von Müller & Karcher in diesem Handbuch), mit *Regressionsanalysen* Zusammenhänge von mehr als zwei Variablen (multivariate Zusammenhänge) (Blanz 2021, 164).

Es gibt noch weitere Verfahren, bei denen mehrere Variablen in der Analyse mit einbezogen werden. Die *Faktoranalyse* (siehe dazu den Beitrag von Held in diesem Handbuch) hat den Zweck, Variablen auf der Grundlage inhaltlicher Gemeinsamkeiten in sog. Faktoren zu bündeln. Mit diesen Faktoren können dann beispielsweise weitere Berechnungen, z. B. Korrelationen, erfolgen (Bühl 2018, 173). Eine *Clusteranalyse* bietet sich an, wenn mehrere Fälle zu sog. Clustern gebündelt werden sollen, beispielsweise um Typen zu bilden (Unser/Riegel 2018, 110–119).

Einen guten Überblick über diese und weitere statistische Methoden bietet die Website der Methodenberatung der Universität Zürich: https://www.methodenberatung.uzh.ch/de/datenanalyse_spss.html.

Für diese komplexeren Auswertungsmethoden wird standardmäßig mit dem Statistikprogramm SPSS (Statistical Package für Social Sciences von IBM) gearbeitet. Eine Lizenz ist teuer, von daher empfiehlt es sich, wenn vorhanden, die Lizenz der eigenen Hochschule zu nutzen oder eine studentische Lizenz für einen vergleichbar günstigen Preis zu erwerben.

3. Qualitative Forschung

Unter dem Begriff *Qualitative Forschung* werden ganz unterschiedliche Forschungsansätze gesammelt. Eine Sortierung dieser Ansätze ist weder einfach noch einheitlich. Krüger (2013, 59-63) ordnet die verschiedenen Ansätze in vier Gruppen: deskriptive Konzepte, ethnomethodologische Konzepte, strukturalistische Konzepte und postmoderne Konzepte. *Deskriptive Konzepte* versuchen „die soziale Realität und die Weltsichten der in ihr Handelnden so zu verstehen, wie sie sind" (Krüger 2013, 58). Beispiele hierfür sind *Ethnographische Forschung* und darauf gegründete Forschungskonzepte (siehe van der Hoek in diesem Handbuch) sowie einige Beispiele aus der *Biographieforschung*. *Ethnomethodologische Konzepte* (z. B. Konversationsanalyse und narrative Ansätze) haben ein besonderes Augenmerk auf die Sinnkonstruktion und -aufrechterhaltung in sozialen Situationen. *Strukturalistische Konzepte* gehen davon aus, dass es eine für die Subjekte zugängliche Wirklichkeitsebene gibt und eine darunterliegende handlungsleitende Tiefenstruktur. Beispiele für diese Konzepte sind: *Psychoanalytische Tiefenhermeneutik* (siehe Paulus in diesem Handbuch), *Objektive Hermeneutik*, strukturalistisch orientierte *Ethnologie* und *Diskursanalyse*. Forschung mit *Postmodernem Ansatz*, z. B. *Reflexive Ethnographie*, „zielt darauf ab, den Aspekten der Konstruiertheit, der Perspektivität und Mehrdeutigkeit sowie der Komplexität sozialer Wirklichkeit Rechnung zu tragen" (Krüger 2013, 60).

Flick (2021, 81-105) fasst methodologische Grundlinien qualitativer Forschungsansätze mit den Begriffen Interpretativismus und Konstruktivismus zusammen. Der Mensch wird als derjenige angesehen, der seine Umwelt aktiv gestalte, äußere Reize werden individuell verarbeitet. Es gebe keine objektive Wirklichkeit außerhalb menschlichen Bewusstseins, vielmehr konstruieren alle Menschen (d. h. auch Forschungspartner:innen und forschende Personen) ihre eigene Wirklichkeit. Diese Grundannahme spiegelt sich im Forschungsdesign wider, welches darauf angelegt ist, die individuellen Wirklichkeitskonstruktionen in ihren Kontexten zu verstehen. (Selbst-)Reflexion der forschenden Person gilt deshalb ebenfalls als ein Leitprinzip qualitativer Forschung.

Der Arbeitsprozess qualitativer Forschung beginnt, genau wie in der quantitativen Forschung, mit der Beobachtung eines Phänomens und dem Wunsch, dieses näher zu ergründen (Przyborski/Wohlrab-Sahr 2022, 125). Ein passendes Forschungsdesign wird im Trialog von Forschungsfrage, Erhebungsmethodik und Auswertungsmethodik entwickelt. Verschiedene Kombinationsmöglichkeiten von Erhebungs- und Auswertungsverfahren haben Auswirkungen auf die Forschungsfrage (Przyborski/Wohlrab-Sahr 2022, 11-14). Von daher bietet es sich an, mit den Kombinationen theoretisch zu experimentieren, bis das zur Forschungsfrage passende Forschungsdesign gefunden wird. Anschließend verläuft der Forschungsprozess meist zirkulär, da Literaturarbeit, Datenerhebung und Datenauswertung häufig eng miteinander verzahnt werden. So ist es möglich, dass neue empirische und theoretische Erkenntnisse in die Erhebung mit einfließen und somit auch auf Fragestellung und Datenerhebung einwirken (Wichmann 2019, 47).

3.1 Erhebungsmethoden

Krüger (2023, 62–63) unterscheidet zwischen drei Gruppen der Datensammlung und -erhebung: nichtreaktive Verfahren, materialerzeugende Beobachtungsverfahren und Befragungstechniken.

Zur ersten Gruppe der nichtreaktiven Verfahren zählen diejenigen Methoden, bei denen die forschende Person mit dem Material arbeitet, welches sie vorfindet. Ein Beispiel dafür ist die Arbeit mit Dokumenten. Ann-Sophie Markert gibt in ihrem Beitrag einen Überblick über verschiedene Arten von Dokumenten (zur Arbeit mit Instagram siehe Preck & Berger in diesem Handbuch).

Materialerzeugende Beobachtungsverfahren, die zweite Gruppe, beschreiben diejenigen Verfahren, bei denen die forschende Person in ihrem Beobachtungsverlauf selbst Material erzeugt. Van der Hoek (in diesem Handbuch) illustriert anschaulich, wie er im Rahmen des *Praxeologischen Zugangs* Material während der Beobachtung von Gottesdiensten von Migrationskirchen erzeugte (zur *Teilnehmenden Beobachtung* siehe auch Markert in diesem Handbuch).

Die dritte Gruppe umfasst verschiedene Befragungstechniken. Dazu zählen *Gruppen- und Paarinterviews* (Beitrag von Paulus in diesem Handbuch) sowie *Einzelinterviews* (z. B. Beitrag von Erdmann u. a.). In diesem Handbuch sind vielfältige Möglichkeiten des *Expert:inneninterviews* beschrieben (siehe Lauenstein; Lobert u. a.; Erdmann u. a. in diesem Handbuch). Die Interviews werden mittels eines Leitfadens durchgeführt, der offen (z. B. *Narratives Interview*), halbstrukturiert (z. B. *Problemzentriertes Interview*) oder stark strukturiert (z. B. *Expert:inneninterview*) sein kann.

3.2 Auswertungsverfahren

Ebenso bunt wie die Erhebungsmethoden sind die Auswertungsverfahren im Rahmen qualitativer Forschung. Erhebungs- und Auswertungsmethoden können auf vielfältige Art miteinander kombiniert werden. Jedoch gilt es dabei zu beachten, dass manche Kombinationen sinnvoller erscheinen als andere. Im *Tiefenhermeneutischen Verfahren* bietet es sich beispielsweise an, dass in einem möglichst offenen Interview Material generiert wird, da in einem *Narrativen Interview* beispielsweise Prozesse erzählt werden, die selbst erlebt wurden (Przyborski/Wohlrab-Sahr 2022, 111).

Krüger (2013, 63–64) ordnet qualitative Datenauswertungen in drei Gruppen: deskriptive Varianten, Beschreibung der Prozessstruktur und Beschreibung generativer Muster.

Wird das „Interesse bei der Datenauswertung auf die beschreibende Erschließung von Lebenswelten und auf den Nachvollzug subjektiven Sinns" (Krüger 2013, 63) gelegt, dann eignen sich deskriptive Verfahren. Ein Beispiel hierfür ist die *Qualitative Inhaltsanalyse* von Kuckartz, die im Beitrag von Lobert u. a. in diesem Handbuch beschrieben ist.

In der zweiten Gruppe der Datenauswertung sollen nicht die subjektiven Deutungen der erzählenden Person, sondern die dahinterliegenden Prozessstrukturen oder Regeln sozialen Handelns aufgedeckt werden (siehe Steinhäuser & Schlinzig in diesem Handbuch).

Eine dritte Gruppe bilden diejenigen Verfahren, die versuchen „solche Strukturen zu dechiffrieren, die sich unabhängig vom Wissen und Wollen der Handelnden als generative Muster durchsetzen" (Krüger 2013, 64). Beispielsweise geschieht dies im *Tiefenhermeneutischen Verfahren*, wie Paulus es in diesem Handbuch beschreibt.

4. Mixed Methods

Werden innerhalb eines Forschungsdesign mehrere Methoden kombiniert (z. B. quantitative und qualitative Methoden), so wird von Mixed Methods-Designs gesprochen.

Wie oben dargestellt, haben quantitative und qualitative Verfahren ganz unterschiedliche Theorien und Annahmen, auf denen sie aufbauen. Eine Kombination beider Verfahren kann methodologische Schwierigkeiten bergen. Kelle (2022, 174) beschreibt, dass in der Sozialforschung vor allem über die Designs der Mixed Methods-Ansätze gesprochen wird, weniger über methodologische Begründungen. Der Begriff der *Triangulation* (Flick 2021, 542; siehe auch Karcher & Müller in diesem Handbuch) zeigt einen solchen methodologischen Begründungszusammenhang auf. Der Begriff *Triangulation* beschreibt ursprünglich ein Verfahren aus der Landvermessung, Navigation und Astronomie, bei dem der unbekannte Abstand zu einem Messpunkt mit Hilfe des bekannten Abstandes zwischen zwei Punkten bestimmt wird (Kelle 2002, 166). Triangulation in der empirischen Forschung bedeutet demnach, dass durch die Anwendung zweier Methoden Aussagen zum Forschungsgegenstand gemacht werden können, die über die reine Aneinanderreihung der Ergebnisse dieser beiden Studien hinausgehen.

Mixed Methods-Designs gehen im Allgemeinen davon aus, dass sie gut geeignet sind, um die Schwächen des jeweils anderen Verfahrens auszugleichen

(Kelle 2022, 173). Die Befunde der einzelnen Studien können entweder konvergent sein (d. h. übereinstimmen), divergieren (d. h. sich widersprechen) oder komplementär sein (d. h. sich wechselseitig ergänzen) (Kelle 2022, 167–168).

Ausgehend von Morse (1991; Kelle 2022, 173) hat sich für Mixed Methods-Design folgende Schreibweise durchgesetzt, die auch im Beitrag von Behrendt-Raith u. a. (in diesem Handbuch) zu sehen ist: Qualitatives Design wird mit QUAL; Quantitatives Design mit QUAN abgekürzt. Die Abkürzungen werden, je nach Bedeutung im Forschungsdesign, mit Groß- oder Kleinbuchstaben geschrieben. Ist das Forschungsdesign sequenziell, d. h. quantitative und qualitative Verfahren werden nacheinander durchgeführt, dann wird die Reihenfolge mit einem Pfeil gekennzeichnet (z. B. QUANT → qual). Ein Pluszeichen bedeutet, dass beiden Verfahren parallel verwendet werden (z. B. QUAL + QUANT).

Einen sehr guten Überblick über unterschiedliche Typen von Mixed Methods Designs gibt Kelle (2022, 169f), der zwischen einem Mix in der Methodenanwendung (beispielsweise können in einem *Halbstrukturierten Interview* Daten sowohl mittels des ausgefüllten Fragebogens als auch mittels des aufgezeichneten Interviews erhoben werden) und der Methodenauswertung (z. B. werden in der *Quantitativen Inhaltsanalyse* Antworten bzw. kodierte Antworten mittels quantitativer Methoden ausgewertet) differenziert. Eine andere Möglichkeit ist es, dass quantitative und qualitative Verfahren in einzelnen Teilstudien unabhängig voneinander nacheinander zur Anwendung kommen.

In der Anwendung können quantitative und qualitative Verfahren gleichwertig umgesetzt werden (z. B. QUANT + QUAL) oder es kann ein Verfahren dominieren, z. B. QUANT + qual (Kelle 2022, 171). Ein Beispiel ist im Beitrag von Müller & Karcher (in diesem Handbuch) zu sehen, wo quantitative Verfahren dominieren und durch qualitative Verfahren ergänzt werden.

Eine weitere Typologisierung macht Kelle (2022, 172) hinsichtlich der Reihenfolge der Methoden auf. Die beiden Grundformen sind sequenzielle (z. B. QUANT → QUAL) und parallele Mixed Methods-Designs (z. B. QUANT + QUAL). Ein Beispiel für ein sequenzielles Design findet sich im Beitrag von Behrendt-Raith u. a. (in diesem Handbuch). Hier werden die Daten zunächst quantitativ, anschließend einzelne Aspekte qualitativ erhoben (QUANT → QUAL).

5. Forschungsarbeit: Vorüberlegungen, Durchführung und Nachbereitung

Eine empirische Studie besteht aus drei Schritten: Den Vorüberlegungen zum Forschungsdesign, der Durchführung (Kapitel 2–4) und der Nachbereitung (Kapitel 5.5). Flick (2021), Przyborski und Wohlrab-Sahr (2021) und Krüger (2013) geben wertvolle Hinweise in Bezug auf Überlegungen zum Forschungsdesign.

Sie beziehen sich auf qualitative Forschung, jedoch sind meines Erachtens die hier besprochenen Überlegungen ebenso auf die anderen Forschungsdesigns anwendbar.

5.1 Zielsetzung der Studie

Flick (2021, 173) weist darauf hin, dass mit einer empirischen Studie sowohl wissenschaftliche (z. B. Impulse für den wissenschaftlichen Diskurs dieses Feldes, Weiterentwicklung der Forschungsmethodik) als auch persönliche Ziele (z. B. akademischer Abschluss) verfolgt werden. Diese gilt es sich zu Beginn des Forschungsprozesses bewusst zu machen und idealerweise zu notieren.

Wenn es eine:n Auftraggeber:in für die Forschungsarbeit gibt (wie in dem Beitrag von Müller/Karcher beschrieben), dann verfolgt auch diese:r bestimmte (offengelegte oder latent im Hintergrund vorhandene) Ziele mit der empirischen Studie. Im Sinne der Gemeindepädagogischen Praxisforschung könnten gerade bei Qualifikations- und Abschlussarbeiten verstärkt Fragestellungen bearbeitet werden, die sich aus dem gemeindepädagogischen Praxisfeld ergeben. Beispielsweise könnte sich eine Kirchengemeinde fragen, wie sie mit den Eltern der eigenen Kindertagesstätte besser kommunizieren könnte oder das regionale Team der Gemeindepädagog:innen wünscht sich im Zuge einer landeskirchlichen Reform, dass ihre Perspektive verstärkt wahrgenommen wird.

5.2 Fragestellung und Forschungsfrage

Meiner Erfahrung nach ist die größte Herausforderung bei der Formulierung der Fragestellung, dass diese nicht zu weit gefasst ist. Natürlich ist das gesamte Feld spannend und immer größere Fragen stellen sich. Jedoch hat die forschende Person nur bestimmte zeitliche und finanzielle Ressourcen, die auf jeden Fall beachtet werden sollten. Bei den zeitlichen Ressourcen sollte auch Zeit eingeplant werden, sich in die (neue) Forschungsmethode einzuarbeiten, die Arbeit zu verschriftlichen und ggf. für eine weitere Veröffentlichung aufzubereiten.

Die Fragestellung sollte so konkret wie möglich verfasst werden. Beachten Sie auch, dass Sie die Begriffe, die in der Fragestellung benannt sind, theoretisch und empirisch bearbeiten müssen. In dem hier vorliegenden Handbuch ist in den meisten Beiträgen die konkrete Fragestellung benannt. Wenn Sie diese lesen, können Sie ein Gespür dafür bekommen, wie eine Fragestellung aussehen kann.

Die Fragestellung wird meist in mehreren Schritten formuliert. Sie brauchen zunächst eine Fragestellung, damit Sie sich mit einem bestimmten Fokus in das Forschungsgebiet einarbeiten können. Nach der Recherche des aktuellen

Forschungsstandes und Festlegung des Forschungsdesigns wird sich die Fragestellung schärfen und konkretisieren.

5.3 Bestimmung des Forschungsfeldes und Sampling

Eng mit der Fragestellung ist die Frage nach dem Forschungsfeld verbunden. Przyborski & Wohlrab-Sahr (2021, 58–61) beschreiben, dass dieses Forschungsfeld ganz unterschiedlich sein kann. Je nach Forschungsfrage reicht es, einzelne Personen zu befragen oder aber Netzwerke und bestimmte Orte in die Erhebung einzubeziehen. Wer und was zum Forschungsfeld gehört – die Antwort auf diese Frage kann sich durchaus im Forschungsverlauf verändern.

Wenn eine Befragung durchgeführt wird, dann stellt sich zunächst die Frage nach der Größe und Auswahl der Befragungsgruppe, Sampling genannt. In quantitativen und qualitativen Forschungsdesigns werden hier, ausgehend von den methodologischen Grundlegungen, ganz unterschiedliche Antworten gegeben. Da quantitative Forschungsdesigns eine Aussage über die Gesamtheit (einer bestimmten Gruppe) machen möchten, ist ein Hauptkriterium das der Repräsentativität. Repräsentative Samples bilden die Grundstruktur der Grundgesamtheit ab (Unser/Riegel 2022, 47–53). Die Anzahl der Befragten wird zum Befragungsbeginn rechnerisch festgelegt. Da es (in kleineren Forschungsprojekten) häufig schwierig ist, eine repräsentative Personenanzahl zu befragen, besteht die Möglichkeit, explorative Studien durchzuführen, die auf den Anspruch der Repräsentativität verzichten.

In der qualitativen Forschung kann das Sampling, je nach Forschungsmethode, ganz unterschiedlich ausfallen. In der *Grounded Theory* beispielsweise wird die Methode des *Theoretical Sampling* angewendet. Das bedeutet, dass ausgehend von dem aktuellen Auswertungsstand nach weiteren Fällen gesucht wird, die für das Forschungsinteresse von besonderer Relevanz sind, weil sie z. B. noch fehlende Ausprägungen einer Kategorie repräsentieren. Ist die sog. theoretische Sättigung erreicht, d. h. dass neue Fälle keinen Mehrwert für das zu konstruierende Gegenstandsmodell bringen werden, dann endet die Datenerhebung (Breuer u. a. 2019, 156–159). In den meisten qualitativen Forschungsdesigns steht das Sampling zu Beginn der Befragung nicht fest, sondern entwickelt sich im Forschungsverlauf.

5.4 Methodenwahl

Wie oben beschrieben, gibt es drei unterschiedliche Forschungsmethoden: quantitativ, qualitativ und Mixed Methods-Design. Keines dieser Forschungsdesigns ist an sich besser oder schlechter als andere. Mit Blick auf die jeweils zu untersuchende Forschungsfrage und das konkrete Forschungsfeld sind jedoch manche Methoden geeigneter als andere. Unser & Riegel (2022, 15) beschreiben die Entscheidung für die Forschungsmethode folgendermaßen:

> „Ein quantitativer Zugang zum Forschungsfeld ist somit vor allem dann angezeigt, wenn hinreichende Kenntnisse über dieses Feld vorliegen und die Forschungsfrage anhand generalisierbarer Informationen zu überindividuellen Zusammenhängen erschöpfend beantwortet werden kann. Ist das nicht der Fall, d. h. ist das zu beforschende Feld noch relativ unbekannt und zielt die Forschungsfrage vor allem auf die Besonderheiten einzelner Fälle ab, sollte ein qualitativer Zugang gewählt werden".

5.5 *Nach der Forschung: Veröffentlichung und Verbreitung*

Wenn alle Daten erhoben und ausgewertet wurden, stehen Fragen zur Veröffentlichung der Ergebnisse an. Bei Abschlussarbeiten wird dabei meist eine Arbeit verfasst, bewertet – und landet danach meist gut versteckt in der persönlichen Datenbank. Das Studium ist vorbei und somit auch die Gedanken an diese Forschungsarbeit. Es gibt jedoch vielfältige Möglichkeiten, die eigenen Forschungsergebnisse sichtbar zu machen. Hierzu gilt es zunächst Überlegungen über die Zielgruppe anzustellen.

Für die wissenschaftliche Community ist eine Veröffentlichung als Monographie (z. B. bei einem Verlag, auf der Website der eigenen Hochschule oder in Eigenpublikation z. B. beim Kirchlichen Dokumentenserver https://kidoks.bsz-bw.de/home) oder bei herausragenden Abschlussarbeiten als Beitrag in einer (gemeindepädagogischen) Fachzeitschrift (z. B. Praxis Gemeindepädagogik, in den Bänden der Schriftenreihe Religions- und gemeindepädagogische Perspektiven, Theo-Web, Zeitschrift für Pädagogik und Theologie, Religionspädagogische Beiträge, Loccumer Pelikan) sinnvoll. Darüber hinaus besteht die Möglichkeit, auf Tagungen und Symposien (z. B. dem Symposium des AK Gemeindepädagogik e. V.) die Ergebnisse zu präsentieren.

Wenn die Zielgruppe eine weitere (kirchliche) Öffentlichkeit ist, dann bietet es sich an, die Forschungsergebnisse in einem allgemein verständlichen und anschaulichen Format zu präsentieren (Wissenschaftskommunikation). Denkbar sind Broschüren, Präsentationen, Vorträge, Poster, Videoclips oder ähnliches. Im Kontakt mit (landes-)kirchlichen Vertreter:innen finden sich sicherlich Orte, wo die passende Zielgruppe Ihre Forschungsergebnisse (online und offline) finden kann. Beispielsweise wäre eine Forschung über eine bestimmte Kirchenregion auf den Websites des Dekanats oder im Pfarrkonvent gut platziert, eine Forschung über Influencer:innen könnte auf den Insta-Profilen gepostet werden (siehe Preck & Berger in diesem Handbuch). Im Kontakt mit Religionspädagogischen Zentren könnten beispielsweise Fortbildungen für Gemeindepädagog:innen angeboten werden.

Gute Beispiele hierfür sind die online veröffentlichte Broschüre über die Forschung zu GemeindeSchwestern (siehe Behrendt-Raith u. a. in diesem Handbuch), Websites zur Konfirmandenforschung und Freizeitenevaluation (siehe Ilg in diesem Handbuch) oder der Ethik-Podcast „Karte und Gebiet" (Faix/Dietz 2024). Darüber hinaus bietet der Beitrag von Müller & Karcher „Mit Forschung Wirkung sichtbar machen" einen Eindruck in gelungene Wissenschaftskommunikation.

Weiterführende Literatur und Hinweise zur Vertiefung

Riegel & Unser (2022) haben ein sehr hilfreiches und verständlich geschriebenes Lehrbuch zur *quantitativen Forschung* in der Religionspädagogik verfasst. Besonders hervorzuheben ist die Schritt-für-Schritt-Anleitung durch das Statistikprogramm SPSS.

Um sich weiter in die einzelnen Schritte quantitativer Forschungsmethodik einzuarbeiten, empfehle ich von Blanz (2021) „Forschungsmethoden und Statistik für die Soziale Arbeit".

Für diejenigen, die sich mit SPSS intensiver beschäftigen möchten, bieten die Lehrbücher von Bühl eine ideale Hilfestellung. Sie sind auf die jeweiligen SPSS-Versionen abgestimmt und mit Hilfe der Lerndaten für SPSS können die benannten Beispiele selbst in SPSS nachvollzogen und nachgerechnet werden.

Für den Bereich der *Qualitativen Methodik* empfehle ich zwei Werke, mit denen ein Überblick über die reichhaltigen Forschungsmethoden gewonnen werden kann: „Qualitative Sozialforschung" von Przyborski & Wohlrab-Sahr (2021) ist mittlerweile in 5. Auflage erschienen, was für eine weite Verwendung dieses Handbuches spricht. Die Autorinnen stellen aus soziologischer Perspektive Methodologie, Standards und verschiedene Erhebungs- und Auswertungsmethoden dar. Besonders hilfreich sind die anschaulichen Beispiele und konkreten Praxistipps.

Flicks Einführung in die Qualitative Sozialforschung ist 2021 in der 10. Auflage erschienen und gehört ebenfalls zu den Standardwerken. Flick schafft es, die Fülle des qualitativen Forschungsprozesses zu ordnen und damit eine Orientierungshilfe zu geben.

Wer sich einen Überblick über verschiedene qualitative Forschungsmethoden verschaffen und dabei von interessanten sozialwissenschaftlichen Forschungsprojekten erfahren möchte, dem kann ich den Podcast „Methoden: Koffer" empfehlen.

Aus dem *Bereich der Gemeinde- und Religionspädagogik* ist auf zwei Veröffentlichungen hinzuweisen: In dem Studienbuch „Empirisch Forschen in der Religionspädagogik" (2018) wird für Studierende der Religionspädagogik und Religionslehrkräfte ein Überblick über quantitative und qualitative Erhebungs- und Auswertungsmethoden sowie schulische Anwendungsfelder gegeben. Dabei werden einzelne Methoden fokussiert sowie zur Entwicklung des eigenen Forschungsdesigns hingeführt.

In dem Band „Empirie in der Gemeindepädagogik" (2024) wird empirische Forschung in der Gemeindepädagogik diskutiert. Dabei werden sowohl methodologische Grundlegungen besprochen als auch konkrete Forschungsprojekte vorgestellt und kritisch betrachtet. Dieser Band gibt damit einen guten Überblick über den aktuellen Stand des Diskurses innerhalb der wissenschaftlichen Gemeindepädagogik.

Literatur

BLANZ, MATHIAS (2021), Forschungsmethoden und Statistik für die Soziale Arbeit: Grundlagen und Anwendungen, Stuttgart.

BÖHME, THOMAS/BELL, DESMOND/FERMOR, GOTTHARD/FISCHER, RALF/HELD, FELICITAS/ILG, WOLFGANG/MULIA, CHRISTIAN/VAN DER HOEK, STEFAN (Hg.) (2024), Empirie in der Gemeindepädagogik. Forschen – Interpretieren – Kommunizieren (Religions- und gemeindepädagogische Perspektiven Band 3), Münster.

BREUER, FRANZ/MUCKEL, PETRA/DIERIS, BARBARA (2019), Reflexive Grounded Theory: Eine Einführung für die Forschungspraxis, Wiesbaden.

FAIX, TOBIAS/DIETZ, THORSTEN (2024), Podcast „Karte und Gebiet", online unter: https://karte-und-gebiet.de/ [abgerufen am 10.04.2024].

FLICK, UWE (2021), Qualitative Sozialforschung. Eine Einführung, Reinbek.

HEINDL, ANNA-BARBARA (2024), Podcast „Methoden-Koffer", online unter: https://www.methodenkoffer.info/ [abgerufen am 10.04.2024].

KELLE, UDO (2022), Mixed Methods, in: BAUR, NINA/BLASIUS, JÖRG (Hg.), Handbuch Methoden der empirischen Sozialforschung, Wiesbaden, 163–177.

KRÜGER, HEINZ-HERMANN (2013), Qualitative Forschung in der Erziehungswissenschaft, in: GOGOLIN, INGRID/KUPER, HARM/KRÜGER, HEINZ-HERMANN/BAUMERT, JÜRGEN (Hg.), Stichwort: Zeitschrift für Erziehungswissenschaft, Wiesbaden, 53–76.

MORSE, JANICE M. (1991), Approaches to Qualitative-quantitative Methodological Triangulation, in: Nursing Research 40, 120–133.

PIRNER, MANFRED/ROTHGANGEL, MARTIN (Hg.) (2018), Empirisch forschen in der Religionspädagogik: Ein Studienbuch für Studierende und Lehrkräfte, Stuttgart.

PRZYBORSKI, ANGELA/WOHLRAB-SAHR, MONIKA (2021), Qualitative Sozialforschung: Ein Arbeitsbuch, Oldenburg.

SIMOJOKI, HENRIK/ILG, WOLFGANG/HEES, MANUELA in Verbindung mit BÖHME, THOMAS und SENDLER-KOSCHEL, BIRGIT (2024), Konfi-Arbeit in und nach der Corona-Pandemie. Empirische Befunde und Impulse für die Qualitätsentwicklung aus der dritten bundesweiten Studie (Konfirmandenarbeit erforschen und gestalten, Band 13), Gütersloh.

UNSER, ALEXANDER/RIEGEL, ULRICH (2022), Grundlagen der quantitativ-empirischen Religionspädagogik: Eine anwendungsorientierte Einführung, Stuttgart.

WICHMANN, ANGELA (2019), Quantitative und Qualitative Forschung im Vergleich. Denkweisen, Zielsetzungen, und Arbeitsprozesse, Berlin. https://link.springer.com/book/10.1007/978-3-662-59817-7 [abgerufen am 10.04.2024].

Kapitel 3: Deskriptive Statistik: Ein Brückenschlag zwischen akademischer Theorie und gemeindepädagogischer Praxis

Stefan van der Hoek

1. Einleitung

Quantitative Forschungsansätze sind in den Sozial- und Bildungsforschungen allgegenwärtig. Sie reichen von grundlegenden Fragen der Bildungsökonomie bis hin zu Schulstatistiken (Minnameier u. a. 2023, 97). In der Gemeindepädagogik sind vor allem die Kirchenmitgliedschaftsuntersuchungen (KMU) als quantitative Studien bekannt. Dieses Kapitel befasst sich mit standardisierten Befragungen und *Deskriptiven Statistiken* (DS). Sie eignen sich besonders dann, wenn begründetes Vorwissen, Theorien und Hypothesen zum Forschungsgegenstand existieren (Unser/Riegel 2022, 85). Am konkreten Beispiel einer Umfrage unter Studierenden der Gemeindepädagogik aus dem Jahr 2023 wird im folgenden exemplarisch dargestellt, welchen Mehrwert Umfragen haben und wie ihre Ergebnisse anhand DS beschrieben werden können. DS ist ein Bereich der Statistik, der sich mit der Organisation, Darstellung und Zusammenfassung von Daten beschäftigt. Ziel ist es, aus einem Datensatz ein klares Bild zu gewinnen, indem man die Daten auf eine Weise beschreibt, die für Menschen verständlich und interpretierbar ist. DS dient oftmals als erster Schritt in der Datenanalyse, um einen Überblick über die Daten zu erhalten und Auffälligkeiten oder Muster zu erkennen, die weitere Untersuchungen rechtfertigen könnten und konzentriert sich auf die direkte Beschreibung dessen, was in einem Datensatz vorhanden ist (Schendera 2015, 19f). Insofern eignen sich DS besonders gut, um in ein Praxisforschungsprojekt zu starten und von dort aus, weitere Fragestellungen zu eruieren und mit weiteren Forschungsmethoden zur erörtern. Eine solche Perspektivierung wird im 6. Abschnitt dieses Kapitels vorgenommen.

2. Fragestellung

Eine wissenschaftliche Disziplin ohne die Ausbildung eines eigenen Nachwuchses ist wie eine Kirchengemeinde ohne Konfi-Gruppen. Gleichwohl der Begriff des Nachwuchses schwammig und schwierig ist (Blasse/Wittek 2014, 60; siehe auch Kuckartz/Lenzen 1986; 1988; 1990), ist auch die Gemeindepädagogik auf nachfolgende Generationen von Wissenschaftler:innen angewiesen, um als Wissenschaft ihre Eigenständigkeit zu behaupten. Wissenschaftliche Disziplinen an Universitäten produzieren Theorien, die die Handlungs- und Daseinsberechtigung gegenüber Dritten legitimieren (Wissenschaftsrat 2020, 8). Die Gemeindepädagogik hat bis auf wenige Ausnahmen diese Fürsprache an Universitäten nicht und legitimiert sich vielmehr von der mehr oder weniger offenen Tatsache, kirchliches Handeln als Bildungsarbeit in der Praxis zu begreifen (Bubmann u. a. 2019, 8f). Durch die Integration verschiedener Bezugswissenschaften, wie beispielsweise die Theologie, Pädagogik, Psychologie, wird sie daher auch als eine Verbund- und Integrationswissenschaft bezeichnet (Doyé 2002, 101), die sich an den empirischen Ergebnissen aus psychologischen und soziologischen Studien bedient, aber vergleichsweise wenig eigene Forschungen betreibt. Die Gemeindepädagogik ist jedoch spätestens bei der weiteren Theoriebildung des eigenen Faches nicht unbetroffen von den aktuellen Veränderungen im Wissenschaftssystem, indem systematische Forschungszugänge ab- und zugunsten empirischer Forschungsarbeiten im Bildungs- und Wissenschaftssystem aufgewertet werden und auf diese Weise das eigene Selbstverständnis der Disziplinen, die sich mit religiöser Bildung beschäftigen, verändern (Unser 2020, 89). Dementsprechend sollte es das ureigene Interesse der Gemeindepädagogik sein, sich mit genuin eigenen Forschungsprojekten empirisch stärker zu emanzipieren und sich als eine empirische Wissenschaft zu profilieren.

Trotz des hohen Stellenwerts, den die aktuellen Studierenden für die zukünftige Gemeindepädagogik haben, existieren bislang keine empirisch belastbaren Informationen, die zur Situation der Ausbildung und der Motivation aktueller Studierender Auskunft geben, später eine wissenschaftliche Karriere innerhalb der Gemeindepädagogik einzuschlagen. Nur vereinzelt lassen sich in Fachzeitschriften Interviews von Professor:innen finden, die aus der Gemeindepädagogik stammen und den Weg einer Promotion eingeschlagen haben. So erklärte Zimmermann, Professor an der CVJM-Hochschule, dass er den Zuspruch von Betreuenden aus dem Fach Gemeindepädagogik an der EvH RWL für seine spätere Promotion als entscheidenden Anstoß identifizierte. Ursprünglich habe Zimmermann sich nicht für den Weg einer wissenschaftlichen Karriere interessiert, sondern vor allem die pädagogische Praxis im Blick gehabt (Löwenstein u. a. 2018, 83). Was Zimmermann beschreibt, scheint auch auf viele andere Promovierende der Gemeindepädagogik zuzutreffen, was sich bisher jedoch nur in Form eines Erfahrungswissens bei den Kaffeepausen auf Symposien verbreitet hat. Seit 2021 hat der *Arbeitskreises Gemeindepädagogik e. V.* angefangen, die Nachwuchsarbeit gezielter zu fördern und durch regelmäßige Treffen Strukturen zur Vernetzung und Austausch aufzubauen. Bei den Austauschrunden wurde vor allem eines deutlich: Menschen entscheiden sich aus ganz verschiedenen Gründen dafür, Gemeindepädagogik zu studieren und in diesem Themenbereich zu promovieren.

Das Erkenntnisinteresse dieses Beitrags ist es, die Sichtweise der derzeit Studierenden in Bezug auf den Aufbau des akademischen Nachwuchsnetzwerks und die Ausbildung von Gemeindepädagog:innen in die empirisch wissenschaftliche Forschung einzubeziehen sowie die Frage nach der Motivation einer Promotion in dem Fachbereich der Gemeindepädagogik zu erheben. Zu diesem Zweck wurde im Sommer 2023 eine Onlinebefragung durchgeführt, die im nachfolgenden weiter vorgestellt wird.

3. Durchführung der Erhebung und Stichprobenverteilung

Um die Fragestellung zu beantworten, wurde zunächst ein Fragebogen entwickelt, der über die Befragungsplattform *Survio* erstellt und mit einem Link und Begleittext an die Studiengangskoordinator:innen der konfessionellen Hochschulen versendet wurde, an denen evangelische Gemeindepädagogik studiert werden kann. Insgesamt gab es 186 Rückmeldungen auf den Fragebogen, von denen 122 den Fragebogen vollständig beantwortet haben. Unter den 122 haben sich 91 Teilnehmende als Studentinnen und 31 als Studenten identifiziert; von weiteren Genderidentitäten wurde nicht Gebrauch gemacht. Die deutliche Mehrheit von 94,6 % war zu dem Zeitpunkt der Befragung nicht älter als 30 Jahre und über 83 % befanden sich zu dem Zeitpunkt der Befragung in einem gemeindepädagogischen Grundstudium (Bachelor). Die Befragungsteilnehmenden stammten aus neun verschiedenen Bundesländern, eine teilnehmende Person aus dem Ausland (Israel). Unter den Teilnehmenden dominierten vor allem diejenigen aus dem süd-westlichen Raum der Bundesrepublik. 45 der 122 Befragungsteilnehmenden kamen aus Baden-Württemberg. Aus den westlichen Regionen der Bundesrepublik (darunter NRW, RLP, Hessen) haben insgesamt 44 Personen teilgenommen. Aus den östlichen Regionen der BRD (darunter Sachsen-Anhalt, Sachsen, Berlin, Brandenburg) kamen 31 der Befragten. Aus der Region Norddeutschland (Niedersachsen) kamen hingegen nur drei der Befragungsteilnehmenden.

Die konfessionelle Durchmischung der Befragungsteilnehmenden wurde ebenfalls abgefragt. So gaben 7 der Teilnehmenden an, aus einer freikirchlichen Gemeinschaft zu stammen. Eine Person aus der Neuapostolischen Kirche; die übrigen Befragungsteilnehmenden verteilten sich auf verschiedene landeskirchliche Gemeinschaften.

4. Befragungsergebnisse

4.1 Motivation zum Studium

Mit der Einschreibung in den Studiengang Gemeindepädagogik haben sich die Befragten für ein vielfältiges pädagogisches Fachgebiet entschieden. In manchen Bundesländern qualifiziert der Abschluss neben der Arbeit in der Gemeinde auch zum Religionsunterricht in der Schule. Zudem lässt sich an konfessionellen Hochschulen häufig eine Doppelqualifikation erwerben, indem auch der Abschluss der Sozialen Arbeit angeboten wird. In der Konstruktion des Fragebogens wurde darauf bereits Rücksicht genommen und neben der Motivation zum Studium auch Auskünfte über die beruflichen Wünsche sowie Schritte in die wissenschaftliche Forschung erhoben.

Unter den Befragten war der Entschluss zum Studium vor allem durch konkrete Erfahrungen in klassischen gemeindepädagogischen Settings ausschlaggebend. So gaben 68 % an, dass bei der Entscheidung Gemeindepädagogik zu studieren, vor allem konkrete Vorbilder wie die Jugendreferent:innen oder Pastor:innen eine Rolle gespielt haben. 82 % gaben an, dass vor allem die eigenen Erfahrungen aus der Konfirmation, Jugendfreizeiten etc. ausschlaggebend für das Studium der Gemeindepädagogik gewesen seien. Der Anteil der Befragten, bei denen wissenschaftstheoretische Motive im Vordergrund standen, lag bei 20,5 %.

4.2 Motivation für eine wissenschaftliche Karriere

Als Ressourcen für eine wissenschaftliche Karriere gelten neben dem ökonomischen und kulturellen Kapital aus dem Elternhaus bzw. dem sozialen Umfeld auch das in- und außerhalb der Lehre vermittelte *Know-how*, um Karrierewege in der Wissenschaft einzuschlagen. Insbesondere an einer HAW, an der verhältnismäßig viele Erstakademiker:innen studieren und Zugänge zu Universitäten bisweilen mit zusätzlichen Hürden verbunden sein können. Zudem ist der Weg in die Wissenschaft von individuellen Dispositionen sowie externen Ressourcen bestimmt. Insofern war es in der Konstruktion des Fragebogens neben der materiellen Ausstattung der Studierenden bereits wichtig zu erfragen, inwiefern die Vermittlung von wissenschaftlichen Forschungsmethoden und die Fähigkeit Forschungsprojekte zu entwickeln behandelt wird.

Die Ergebnisse zeigen überraschenderweise an, dass trotz der sehr hohen Zahl von Befragungsteilnehmenden, die sich zum Zeitpunkt der Befragung im Grundstudium befanden, empirische Methoden und die Eigenständigkeit in der

Wissenschaft bereits ein wichtiger Schwerpunkt im Studium sind. 68 % aller Befragten hatten im Studium bereits die Möglichkeiten erhalten, qualitative und quantitative Forschungsmethoden zu lernen oder sogar selbst erproben zu können. Dies zeugt zum einen von einer hohen Kompetenz als auch eines großen Vertrauensvorschuss Seites der Lehrenden, Studierende der Gemeindepädagogik frühzeitig für eigene Forschungsprojekte zu motivieren und zu befähigen.

Bei 50,8 % hat das Studium der Gemeindepädagogik nicht dazu angeregt, einen Masterstudiengang aufzunehmen bzw. den Wunsch oder das Interesse geweckt, sich über das Grundstudium hinaus wissenschaftlich weiter zu beschäftigen. Gleichwohl sich die übrigen 49,2 % für einen Masterstudiengang grundsätzlich interessieren, ist das bekundete Interesse an einer weiteren wissenschaftlichen Karriere und der Weg zu einer Promotion bei den Teilnehmenden eher verhalten bis gar nicht vorhanden. Das zeigte sich zudem daran, dass nur 4,1 % der Befragten der Aussage widersprochen haben, dass eine Promotion für den späteren Berufswunsch irrelevant sei.

Aus den Umfrageergebnissen zur Frage der Promotion im Fach Gemeindepädagogik geht hervor, dass die Mehrheit der Studierenden der Gemeindepädagogik nicht an einer Promotion interessiert ist. Spezifische Ergebnisse der DS zeigen, dass 58 der Befragten (47,5 %) der Aussage, die Vorstellung innerhalb der Gemeindepädagogik zu promovieren, sei reizvoll, „gar nicht zustimmen". Weitere 27 Befragte (22,1 %) stimmten dieser Aussage „nicht zu". Lediglich 7 Befragte (5,7 %) gaben an, dass sie die Vorstellung, zu promovieren, reizvoll finden. Diese Zahlen deuten darauf hin, dass der Median (der mittlere Wert in der geordneten Liste der Antworten) in der Kategorie der mit -0,9 Ablehnung liegt. Dies lässt auf ein generell geringes Interesse an einer akademischen Laufbahn bzw. an der Fortsetzung der wissenschaftlichen Forschung in diesem Fachbereich unter den Studierenden schließen.

Die Gründe für das geringe Interesse an einer Promotion sind vielfältig. Einige der Befragten gaben an, dass eine Promotion für ihre berufliche Zukunft nicht zwingend notwendig sei, während andere den hohen Arbeitsaufwand, die lange Dauer und den Mangel an beruflichen Perspektiven für promovierte Gemeindepädagog:innen als abschreckend empfinden. Viele Studierende bevorzugen stattdessen, direkt in die Praxis einzusteigen.

Da die statistischen Angaben jedoch nur relativ wenig über die individuellen Motivationen preisgeben können, haben sich im Fragebogen offene Freitextantworten als besonders bewährt erwiesen, um einen tieferen Einblick in die Ergebnisse zu gewinnen.

5. Freitextantworten

5.1 Faktoren, die für eine Promotion sprechen

52 der Freitextantworten sprechen zwar das Interesse für eine Promotion offen aus, nennen jedoch sehr unterschiedliche Gründe und Motive. Mitunter gaben die Befragten an, dass es vor allem das Interesse an einem gesellschaftsrelevanten Thema wäre, dass sie für eine Promotion motivieren würde, dieses aber derzeit nicht identifizieren könnten. Die Befragten merkten außerdem an, dass das Forschungsthema vor allem einen Mehrwert für die berufliche Praxis der Gemeindepädagogik haben sollte und die Zukunftsfragen von Kirche in den Gegenwartsgesellschaft(en) thematisieren müsse. Dementsprechend stehen anwendungsorientierte Themen, die sich bspw. mit konkreten Fragen zur Vielfalt, Sexualität und Rassismus in Kirche beschäftigen, im Fokus der Befragten. Die Mehrheit der Rückmeldungen geben einen ersten wichtigen Hinweis darauf, dass das Interesse an gesellschaftsrelevanter Forschung oder der Wunsch, Gemeindepädagogik als wissenschaftliche Disziplin weiterzuentwickeln, die Praxis und Wissenschaft stärker miteinander verbinden, ein wesentlicher Motivationsfaktor für eine Promotion darstelle. Das weist auf ein hohes Interesse und Potenzial innerhalb der eigenen Fachdisziplin hin, sich stärker als zuvor Praxisforschungsprojekten zuzuwenden.

Als Beispiele wurden unter anderem die berufliche Praxis genannt, die stärker mit theoretischen Bezügen verknüpft werden sollte, Ungleichheit, Diskriminierung oder die zeitgenössischen Perspektiven von Kindern und Jugendlichen, die aus Sicht der Befragten stärker in den aktuellen Diskurs einzubringen seien. Damit geht einher, dass ein Großteil der Befragten angibt, dass sie das Fach Gemeindepädagogik als wissenschaftliche Disziplin gerne weiterentwickeln würden, indem auf die gesellschaftlichen Herausforderungen von Kirche, Mission sowie der Generationenwechsel in der Gemeindepädagogik durch Forschung begleitet werden sollte. Auch der Wunsch danach wurde in der Befragung ausgedrückt, dass es mehr Dozierende und Professor:innen in den Studiengängen geben sollte, die selber das Fach Gemeindepädagogik studiert haben. Damit geht einher, dass die Berufswunschperspektive genannt wird, in der Hochschullehre und Wissenschaft zu arbeiten und Praxis und Wissenschaft stärker miteinander zu verschränken. Die Aussicht auf einen Beruf, in dem sich eine bessere Bezahlung, Prestige oder die persönliche Herausforderung im Vordergrund stehe, wurde in insgesamt 13 der Freitextantworten als Motivation für eine wissenschaftliche Karriere angegeben.

5.2 Freitextantworten: Faktoren, die gegen eine Promotion sprechen

In den Freitextantworten geben die meisten der Befragten vor allem die hohe Wertschätzung gegenüber der beruflichen Praxis an, weshalb sie eine Promotion im Fach der Gemeindepädagogik nicht anstrebten. Das Studium der Gemeindepädagogik ist stark anwendungsorientiert und insofern ist es nicht verwunderlich, dass die berufliche Praxis als primäres Ziel der Ausbildung unter den Befragten angesehen wird und sich in den Ergebnissen der Befragung entsprechend niederschlägt. Als weitere Gründe verweisen die Befragten auf den zeitlichen Aufwand, der mit einer Promotion einhergeht sowie den mangelnden Strukturen und Zukunftsperspektiven. Darüber hinaus geben viele der Befragten familiäre Gründe an, die gegen eine Promotion sprechen würden. Ein weiterer Teil der Befragten gab an, dass sie das Studium der Gemeindepädagogik als Durchgangsstation zum Doppelabschluss mit der Sozialen Arbeit nutzen und sich zukünftig stärker in der Sozialpädagogik verorten oder das Studium der Gemeindepädagogik als Weg in den Pfarrdienst nutzen wollten. Einige der Befragten gaben auch an, Angst vor dem Scheitern zu haben oder sich bei dem Gedanken unwohl zu fühlen, wissenschaftliche Vorträge vor einem größeren Fachpublikum zu halten.

6. Ausblick

Abschließend lässt sich feststellen, dass die Befragungsergebnisse darauf schließen lassen, dass das Interesse an Promotion unter Studierenden der Gemeindepädagogik nicht weniger vorhanden ist, als in anderen wissenschaftlichen Disziplinen. Die Erkenntnisse der Befragung können für Hochschulen und Fachbereiche insofern von Interesse sein, um das Studienangebot und die Beratung für Studierende anzupassen, insbesondere wenn es darum geht, den Übergang von der akademischen Ausbildung in die berufliche Praxis zu erleichtern und attraktive Wege für eine akademische Karriere in der Gemeindepädagogik aus der Praxis heraus aufzuzeigen. Praxisforschung in der Gemeindepädagogik hat somit ein relevantes Zukunftspotenzial für die Fachdisziplin, insofern es ihr gelingt, die im Studium vermittelte Selbstständigkeit und Kompetenz, empirische Forschungsprojekte durchzuführen weiter anzuregen und Ressourcen zur Wissenschaftskommunikation eröffnet.

Um das Interesse an einer wissenschaftlichen Laufbahn und Promotion unter den derzeitig Studierenden noch weiter zu fördern und das Interesse an der beruflichen Praxis, der Erfahrung und der Orientierung den konkreten Vorbildern aus der Praxis gerecht zu werden, sollten die Verbindungen zwischen wissenschaftlicher Theorie und praktischer Anwendung weiter gestärkt und die Unterstützung durch das akademische Umfeld erhöht werden. Das Interesse der Studierenden an der Praxis bei einem gleichzeitigen Anspruch, diese mit wissenschaftlichen Methoden und Konzepten zu erschließen, ist grundsätzlich wertzuschätzen und im Studium noch weiter zu fördern. Gleichzeitig ließe sich durch die Implementierung von Praxisforschungsprojekten ein wissenschaftliches Profil fördern, in dem Wissenschaft und Praxis weniger dualistisch und im Gegensatz zueinander verstanden werden, sondern als sich gegenseitig ergänzende Perspektiven betrachtet werden. In der aktuellen Lehre lassen sich beispielsweise Methoden der Evaluationsforschung stärker einbringen, die Praxis und Wissenschaft stärker miteinander verbinden, weitere Anregungen können dazu auch aus diesem Handbuch entnommen werden.

Wird die Promotion als ein Einstieg und zugleich Voraussetzung für eine Karriere in der Wissenschaft verstanden, lohnt es sich, die in diesem Beitrag zusammengeführten Daten der DS in Bezug auf den Anspruch der Eigenständigkeit der wissenschaftlichen Disziplin Gemeindepädagogik kritisch zu konstatieren, indem die aktuellen Studierenden auf die neuen Möglichkeiten der Promotion an HAW bei einer ersten Bestandsaufnahme eher verhalten und desinformiert reagierten. Damit der wissenschaftliche Nachwuchs der Disziplin bestmöglich gefördert wird, empfehlen sich folgende Handlungsorientierungen für die gemeindepädagogischen Studiengänge, die auch im Rahmen der Lehre an HAW umgesetzt werden können:

- *Ressourcen bündeln und Nachwuchs gezielt fördern:* Häufig wird eine Stelle als wissenschaftliche Hilfskraft als der erste Schritt auf der wissenschaftlichen Karriereleiter bezeichnet. Hier werden erste Schritte zur *scientific community* hergestellt und vor allem wird hier ein Wissen vermittelt, das nicht in Lehrveranstaltungen zur Verfügung gestellt wird wird; nämlich der Einblick in die Funktion des Wissenschaftsbetriebs an einer HAW. Die Stellen sind zwar nach Studiengängen begrenzt, aber können eine gute Möglichkeit darstellen, um wissenschaftsaffine Studierende gezielter zu fördern.
- *Motivation erhöhen und Leistungen würdigen:* Eine gute Möglichkeit ist es, studentische Arbeiten auszuzeichnen und entsprechend zu würdigen. Häufig existieren Preise zur Auszeichnung herausragender Abschlussarbeiten auch an HAW. Preisausschreibungen, die gezielt gemeindepädagogische Arbeiten auszeichnen, können für die Studierenden Ansporn und Motivation für weiteres Engagement in der wissenschaftlichen Fachdisziplin sein und Bestätigung für die jeweilige Arbeit darstellen.
- *Netzwerke schaffen:* Standortübergreifende Vernetzungen der Evangelischen Hochschulen, um relevante Forschungsfragen zu eruieren, die das Fach in seiner gesamten Breite betreffen, können auch für Studierende eine sinnvolle Möglichkeit darstellen. Zwischen Hamburg und Freiburg, Bochum und Dresden sowie den weiteren Standorten sollte es möglich sein, gemeinsame

Anliegen und Aufgaben über Länder- und Kirchengrenzen hinweg zu bestimmen und beispielsweise auf den Symposien des *AK Gemeindepädagogik e. V.* Studierende gezielter einzubinden. Die Arbeit des SERGuD (der *Studierendenrat Evangelische Religions-, Gemeindepädagogik und Diakonie*) leistet hierbei in den Sozialen Medien wertvolle Pioniersarbeit, die Vernetzung weiter zu stärken.

Angesichts der Analyse der Umfragergebnisse sollte die Förderung des wissenschaftlichen Nachwuchses zur dezidierten Zukunftsaufgabe der Gemeindepädagogik werden und die bestehenden Strukturen weiter gefördert und ausgebaut werden. Erste Umsetzungen erfolgten bereits dadurch, dass sich Doktorand:innen stärker untereinander vernetzen und durch die Einrichtung eines assoziierten Vorstandsmitgliedes im *AK Gemeindepädagogik e. V.*, der die Interessen den Nachwuchs vertritt, ermöglicht wurden. In der Zukunft wären die ersten Maßnahmen regelmäßiger Treffen weiter zu professionalisieren und zu verstetigen, um im Sinne von standortübergreifenden Graduiertenkollegs und Foren eine adäquate Supervision zu ermöglichen. Zu den wichtigsten Ressourcen zählt für den wissenschaftlichen Nachwuchs die adäquate Betreuung von Qualifikationsschriften, die Unterstützung bei der Einbindung in die *scientific community*, Förderung in der wissenschaftlichen Karriere, vertragliche Situationen und Infrastrukturen der Ausbildungsstätten.

Weiterführende Literatur und Hinweise zur Vertiefung

DUNAETZ, DAVID R. (2017), Research Methods and Survey Application. Outlines and Activities from a Christian Perspective. 3. Aufl, Claremont.
MINNAMEIER, GERHARD/OBERWIMMER, KONRAD/STEGER, MARTIN/WENZL, THOMAS (2023), Methodik und Systematik der empirischen Bildungsforschung. Wissenschaftstheoretische Grundlagen, methodische Zugänge, forschungspraktische Hinweise, Bad Heilbrunn.
UNSER, ALEXANDER/RIEGEL, ULRICH (2022), Grundlagen der quantitativ-empirischen Religionspädagogik. Eine anwendungsorientierte Einführung, Münster/New York.
SCHENDERA, CHRISTIAN FG (2015), Deskriptive Statistik verstehen, Konstanz/München.
WEINS, CORNELA (2010), Uni- und bivariate deskriptive Statistik, in: WOLF, CHRISTOF/BEST, HENNING (Hg.), Handbuch der sozialwissenschaftlichen Datenanalyse, Wiesbaden, 65–90.

Literatur

BLASSE, NINA/WITTEK, DORIS (2014), Die Situation des wissenschaftlichen ‚Nachwuchses' im Fach Erziehungswissenschaft – 2014 revisited. Erziehungswissenschaft, 25, 1, 59–72.
BUBMANN, PETER/KEßLER, HILDRUN/MULIA, CHRISTIAN/OESSELMANN, DIRK/PIROTH, NICOLE/STEINHÄUSER, MARTIN (Hg.) (2019), Gemeindepädagogik, 2. Aufl. Berlin/Boston.

Doyé, Götz (2002), Gemeindepädagogik – fachwissenschaftliche und berufspraktische Perspektiven, in: Doyé, Götz/Hildrun Keßler (Hg.), Konfessionslos und religiös. Gemeindepädagogische Perspektiven, Leipzig, 93–114.

Kuckartz, Udo/Lenzen, Dieter (1986), Die Situation des wissenschaftlichen Nachwuchses im Fach Erziehungswissenschaft, in: Zeitschrift für Pädagogik 32, 6, 865–877.

Kuckartz, Udo/Lenzen, Dieter (1988), Die Situation des wissenschaftlichen Nachwuchses im Fach Erziehungswissenschaft (II). In: Zeitschrift für Pädagogik 34, 5, 673–685.

Kuckartz, Udo/Lenzen, Dieter (1990), Personalstruktur, Ersatzbedarf des Akademischen Personals und Lage des wissenschaftlichen Nachwuchses im Fach Erziehungswissenschaft. Ein Abschlußbericht für die Bundesrepublik und Berlin (West) aufgrund der empirischen Erhebungen 1989/90. In: Erziehungswissenschaft 1, 02, 6–23.

Löwenstein, Heiko/Zimmermann, Germo/Schmidt, Holger/Scheer, Katja/Weizig, Svenja/Schröder, Carsten (2018), Nächste Ausfahrt: Promotion. Sozialmagazin 3–4, 80–87.

Minnameier, Gerhard/Oberwimmer, Konrad/Steger, Martin/Wenzl, Thomas (2023), Methodik und Systematik der empirischen Bildungsforschung. Wissenschaftstheoretische Grundlagen, methodische Zugänge, forschungspraktische Hinweise, Bad Heilbrunn.

Schendera, Christian FG (2015), Deskriptive Statistik verstehen, Konstanz / München.

Unser, Alexander (2020), Empirische Professionalität: Eine zentrale Zukunftsaufgabe der Religionspädagogik. *Religionspädagogische Beiträge*, 83, 88–97.

Unser, Alexander/Riegel, Ulrich (2022), Grundlagen der quantitativ-empirischen Religionspädagogik. Eine anwendungsorientierte Einführung, Münster/New York.

Wissenschaftsrat (2020), Positionspapier. Wissenschaft im Spannungsfeld von Disziplinarität und Interdisziplinarität. https://www.wissenschaftsrat.de/download/2020/8694-20.pdf?__blob=publicationFile&v=3 [abgerufen am 10.04.2024].

Kapitel 4: Einsatz standardisierter Fragebögen am Beispiel von Freizeiten und Konfi-Arbeit

Wolfgang Ilg

1. Einleitung: Quantitative Forschung leicht gemacht

Gemeindepädagogische Forschung lebt von Voraussetzungen, die im Studium der Gemeindepädagogik zumeist nicht vermittelt werden. Angesichts der vielfältigen Themenkreise einer doppelten Qualifikation im Kontext von Theologie und Pädagogik werden empirische Annäherungen an die Wirklichkeit zwar durchgehend angemahnt, eine vertiefte Ausbildung zur eigenen empirischen Arbeit findet aber in den oftmals übervollen Modulhandbüchern der entsprechenden Hochschulen keinen Raum. Auch in Lehrwerken zur Gemeindepädagogik fehlen entsprechende methodologische Grundlagen.[1] Dies hat seinen guten Grund: In der ausdifferenzierten bildungswissenschaftlichen Forschungslandschaft wird zu Recht erwartet, dass empirische Beiträge zumindest methodische Grundstandards erfüllen – solche Grundlagen sind aber kaum ohne eine gründliche Beschäftigung mit den Methoden über mehrere Semester hinweg zu vermitteln.

Wenn in der Gemeindepädagogik empirisch gearbeitet wird, wählen Forscher:innen aufgrund ihrer hermeneutisch eingeübten Zugangsweisen zur Arbeit mit Texten zumeist qualitative Forschungszugänge. Quantitative Verfahren, die Kenntnisse im Feld der Statistik erfordern, erscheinen den meisten Forschenden in der Gemeindepädagogik dagegen eher fremd, so dass sie zwar rezipiert, aber nur in seltenen Fällen als eigenständiger Forschungszugang gewählt werden. Überspitzt gesagt ergibt sich die Wahl zwischen qualitativen und quantitativen Verfahren nicht unbedingt aus sachlichen Gründen, sondern weil ein qualitativer Zugang alternativlos erscheint: „Gemeindepädagog*innen forschen mit einer gewissen Methodik, weil sie nur diese Methodik beherrschen" (Ilg 2024).

---

[1] Sowohl im Überblickswerk von Mutschler und Hess (2014) als auch im Studienbuch Gemeindepädagogik (Bubmann u. a. 2019) wird zwar vielfach auf empirische Forschung Bezug genommen, eine methodische Einführung in die eigenständige empirische Forschung ist aber nicht enthalten. Eine aktuelle Analyse von Alexander Unser (2020) zeigt zudem, dass nur etwa ein Sechstel der aktuellen Lehrstuhlinhaber im Feld der Religionspädagogik ihre Dissertationen und Habilitationen auf empirische Forschungsprojekte stützten, Tendenz allerdings steigend.

Mit der zunehmenden Bedeutung der empirischen Forschung und der Notwendigkeit, sich auch als Gemeindepädagog:in mit quantitativen Ergebnissen (beispielsweise aus den Kirchenmitgliedschaftsuntersuchungen, zuletzt EKD 2023), auseinanderzusetzen, erscheint eine Beschäftigung mit diesem Forschungsfeld auch im Studium unausweichlich. Ein 2018 erschienenes Lehrbuch bietet Grundlagen der empirischen Forschung in Form einer methodischen Einführung mit Praxisbeispielen aus dem Feld der Religions- und Gemeindepädagogik (Pirner/Rothgangel 2018), ein neueres Lehrbuch fokussiert sich sogar auf eine religionspädagogische Einführung in quantitative Methoden (Unser/Riegel 2022). Damit ist die Zugänglichkeit für quantitative Verfahren zwar erhöht, allerdings bleibt für die meisten Interessierten aus der Gemeindepädagogik ein Dilemma bestehen: Wie kann es gelingen, eine methodisch saubere quantitative Studie durchzuführen, ohne sich über mehrere Semester ausführlich mit Fragen von Statistik, Fragebogenkonstruktion und Datenauswertung zu beschäftigen?

Der vorliegende Beitrag stellt zwei Forschungsverfahren für den eigenständigen Gebrauch vor, die genau aus diesen Überlegungen heraus entwickelt wurden. Durch die Bereitstellung standardisierter Fragebögen und einer automatisierten Auswertungsmethodik können auch Personen mit geringen Methodenkenntnissen eine eigene quantitative Forschung zu Jugendgruppenfahrten (Freizeiten bzw. internationale Jugendbegegnungen) sowie zur Konfi-Arbeit durchführen. Für methodisch ambitionierte Nutzer:innen gibt es die Möglichkeit, die bestehenden Fragebögen zu verändern und eigene Items zu entwickeln. Vergleichsdaten aus Grundlagenstudien ermöglichen es, die lokalen Ergebnisse in den Kontext großer bundesweiter und internationaler Datensätze einzubetten. Zudem bietet die technische Basis der beiden Online-Tools i-EVAL und i-konf die Möglichkeit, mehrere lokale Befragungen zusammenzuführen und dadurch Datensätze zu gewinnen, mit denen sich nicht nur Hausarbeiten, sondern auch Bachelor- und Masterarbeiten bis hin zu Dissertationen auf empirischer Grundlage erstellen lassen.

2. i-EVAL: Eigenständige Evaluation von Freizeiten und internationalen Jugendbegegnungen

Freizeiten gehören zu den beliebtesten und intensivsten Arbeitsformen der Kinder- und Jugendarbeit. Ein verwandtes Format mit besonderen Chancen der politischen und interkulturellen Bildung sind internationale Jugendbegegnungen. Zu beiden Feldern gibt es in den letzten Jahren im säkularen Raum wichtige Forschungsbeiträge, bei denen auch das hier vorgestellte Verfahren mit i-EVAL eine Rolle gespielt hat (exemplarische aktuelle Publikationen: Dimbath/Ernst-Heidenreich 2022, Becker/Thimmel 2019, IJAB 2023).

Am Beispiel einer Jugendfreizeit wird einsichtig, dass eine empirische Befragung äußerst hilfreich für die Evaluation der Maßnahme sein kann. Gerade bei größeren Gruppen fehlt am Ende einer gemeinsam verbrachten Woche oftmals die Zeit, um mit allen ins Gespräch darüber zu kommen, wie sie das Erlebte empfunden haben. Die Idee, Fragebögen einzusetzen, wird aber zumeist verworfen, sobald man sich die damit verbundene Arbeit verdeutlicht: Wie formuliert man passende Fragen und welche Antwortskala kann eingesetzt werden? Soll der Fragebogen digital oder per Papier erstellt werden? Und wie kommt man zur Auswertung und Interpretation der Daten? Zumeist bleibt es also beim Stoßseufzer, wie gut es „eigentlich" wäre, das Feedback systematisch einzuholen, wenn das nur nicht einen so großen Aufwand bedeuten würde. Das Anliegen, ein simples Evaluationsverfahren für die lokale Anwendung zu generieren und dieses auch für die Forschung zu nutzen, war der Grundgedanke des Evaluationsverfahrens, das seit mittlerweile über 20 Jahren für die Auswertung von Jugendgruppenfahrten (also Freizeiten und internationalen Jugendbegegnungen) bereitsteht. Seinen Ausgangspunkt hatte es bei Jugendfreizeiten des Evangelischen Jugendwerks in Württemberg (Ilg 2002). Seither wurde dieses Verfahren über seine ge-

meindepädagogischen Wurzeln hinaus in den säkularen Bereich hinein weiterentwickelt und technisch auf neue Beine gestellt. Es ist als bundesweites Standardverfahren zur Auswertung von Jugendgruppenfahrten jährlich bei hunderten von Freizeiten und Begegnungen im Einsatz, mittlerweile wurden fast 100.000 Fragebögen ausgefüllt.

Der Forschungsverbund Freizeitenevaluation (eine Kooperation der Evangelischen Hochschule Ludwigsburg und der Technischen Hochschule Köln) stellt für Jugendgruppenfahrten unterschiedliche Standard-Fragebögen bereit, die vor Ort eigenständig eingesetzt werden können. Ermöglicht wird diese interaktive Evaluation durch das System i-EVAL, das im Internet kostenfrei zur Verfügung steht. Unter www.i-eval-freizeiten.de (für Kinder- und Jugendfreizeiten) sowie unter www.i-eval.eu (für Jugendbegegnungen, in acht Sprachen verfügbar) kann eine eigenständige Evaluation durchgeführt werden.

Für Freizeiten stehen folgende Fragebögen zur Verfügung:
- Jugendfreizeit (Kurz- oder Normalversion)
- Kinderfreizeit (Kurz- oder Normalversion)
- Konfi-Camp (Kurz- oder Normalversion)
- Fortbildung / Fachveranstaltung

Für internationale Jugendbegegnungen gibt es folgende Fragebogentypen, jeweils in den Sprachen Deutsch, Englisch, Französisch, Polnisch, Ukrainisch, Griechisch, Hebräisch und Türkisch (teilweise befinden sich diese aktuell noch in der Entwicklung):
- Jugendbegegnung (Kurz- oder Normalversion)
- Jugendbegegnung in der Berufsausbildung
- Schulbegegnung (aktuell in Entwicklung)
- Fortbildung / Fachveranstaltung

Ob nur eine Befragung der Teilnehmenden zu ihren Erfahrungen (am besten am vorletzten Tag der Maßnahme) oder auch eine Befragung der Mitarbeitenden nach ihren Zielen (entweder vor oder zu Beginn der Maßnahme) durchgeführt wird, kann je nach individuellem Bedarfen entschieden werden.

Die Evaluation läuft dabei in folgenden Schritten ab:
1. Erstellen eines kostenfreien Accounts unter www.i-eval-freizeiten.de oder www.i-eval.eu. Das gesamte System funktioniert als Online-Anwendung auf jedem internetfähigen Gerät. Es ist keine App und erfordert keine Installation.
2. Anlegen einer neuen Befragung, Eingabe einiger Rahmendaten und Auswahl des passenden Fragebogens.
3. Optional: Anpassen des Fragebogens durch Löschung oder Ergänzung eigener Fragestellungen (Items).
4. Durchführung der Befragung. Die einfachste Methode besteht darin, den vom System bereitgestellten QR-Code an die Teilnehmenden zu geben, die

dann ihre Antworten am Smartphone eingeben. Alternativ können auch Papierfragebögen ausgedruckt werden, die von den Verantwortlichen nach dem Einsammeln dann in eine Eingabemaske im System eingegeben werden können (auch eine Mischung von digital und analog ausgefüllten Fragebögen ist möglich).
5. Nach der Beantwortung der Fragen durch die Kinder bzw. Jugendlichen (Dauer ca. 15 Minuten) wird die Befragung geschlossen. Nun stehen die Ergebnisse direkt online zur Verfügung. Diese können in Form verschiedener pdf-Dateien heruntergeladen oder sogar als Rohdaten genutzt werden.

Abbildung 1 veranschaulicht eine Ergebnisdarstellung, wie sie im System bereitgestellt wird. Wer möchte, kann die gesammelten Ergebnisse auch online weitergeben – hierfür wird dann ein Link generiert, über den man beispielsweise den Mitarbeitenden unkompliziert Zugang zu allen Ergebnissen verschaffen kann.

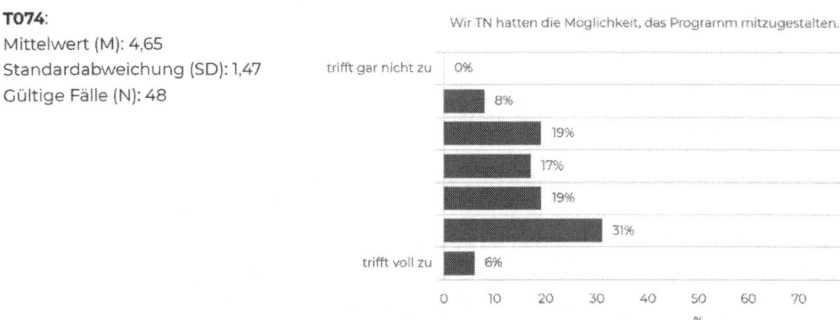

Abbildung 1: Exemplarische Ergebnisdarstellung aus i-EVAL-Freizeiten

2.1 Fragebögen anpassen – Möglichkeiten für die eigene Forschung

Während die einfachste Nutzung des Systems der Freizeitenevaluation, also die lokale Evaluation einer Maßnahme mit einem vorgegebenen Fragebogen, auch ohne methodische Kenntnisse möglich (und damit auch für Ehrenamtliche gut nutzbar) ist, bietet sich für Interessierte mit vertieften Methodenkenntnissen die Möglichkeit, die Fragebögen zu individualisieren. Hierzu bietet i-EVAL verschiedene Optionen:

Für bestimmte inhaltliche Ausrichtungen der Freizeit (z. B. Jugendfreizeit im Ausland oder inklusive Jugendfreizeit) gibt es optionale Fragenmodule, die dem Standard-Fragebogen blockweise hinzugefügt werden können. Für den gemeindepädagogischen Kontext besonders attraktiv ist hier das Modul „Jugendfreizeit eines kirchlichen Trägers". Hierdurch werden beispielsweise folgende Items in den Fragebogen eingefügt:

- Durch diese Freizeit habe ich eine positive Erfahrung mit der Kirche gemacht.
- Religiöse Angebote bei dieser Freizeit waren wertvoll für mich.
- Ich habe in Gesprächen Anstöße zu religiösen Fragen bekommen.
- Ich habe mich bewusst zu einer kirchlichen / christlichen Freizeit angemeldet.
- Was Christsein heißt, war bei dieser Freizeit erlebbar.
- Ich habe bei dieser Freizeit Inhalte der Bibel (besser) kennen gelernt.
- Der Glaube an Gott ist mir jetzt wichtiger als vor der Freizeit.
- Das Singen und Musikmachen hier hat mir Spaß gemacht.

Wer den Fragebogen ganz individuell bearbeiten möchte, kann darüber hinaus einzelne Items streichen sowie zusätzliche Items einfügen. Am einfachsten ist es, dafür Aussagen zu formulieren, die dann auf der siebenstufigen Skala zwischen „trifft gar nicht zu" und „trifft voll zu" beantwortet werden können (bei Kindern ist die Skala zur Reduzierung der Komplexität beim Bearbeiten lediglich fünfstufig). Aber auch bei den anderen Frageformaten sind Ergänzungen möglich. So werden beispielsweise verschiedene Zufriedenheitsaspekte (Anreise, Essen, Programm) mit Schulnoten beantwortet, bei denen ebenfalls eigene Aspekte ergänzt werden können (Kajaktour, Nachtwanderung usw.). Auch offene Fragen oder eigene Fragetypen können ergänzt werden, zudem lässt sich der standardisierte Instruktionstext bearbeiten.

Die Bearbeitungsmöglichkeiten des Fragebogens ermöglichen sowohl Anfängern als auch Profis, verschieden tief in den Standard-Fragebogen einzugreifen. Die Orientierung an den vorgegebenen Item-Formulierungen bietet ein Geländer für das Erstellen eigener Formulierungen. Wer ganz eigenständig Items erstellt, sollte sich dabei an die gängigen Regeln zum „Question Wording" halten, wie sie beispielsweise von Rolf Porst in seinen „Zehn Geboten der Frageformulierung" zusammengestellt wurden (Porst 2014; siehe auch *Karcher/Müller* in diesem Band). Die Standardfragebögen werden von den zuständigen Gremien immer wieder diskutiert und behutsam weiterentwickelt – auch unter Aufnahme von Rückmeldungen der Nutzenden.

2.2 Auswertung mehrerer Freizeiten mit der Funktion „Dachorganisation"

Mit der oben beschriebenen Methode lässt sich sehr einfach eine einzelne Freizeit individuell auswerten. Der Nutzen für die Praxis vor Ort ist zwar groß, denn in der Regel beantworten fast alle Teilnehmenden die Fragebögen, so dass die Ergebnisse einer Vollerhebung entsprechen. Für eine wissenschaftliche Studie oder eine Bachelorarbeit sind die Daten einer einzelnen Maßnahme allerdings in der Regel nicht ausreichend. Hier kommt eine besondere Stärke des Systems ins Spiel: Die Funktion der Dachorganisation.

Diese Funktion bietet die Möglichkeit, eine gemeinsame Auswertung mehrerer Maßnahmen zu erhalten. Dafür registriert man sich als Dachorganisation mit einem im System bereitgestellten Formular und gibt seiner Dachorganisation einen Namen, beispielsweise „Jugendreferat Berlin". Alle Evaluationen, die ihre Befragungen dieser Dachorganisation zuordnen, werden dann in der Dachorganisations-Auswertung automatisch zusammengeführt. Einige Träger haben diese Möglichkeit bereits entdeckt, so erstellte die Arbeitsgemeinschaft der Evangelischen Jugend in Nordrhein-Westfalen auf diese Weise schon mehrfach eine groß angelegte Evaluation ihrer Maßnahmen. Alle lokalen Jugendarbeitsträger führten eine eigene Befragung durch und erhielten ihre Auswertung – die Datenzusammenführung über die Dachorganisation war ein zusätzlicher Gewinn auf Landesebene, der für die Beteiligten keinen separaten Befragungsaufwand bedeutete, aber für die aej in NRW großen Nutzen stiftet (siehe zuletzt aej NRW 2023; Ergebnisse finden sich unter www.aej-nrw.de/themen/freizeiten [abgerufen am 10.04.2024]).

Wie die Funktion der Dachorganisation für wissenschaftliche Auswertungen auch im Studium genutzt werden kann, zeigt exemplarisch die 2023 erstellte gemeindepädagogische Bachelorarbeit von Anika Hintzenstern. Sie befragte mit Hilfe von i-EVAL-Freizeiten 314 Jugendliche bei 15 Jugendfreizeiten der evangelischen Jugend, bei denen das Thema Nachhaltigkeit besonders im Fokus stand. Der mit Hilfe der Dachorganisations-Funktion zusammengeführte Datensatz bot die Möglichkeit, differenzierte Einblicke in das Erleben der Jugendlichen zu erhalten und diese Antworten mit den Antworten aus anderen Studien der Freizeitenevaluation zu vergleichen. So wurde deutlich, dass das angestrebte Ziel eines vertieften ökologischen Bewusstseins mit dieser Ausrichtung der Freizeiten tatsächlich erreicht wurde. Die zentralen Ergebnisse der Arbeit fanden Eingang in einen Artikel der Fachzeitschrift „deutsche jugend" (Hintzenstern / Schlüter 2023) und wurden zudem als Ausgangspunkt für die Entwicklung eines neuen Fragemoduls für i-EVAL zum Thema „Nachhaltigkeit" weiterverwendet.

Das Online-Tool i-EVAL, das neben anderen Trägern maßgeblich von der Evangelischen Jugend in Deutschland (aej) mit unterstützt wurde, hat sich in den letzten Jahren auch in der evangelischen Jugendarbeit zu einem viel beachteten Verfahren entwickelt, weil es durch die Befragung der jugendlichen Teilnehmenden konkret aufzeigt, wie Partizipation umgesetzt werden kann. Im EKD-Text „Religiöse Bildungsbiografien ermöglichen" wird dieses Tool als eine exemplarische Umsetzung zum Thema Feedback genannt: „Feedback trägt zur Transparenz und Qualitätsentwicklung bei, nimmt die Subjektorientierung evangelischen Bildungshandelns ernst und sollte daher in allen Angeboten in angemessener Weise vorkommen" (EKD 2022, 110). Mit dem Stichwort Feedback ist maßgeblich auch das Tool i-konf verbunden, das im folgenden Abschnitt vorgestellt werden soll.

3. i-konf: Das Feedback-Tool für die Konfi-Zeit

Die dritte bundesweite Studie zur Konfi-Arbeit hatte sich zum Ziel gesetzt, einen Beitrag zur feedbackgestützten Qualitätsentwicklung der Konfi-Arbeit zu leisten. Im Hintergrund stehen bildungswissenschaftliche Erkenntnisse zur Bedeutung von Feedback im Kontext des Unterrichts (Hattie/Clarke 2019, zusammenfassend Zierer u. a. 2019) sowie die Jugendarbeitsprinzipien von Partizipation und Empowerment (Ord 2016), die sich ebenfalls mit dem Feedback-Konzept verbinden lassen. Die dritte Konfi-Studie 2021/22 wurde zugleich als Grundlagenstudie für die Entwicklung von Standard-Fragebögen genutzt, die den Gemeinden für die eigenständige Evaluation zur Verfügung stehen. Ein entsprechender Bedarf hatte sich schon in der ersten Studie zur Konfi-Arbeit gezeigt und bereits 2009 zur Bereitstellung eines einfachen Papier-Fragebogens für die eigenständige Evaluation der Konfi-Arbeit vor Ort geführt (Ilg/Peters 2010). Als Teil der 3. Studie sollte nun ein Feedback-Tool entwickelt werden, das die einfache Selbst-Evaluation vor Ort in digitaler Weise ermöglicht: Seit Ende 2022 steht dieses Online-Tool unter dem Namen i-konf kostenfrei zur Verfügung. Die Grundideen von i-EVAL und dessen technische Grundlagen standen Pate bei der Entwicklung, so dass sich i-EVAL und i-konf in der Nutzbarkeit gleichen.

Wer die Konfi-Arbeit subjektorientiert weiterentwickeln will, kann mit „i-konf" auf einfache und schnelle Weise die Konfis befragen. Die Fragebögen aus der dritten Konfi-Studie stehen hier in einer gekürzten Fassung für die eigene Nutzung vor Ort bereit. Wie bei der Konfi-Studie kommen dafür zwei Zeitpunkte in Betracht: Die Befragung zu Beginn der Konfi-Zeit („t1"), bei der es um die Anmeldemotivation und die Ziele für die Konfi-Arbeit geht, sowie die Befragung am Ende der Konfi-Zeit („t2"), in der auf die gemeinsame Zeit zurückgeschaut wird. Auch hier sind neben Befragungen der Konfirmand:innen zusätzliche Fragebögen für die Mitarbeitenden vorhanden, die insbesondere dann sinnvoll sind, wenn in einem größeren Team gearbeitet wird.

Wie für i-EVAL gilt auch für i-konf: Eine Installation ist nicht erforderlich, jedes internetfähige Gerät kann genutzt werden. Unter www.i-konf.eu wird eine vordefinierte Befragung ausgewählt. Die dort angebotenen Standard-Fragebögen lassen sich auf die eigene Gemeinde anpassen. Vorhandene Fragen können gelöscht und eigene Fragen ergänzt werden. Zudem gibt es eine Reihe themenspezifischer Zusatzmodule zur Auswahl, beispielsweise zum Thema Gottesdienst, Musik oder Digitalität. Durch einen Link oder einen QR-Code wird die Befragung an die Konfis geschickt. Diese füllen (ohne Account oder ähnliche Hürden) den Fragebogen innerhalb von 10–15 Minuten am Smartphone oder auf Papier aus. Direkt im Anschluss kann die verantwortliche Person die Ergebnisse als Grafiken oder Tabellen herunterladen. Wie bei i-EVAL kann auch bei i-konf die Option der Dachorganisation eingesetzt werden. Die Konfi-Beauftragten der Landeskirchen haben solche Dachorganisationen bereits eingerichtet, so dass zukünftig Datenerhebungen in einer Landeskirche ohne großen Aufwand durchführbar sind, wenn dies entsprechend koordiniert und wissenschaftlich begleitet wird.

Der Einsatz von i-konf für wissenschaftliche Zwecke ist grundsätzlich genauso wie bei i-EVAL möglich. So wäre es beispielsweise im Rahmen einer studentischen Qualifikationsarbeit denkbar, die Konfi-Gruppen eines Kirchenkreises unter einer Dachorganisation zusammenzufassen und hierdurch sehr einfach an die Antworten einer großen Zahl von Jugendlichen zu gelangen. Die Ergebnisse können mit den bundesweiten Daten der 3. Konfi-Studie verglichen werden (Simojoki u. a. 2024), so dass Konfi-Verantwortliche vor Ort die Stärken und Schwächen der eigenen Arbeit erkennen und Schlüsse daraus ziehen können.

Daneben bietet sich das Tool auch für den didaktischen Einsatz in der Konfi-Arbeit an. So werden die Konfirmand:innen im Fragebogen nicht lediglich nach Rückmeldungen zum Erleben ihrer Konfi-Zeit gefragt, sondern sollen sich auch zu ihren eigenen Haltungen positionieren. Da die Ergebnisse unmittelbar nach der Befragung zur Verfügung stehen, können die Antwortverteilungen gemeinsam mit den Jugendlichen per Beamer angeschaut und diskutiert werden. Was bedeutet es zum Beispiel, wenn 18 % der Jugendlichen ablehnend gegenüber der Aussage „Jesus ist auferstanden" positionieren, wie bei dem in Abb. 2 gezeigten Beispiel.

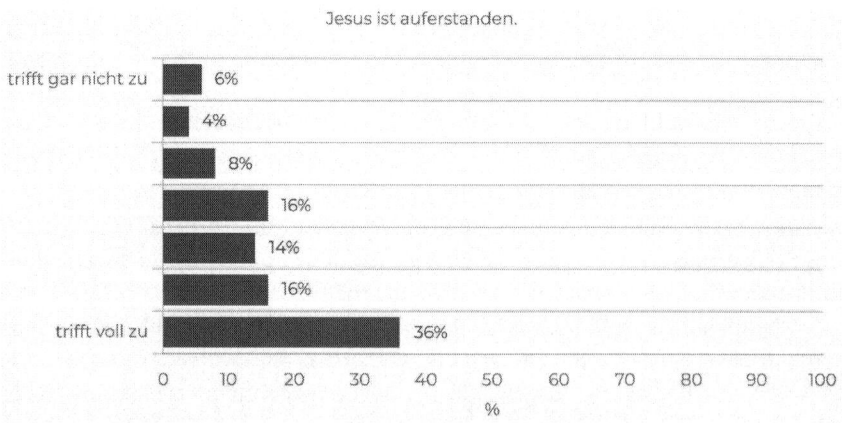

Abbildung 2: Exemplarisches Ergebnis aus dem Feedback-Tool i-konf

Wer eine längsschnittliche Befragung durchführen will, könnte solche Einstellungen zwischen den Befragungszeitpunkten t1 und t2 vergleichen. Dabei ist es auch denkbar, die individuellen Ergebnisse durch einen anonymen Code zu verbinden, den man als zusätzliches Item in den Fragebogen integriert. Die Ergebnisse beider Befragungen können dann als Rohdaten heruntergeladen und über den anonymen Code mit einem Statistikprogramm wie SPSS verbunden und weiterbearbeitet werden. Auf diese Weise lassen sich umfangreiche Datensätze generieren, die beispielsweise auch als Grundlage einer Dissertation dienen könnten.

Neben der wissenschaftlichen Nutzung lassen sich die vor Ort gewonnenen Daten auf verschiedene Weise einsetzen. Denkbar ist beispielsweise ein Bericht über die Rückmeldungen der Jugendlichen im Kirchengemeinderat oder eine Vorstellung ausgewählter Antworten beim Konfi-Elternabend, um auf dieser Basis in einen Austausch mit den Eltern über theologische Fragen der Jugendlichen zu kommen. Ein gemeinsamer Blick auf die Daten im Konfi-Team sollte selbstverständlich sein und bietet die Möglichkeit einer empiriebasierten Konzeptionsentwicklung. Für diesen Zweck bietet sowohl i-EVAL als auch i-konf eine Freigabefunktion: Dadurch wird ein Link generiert, den man versenden kann und der direkt zu einer Kompaktauswertung der individuellen Ergebnisse führt.

4. Vorteile und Grenzen von i-EVAL und i-konf

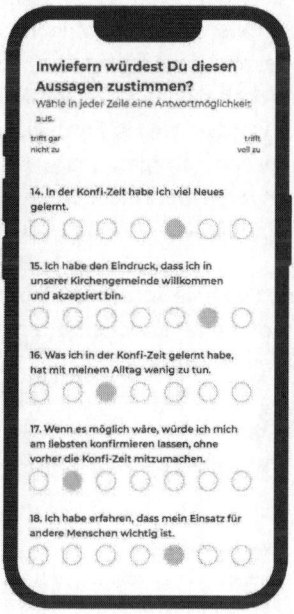

Die hier vorgestellten Online-Tools bieten in forschungsmethodischer Hinsicht einen ungewöhnlichen Brückenschlag zwischen großen internationalen Forschungsprojekten und der eigenständigen Forschung von Studierenden. Anders als in den meisten großen quantitativen Forschungsprojekten können wissenschaftlich interessierte Nutzer:innen nicht nur die Ergebnisse groß angelegter Befragungen betrachten, sondern eine ähnliche Befragung auch selbst durchführen. Dabei bleiben die standardisierten Fragebögen als verlässliche Grundlage stets das Fundament der eigenen Forschung, die über die Veränderung des Fragebogens dann eigenständig akzentuiert werden kann.

Hier wird der Vorteil und zugleich die Begrenzung der Tools i-EVAL und i-konf deutlich: Diese Tools sind nicht dazu gedacht, ganz eigene

Fragebögen zu erstellen. Da maximal zehn Items aus den Standard-Fragebögen gelöscht werden können, ist einer solchen Nutzung auch technisch eine Grenze gesetzt. Wer einen eigenen Online-Fragebogen erstellen möchte, findet bei den gängigen Anbietern wie UmfrageOnline (www.umfrageonline.com) oder SurveyMonkey (www.surveymonkey.com) professionell ausgebaute Tools. Diese bieten ein großes Leistungsspektrum, das über die Möglichkeiten von i-EVAL und i-konf hinausgeht (beispielsweise Download der Daten direkt in einen codierten SPSS-Datensatz). Das Alleinstellungsmerkmal von i-EVAL und i-konf liegt gegenüber solchen „inhaltsleeren" Befragungsprogrammen in der Bereitstellung wissenschaftlich erarbeiteter Fragebögen, die sich individuell anpassen lassen. Gerade für Gemeindepädagog:innen, die nur eine begrenzte quantitative Methodenausbildung mitbringen, bietet das die Sicherheit, methodisch gut zu arbeiten und dennoch einen individuell zugeschnittenen Fragebogen erstellen zu können. Viele komplexe Themen der quantitativ-empirischen Forschung (Auswahl einer Antwortskala, Aufbau und Länge des Fragebogens, Formulierung einer Instruktion, statistische Auswertungen) sind in den Systemen i-EVAL und i-konf bereits gelöst.

Allerdings bleiben die Systeme auf die jeweiligen Bereiche Jugendgruppenfahrten bzw. Konfi-Arbeit beschränkt. Ein Einsatz in anderen Bereichen ist nicht sinnvoll. Wer beispielsweise Seminare von Freiwilligendienstleistenden auswerten will, könnte zwar mit einigen Items aus dem Freizeitenfragebogen arbeiten, wird aber feststellen, dass ein Großteil der Items für dieses Feld nicht geeignet ist. Langfristig wäre allerdings denkbar, ein ähnliches Online-Tool auch für solche Zwecke aufzubauen. In technischer Hinsicht sind i-EVAL und i-konf, die auf derselben technischen Grundlage basieren und von der Berliner IT-Firma Cosmoblonde in Zusammenarbeit mit den beteiligten Wissenschaftlern laufend weiterentwickelt werden, so programmiert, dass jederzeit ein weiteres Tool bereitgestellt werden könnte. Hierfür müssten dann neben der technischen Einrichtung auch die jeweiligen Fragebögen entwickelt werden, was in Form einer groß angelegten Grundlagenstudie mit mehreren tausend Befragten und empirischen Maßnahmen zur Qualitätssicherung (insbesondere einer Nachbefragung der Teilnehmenden der Grundlagenstudie) geschehen müsste – so, wie es auch bei i-EVAL und i-konf der Fall war.

Ein großer Vorteil der beiden hier vorgestellten Systeme ist deren Einbettung in einen wissenschaftlichen Kontext, der frei von kommerziellen Interessen ist. Die gesamte Nutzung von i-EVAL und i-konf bleibt kostenfrei und ist auch nicht durch Werbung oder Ähnliches beeinträchtigt. Der Aufbau und die Erhaltung der technischen Grundlagen erfolgt durch das Bundesjugendministerium und verschiedene bundeszentrale Träger der Kinder- und Jugendarbeit[2], die Kos-

---

[2] Neben dem BMFSFJ (Bundesministerium für Familie, Senioren, Frauen und Jugend) wird i-EVAL insbesondere von folgenden Organisationen ideell und finanziell getragen: IJAB –

ten für i-konf werden durch die EKD, alle 20 Landeskirchen sowie die internationalen Partner der Konfi-Studie getragen. Alle Datenschutzfragen sind DSGVO-konform gelöst, personenbezogene Daten werden ohnehin nicht erfragt. Da beim Download der Rohdaten Informationen über Geschlecht, Schulart usw. nicht enthalten sind, ist sichergestellt, dass auch durch die Kombination von Einzeldaten nicht auf die Antworten einzelner Jugendlicher geschlossen werden kann. Das Daten-Konzept wurde im Zuge der Konfi-Studie von der Ethikkommission der Evangelischen Hochschule Ludwigsburg geprüft.

5. Vernetzte Selbstevaluation, Panelstudie und weitere Anschlussmöglichkeiten für die eigenständige Forschung

Die Kombination großer wissenschaftlicher Studien und eigenständiger lokaler Befragungen bietet einiges Potenzial sowohl für die Praxis als auch für die Wissenschaft – und damit besonders für die Gemeindepädagogische Praxisforschung. Zahlreiche Publikationen sind aus den Studien hervorgegangen und bilden einen wichtigen Ausgangspunkt für das empirische Wissen zu Freizeiten und Jugendbegegnungen – so nahmen sowohl der 15. als auch der 16. Kinder- und Jugendbericht der Bundesregierung Bezug auf die mit i-EVAL gewonnenen Daten.[3]

Das Prinzip der „vernetzten Selbstevaluation" (Dubiski 2021) wird im Bereich der Freizeiten und der Jugendbegegnungen seit 2017 auch wissenschaftlich kontinuierlich genutzt. In einer „Panelstudie" wird ein fester Kreis von Trägern – ein Panel – etabliert, die ihre Jugendgruppenfahrten jährlich evaluieren und die Daten für die Wissenschaft bereitstellen (zur Panelforschung allgemein siehe Schupp 2019). Durch die Datenvergleiche lassen sich dann Entwicklungen im Feld der Jugendmobilität über die Zeit hinweg empirisch nachzeichnen. Auch wenn die Corona-Jahre den Aufbau der Panelstudie beeinträchtigten, wird hier eine wichtige Grundlage für die empirische Dauerbeobachtung dieses in der Forschung lange vernachlässigten Feldes geschaffen (Dubiski/Ilg 2023). Ergebnisse

---

Fachstelle für Internationale Jugendarbeit der Bundesrepublik Deutschland e. V.; Deutsch-Französisches Jugendwerk:, Deutsch-Polnisches Jugendwerk, Deutsch-Griechisches Jugendwerk, ConAct Koordinierungszentrum Deutsch-Israelischer Jugendaustausch, Deutsch-Türkische Jugendbrücke, transfer e. V., Forschung und Praxis im Dialog, Arbeitsgemeinschaft der Evangelischen Jugend in Deutschland e. V.

[3] Der Forschungsverbund Freizeitenevaluation bietet eine Übersicht solcher Veröffentlichungen unter www.freizeitenevaluation.de/Publikationen [abgerufen am 10.04.2024]. Hier gibt es auch einen Newsletter, der regelmäßig über neue Entwicklungen und Veröffentlichungen informiert.

können unter www.panelstudie.de heruntergeladen werden und bieten sich auch als Vergleichsgrundlage für die lokal erhobenen Daten zu eigenen Jugendgruppenfahrten an.

Denkbar wäre langfristig, auch für die Konfi-Arbeit eine ähnliche Panelstudie aufzusetzen. Schon mit einem Sample von 50 bis 100 Kirchengemeinden bundesweit, die jedes Jahr eine Befragung mit i-konf durchführen und die Daten für eine Panelstudie zur Verfügung stellen, ergäbe sich die Chance, ein empirisches Monitoring für die Konfi-Arbeit zu etablieren und rekursive Forschungsprozesse in Gang zu setzen, die Praxis und Forschung stärker als zuvor miteinander verbinden. Auch andere ähnliche Projekte der vernetzten Selbstevaluation sind denkbar. Mit i-EVAL und i-konf sind die technischen und wissenschaftlichen Möglichkeiten geschaffen, die quantitativ-empirische Forschung in zwei wichtigen gemeindepädagogischen Feldern zu etablieren. Damit bieten diese Tools nebenbei einen wichtigen Mehrwert, der auch in wissenschaftstheoretischer Hinsicht nicht zu unterschätzen ist: *De facto* wird mit solchen Tools eine Demokratisierung der quantitativen Forschung geschaffen, weil dieses Forschungsparadigma auch für Personen zugänglich wird, die nicht über die hochspezialisierten Methodenausbildungen verfügen, wie sie sich in der empirischen Bildungsforschung etabliert haben. Für die Gemeindepädagogische Praxisforschung ergeben sich hier vielfache Chancen, die bereits im Studium genutzt werden können.

Weiterführende Literatur und Hinweise zur Vertiefung

Hintergründe und aktuelle Entwicklungen zu den Forschungsprojekten, die hinter i-EVAL und i-konf stehen, finden sich unter www.freizeitenevaluation.de und www.konfirmandenarbeit.eu. Ergebnisse der wissenschaftlichen Befragungen, die sich auch zum Vergleich mit lokal erhobenen Daten eignen, sind in folgenden Buchpublikationen dokumentiert:

ILG, WOLFGANG/DUBISKI, JUDITH (2015), Wenn einer eine Reise tut. Evaluationsergebnisse von Jugendfreizeiten und internationalen Jugendbegegnungen, Schwalbach.

SIMOJOKI, HENRIK/ILG, WOLFGANG/HEES, MANUELA (in Verbindung mit Thomas Böhme und Birgit Sendler-Koschel) (2024), Konfi-Arbeit in und nach der Corona-Pandemie. Empirische Befunde und Impulse für die Qualitätsentwicklung aus der dritten bundesweiten Studie (Konfirmandenarbeit erforschen und gestalten Band 13), Gütersloh. Online: www.konfirmandenarbeit.eu [abgerufen am 10.04.2024].

Eine gute Einführung in empirische Forschungsmethoden im Feld der Religionspädagogik und Gemeindepädagogik ist in folgendem Buch zu finden (besonders hilfreich ist Kapitel 6 zur Erstellung eines Fragebogens, weniger geeignet ist aufgrund einiger Fehler jedoch Kapitel 10 zur Analyse quantitativer Daten):

PIRNER, MANFRED L./ROTHGANGEL, MARTIN (Hg.) (2018), Empirisch forschen in der Religionspädagogik. Ein Studienbuch für Studierende und Lehrkräfte, Stuttgart.

Eines der besten Standardwerke zur Erstellung eines Fragebogens stammt von Rolf Porst, der beruflich bei GESIS als Fragebogen-Berater tätig war und seine Erfahrungen in unterhaltsamer Weise zusammengestellt hat:
PORST, ROLF (2014), Fragebogen. Ein Arbeitsbuch, 4. Aufl. Wiesbaden.

Als Nachschlagewerk über (fast) alle Methoden empirischer Sozialforschung ist folgendes umfangreiches Handbuch zu empfehlen:
BAUR, NINA/BLASIUS, JÖRG (Hg.) (2019), Handbuch Methoden der empirischen Sozialforschung, 2. Aufl. Wiesbaden.

Literatur

AEJ NRW (ARBEITSGEMEINSCHAFT EVANGELISCHE JUGEND IN NORDRHEIN-WESTFALEN) (2023), Weil es nicht einfach vom Himmel fällt... Zur Qualität der Freizeitenarbeit in NRW. Mit Bezügen zur 6. Kirchenmitgliedschaftsuntersuchung (KMU 6). Evaluation der Kinder- und Jugendfreizeiten im Bereich der Evangelischen Jugend in NRW im Sommer 2012, Düsseldorf. Online: https://www.juenger-reisen.de/wp-content/uploads/2024/01/Broschuere_Freizeitenevaluation_2022.pdf [abgerufen am 10.04.2024].

BECKER, HELLE/THIMMEL, ANDREAS (Hg.) (2019), Die Zugangsstudie zum internationalen Jugendaustausch. Zugänge und Barrieren, Schwalbach.

BUBMANN, PETER/KEßLER, HILDRUN/MULIA, CHRISTIAN/OESSELMANN, DIRK/PIROTH, NICOLE/STEINHÄUSER, MARTIN (Hg.) (2019), Gemeindepädagogik, 2. Aufl. Berlin.

DIMBATH, OLIVER/ERNST-HEIDENREICH, MICHAEL (Hg.) (2022), Jugendreisen. Perspektiven auf Historie, Theorie und Empirie (Fahren. Reisen. Begegnen, Camp and Mobility Studies – Band 1), Weinheim.

DUBISKI, JUDITH (2021), Evaluation und Wirkungsforschung. Überschneidungen und Abgrenzungen am Beispiel von Jugendgruppenfahrten. in: DUBISKI, JUDITH/HERMENS, CLAUDIA/SCHÄFER, STEFAN/THIMMEL, ANDREAS (Hg.), Praxisforschung in der non-formalen Bildung. Zum Zusammenhang von Bildung, Politik und Forschung, Frankfurt, 28–40.

DUBISKI, JUDITH/ILG, WOLFGANG (2023), Empirische Dauerbeobachtung von Kinder- und Jugendfreizeiten. Grundlagen und Erkenntnisse aus der Panelstudie, in: deutsche jugend 71, 249–257.

EKD (EVANGELISCHE KIRCHE IN DEUTSCHLAND) (2022), Religiöse Bildungsbiografien ermöglichen. Eine Richtungsanzeige der Kammer der EKD für Bildung und Erziehung, Kinder und Jugend für die vernetzende Steuerung evangelischer Bildung, Leipzig. Online: www.ekd.de/bildungsbiografien [abgerufen am 10.04.2024].

EKD (EVANGELISCHE KIRCHE IN DEUTSCHLAND) (2023), Wie hältst du's mit der Kirche? Zur Bedeutung der Kirche in der Gesellschaft. Erste Ergebnisse der 6. Kirchenmitgliedschaftsuntersuchung, Leipzig. Online: www.kmu.ekd.de [abgerufen am 10.04.2024].

HATTIE, JOHN/CLARKE, SHIRLEY (2019), Visible Learning. Feedback, London/New York.

HINTZENSTERN, ANIKA (2023), Freizeiten for future – Chancen und Grenzen von Bildung für nachhaltige Entwicklung bei Jugendfreizeiten. Bachelorarbeit im Studiengang Religionspädagogik/Gemeindepädagogik an der Evangelischen Hochschule Ludwigsburg. Online: https://kidoks.bsz-bw.de/frontdoor/index/index/docId/3760 [abgerufen am 10.04.2024].

HINTZENSTERN, ANIKA/SCHLÜTER, THORSTEN (2023), Jugendfreizeiten nachhaltiger gestalten. Empirische Erkenntnisse aus dem Förderprogramm und der Freizeitenevaluation der Evangelischen Jugend von Westfalen, in: deutsche jugend 71, 258–268.

IJAB (IJAB - FACHSTELLE FÜR INTERNATIONALE JUGENDARBEIT DER BUNDESREPUBLIK DEUTSCHLAND E. V.) (Hg.) (2023), Forum Jugendarbeit international 2019–2022: Internationale Jugendarbeit zukunftsfähig gestalten, Bonn.

ILG, WOLFGANG (2002), Freizeiten auswerten – Perspektiven gewinnen. Grundlagen, Ergebnisse und Anleitung zur Evaluation von Jugendreisen im Evangelischen Jugendwerk in Württemberg (Bielefelder Jugendreiseschriften Bd. 7), Bremen.

ILG, WOLFGANG/PETERS, HEIKE (2010), Anleitung zur eigenständigen Evaluation der Konfirmandenzeit, in: BÖHME-LISCHEWSKI, THOMAS/ELSENBAST, VOLKER/HAESKE, CARSTEN/ILG, WOLFGANG/SCHWEITZER, FRIEDRICH (Hg.), Konfirmandenarbeit gestalten. Perspektiven und Impulse für die Praxis aus der Bundesweiten Studie zur Konfirmandenarbeit in Deutschland (Konfirmandenarbeit erforschen und gestalten Band 5), Gütersloh, 260–270.

ILG, WOLFGANG (2024), Von der Praxis in den Elfenbeinturm und zurück. Der Beitrag empirischer Studien für die Gemeindepädagogik, in: BÖHME, THOMAS/BELL, DESMOND/FERMOR, GOTTHARD/FISCHER, RALF/HELD, FELICITAS/ILG, WOLFGANG/MULIA, CHRISTIAN/VAN DER HOEK, STEFAN (Hg.) (2024), Empirie in der Gemeindepädagogik. Forschen – Interpretieren – Kommunizieren (Religions- und Gemeindepädagogische Perspektiven Band 3), Münster, 25–42.

MUTSCHLER, BERNHARD/HESS, GERHARD (Hg.) (2014), Gemeindepädagogik. Grundlagen, Herausforderungen und Handlungsfelder der Gegenwart, Leipzig.

ORD, JON (2016), Youth Work Process, Product and Practice. Creating an Authentic Curriculum in Work with Young People, 2nd edition London/New York.

SCHUPP, JÜRGEN (2019), Paneldaten für die Sozialforschung, in: BAUR, NINA/BLASIUS, JÖRG (Hg.), Handbuch Methoden der empirischen Sozialforschung, 2. Aufl. Wiesbaden, 1265–1280.

UNSER, ALEXANDER (2020), Empirische Professionalität. Eine zentrale Aufgabe der Religionspädagogik, in: Religionspädagogische Beiträge 83, 79–88.

UNSER, ALEXANDER/RIEGEL, ULRICH (2022), Grundlagen der quantitativ-empirischen Religionspädagogik. Eine anwendungsorientierte Einführung, Münster.

ZIERER, KLAUS/WISNIEWSKI, BENEDIKT/SCHATZ, CHRISTINA/WECKEND, DENISE/HELMKE, ANDREAS (2019), Wie kann Feedback der Lernenden die Unterrichtsqualität verbessern?, in: Journal für LehrerInnenbildung, 19 (1), 26–40.

Kapitel 5: Jenseitsvorstellungen von Konfirmand:innen quantitativ erhoben und multivariat ausgewertet

Felicitas Held

1. Einleitung

Konfi-Arbeit hat sich in den letzten Jahren stark verändert. Der Wandel vom Konfirmandenunterricht zur Konfirmandenarbeit steht für diese Reformbewegung der letzten 15 Jahre. Mit dieser Veränderung hat sich ebenfalls die Rolle der Gemeindepädagogik in diesem Feld gewandelt. Die Konfi-Gruppe kann mit ihren Angeboten, die in Inhalt und Form den Angeboten der Jugendarbeit ähneln, als eine eigene Art der Jugendgruppe gesehen werden. Begleitung von jugendlichen Ehrenamtlichen, organisatorische Gestaltung von Konfi-Freizeiten und Konfi-Camps – dies alles sind originäre Aufgaben der (gemeindepädagogisch gestalteten) Jugendarbeit. Von daher ist Forschung im Feld der Konfi-Arbeit auf der Seite der Hauptamtlichen sowohl für Pfarrpersonen als auch für Gemeindepädagog:innen von Interesse.

Im Rahmen der Konfi-Arbeit werden verschiedene theologische und lebensweltliche Themen bearbeitet. Ein Thema, dass in vielen Konfi-Gruppen zur Sprache kommt, ist das von Tod und Sterben. Diesem Themenbereich habe ich mich im Rahmen meiner Dissertation gewidmet. Dabei waren zwei Fragestellungen leitend: 1. Wie deuten Konfirmand:innen Krisen- und Verlusterfahrungen und 2. Wie ist die Perspektive von Konfis und Teamer:innen auf die didaktische und methodische Ausgestaltung der Themen im Rahmen der Konfirmandenarbeit? (Held 2024, 11) Um mich diesen Fragen anzunähern, führte ich zwei Befragungen durch[1]. Konfirmand:innen wurden schwerpunktmäßig zu ihren Erfahrungen, Vorstellungen und Interpretationen zu den Themenbereichen Tod, Trauer und Sterben gefragt. Haupt- und ehrenamtliche Teamer:innen der Konfirmand:innen-Arbeit wurden schwerpunktmäßig nach der Ausgestaltung und Reflexion der Themenbereiche im Rahmen ihrer Konfi-Arbeit befragt.

---

[1] Die Befragung wurde in der EKHN und EKKW durchgeführt. Konfirmandenbefragung: N = 278 (aus 29 Kirchengemeinden); Teamerbefragung: N = 114 (aus 53 Kirchengemeinden) (Held 2024, 104–106).

Die Befragungen, vorrangig quantitative Fragen durch offene Antwortfelder ergänzt, wurden mit univariaten und multivariaten statistischen Methoden ausgewertet. In diesem Beitrag möchte ich die Faktorenanalyse und die Berechnung im Wertefeld als multivariate statistische Methodiken näher beleuchten. Dazu stelle ich exemplarisch den Forschungsweg und die Ergebnisse zum Frageblock der Jenseitsvorstellungen aus der Konfirmandenbefragung vor.

2. Aktueller Forschungsstand, Fragestellung und Fragebogenentwicklung

Im Rahmen der Bewältigung von Krisen können Jenseitsvorstellungen von besonderem Interesse sein, denn in ihnen bündeln sich „letztgültige Antworten auf existentielle Fragen" (Held 2024, 55), die im Rahmen von Sinnstiftung gesucht werden. In dieser Studie wurden Jenseitsvorstellungen unter zwei Blickrichtungen betrachtet: aus Perspektive der Theologie und aus Perspektive der Jugendlichen. Da die Studie im Rahmen der Konfi-Arbeit durchgeführt wurde, lag der Schwerpunkt auf christlichen Jenseitsvorstellungen. Die biblische Sprache vom Jenseits ist weder eindeutig noch einheitlich. Infolgedessen bildeten sich unterschiedliche christliche Vorstellungen vom Jenseits aus. Allgemein gesprochen sind Merkmale des Jenseits, dass es eine reale Existenz ist, die sich vom Diesseits unterscheidet und durch den Tod erreicht wird (Held 2024, 56). In jugendlicher Lebenswirklichkeit sind Identitätsentwicklung und soziale Beziehungen besonders bedeutsam. Jenseitsvorstellungen können als „letztgültige Definition" (Held 2024, 55) beider interpretiert werden. Dementsprechend lag der Fokus auf der Frage, welche Vorstellungen Jugendliche in Bezug auf die Ich-Identität und den sozialen Beziehungen angesichts des Jenseits ausbilden (Held 2024, 55).

In der Zusammenstellung aktueller Jugendforschungen zur Thematik (Held 2024, 91–94) ist zu sehen, dass viele Jugendliche ein undifferenziertes Bild von der jenseitigen Welt haben. Gleichwohl scheint sie das Thema zu interessieren und wenn sie eine Vorstellung herausbilden, dann ist diese meist positiv konnotiert. Es gilt jedoch zu beachten, dass Jugendbefragungen meist wenig komplex sind und sich auf einzelne Fragestellungen zu dieser Thematik beschränken. Von daher ist offen, wie genau jugendliche Vorstellung aussehen, speziell für die konkrete Altersgruppe der Konfirmand:innen. Vor allem sind die jugendrelevanten Perspektiven (Ich-Identität und soziale Beziehungen) wenig untersucht. Im Rahmen der Ich-Identität stellt sich die Frage, ob und in welcher Form genau das Nachtodes-Ich (Death-I) weiterexistieren könnte, im Rahmen der sozialen

Beziehungen stellt sich die Frage, ob hier theozentrische oder anthropozentrische Vorstellungen bevorzugt werden. Eine weitere offene Frage stellt sich in der Ausgestaltung der Beziehung Lebender zu Toten.

Der aktuelle Forschungsstand und die eben benannten Forschungsschwerpunkte bestimmten die Fragebogenentwicklung. So wurden Items aus den unterschiedlichen Jugendbefragungen aufgenommen, gruppiert und durch eigene Items ergänzt. Somit ergaben sich drei Themenblöcke mit insgesamt 21 Items:

a) *Weiterexistenz der eigenen Persönlichkeit nach dem Tod (Death-I).* Die im Jugendalter bedeutsame Frage der Identitätsentwicklung wird aufgegriffen. Darüber hinaus stellt sich die Frage nach dem Erhalt (z. B. in der Seele) oder der Wandlung (z. B. in einen Engel) der eigenen Persönlichkeit nach dem Tod.

b) *Weiterexistenz der sozialen Beziehungen nach dem Tod.* Im Jugendalter sind soziale Beziehungen bedeutsam, von daher interessiert die mögliche postmortale Weiterexistenz dieser Beziehungen im Hinblick auf die Beziehungen der Toten untereinander, die Beziehung der Toten zu Gott und die Beziehung von Lebenden zu Toten.

c) *Bekannter Wirklichkeitsraum vs. neuer Möglichkeitsraum.* Es stellt sich die Frage, ob die Vorstellungen zum Jenseits eher die bekannte Wirklichkeit widerspiegeln oder sich im Jenseits neue Möglichkeitsräume erhofft werden.

3. Auswertungsverfahren

3.1 Deskriptive Auswertung

Die Daten wurden zunächst deskriptiv ausgewertet. Da in diesem Beitrag der Schwerpunkt auf den multivariaten Auswertungsverfahren liegt, werden in Bezug auf die deskriptive Auswertung lediglich die Forschungsergebnisse dargestellt.

In der deskriptiven Auswertung zeigt sich, dass die Konfis mehrheitlich keine profilierte Vorstellung aufweisen (76 % Zustimmung zum Item „Das Jenseits bleibt ein großes Geheimnis"; bei vielen Items erhält der Mittelwert die meiste Zustimmung), aber trotzdem ein hohes Interesse an der Thematik aufweisen, was sich daran zeigt, dass es wenige Missings (d. h. fehlende Antworten) gibt und das Item „Nach dem Tod ist nichts" mit 21 % am zweitwenigsten Zustimmung erfährt. Viele Optionen scheinen vorstellbar, diese sind meist positiv geprägt.

Am meisten Zustimmung erhalten die Items, die sich auf soziale Beziehungen beziehen. So stimmen beispielsweise 86 % dem Item zu „Wenn ich sterbe, dann möchte ich in guter Erinnerung bleiben". 61 % stellen sich vor, dass sie im Himmel ihre Freunde und Familie wiedersehen.

Eine geringe Zustimmung erhalten die Items, die sich mit der Veränderung oder Entwicklung des Death-I befassen. So kann sich nur ungefähr ein Viertel vorstellen, dass sie nach dem Tod allwissend sind oder dass sie in einen Engel verwandelt werden (Held 2024, 197–204).

3.2 Faktorenanalyse

Die deskriptive Auswertung zeigt die prozentuale Verteilung der Zustimmung und Ablehnung zu den einzelnen Items auf. Jedoch können keine Aussagen über die Zusammenhänge der einzelnen Items untereinander gemacht werden. Von daher wurde eine *Faktorenanalyse* durchgeführt, um die Items zu reduzieren und innere Zusammenhänge der Items aufzuzeigen.

Eine Faktorenanalyse bietet sich dann an, wenn ein Frageblock aus vielen Items besteht. Um eine Faktorenanalyse durchführen zu können, müssen die einzelnen Items metrisch skaliert und die Anzahl muss ausreichend hoch sein (Unser/Riegel 2022, 99). Die einzelnen Faktoren (auch Komponenten genannt) beschreiben Merkmalsbündel und vertiefen damit Erkenntnisse deskriptiver Statistik. Ein Faktor besteht dabei aus den Items, die besonders stark miteinander korrelieren (Unser/Riegel 2022, 98). Das bedeutet, dass diese Items einen starken Zusammenhang zueinander aufweisen. Sie grenzen sich damit möglichst stark von anderen Items ab, die sich in anderen Faktoren bündeln.

Es gibt zwei unterschiedliche Verfahren der Faktorenanalyse: *explorative* und *konfirmatorische Faktorenanalyse*. In der explorativen Faktorenanalyse werden Zusammenhänge der Items zunächst nur vermutet. Ziel der explorativen Faktorenanalyse ist „die Entdeckung von Strukturen bzw. Dimensionen, die den Daten verborgen sind" (Bühl 2019, 598), also die Hypothesengenerierung. Die konfirmatorische Faktorenanalyse hingegen überprüft ein theoretisch vorhandenes Modell der Faktoren (Hypothesenüberprüfung) (Bühl 2019, 597–598).

In der hier beschriebenen Studie wurde die explorative Faktorenanalyse angewendet. Hierbei stellt sich die Frage, zu wie vielen Faktoren die einzelnen Items gebündelt werden. In der Studie wurde mithilfe des Statistikprogramms SPSS die Anzahl der Faktoren berechnet. SPSS gibt nun Vorschläge (!) wie viele Faktoren extrahiert werden könnten. Diese Vorschläge müssen nun geprüft werden. In meiner Studie habe ich dabei drei Prüfkriterien verwendet:

> „(1) Der Anstieg der Kurve im Screeplot, welche im Scree-Test nach Cattell (1966) sichtbar ist;
> (2) der Eigenwert der Faktoren größer als 1, nach dem Kaiser-Guttman-Kriterium (Rammstedt 2004);
> (3) die theoriegeleitete Interpretation der Faktoren, in welcher unter anderem auf ein quantitativ ausgewogenes Verhältnis der Faktoren Bezug genommen wird."
> (Held 2024, 109)

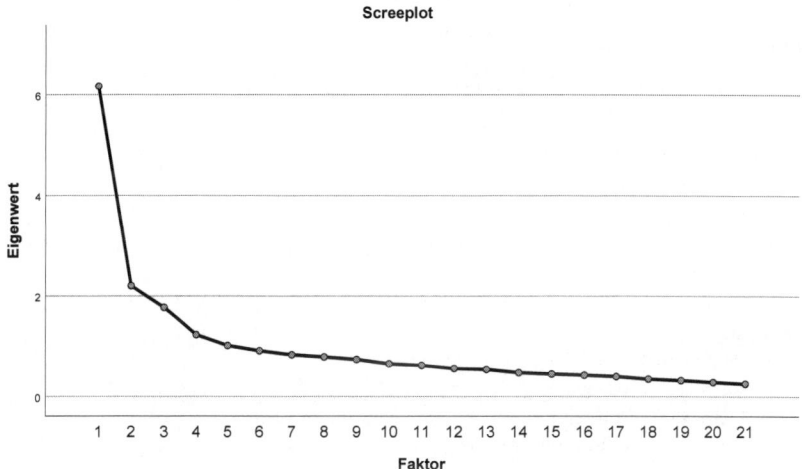

Abbildung 1: Screeplot der Jenseitsvorstellung von Konfirmand:innen

Im Screeplot wird grafisch der Eigenwertverlauf dargestellt. Der Wert ganz links benennt den Eigenwert der Faktoren, wenn nur ein einzelner Faktor extrahiert wird, der Wert rechts daneben beschreibt den Eigenwert bei Extraktion von zwei Faktoren und so weiter. Ein Screeplot wird von rechts nach links gelesen. Zunächst wird geprüft, wie viele Faktoren einen Eigenwert über 1 aufweisen. Hier sind es die ersten fünf Werte, d. h. wenn fünf Faktoren extrahiert würden, dann hätten diese alle einen Eigenwert über 1. Als nächstes gilt es, den Anstieg der Kurve im Screeplot zu betrachten. Häufig steigt die Kurve im Screeplot nach an einer bestimmten Stelle an. Dies ist hier nach dem vierten Wert der Fall. Dies bedeutet, dass drei Faktoren extrahiert werden sollten. Wenn es nach Prüfung dieser beiden Kriterien zu keinem eindeutigen Ergebnis kommen sollte, dann wird die inhaltliche Prüfung umso wichtiger. Die nächste Frage, die sich stellt, ist, wieviel Prozent der Gesamtvarianz durch die Extraktion der drei Faktoren erklärt wird. Würden alle Items einen eigenen Faktor bilden, dann ließe sich 100 % der Varianz erklären. In diesem Fall erklären die drei Faktoren gemeinsam eine Varianz von 48.31 %.

Da fünf Faktoren einen Eigenwert über 1 aufweisen, gibt das Statistikprogramm SPSS zunächst eine Aufteilung aller Items in diese fünf Faktoren an. Wie dargestellt, ist hier jedoch eine Berechnung mit drei Faktoren gewünscht. Damit drei Faktoren angezeigt werden, wird nun erneut mit SPSS eine Faktorenanalyse durchgeführt. Diesmal wird in SPSS bei der Frage nach der Extraktion „feste Anzahl von Faktoren" drei „zu extrahierende Faktoren" angegeben. Die nun berechnete Faktorladungsmatrix sieht folgendermaßen aus:

Tabelle 1: Rotierte Faktorladungsmatrix der Jenseitsvorstellungen (Held 2024, 204–205).

	Faktor		
	1	2	3
jens14: Nach dem Tod geht es weiter.	.81	.12	-.11
jens11: Nach dem Tod ist nichts.	-.81	-.03	.04
jens19: Für mich gibt es den Himmel.	.76	.12	.21
jens18: Ich denke, dass ich im Himmel meine ganze Familie und Freunde wiedersehe.	.67	.13	.28
jens08: Weil nach dem Tod nichts ist, will ich das Leben hier nicht verpassen.	-.63	.05	.44
jens04: Nach dem Tod ist alles neu und anders.	.62	.22	.19
jens15: Nach dem Tod zeigt sich mein wahres Ich.	.59	.40	.00
jens12: Mein wahres Ich zeigt sich in meiner Seele, die nicht stirbt.	.54	.26	.36
jens17: Nach dem Tod hilft mir Gott mein Potential ganz zu verwirklichen.	.51	.47	.07
jens02: Nach dem Tod bin ich ein Engel, der anderen helfen kann.	.40	.29	.31
jens16: Nur das Gute von mir lebt nach dem Tod weiter.	.25	.73	-.06
jens21: Im Jenseits wird sich zeigen, dass ich mit meinen Streitigkeiten im Recht war.	-.13	.71	-.09
jens13: Nach dem Tod gibt es die Möglichkeit Dinge gut zu machen, die man verbockt hat.	.38	.63	.02
jens06: Die Begegnung mit Gott im Himmel bewirkt, dass alles, was in meinem Leben nicht schön war, in Ordnung gebracht wird.	.47	.50	.19
jens10: Nach dem Tod kann man alles wissen, was man will.	.35	.45	.11
jens03: Ich werde in einem anderen Menschen wiedergeboren und kann es nochmal besser machen.	.12	.36	.08
jens09: Wenn ich sterbe, dann möchte ich in guter Erinnerung bleiben.	.04	.06	.77
jens20: Verstorbene leben in unseren Herzen weiter und können uns inspirieren.	.31	-.11	.62
jens05: Das Jenseits bleibt ein großes Geheimnis.	.11	-.07	.59
jens01: Weil unklar ist, was nach dem Tod kommt, will ich lieber im Leben gut dastehen.	-.20	.39	.50
jens07: Nach dem Tod bleibe ich, der ich bin.	-.02	.31	.33

Anmerkungen. Extraktionsmethode: Hauptkomponentenanalyse. Rotationsmethode: Varimax mit Kaiser-Normalisierung

In der Tabelle sind die drei extrahierten Faktoren zu sehen. Zur besseren Übersicht sind die Zuordnungen der Items zu den einzelnen Faktoren grau unterlegt. In der Tabelle oben stehen alle Items, die zum ersten Faktor zugeordnet werden, darunter diejenigen zum zweiten und dritten Faktor. Die Zuordnung ergibt sich aus den Faktorladungen der einzelnen Items.

Die angegebenen Zahlen beschreiben diese *Faktorladungen*, welche die Korrelation zwischen dem einzelnen Item und den Faktoren beschreibt. Der Wert kann maximal 1 sein. In der Zeile „jens14: Nach dem Tod geht es weiter" ist beispielsweise zu sehen, dass dieses Item sehr hoch auf den ersten Faktor lädt (.81) und niedrig auf die beiden anderen Faktoren (.12 und -.11). Unser & Riegel (2022, 106) beschreiben, dass solche eindeutigen Ladungen ideal sind. Bei anderen Items ist die Zuordnung zwar eindeutig, aber nicht immer so klar, wie beim Item „jens14". Ein Beispiel dafür ist das Item „jens07", bei welchem die Zuordnung anschließend genauer betrachtet werden sollte.

Nachdem alle Items zu Faktoren geordnet wurden, gilt es die einzelnen Faktoren zu interpretieren. Dabei wird der innere Zusammenhang der einzelnen Faktoren und die Abgrenzung der Faktoren zueinander diskutiert. Den einzelnen Faktoren werden treffende Bezeichnungen gegeben. In dieser Studie wurde der Faktor 1 *Positive Ewigkeit*, Faktor 2 *Persönliche Rechtfertigung* und Faktor 3 *Immanenzorientierung* genannt (Held 2024, 205–206). Im Faktor *Positive Ewigkeit* sammeln sich diejenigen Items, die von einem Himmel und einer positiven Darstellung des Jenseits ausgehen. Dieser Himmel wird für einen selbst als erreichbar angesehen. Vorstellungen von Allversöhnung zeigen sich hier. Der zweite Faktor, *Persönliche Rechtfertigung*, bündelt Vorstellungen einer Weiterexistenz im Jenseits, die durch Veränderung und Konfliktverarbeitung geprägt ist. Das Death-I werde im Jenseits verbessert. Durch das göttliche jenseitige Gericht werde Gerechtigkeit hergestellt, indem das Schlechte vernichtet werde. Diejenigen Items, bei denen das Diesseits im Vordergrund steht und das Death-I als statisch angesehen wird, korrelieren im Faktor *Immanenzorientierung*. Gott oder religiöse Vorstellungen zeigen sich hier nicht (Held 2024, 204–206).

3.3 Analyse im Lebensstilmodell

In einem dritten Auswertungsschritt wurden die Items und gewonnenen Faktoren mit zwei Faktoren korreliert, welche Wertehaltungen beschreiben. Dadurch war eine zweidimensionale Darstellung im *Wertefeld* und somit eine Vergleichbarkeit mit anderen Ergebnissen der *Lebensstilanalyse* möglich.

Die Lebensstilanalyse basiert auf der Werteanalyse nach Schwartz (1992), der in der Anordnung von Werteeinstellungen ein kreisförmiges Grundmuster erkennt. Bestimmte Werteeinstellungen weisen stärkere Korrelationen zueinander auf als andere. Dieses Modell wurde von Gennerich (2023, 21–30) zu einem zweidimensionalen Wertefeld weiterentwickelt, in welchem sich vier unterschiedliche Lebensstiltypen in ihrer Lage zueinander und zu den Polen *Offenheit für Wandel vs. Bewahrung* und *Selbsttranszendenz vs. Selbststeigerung* anordnen. Diese werden häufig folgendermaßen bezeichnet: Humanisten (Offenheit für Wandel & Selbsttranszendenz), Integrierte (Bewahrung & Selbsttranszendenz), Statussuchende (Bewahrung & Selbststeigerung) und Autonome (Offenheit für Wandel & Selbststeigerung). Die Lebensstilanalyse ermöglicht damit einen differenzierten Blick auf die zu erforschende Gruppe und die vergleichende Darstellung subjektiver Einstellungen zu unterschiedlichen Lebens- und Glaubensthemen in einem Ordnungssystem. Ziel ist es dabei, den Blick für heterogene Vor- und Einstellungen zu gewinnen. Die Lebensstilanalyse wird bereits in der Religionspädagogik breit diskutiert und erste Forschungen sind im gemeindepädagogischen Feld publiziert (Gennerich/Held 2024).

Damit die eigene Befragung im Wertefeld ausgewertet werden kann, ist es notwendig, einen bestimmten Frageblock mit zehn Items, aus welchen sich die beiden Dimensionen des Wertefeldes berechnen, in den Fragebogen einzubauen. Die Items werden in einer sechsstufigen Ordinalskala abgefragt. Die Befragten geben dabei an, ob sie sich der Beschreibung einer Person ähnlich fühlen oder nicht („ist mir sehr ähnlich" bis „ist mir überhaupt nicht ähnlich"). Die Items sind aus der validierten Skala PVQ21 entnommen und orientieren sich am World Value Survey[2] (Gennerich 2018, 15). Einen validierten Frageblock in den eigenen Fragebogen einzubauen bietet sich an, um die Anschlussfähigkeit und Vergleichbarkeit mit anderen Studien zu gewährleisten.

Werden nun die Items und Faktoren mit den Wertedimensionen korreliert, was mit Hilfe des Statistikprogramms SPSS ausgeführt werden kann, dann erscheint eine tabellarische Anzeige der Korrelationsstärken. Die Werte können anschließend in einem zweidimensionalen Feld grafisch dargestellt werden. Dies erhöht die Anschaulichkeit und eine schnelle Zuordnung zu den vier Lebensstiltypen.

Diese Darstellung der Items im Wertefeld lässt sich interpretieren, indem die vier Quadranten (welche je einen eigenen Lebensstiltyp beschreiben) einzeln betrachtet werden. In der Abb. 2 sind ausschließlich die Korrelationen der einzelnen Items, nicht der Faktoren, zu sehen. Auf der linken Seite des Wertefeldes sind keine oder wenig Vorstellungen einer jenseitigen Welt vorhanden. Die *Humanisten* (oben/links) entwickeln alternative Entwürfe. Sie haben ein starkes Interesse an ihren Mitmenschen und sich selbst. *Autonome* (unten/links) hingegen entwickeln keine Gegenentwürfe, für sie bleibt das Jenseits ein Geheimnis. Die Lebensstiltypen im rechten Bereich des Wertefeldes können sich eine jenseitige Existenz vorstellen: Bei *Integrierten* (oben/rechts) sind traditionell christliche und positive Jenseitsvorstellungen zu finden; für *Statussuchende* (unten/rechts) ist die Konfliktlösung vordergründig (Held 2024, 206ff).

---

[2] Der *World Values Survey* (WVS) ist eine weltweite Untersuchung, die seit 1981 durchgeführt wird und darauf abzielt, die sich verändernden Überzeugungen und Werte von Menschen in über 100 Ländern zu erfassen. Ziel ist es, zu verstehen, wie sich Einstellungen, darunter soziale, politische und moralische Werte, Dispositionen zu Demokratie, Umweltschutz, Arbeit, Familie, Religion, Nationale Identität und das Wohlbefinden im Laufe der Zeit entwickeln und verändern.

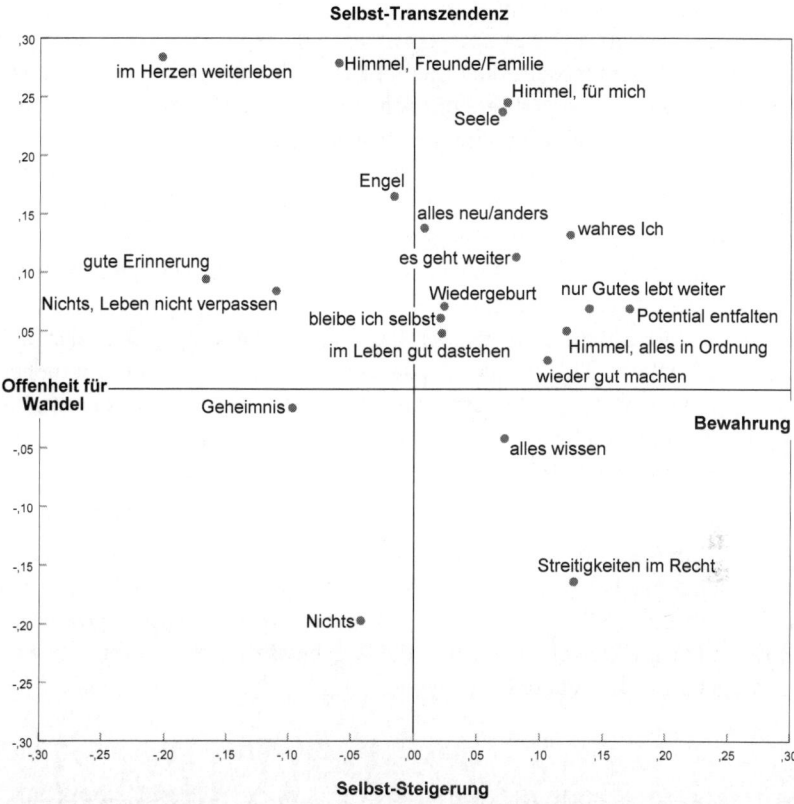

Abbildung 2: Korrelation der Items „Jenseitsvorstellungen" mit den Wertedimensionen (N = 219–231) (Held 2024, 207).

4. Zentrale Forschungsergebnisse

Eingangs wurden drei theoriegeleitete Fragestellungen dargestellt, die es zu untersuchen galt.

a) *Weiterexistenz der eigenen Persönlichkeit nach dem Tod (Death-I)*. Deskriptiv konnte aufgezeigt werden, dass wenige Jugendliche sich einen Wandel der eigenen Persönlichkeit nach dem Tod vorstellen können. Faktoranalytisch bündelten sich die Items zum Wandel des Death-I im Faktor *Persönliche Rechtfertigung*, welcher in der Lebensstilanalyse Jugendlichen unten/rechts zugeordnet wird. Entgegengesetzt davon sind die Vorstellungen von Jugendlichen oben/links (Humanisten), welche den Erhalt der Persönlichkeit nach dem Tod für vorstellbar halten.

b) *Weiterexistenz der sozialen Beziehungen nach dem Tod.* Im Hinblick auf die sozialen Beziehungen der Toten untereinander und der Toten mit Gott zeigt sich deskriptiv, dass im Jenseits die Beziehung zu anderen Menschen und zu sich selbst fokussiert werden. Diese bündeln sich im Faktor *Positive Ewigkeit* und sind im Wertefeld auf der rechten Seite angesiedelt. Im Hinblick auf die sozialen Beziehungen zwischen Lebenden und Verstorbenen ist deskriptiv zu sehen, dass die Erinnerung an Verstorbene für viele Konfirmand:innen bedeutsam ist. Im Faktor *Immanenzorientierung* korrelieren diese Items miteinander. Im Wertefeld zeigt sich, dass diese Vorstellungen denen der Humanisten (oben/links) entsprechen.
c) *Bekannter Wirklichkeitsraum vs. neuer Möglichkeitsraum.* Vor allem in der Auswertung im Wertefeld ist zu sehen, dass sich Jugendliche an ihrer aktuellen Lebenswirklichkeit und den aktuellen Wertepräferenzen orientierten. Lediglich für Jugendliche unten/rechts eröffnet das Jenseits einen neuen Möglichkeitsraum der Konfliktlösung (Held 2024, 230–231).

Insgesamt erwies sich das mehrstufige Auswertungsverfahren der Items als sinnvoll. So konnten neben den deskriptiven Erkenntnissen weitere tieferliegende Forschungsergebnisse zu Tage gebracht werden. Die Beziehungen der Items untereinander wären ohne die Faktorenanalyse nicht deutlich geworden. Die Korrelation im Wertefeld machen die Ergebnisse anschlussfähig für Forschungsergebnisse der Lebensstilanalyse.

5. Anschlussfähigkeit für die gemeindepädagogische Praxis und Forschung

Eine quantitative Faktorenanalyse, die untersucht, wie Konfirmand:innen Jenseitsvorstellungen begreifen und verarbeiten, bietet mehrere wertvolle Einblicke und Nutzen für die gemeindepädagogische Praxis, indem sie es (1.) ermöglicht, komplexe Datenmengen zu strukturieren und zu vereinfachen, indem sie verborgene Dimensionen (Faktoren) aufdeckt, die die Einstellungen und Überzeugungen der Jugendlichen zu Jenseitsvorstellungen beeinflussen. Dies hilft, die grundlegenden psychologischen und sozialen Strukturen zu verstehen, die solche Überzeugungen formen. Damit einher geht (2.) ein besseres Verständnis der Bedingungen, die die Vorstellungen von Jugendlichen über das Jenseits prägen. Gemeindepädagog:innen können sodann im Anschluss an eine solche Analyse ihre Lehreinheiten spezifischer auf die Bedürfnisse und Fragen der Konfirmand:innen ausrichten und so gestalten, dass sie relevante Themen ansprechen, die Jugendliche aus ihren Lebenswelten heraus besonders beschäftigen. Die Ergebnisse der Faktorenanalyse und im Wertefeld können (3.) darüber hinaus aufzeigen, dass Jugendliche aufgrund verschiedener Dispositionen wie kulturellem Hintergrund, persönlichen Erfahrungen oder familiärer Erziehung heterogene Ansichten haben. Diese Erkenntnisse fördern einen pluralitätssensibleren und inklusiveren Ansatz in der Konfi-Arbeit. Durch das Verständnis der Vielschichtigkeit und der verschiedenen Einflussfaktoren bei Jenseitsvorstellungen können (4.) gemeindepädagogische Fachkräfte Jugendliche ermutigen, kritisch über ihre eigenen Überzeugungen nachzudenken und die Ansichten anderer zu respektieren. Dies trägt zur Entwicklung von Toleranz und einem tieferen Verständnis und Reflexionsfähigkeit bei. Die Analyseergebnisse können (5.) im Rahmen eines Praxisforschungsprojekts genutzt werden, um die Wirksamkeit bestehender pädagogischer Ansätze zu evaluieren und gegebenenfalls anzupassen sowie die Konfirmandenarbeit kontinuierlich zu verbessern, indem sie an die sich verändernden Bedürfnisse und Weltanschauungen der Jugendlichen angepasst wird.

Insgesamt stärken die Nutzung einer Faktorenanalyse und der Anschluss an das Lebensstilmodell in diesem Kontext die Fähigkeit der Gemeindepädagogischen Praxisforschung, effektiv auf die Bedürfnisse und Fragen junger Menschen einzugehen, indem sie ein differenziertes und empirisch untermauertes Verständnis ihrer Wertvorstellungen und Überzeugungen fördert.

Weiterführende Literatur und Hinweise zur Vertiefung

Unser & Riegel (2022, 93-110) beschreiben Schritt für Schritt das Vorgehen der Faktorenanalyse an dem Beispiel jugendlicher Gottesvorstellungen.

Das Lehrbuch „SPSS: Einführung in die moderne Datenanalyse ab SPSS 26" von Bühl (2019) kann ich als Selbstlernkurs sehr empfehlen. Dort wird die Faktorenanalyse detailliert und zum Mitlernen in SPSS anwendungsorientiert beschrieben.

Wenn Sie verständliche, aber wissenschaftlich korrekte Videotutorials bevorzugen, dann ist die Seite DATATab (2024) hilfreich. Diese Seite ist meines Erachtens besonders gut geeignet, wenn Sie ein statistisches Verfahren in einem anderen Lehrbuch gelesen haben, zum besseren Verständnis jedoch eine zweite Erklärung einholen möchten.

Um sich in die Lebensstilanalyse einzulesen, kann ich von Gennerich (2023) das Buch „Die Jugendlichen und ihr Verhältnis zu Glaube, Religion und Sinnsuche" empfehlen.

Die hier in Kürze zusammengefasste Dissertation ist 2024 unter dem Titel „Tod, Sterben und Trauer als Themen der Konfirmandenarbeit" erschienen und enthält neben der hier vorgestellten Datenanalyse Auswertungen zu den Bereichen der allgemeinen Lebensorientierung von Konfis, sinnstiftenden Interpretation der Lebensereignisse und Coping; sowie zur Durchführung, Zielvorstellung und Zufriedenheitsaspekten von Teamer:innen zu der Themeneinheit.

Literatur

Bühl, Achim (2019), SPSS: Einführung in die moderne Datenanalyse ab SPSS 26, Halbergmoos.

DATAtab Team (2024). DATAtab: Online Statistics Calculator. DATAtab e. U. Graz, Austria. URL https://datatab.de/ [abgerufen am 14.04.2024].

EKD (2023), Die Äußerungen des kirchlichen Lebens im Jahr 2021. Korrigierte Ausgabe. September 2023. Online unter https://www.ekd.de/ekd_de/ds_doc/kirch_leben_2021_r.pdf. [abgerufen am 14.04.2024].

Gennerich, Carsten (2018), Lebensstile Jugendlicher. Beteiligung an Angeboten kommunaler, vereinsorganisierter und kirchlicher Jugendarbeit, Leverkusen.

Gennerich, Carsten (2023), Die Jugendlichen und ihr Verhältnis zu Glaube, Religion und Sinnsuche, Stuttgart.

Gennerich, Carsten/Held, Felicitas (2024), Lebensstilanalyse im gemeindepädagogischen Feld, in: Bell, Desmond/Böhme, Thomas/Fermor, Gotthard/Fischer, Ralf/Held, Felicitas/Ilg, Wolfgang/Mulia, Christian/van der Hoek, Stefan (Hg.), Empirie in der Gemeindepädagogik. Forschen – Interpretieren – Kommunizieren, Münster, 78–90.

Held, Felicitas (2024), Tod, Sterben und Trauer als Themen der Konfirmandenarbeit: eine Studie zur Deutung und Bewältigung von Krisen- und Verlusterfahrungen im Jugendalter, Stuttgart.

Schwartz, Schalom H. (1992), Universals in the content and structure of values. Theoretical advances and empirical tests in 20 countries. Advances in Experimental Social Psychology, 25, 1–65.

Unser, Alexander/Riegel, Ulrich (2022), Grundlagen der quantitativ-empirischen Religionspädagogik: Eine anwendungsorientierte Einführung, Stuttgart.

Kapitel 6: Dokumentenanalyse: Einblicke in die kirchliche Bildungsarbeit mit Ehrenamtlichen

Ann-Sophie Markert

1. Einleitung

- Eine Gemeinde möchte ihre pädagogische Arbeit in den 1950er und 1960er Jahren aufarbeiten. Zu diesem Zweck werden bereits vorhandene Sachberichte zum aktuellen Aufarbeitungsstand erfasst und von der damit beauftragten Fachstelle dokumentarisch zusammengestellt.
- Ein Träger kirchlicher Familienhilfe möchte den Verlauf, die Themen und die Effekte seiner Teamsitzungen analysieren. Hierzu werden die standardisierten Protokolle des vergangenen Jahres herangezogen und ausgewertet.
- Ein großes Modellprojekt einer Gemeinde zur Unterstützung Geflüchteter soll evaluiert werden. Dazu werden am Ende des Projekts die beteiligten Haupt- und Ehrenamtlichen anhand eines Fragebogens befragt. Um den Aufwand für die Mitarbeitenden möglichst gering zu halten, werden die bereits erstellten Sachberichte analysiert und im Fragebogen lediglich diejenigen Aspekte abgefragt, die zuvor noch nicht erhoben wurden.
- Eine Fort- und Weiterbildungseinrichtung für Ehrenamtliche möchte ihr pädagogisches Profil schärfen und weiterentwickeln. Hierfür werden Seminarkonzepte und Arbeitshilfen systematisch durchgesehen, um Prinzipien kirchlicher Bildungsarbeit herauszukristallisieren.

Die beschriebenen Praxisbeispiele verdeutlichen, dass für die empirische Erforschung der gemeindepädagogischen Praxis nicht unbedingt immer erst Daten erhoben werden müssen, die anschließend einer Analyse unterzogen werden – so z. B. durch eigene Beobachtung (siehe van der Hoek in diesem Handbuch), die Befragung von Beteiligten via Interview (siehe Paulus in diesem Handbuch) respektive Fragebogen (siehe Held in diesem Handbuch). Neben diesen Methoden der Datenerhebung stellt die *Dokumentenanalyse* eine weitere eigenständige Verfahrensgruppe dar, um empirische Daten zu gewinnen und auszuwerten. Dabei wird bei einer genuinen Dokumentenanalyse auf bereits vorhandene bzw. vorgefundene Dokumente („extant documents") zurückgegriffen, die völlig unabhängig vom Forschungsprozess produziert wurden. Da dieses Vorgehen weniger populär ist, soll im Folgenden Neugier geweckt werden auf eine empirische Forschung in der Gemeindepädagogik jenseits von Fragebogen, Interview u. a. (Angehende) Forschende sollen ermutigt werden, den Blick auf die Potentiale zu richten, die eine Erschließung der Fülle bereits vorliegender Materialien in sich birgt. Gleichzeitig gilt es auch, dafür zu sensibilisieren, was im Fall der Wahl einer Dokumentenanalyse zu berücksichtigen ist, um Dokumente nicht unsystematisch auf „Informations-Container" oder einfach zu verstehende Untersuchungsgegenstände zu reduzieren, sondern ihnen forschungsmethodisch gerecht zu werden.

Um dies zu erreichen, soll in einem ersten Schritt zunächst erläutert werden, was als *Dokument* bezeichnet werden kann und was unter einer *Dokumentenanalyse* zu verstehen ist. Anschließend soll dargestellt werden, (3) welchen Nutzen sie im Rahmen einer Gemeindepädagogischen Praxisforschung übernehmen könnte, (4) was bei der Planung und Durchführung von Dokumentenanalysen besonders zu beachten ist, (5) welche Potentiale und Grenzen dieses methodische Vorgehen innerhalb eines Gemeindepädagogischen Praxisforschungsdesigns birgt und (6) wie eine methodische Umsetzung am Beispiel der Auswertung von Begleitheften aus dem Amt für Gemeindedienst in Nürnberg (letztes Praxisbeispiel) aussehen könnte. Abschließend werden Anschlussmöglichkeiten für weitere Forschungen im Handlungsfeld der Gemeindepädagogik reflektiert (7).

2. Was sind Dokumente und was ist Dokumentenanalyse?

Unter *Dokumenten* werden „natürliche Daten" (Salheiser 2014, 813) verstanden, die formal betrachtet einen „materiellen oder virtuellen Informationscontainer" (z. B. Schriftstück auf Papier, digitale Datei) samt dessen Inhalten darstellen (Döring 2023, 527). Die Inhalte des Dokuments können dabei in sehr unterschiedlichen Kommunikationsmodi bzw. -codes repräsentiert sein, wobei Text und Bild von besonderer Bedeutung sind. Ein Dokument muss als Einheit wahrnehmbar, archivierbar und abrufbar sein. Bei Dokumenten handelt es sich insofern um natürliche Daten, als dass sie nicht zu Forschungszwecken und ohne die Beteiligung oder Intervention der Forschenden entstanden sind.

Für die Gemeindepädagogik sind folgende *Dokumententypen* relevant:
- *Offizielle Dokumente bzw. Publikationen*; z. B. Hand- und Jahrbücher, Bücher (Belletristik, Fachliteratur), Manuskripte öffentlicher Reden, veröffentlichte Predigten, Zeitschriften und Zeitungen, Broschüren kirchlicher Einrichtungen, Gemeindebriefe, Webauftritte von z. B. Kirchengemeinden, Gemeindeblätter, Flyer (z. B. für das Konficamp oder eine Kirchenvorstandsklausur), u. a.

- *Interne Dokumente aus kirchlichen bzw. staatlichen Organisationen und Ämtern*; z. B. Akten, Statistiken, Listen, Dienst- bzw. Geschäftskorrespondenz, Sitzungsprotokolle und andere Arbeitsmaterialien, wie z. B. Seminarkonzepte aus gemeindepädagogischen Einrichtungen;
- *Egodokumente*, d. h. persönliche Unterlagen wie z. B. Briefe (z. B. eine Korrespondenz mit einer Partnergemeinde in Tansania), private Aufzeichnungen und Notizen, Tagebücher, autobiographische Zeugnisse wie z. B. Gedächtnisprotokolle von kirchlichen Bildungsveranstaltungen, Predigttexte u. a.

Dokumente können sowohl in gedruckter als auch in handschriftlicher Form vorliegen, aber auch digital. Dabei ist es wichtig, dass die Dokumentenanalyse heute zunehmend breiter verstanden wird als eine reine Textanalyse. Denn neben textuellen Dokumenten gewinnen sogenannte nicht-textuelle Dokumente zunehmend an Relevanz. Seit den 1990er-Jahren ist von einer visuellen Wende („visual/iconic/pictorial turn") die Rede, um die wachsende Bedeutung und Ausdifferenzierung von Bildern gegenüber Wörtern in unserer Kultur zu unterstreichen („visual culture"). Im Kontext der Dokumentenanalyse wird das Dokument daher allgemein als „Träger von Zeichen oder Informationen" (Döring 2023, 528) verstanden. Diese breite Definition und die Vielfalt von Dokumenten muss keineswegs abschrecken – im Gegenteil: Sie eröffnet den Forschenden zahlreiche Ansatzmöglichkeiten und einen Variantenreichtum von Materialien für die eigene Forschung. Allerdings führt die Vielfalt gleichzeitig dazu, dass – unter verschiedenen erkenntnis- und wissenschaftstheoretischen Prämissen – mit wechselnden Begrifflichkeiten gearbeitet wird. Wolff (2013) merkt daher kritisch an, dass Dokumente aufgrund ihrer starken Textualität häufig vor allem inhaltsanalytisch-reduktiv, d. h. auf ihre inhaltliche Oberflächenstruktur bezogen bearbeitet werden. Ein solches Vorgehen vernachlässige jedoch den kommunikativen Charakter und reduziere Dokumente auf ihre Funktion als „Informations-Container" (Wolff 2013, 511). Um dies zu überwinden, sind Dokumente stets in ihrem historisch-kulturellen Kontext zu interpretieren. Eine explizit sozialwissenschaftliche Definition von Hofmann (2018) trägt diesen Besonderheiten Rechnung: „Dokumente können als unabhängig von der jeweils eigenen Forschung bereits vorfindliche Objektivationen menschlicher Praxis verstanden werden, deren wissenschaftliche Stellung auf ihrer regelgeleiteten Erfassbarkeit wie Bearbeitbarkeit als Bedeutungsträger beruht, wobei sie in wechselseitiger Verbindung zwischen ihrer historisch kulturellen Situiertheit und ihrer prozesshaften Eigendynamik sowie dem spezifischen Forschungsinteresse systematisch interpretiert werden" (ebd., 118).

D. h. ein Dokument muss Schlüsse auf menschliches Fühlen, Denken und Handeln zulassen, was wiederum bedeutet, dass ein Dokument interpretierbar sein muss. Dabei ist im Alltag selten vom *Dokument* als Abstraktum die Rede; hier sind es im gemeindepädagogischen Forschungskontext beispielsweise Feedbackbögen aus der Konfirmand:innenarbeit, Kinderzeichnungen aus dem Kindergottesdienst, Seminarkonzepte aus Glaubenskursen, Bildungskonzepte der Landeskirchen etc. Erst im Auge der gemeindepädagogischen Forschung werden diese zu *Dokumenten* gemacht, die methodisch geleitet analysiert werden. Um dabei nicht unsachgemäß zu verkürzen, ist bei der Dokumentenanalyse die Interdependenz zwischen der historisch-kulturellen Situiertheit (feldspezifische Rahmungen und Akteursstrukturen) und dem Eigensinn des Dokuments im Sinne seiner Aktivitätsspielräume (z. B. Autor:innen, Zielgruppe) einerseits und dem spezifischen Forschungsinteresse anderseits zu beachten. Somit muss ein Bewusstsein dafür bestehen, dass z. B. evangelische Bildungskonzepte einzelner Landeskirchen nicht nur sachliche Hinweise und Informationen für die gemeindepädagogische Praxis erfüllen: Sie sind Zeugnisse einer bestimmten landeskirchlichen Bildungspolitik, fungieren als Medium der Ausweisung und Legitimation der kirchlichen Bildungsarbeit und können als orientierender Bewertungsmaßstab verstanden werden.

Unter einer Dokumentenanalyse kann daher „die zielgerichtete, systematische und regelgeleitete Sammlung und Archivierung von vorhandenen (d. h. unabhängig vom Forschungsprozess produzierten) Dokumenten als Manifestationen menschlichen Erlebens und Verhaltens" (Döring 2023, 529) verstanden werden. An die Sammlung, Archivierung und Aufbereitung des Materials schließt sich eine qualitative oder quantitative Auswertung und Analyse der Dokumente an. Lamnek zählt die Dokumentenanalyse zu den quantitativen inhaltsanalytischen Techniken (2010, 455ff), wobei die qualitative Dokumentenanalyse in den letzten Jahren zunehmend an Bedeutung erlangt (Döring 2023, 540–552). Dokumente können also sowohl als qualitatives Rohmaterial direkt qualitativ ausgewertet werden, wobei unterschiedliche Techniken der qualitativen Datenanalyse zum Einsatz kommen (z. B. die Kodierung gemäß Grounded-Theory-Methodologie, qualitative Inhaltsanalyse). Daneben können die Dokumente auch durch eine quantitative Analyse in Messwerte überführt werden, die anschließend einer quantitativen Datenanalyse unterzogen, d. h. statistisch ausgewertet werden. Obgleich unter einer qualitativen Inhaltsanalyse qua Definition meist die Analyse im Forschungsprozess selbst hervorgebrachter Dokumente verstanden wird, etwa von Interview-Transkripten oder Feldtagebüchern, so überlappen sich Dokumenten- und Inhaltsanalyse häufig (Mayring 2023).

Bei der Dokumentenanalyse handelt es sich um eine indirekte Beobachtungsmethode (Schaffer 2009). Sie gehört zur Gruppe der nonreaktiven Verfahren (Webb u. a. 1975). Dabei handelt es sich um Datenerhebungsmethoden, die keinerlei Einfluss auf die untersuchten Personen, Ereignisse oder Prozesse ausüben, da entweder die Datenerhebung nicht bemerkt wird oder nur Verhaltensspuren betrachtet werden (Döring 2023, 525). Prinzipiell stellt jede empirische Auswertung eine Dokumentenanalyse dar. Der Unterschied liegt jedoch darin, dass die Dokumente, d. h. die Daten, bei anderen Methoden eigens für diesen

Zweck verfasst bzw. generiert worden sind, während bei der Dokumentenanalyse auf bereits vorhandenes Material zurückgegriffen wird. Da viele Dokumente in Archiven verwaltet werden, spricht man im Zusammenhang mit Dokumententenanalysen auch von Archivforschung („archival research"). Als Methode ist sie eng mit der geschichtswissenschaftlichen Quellenkunde verwandt. Dieser Umstand gibt über die historische Genese dieser Methode Aufschluss: Die Dokumentenanalyse entwickelte sich aus der historischen Archivforschung, in der Dokumente als Hauptquellen für die Untersuchung der geschichtlichen Vergangenheit verwendet wurden. Im Laufe der Zeit wurde sie schließlich von anderen Disziplinen, wie z. B. der Politikwissenschaft oder der Soziologie adaptiert und fand schließlich auch Eingang in die pädagogische Forschung.

3. Bedeutung und Nutzen

Auch wenn bei der Dokumentenanalyse keine eigenen Daten erhoben werden, kann sie innerhalb eines Praxisforschungsdesigns in der Gemeindepädagogik zum Nutzen von Evaluationen beitragen (Maschke 2016; Döring 2023). In einem Mixed-Methods-Design könnte die Dokumentenanalyse zu Beginn des Vorhabens eine explorative Funktion erfüllen, um sich einen Forschungsgegenstand zu erschließen oder sich in ein Thema neu einzuarbeiten. Sie ist allerdings nicht mit der Erarbeitung eines Forschungsstandes zu verwechseln: Während mit Dokumentenanalysen ein Ausschnitt der sozialen Wirklichkeit untersucht wird, dient ein Forschungsstand dazu, bereits vorhandene Analysen zu lesen – mit dem Ziel, selbst auf den Stand der aktuellen Forschung zu gelangen oder eine Forschungslücke bzw. Forschungsdesiderat zu finden. Häufig dient die Dokumentenanalyse als Ausgangspunkt für methodisch spezifischere Zugänge, wie z. B. die Diskursanalyse oder die qualitative Inhaltsanalyse. Zudem kann das Verfahren der Kontrolle und Validierung dienen: Die in einer Befragung erhobenen Daten und Informationen können anhand von Dokumenten – z. B. Sachberichte oder Magazine – überprüft und validiert werden. Daneben können die im Rahmen einer Dokumentenanalyse gesammelten Informationen im Sinne einer Triangulation und Perspektivenvariation zur Vervollständigung von bisher noch unvollständig vorhandenen Daten beitragen. Ferner kann im Hinblick auf die legitimatorische Funktion von Evaluation das Heranziehen externer Dokumente einen objektiven Beitrag leisten, die öffentliche Resonanz eines zu evaluierenden Angebots zu dokumentieren. Je nach Art der untersuchten Dokumente kann es sich bei der Dokumentenanalyse um eine forschungsökonomische, ressourcenschonende Form der Datenerhebung handeln. So kann z. B. ein Modellprojekt zur Unterstützung Geflüchteter anhand bereits vorhandener Sach- und Verlaufsberichte evaluiert werden, statt alle Beteiligten einzeln zu befragen.

Manche Forschungsthemen lassen sich zudem mithilfe der Dokumentenanalyse besonders gut bearbeiten, weil die im Forschungsinteresse liegenden Sachverhalte sich systematisch in Dokumenten niederschlagen: Dies gilt beispielsweise für Forschungsthemen mit historischem (Stichwort: Quellenkunde) oder (kirchen-)politischem Bezug (z. B. EKD-Texte, Stellungnahmen, Reden von kirchenleitenden Personen). Und auch wenn kirchliche bzw. gemeindepädagogische Institutionen im Fokus stehen, können Dokumente wie Curricula oder Sitzungsprotokolle eine wertvolle Datenquelle darstellen.

Ebenso lassen sich Fragestellungen zur digitalen Kultur mit Dokumentenanalysen bearbeiten: Menschen präsentieren sich auf Social-Media-Plattformen mit eigenen Online-Profilen (siehe z. B. sog. Sinnfluencer:innen), schreiben Blogs und tauschen sich in Chatforen aus, wobei digitale Dokumente der jeweiligen Selbstdarstellungs-, Selbstverständigungs- und interpersonalen sowie Gruppenkommunikationsprozesse entstehen. Darüber hinaus sind offizielle kirchliche oder gemeindepädagogische Dokumente heute ebenfalls über Online-Archive und Datenbanken in großem Umfang und in globalem Maßstab öffentlich zugänglich und stehen damit als Datenmaterial für wissenschaftliche Dokumentenanalysen zur Verfügung. Im Zuge der zunehmenden Digitalisierung sozialen Handelns fallen also immer mehr potenziell aussagekräftige Dokumente menschlichen Erlebens und Verhaltens im Alltag an (Döring 2023, 528) und sind es daher wert, in der Gemeindepädagogischen Praxisforschung stärker als zuvor berücksichtigt zu werden. Dies zeigt die wachsende Bedeutung der Sammlung und Auswertung vorgefundener Dokumente in den Sozial-, Human- und Kulturwissenschaften.

4. Methodologische Grundlagen

Obwohl bei der Datenerhebung keinerlei Beeinflussung der Dokumente durch die Forschungstätigkeit erfolgt, haben Gemeindepädagogisch Praxisforschende die Pflicht, die Validität der Datenbasis zu kontrollieren und zu gewährleisten. Eine Dokumentenanalyse kann niemals nur datenimmanent bleiben, sich also allein auf die Dokumenteninhalte berufen, sondern muss sich folgender Kriterien bewusst sein (Mayring 2023, 44):

– Die Art des Dokuments: Akten gelten gegenüber Zeitungsartikeln als zuverlässiger.
– Die äußeren Merkmale des Dokuments, also der Zustand des Materials, z. B. die Lesbarkeit.
– Die inneren Merkmale des Dokuments, d. h. der Inhalt bei schriftlichen Quellen und die Aussagekraft bei Gegenständen.

- Die Intendiertheit des Dokuments (Was war seine ursprüngliche Funktion?) beeinflusst ebenfalls den Erkenntniswert, denn bei absichtlich für die Umwelt oder die Nachwelt geschaffenen Quellen entstehen möglicherweise neue Fehlerquellen bei ihrer Interpretation.
- Die Nähe des Dokuments zu dem, was es dokumentieren soll (zeitlich, räumlich, sozial).
- Die Herkunft des Dokuments (Wo wurde es gefunden, woher stammt es, wie erfolgte die Überlieferung?).

Der Ablauf einer Dokumentenanalyse lässt sich in vier Schritte unterteilen (ebd.):
1. Am Anfang muss eine präzise Fragestellung entwickelt werden.
2. Im zweiten Schritt muss definiert werden, was als Dokument gelten soll. Es muss das Ausgangsmaterial bestimmt und danach gesammelt werden. Für das Zusammentragen der Dokumente, die Recherche in Archiven und das Durchsuchen von Datenbanken sollte genügend Zeit eingeplant werden.
3. Danach wird nach den oben genannten Kriterien eingeschätzt, was die Dokumente aussagen können, welchen Wert sie für die Beantwortung der Fragestellung haben.
4. Schließlich erfolgt die Interpretation der Dokumente im Sinne der Fragestellung. Qualitative Verfahren, d. h. interpretative Methoden stehen an erster Stelle, wie z. B. die qualitative Inhaltsanalyse (Atteslander 2023). Es können aber auch quantitative Analysemethoden verwendet werden, wie sie z. B. die quantitative Inhaltsanalyse zur Verfügung stellt. Einfache quantitative Formen der Auswertung sind beispielsweise das Zählen von vorfindbaren Berichten zum Thema.

5. Chancen und Grenzen für eine Gemeindepädagogische Praxisforschung

Folgende Umstände sprechen neben den unter Punkt 3 genannten Chancen für eine besondere Eignung dieses methodischen Vorgehens zur Bearbeitung eines Forschungsproblems (Maschke 2016, 146; Döring 2023, 537; Mayring 2023, 45):
- Der zu betreibende Aufwand ist gegenüber einer eigenen Erhebung verhältnismäßig gering. Wenn beispielsweise behandelte Themen im Kindergottesdienst untersucht werden sollen, kann dabei auf vorhandene (ggf. in einem Ordner aufbewahrte) Konzepte der ehrenamtlichen Kindergottesdienstleiter:innen zurückgegriffen werden, statt die Kinder oder die Leiter:innen via Interview zu befragen. Oder im Rahmen der Untersuchung der Kirchenvorstandsarbeit kann es je nach Fragestellung sinnvoll sein, die Websites der Kirchengemeinden zu durchsuchen statt Befragungen oder Beobachtungen

anzustellen. Es handelt sich also um eine forschungsökonomische, ressourcenschonende Form der Datenerhebung.
- Die Durchführung ist bspw. in Hinblick auf forschungsethische Fragen unproblematischer und niedrigschwelliger als bei teilnehmenden Beobachtungs- und direkten Befragungsmethoden.
- Dadurch, dass bei der Dokumentenanalyse keine Daten eigens für Forschungszwecke erhoben werden (wie dies z. B. bei einer Interviewstudie der Fall ist), sondern auf bereits vorhandenes Material zurückgegriffen wird, findet keinerlei Beeinflussung durch die Forschungstätigkeit statt (nonreaktive Methode). So können beispielsweise bei einem leitfadengestützten Fokusgruppeninterview im Rahmen der Untersuchung von Gottesbildern bei Jugendlichen in der Konfirmand:innenarbeit die Befragten durch bestimmte Nachfragen oder die Gruppeninteraktion dazu veranlasst werden, nach sozialer Erwünschtheit zu antworten, statt ihre eigentliche Meinung preiszugeben. Auch ist davon auszugehen, dass private oder inoffizielle Dokumente, die sich in Privatbesitz befinden, wie z. B. Predigttexte oder Mitschriften aus dem Konfikurs, weniger Verzerrungseffekten unterliegen.
- Es können auch Gegenstände und Informationen erfasst und beschrieben werden, die anderweitig nicht (mehr) über Messungen, Befragungen und Beobachtungen zugänglich sind. Dies ist z. B. der Fall, wenn ein Dekanat seine kirchliche Jugendarbeit zur Zeit des Nationalsozialismus aufarbeiten möchte und betreffende Verantwortliche, wie z. B. damalige Jugendpfarrpersonen, nicht mehr für eine Befragung zur Verfügung stehen.

Bei der Dokumentenanalyse sind aber auch spezifische Nachteile zu beachten, die es methodologisch zu reflektieren gilt (Döring 2023, 529f):
- Die Entstehungs- und Kontextbedingungen der Dokumentenproduktion sind bei vorgefundenen Dokumenten teilweise unbekannt (z. B. fehlen bei vorgefundenen Online-Dokumenten oft genaue Angaben zu den Textproduzierenden, von denen oft nur ein Pseudonym bekannt ist), so dass sich eine Kontextualisierung des Datenmaterials bisweilen als schwierig erweisen kann.
- Die Dokumentenproduktion kann nicht im Hinblick auf die größtmögliche Aussagekraft für das Forschungsproblem gestaltet werden (möchte man beispielsweise die Art der Methoden untersuchen, mit denen in Fortbildungsveranstaltungen gearbeitet wird, muss man sich oft durch viele Ordner arbeiten, in denen auch Aspekte zu finden sein werden, die für die spezifische Forschungsfrage irrelevant sind).
- Bei der Beschaffung der Dokumente kann es vorkommen, dass man Besitzer:innen erst darum bitten muss, z. B. eigene Mitschriften gemeindepädagogischer Fortbildungen.
- Die Qualität vorgefundener Dokumente kann in unterschiedlicher Hinsicht beschränkt sein (Scott 1990): 1. Authentizität (die genaue Urheber:innen-

schaft oder Herkunft des Dokuments ist unklar), 2. Glaubwürdigkeit (es bestehen Zweifel an den im Dokument dargestellten Informationen, z. B. fake news), 3. Repräsentativität (der zugängliche Dokumentenpool kann systematisch verzerrt werden, indem bspw. höher gebildete Bevölkerungsgruppen mehr schriftliche Online-Dokumente erzeugen können), 4. Interpretierbarkeit (die Bedeutung der Dokumente kann nicht korrekt entschlüsselt werden, z. B. weil in Dokumenten mit fachsprachlichen oder lokaltypischen Codes operiert wird, welche die gemeindepädagogisch Forschenden nicht korrekt dekodieren können).
— Im Kontext der Dokumentenanalyse sind Fragen der Forschungsethik nicht vollkommen geklärt. Dies betrifft z. B. den Umgang mit öffentlichen oder halböffentlichen Dokumenten der Online-Kommunikation. Stehen öffentliche Online-Dokumente (z. B. Beiträge in Online-Foren von Kirchengemeinden) für die Forschung frei zur Verfügung? Oder müssen die Autorinnen und Autoren um ihr Einverständnis gebeten werden, wenn ihre Texte für Forschungszwecke genutzt werden? Wie ist mit unterschiedlichen Graden der Öffentlichkeit umzugehen (sind Online-Communitys, bei denen man sich anmelden muss, weiterhin öffentlich oder gelten sie als geschützte soziale Räume? Zimmer 2010) Sollen aus Gründen des Urheberrechts die Autor:innen von zitierten Onlinetexten genannt oder aus Gründen der Anonymisierung gerade nicht genannt werden? Eindeutige Antworten sind hier oft nicht möglich, stattdessen sollte die forschende Person ihr eigenes Vorgehen transparent machen und ethisch reflektieren.

6. Exemplarische Durchführung

Im Folgenden soll die Dokumentenanalyse mikroskopartig anhand von Materialien aus der „Fragetasche", einem Materialpaket aus dem Jahr 2023, das für Kirchengemeinden vom Amt für Gemeindedienst bereitgestellt wird, durchgeführt werden. Auf diese Weise sollen exemplarisch Prinzipien kirchlicher Bildungsarbeit herausgearbeitet werden. Das Amt für Gemeindedienst (afg) der Evangelisch-Lutherischen Kirche in Bayern (ELKB) ist ein landesweiter Dienst für Gemeinden und Einrichtungen mit Sitz in Nürnberg, das Ehrenamtliche wie Hauptamtliche durch Beratungen, Materialien, Projektbegleitung und Veranstaltungen bzw. Fort- und Weiterbildungen unterstützt. In diesem Rahmen bietet das afg die „Fragetasche" als Unterstützungspaket für Gemeinden an, die mit Partner:innen aus dem Sozialraum kooperieren wollen.[1]

---

[1] https://afg-elkb.de/fragetasche/worum-es-geht/ [abgerufen am 10.04.2024].

Gemäß dem oben beschriebenen Ablauf einer Dokumentenanalyse soll zunächst die Forschungsfrage formuliert werden. Sie lautet: Mit welchen (gemeinde-)pädagogischen Prinzipien lässt sich die sozialraumorientierte kirchliche Bildungsarbeit des afg exemplarisch charakterisieren?

Hierfür wird in einem zweiten Schritt das Materialpaket zum Thema „Vielfalt" aus der Fragetasche, die vom afg für Gemeinden bereitgestellt wird, gesichtet und die darin befindlichen Materialien zum Thema „Vielfalt" als zu analysierende Dokumente bestimmt. Dabei handelt es sich um ein Begleitheft, ein Plakat, Klappkarten, Kartensets und einen Gottesdienstentwurf. Die Dokumente stammen aus dem Jahr 2023, sind online verfügbar und stehen den Gemeinden zum Download bereit.[2]

Fragt man nun drittens nach dem Wert der Dokumente für den Forschungsprozess, so ist hier zu konstatieren: Da nach Aussage des afg diese Fragetasche bei vielen Bildungsveranstaltungen zum Thema „Vielfalt" in den Gemeinden der ELKB zum Einsatz kommt, ist davon auszugehen, dass viele Gemeinden bereits damit arbeiten. Überprüft werden kann diese These jedoch nicht. Jedenfalls handelt es sich um ein prominentes pädagogisches Konzept innerhalb des afg. Es kann als Zeugnis aktueller Bildungspolitik der ELKB gesehen werden, das dokumentiert, dass aktuell die Sozialraumorientierung ein wichtiges Element der landeskirchlichen Bildungsarbeit darstellt.

In einem vierten Schritt folgt schließlich die qualitative Auswertung der Dokumente im Sinne der Fragestellung. Somit werden im Folgenden exemplarisch die (gemeinde-)pädagogischen Arbeitsprinzipien der sozialraumorientierten kirchlichen Bildungsarbeit des afg auf Grundlage der empirischen Datenbasis herausgearbeitet.

a) Subjektorientierung
Die Bildungsarbeit des afg folgt dem Grundsatz der Subjektorientierung. Ehrenamtliche wie Hauptamtliche werden in diesem Sinne als Subjekte der kirchlichen Bildungsarbeit und nicht als Zu-Belehrende verstanden. Die Anerkennung der Eigenständigkeit und Individualität der Ehrenamtlichen sowie deren Gemeinde ist dabei zentral. Es werden in den Materialien keine fertigen Konzepte präsentiert, sondern Impulse gegeben, die je an die individuelle Situation vor Ort angepasst werden können. So werden beispielsweise in dem Begleitheft „Vielfalt. Orte und Figuren im Sozialraum" verschiedene Methoden exemplarisch vorgestellt, um Menschen miteinander ins Gespräch zu bringen. Über seminaristische Bildungsangebote hinaus wird die kirchliche Bildungsarbeit mit Ehrenamtlichen mithilfe solcher Angebote wie der Fragetasche, die zudem Dialogangebote beinhaltet, im Sinne einer Bewältigung der Herausforderungen vor Ort durch Angebote der individuellen Beratung und Begleitung ergänzt. In diesem Sinne vertritt das afg eine doppelte Perspektive, um den unterschiedlichen

---

[2] https://afg-elkb.de/fragetasche/8-x-3-zeigt-vielfalt/ [abgerufen am 10.04.2024].

Erwartungen, die an Ehrenamtliche gestellt werden, sowie der differenzierten gemeindepädagogischen Praxis gerecht zu werden. Der Ansatz der Subjektorientierung bietet die Möglichkeit, Bildung und Bewältigung zu verbinden und kann als gemeinsamer Orientierungsrahmen dienen sowie unterschiedliche Schwerpunktsetzungen innerhalb der gemeindepädagogischen Praxis ermöglichen.

b) Partizipation
Das afg fördert Partizipation, indem das Engagement der Ehrenamtlichen als gesellschaftlich wichtiger Beitrag ernst genommen wird, der Wirkungen erzielt (z. B. Zusammenarbeit im Sozialraum). Partizipation umfasst darüber hinaus die Berücksichtigung von Bedürfnissen und Interessen der Ehrenamtlichen bzgl. der Umsetzung von Projekten vor Ort sowie die Möglichkeit der Mitbestimmung von Fortbildungsthemen und die Mitgestaltung von Bildungsveranstaltungen (siehe Dialogangebot).

c) Themen- und Prozessorientierung
Das themenorientierte Arbeiten in Bildungsseminaren stellt generell einen Ausgangspunkt der kirchlichen Bildungsarbeit des afg dar. Dies bedingt eine stärker strukturierte Form der Arbeitsweise als andere Orte non-formaler Bildung. Der Themenkanon besteht aus unterschiedlichsten Themen, die an die Erfahrungen vor Ort sowie den Interessen der Ehrenamtlichen anknüpfen. Dabei sind eine hohe Flexibilität und Aufmerksamkeit von Seiten der gemeindepädagogischen Fachkräfte geboten. Dies bildet einen hohen Qualitätsanspruch an die Begleithefte. Zudem werden fachliche (auch theologische) Hintergrundinformationen in dem zu analysierenden Begleitheft zum Thema „Vielfalt" kompakt und gut verständlich präsentiert.

d) Spielerisch, praxisnah und erfahrungsbezogen
Die Materialien haben den Anspruch, dass Ehrenamtliche wie Hauptamtliche unterschiedliche Themen spielerisch, praxisnah und erfahrungsbezogen entdecken. Hierzu werden unterschiedliche spielerische Methoden wie z. B. Kartensets präsentiert, mithilfe derer sich Gemeinden kreativ mit dem Thema „Vielfalt" auseinandersetzen können. Zudem finden sich neben vielfältigen Praxistipps in den Materialien gelungene Praxisbeispiele (best practice), die Ehrenamtliche einladen, sich inspirieren zu lassen und von anderen Projekten zu lernen.

Zusammenfassend lässt sich konstatieren, dass die Analyse ausgewählter Dokumente einen guten ersten exemplarischen Einblick in die aktuelle Bildungsarbeit mit Ehrenamtlichen der ELKB bieten kann. Die ausgewählten Dokumente spiegeln Prinzipien aktueller landeskirchlicher Bildungspolitik wider, anhand derer das pädagogische Profil dieser landeskirchlichen Einrichtung deutlich wird. Anhand dieses mikroskopischen empirischen Beispiels einer Dokumentenanalyse wird allerdings auch offenkundig, dass die Analyse von Dokumenten immer mit

Entscheidungsprozessen hinsichtlich der Auswahl der genauer zu untersuchenden Elemente verbunden ist. In diesem Beispiel wurden z. B. sämtliche layoutbezogenen Analysemöglichkeiten vernachlässigt, die gleichwohl einen interessanten Analysehorizont darstellen können.

7. Anschlussfähigkeit für Praxis und weitere Forschung

Bisher ist innerhalb der gemeindepädagogischen Forschung eher selten von Dokumentenanalyse die Rede. In der Methodendiskussion steht sie hinter Interviews und standardisierten Erhebungen zurück. Allerdings sollte deutlich geworden sein, dass sie trotz ihrer Nähe zur Inhaltsanalyse als spezifisches Instrument der Daten*gewinnung* gegenüber herkömmlicheren Verfahren einige Vorzüge aufweist (s. o.). So ist sie deshalb innerhalb der Gemeindepädagogischen Praxisforschung für manche Fragestellung und in manchen Erhebungskontexten das überlegene Instrument. Es lohnt sich daher, im Sinne einer ertragreichen und effizienten gemeindepädagogischen Forschung den Einsatz der Dokumentenanalyse systematisch in Betracht zu ziehen. Denn die Gemeindepädagogik arbeitet in einem Untersuchungsfeld, in dem Ereignisse protokolliert, Abläufe dokumentiert und häufig auch schriftlich kommuniziert werden. Um auf die oben genannten Beispiele zurückzukommen, können das z. B. Homepageauftritte oder Bildungskonzepte sein.

Die theoretischen Ausführungen wie das Praxisbeispiel zeigten, dass die Dokumentenanalyse – insbesondere zu Beginn eines Forschungsvorhabens – zwar einen instruktiven Zugang bietet, um sich ein gemeindepädagogisches Feld, wie z. B. die kirchliche Bildungsarbeit mit Ehrenamtlichen, zu erschließen, doch wurde auch deutlich, dass eine reine Dokumentenanalyse rasch an ihre Grenzen stößt, während sich kombiniert mit anderen Methoden vielfältige Anwendungsmöglichkeiten ergeben. So könnte man weiterführend die mithilfe der Dokumentenanalyse herausgearbeiteten Prinzipien kirchlicher Bildungsarbeit systematisch an die diskursive Rahmung kirchlicher Bildungspolitik insgesamt rückbinden oder die Ergebnisse im Sinne eines explorativen Verfahrens als Anlass für methodisch spezifischere Untersuchungen, wie z. B. die Durchführung von Leitfadeninterviews mit Bildungsreferent:innen hernehmen.

Insgesamt ist festzuhalten, dass die Dokumentenanalyse im Rahmen einer Gemeindepädagogischen Praxisforschung einen sinnvollen Beitrag zur Erhellung und dem besseren Verständnis der gemeindepädagogischen Praxis zu bieten imstande ist – insbesondere, wenn es darum geht, sich ein gemeindepädagogisches Forschungsfeld neu zu erschließen und einen ersten Einblick zu erhalten. So wird die Dokumentenanalyse bisher sicherlich zu Recht in einem Methodenmix eingesetzt, allerdings dürften die Einsatzbereiche innerhalb der Gemeindepädagogik noch lange nicht ausgeschöpft sein.

Weiterführende Literatur und Hinweise zur Vertiefung

Döring, Nicola (2023), Forschungsmethoden und Evaluation in den Sozial- und Humanwissenschaften, 6. Auflage, Berlin.
Hoffmann, Nicole (2018), Dokumentenanalyse in der Bildungs- und Sozialforschung. Überblick und Einführung. Weinheim/Basel.
Maschke, Dietmar (2016), Dokumentenanalyse, in: Joachim König/Monika Chilla (Hg.), Praxisforschung in der Sozialen Arbeit. Ein Lehr- und Arbeitsbuch, Stuttgart, 144–148.
Mayring, Philipp (2023), Einführung in die qualitative Sozialforschung: eine Anleitung zu qualitativem Denken, 7. Auflage, Basel.
Meyer, Sarah/Hoffmann, Hilmar (2018), Soziale Differenz in Bildungsplänen für die Kindertagesbetreuung. Eine diskursiv gerahmte Dokumentenanalyse, Wiesbaden.
Thanner Verena (2009), Ausbildungsinhalte an Fachschulen für Sozialpädagogik zu Kindern unter drei Jahren. Eine Dokumentenanalyse, München.

Literatur

Atteslander, Peter (2012), Methoden der empirischen Sozialforschung. Berlin.
Döring, Nicola (2023), Forschungsmethoden und Evaluation in den Sozial- und Humanwissenschaften, 6. Auflage, Berlin.
Hoffmann, Nicole (2018), Dokumentenanalyse in der Bildungs- und Sozialforschung. Überblick und Einführung. Weinheim/Basel.
Maschke, Dietmar (2016), Dokumentenanalyse, in: Joachim König/Monika Chilla (Hg.), Praxisforschung in der Sozialen Arbeit. Ein Lehr- und Arbeitsbuch, Stuttgart, 144–148.
Mayring, Philipp (2023), Einführung in die qualitative Sozialforschung: eine Anleitung zu qualitativem Denken, 7. Auflage, Basel.
Salheiser, Axel (2009), Handling Ideological Bias and Shifting Validity of Longitudinal Data., in: HSR 34,1, 197–210.
Scott, John (1990), A Matter of Record: Documentary Sources in Social Research. Cambridge.
Webb, Eugene J./Campbell, Donald T./Schwartz, Richard D./Sechrest, Lee (1975), Nichtreaktive Messverfahren. Weinheim/Basel.
Wolff, Stephan (2013), Dokumenten- und Aktenanalyse. In: Uwe Flick/Ernst von Kardorff/Ines Steinke (Hg.), Qualitative Forschung. Ein Handbuch. Reinbeck, 502–513.
Zimmer, Michael (2010), „But the date is already public": On the ethics of research in Facebook, in: Ethics and Information Technology 12, 313–325.

Kapitel 7: Frauenbilder im Spiegel von Christfluencerinnen – eine strukturierte Inhaltsanalyse

Leonie Preck & Marielena Berger

1. Einleitung und Fragestellung

„Be a lady they said. Don't talk too loud. Don't talk too much. Don't take up space. Don't sit like that. Don't stand like that. Don't be intimidating"[1]. Februar 2020 erschien das provokative Video, in dem Cynthia Nixon das Gedicht von Camille Rainville rezitiert, um die widersprüchlichen Anforderungen, die Frauen[2] in (westlichen) Gesellschaften immer wieder begegnen, sichtbar zu machen. Auch in den Sozialen Medien wird das Bild der Frau kritisiert, neu gedacht, umkämpft, etc. Besonders im christlichen Umfeld wird die Thematik nicht nur von der Kanzel, sondern auch im Internet heiß diskutiert (Faix u. a. 2023, 118). Vor allem Instagram (IG) scheint eine zentrale Rolle im Diskurs einzunehmen; in erster Linie für junge Mädchen und Frauen, die nach WhatsApp IG statistisch gesehen am meisten nutzen (JIM Studie 2023, 34). Wer weibliche, christliche Influencer:innen auf IG verfolgt, stolpert oft über ein Thema: die Rolle der Frau in Gesellschaft und Kirche. Immer mehr junge Frauen verschaffen sich über soziale Netzwerke Gehör, wobei sie Geschlechterrollen (bewusst) reproduzieren oder aufbrechen.

Unter dem Begriff *doing gender* (Ursprung bei West & Zimmermann 1987) sammelt sich ein gesamtgesellschaftlicher Diskurs, der Geschlecht nicht als Strukturmerkmal, sondern als durch soziale Prozesse entworfenes Konzept betrachtet (Gildenmeister 2010, 137). Die entstehenden Rollenbilder haben Auswirkungen auf das Selbstbild des Individuums und deren Veränderung auf die Gesellschaft (Rendtorff u. a. 2016, 10–11). Gerade Medien beeinflussen das Bild von Geschlechtern deutlich (Lünenborg & Maier 2020, 13) und so ist auch die Gruppe der sog. Christfluencerinnen (CF) Teil des Diskurses. Diese Beobachtungen werfen viele Fragen auf: Was sagen junge Frauen über die eigene Rolle? Auf welches Frauen- bzw. Geschlechterbild gründen ihre Aussagen und wie verhält es sich zur eigenen Religiosität? Wem gebührt in diesem Diskurs die Deutungshoheit bzw. wer prägt hier Meinung?

---

[1] Ausschnitt des Textes von „Be A Lady They Said" von Cynthia Nixon
[2] In diesem Artikel meint der Begriff *Frau* in erster Linie die Personen, die sich mit dem ihnen bei der Geburt zugeordneten weiblichen Geschlecht identifizieren. Eine kritische Auseinandersetzung damit folgt in Kapitel 4.

Im Rahmen unserer Bachelorarbeit für das Studium der Religions- und Gemeindepädagogik/Sozialen Arbeit im Sommersemester 2021 haben wir uns Teilen dieser Fragen angenommen. Wir (selbst Konsumentinnen der Inhalte) starteten mit einem intrinsischen Forschungsinteresse, um im breiten Feld der CF ein Verständnis zu gewinnen, wie wir das, was uns begegnet, einordnen können. Im Zuge der Recherchen stellten wir fest, wie gering der Forschungsstand zu CF war und gerade explizit die Analyse von Rollenbildern noch nicht stattgefunden hatte. Aufgrund der fehlenden Referenzpunkte zu anderen Forschungen und der durch digitale Medien unweigerlichen Dynamik des Forschungsfeldes entschieden wir uns für ein qualitativ-exploratives Forschungsdesign (Pirker 2020, 195), um ein erstes Verständnis der Thematik zu gewinnen. Denn die Besonderheit qualitativer Forschung zeigt sich in ihrer „theorieentdeckenden Forschungslogik" (Brüsemeister 2008, 48). Sie zielt auf die Entwicklung neuer Hypothesen ab, die eine quantitative Forschung dann überprüfen kann. Dabei muss dem Material gegenüber eine große Offenheit entgegengebracht werden (Brüsemeister 2008, 48). Aus dem Interesse daran, ein systematisiertes Bild davon zu erhalten, wie Frauen selbst den Diskurs über das öffentliche Frauenbild prägen, legten wir den Fokus auf eine Analyse der Selbstdarstellung und die daraus herauslesbare Charakteristika von (protestantischen) Frauen. Eine Besonderheit von Influencer:innen ist es, dass sie mit ihrer Selbstdarstellung für Glaubwürdigkeit bei ihrer Follower:innenschaft sorgen und erst durch ihre eigene Authentizität auch Autorität erhalten (Faix u. a. 2023, 120ff). Umso wichtiger ist es, eben diese Selbstdarstellung (und bei CF auch ihre theologische Verortung) explizit herauszuarbeiten. Um das Material einzugrenzen, beschränkten wir unser Sample auf vier Frauen auf IG, versuchten dabei aber die Varietät des Feldes Christfluencing im *protestantischen* Raum abzubilden. Mit diesen Überlegungen ergibt sich folgende Forschungsfrage:

Wie unterscheiden sich die vermittelten Rollenbilder der Frau voneinander und deren theologische Begründung bei ausgewählten CF?

Um dieser Frage näher zu kommen, wurden in einer strukturierten, qualitativen Inhaltsanalyse alle IG-Posts (insbesondere die Captions [Bildunterschriften]) eines Jahres der vier CF Theresa Brückner (auf IG @theresaliebt), Maike Schöfer (@ja.und.amen), Jasmin Neubauer (@Liebezurbibel) und Lisa Repert (@Li.Marie) untersucht. Der Zeitraum spannte vom 01. Februar 2020 bis zum 08. März 2021; der 08. März wurde aufgrund des Weltfrauentags mitberücksichtigt. Ziel war es herauszuarbeiten, welches konkrete Rollenbild der Frau sie auf IG vermitteln und wie dieses sich in den bisherigen Wissenschaftskontext zu Frauenbildern einordnen lässt. Dabei stellte sich außerdem die Frage, ob die Meinungen der CF sich im Zusammenhang mit ihrer Konfession voneinander unterscheiden. Dieser Unterschied wurde in Bezug auf ihre in den Posts erkennbare, theologische Begründung bzw. ihre kirchliche Zugehörigkeit betrachtet.

2. Forschungsdesign

Mit dem Forschungsdesign wird die Art und Weise einer Forschung explizit gemacht, es dient also dazu, den Forschungsablauf zu strukturieren und Leitlinien zu entwerfen, auf die im Laufe der Forschung immer wieder zurückgegriffen werden kann (Przyborski/Wohlrab-Sahr 2014, 188). Beim Erstellen des Forschungsdesign wurde sich an den Schritten von Przyborski & Wohlrab-Sahr (2014) orientiert. Im Folgenden werden wir unsere Vorgehensweise in Verbindung von theoretischer Grundlage und praktischer Umsetzung erläutern.

2.1 Das Forschungsdesign nach Przyborski & Wohlrab-Sahr

Das *Erkenntnisinteresse* wurde einleitend bereits beschrieben.

Mit der *methodologischen Positionierung* wird bestimmt, welchen inhaltlichen Schwerpunkt die Forschungsfrage legt (Przyborski/Wohlrab-Sahr 2014, 122–123). Hier liegt der Fokus auf einer lebensweltbezogenen Religionspädagogik, die in einer mediatisierten Gesellschaft auch Medienethik, -erziehung und -sozialisation (Piker 2020, 195) einbezieht, verortet sich aber durch Anlehnung an Konzepte wie bspw. „Doing Gender" (West/Zimmermann 1987) auch in der Soziologie.

Die *Bestimmung des Forschungsfeldes* klärt den konkreten Rahmen, in dem die Forschungsfrage beantwortet wird und wovon sie sich abgrenzt (Przyborski & Wohlrab-Sahr 2014, 123–124). Auch darauf wurde eingangs eingegangen.

Die *Wahl der Erhebungs- und Auswertungsverfahren* folgt aus der Einschränkung des Feldes. Wir entschieden uns für eine qualitative Forschung, die, wie bereits erläutert, der Forschungsfrage besonders entgegenkommt. Dabei wird auch ein Blick auf die Auswertungsverfahren geworfen, die mit der Erhebungsform zusammenhängen (Przyborski/Wohlrab-Sahr 2014, 124–126). Da in der qualitativen Forschung der zu untersuchende Gegenstand die Grundlage für die Auswahl der Methode bildet (Flick u. a. 2007, 22), bestimmt in diesem Fall die Möglichkeiten der Plattform Instagram die Methodik. Wir haben uns dafür entschieden, vornehmlich die Captions (Bildunterschriften) und Textinhalte der Bilder zu analysieren, weil sie von den CF dezidiert für die Vermittlung von Meinungen genutzt werden. Das führte zur Erhebungsmethode der *Dokumentenanalyse* (Hoffmann 2018; siehe auch Markert in diesem Handbuch). Zur anschließenden Auswertung der Daten wird auf die Methode der *inhaltlich strukturierten und computergestützten qualitativen Inhaltsanalyse* nach Kuckartz (2018) zurückgegriffen. Die Funktionsweise der Methode wird in 2.2 erläutert.

Nach der Festlegung der Forschungsmethodik folgt *das Sampling*, also die Auswahl der konkreten zu untersuchenden Personen. Besonderes Augenmerk sollte darauf liegen, „worüber man Aussagen zu treffen beabsichtigt, in welche

Richtung also die spätere Generalisierung (oder Theoretisierung) möglich ist" (Przyborski/Wohlrab-Sahr 2014, 126). Da qualitative Forschung keine Repräsentativität anstrebt, wurde eine *bewusste* und *absichtsvolle* Stichprobe getroffen (Schreier 2020, 6); orientiert am qualitativen Stichprobenplan von Schreier (2020, 12f). Über verschiedene Listen (z. B. AEJG-Liste der CF, Yeet-Netzwerk, christliche YouTube-Playlists, etc.) wurden mehrere CF miteinander verglichen. Bei kleinen Stichproben werden möglichst große Unterschiede gesucht, um „relevante Bindungs- und Genesefaktoren zu erhalten" (Schreier 2020, 7). Deswegen wurde sich auf zwei Frauen des Yeet Netzwerkes der evangelischen Landeskirche und zwei Frauen, die freien Gemeinden angehören, festgelegt, die sich zudem in der Anzahl der Follower:innenschaft unterscheiden (zum Stand Februar 2020 jeweils eine reichweitenstarke und -arme).

Im letzten Schritt wird die *grundlagentheoretische Einbettung der Forschung vorgenommen*. Das ist der Schritt, in dem die Ergebnisse der qualitativen Analyse in einen theoretischen Gesamtrahmen gesetzt werden (Przyborski/Wohlrab-Sahr 2014, 127). Hierfür wird oft auf Hypothesenbildung zurückgegriffen. Es ist essenziell, diesen Schritt schon zu Beginn der Forschung (bspw. in der Auswahl des Samples oder der Rezeption von Fachliteratur) mitzudenken. Hier werden die Forschungsergebnisse generiert (Przyborski/Wohlrab-Sahr 2014, 129). Unsere Ergebnisse sind im Kapitel 3.1 zusammengefasst.

2.2 Die qualitative Inhaltsanalyse nach Kuckartz

Im nächsten Abschnitt wird die Methode der strukturierten, qualitativen Inhaltsanalyse nach Kuckartz umrissen und dabei unser konkreter Forschungsverlauf beschrieben. Hierbei soll deutlich werden, *wie* die Ergebnisse entstanden sind.

Kuckartz gibt sieben Phasen vor, die linear verfolgt werden können, aber der qualitativen Forschung entsprechend auch immer wieder durch Zwischenfeedback und Rückbezug auf die Forschungsfrage interveniert werden können (Kuckartz 2018, 97). Die Analyse beginnt mit der *initiierenden Textarbeit*. Dabei wird der Text Zeile für Zeile vollständig gelesen, Notizen gemacht und Fälle ggf. zusammengefasst (Kuckartz 2018, 55ff). Dieser Schritt geschah automatisch, da wir die Posts selbst in das Auswertungsprogramm MAXQDA eingepflegt haben. Auffälligkeiten, Gedanken und Interpretationsversuche unsererseits wurden dabei in Memos direkt in MAXQDA festgehalten.

Darauf folgt die *Phase der Kategorienbildung*, mit welcher die vorliegenden Daten codiert (d. h. zu Themenschwerpunkten zusammensortiert) werden (Kuckartz 2018, 95). Wir haben uns für ein deduktiv-induktives Vorgehen entschieden (d. h. teils vorher festgelegt, teils aus dem Material generiert), wie von Kuckartz (2018, Kapitel 5) vorgeschlagen. Die Hauptkategorien für den ersten

Durchgang des Codierens wurden also aus der vorangehenden Literaturrecherche und der Forschungsfrage erschlossen und dann mit Themen, die sich für uns im Prozess des ersten Lesens als relevant ergeben haben, ergänzt (Kuckartz 2018, 101). So haben wir fünfzehn Hauptkategorien erstellt. Aus der Literaturrecherche haben wir bspw. deduktive Kategorien wie „Mutterschaft", „Erwerbstätigkeit", „(weibl.) Sexualität" oder „Bild der Frau/Gender" übernommen. Aus der Textarbeit haben wir u. a. die induktiven Kategorien „Gottesbezeichnung" und „Rolle der Frau in der Gemeinde" ergänzt, weil sie uns besonders auffällig erschienen (ausführlicher Codebaum in Abb. 1).

Abbildung 1: Der Codebaum mit 15 Hauptkategorien und der ersten Ebene von Subkategorien.

Mit dieser Vorbereitung beginnt das Kernstück der Analyse: das Codieren. Im *ersten Codierprozess* [auch sequenzielle Analyse genannt] wird der Text erneut Zeile für Zeile gelesen und einzelne Textabschnitte einer der Kategorien zugeordnet (Kuckartz 2018, 102). Wir haben die Software MAXQDA genutzt. Idealerweise wird das erste Codieren von mindestens zwei Personen, die unabhängig voneinander arbeiten, durchgeführt. Im Austausch über die Gründe, warum wann welcher Code genutzt wird, wird die Objektivität der Analyse gesteigert (Kuckartz 2018, 105). Es wurden Kategoriendefinitionen festgehalten, passende Beispielcodes zugeordnet und definitorische Abgrenzungen zu anderen Codes vorgenommen.

Die nächsten beiden Phasen lassen sich am besten zusammenfassend bearbeiten. Nun werden *gleich codierte Textstellen* (also einer Kategorie zugehörig) zusammengestellt und aus dem Vergleich heraus *Subkategorien* gebildet. Hiermit werden die Hauptkategorien ausdifferenziert. Das geschieht ausschließlich induktiv und es können sich mehrere, voneinander abhängige Subkategorien ergeben (Kuckartz 2018, 106). Am Beispiel der Hauptkategorie „Bild der Frau/Gender" wird der Prozess deutlich. Hier sind bspw. in der ersten Codierphase auch Segmente zugeordnet worden, die sich mit Sprachnormen befasst haben. Die Fülle des Materials hat nahegelegt, dieses Thema samt codierter Segmente in eine eigene Kategorie auszusortieren. Zum Ende des Prozesses bezog sich die Kategorie „Bild der Frau/Gender" also nur noch auf weibliche Vorbilder, konkrete Konstruktionsgedanken über (un)stereotype Eigenschaften von Frauen sowie Begründungen für dieses Bild (in Bezug oder Abgrenzung zur Schöpfungsordnung). So sortiert sich ein Kategoriensystem in diesen beiden Schritten um und es werden Schwerpunkte gesetzt.

Hat man den fertigen Codebaum (siehe Abb. 1) erstellt, folgt die letzte Phase mit Blick auf den ganzen Text: der *zweite Codierprozess*. Hier wird erneut das gesamte Material durchgegangen und die schon codierten Hauptkategorien ausdifferenziert und das Material den Subkategorien zugeordnet (Kuckartz 2018, 110). Auch hier wurden, wie schon in den Prozessen vorher, Memos zur Nachvollziehbarkeit der Forschung erstellt, in denen wir die Codes voneinander abgegrenzt und besonders illustrierende Zitate als Beispiele gesammelt haben (siehe Abb. 2).

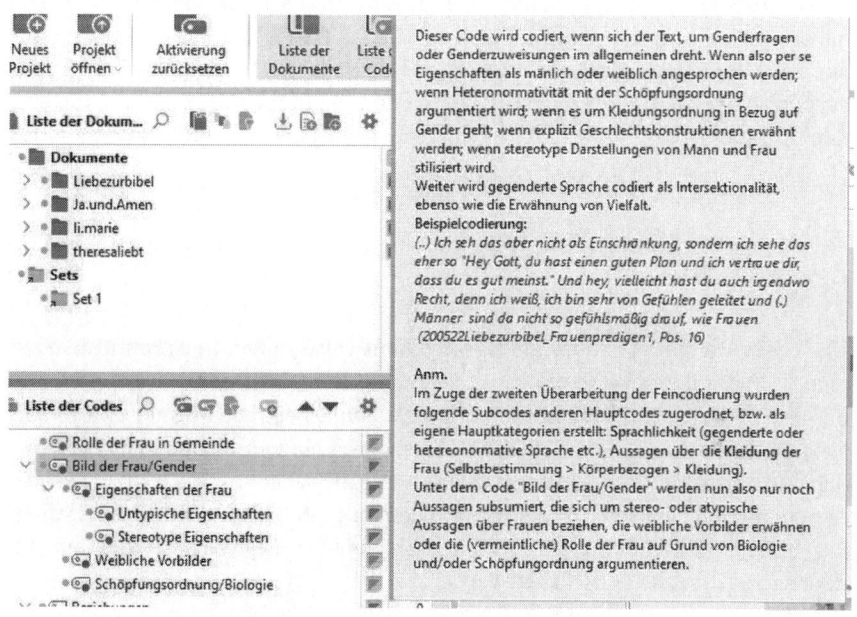

Abbildung 2: Beispiel für ein Memo mit illustrierendem Zitat und Anmerkungen zum Prozess

Der letzte Schritt ist nun die eigentliche *Analyse*. Die nun segmentierten Textstellen werden inhaltlich analysiert und miteinander verglichen. Dafür gibt es eine Reihe von Auswertungsprozessen, die bei Kuckartz (2018, Kapitel 5.6) umfangreich nachgelesen werden können. Zentral sind dabei zwei verschiedene Fragen: a) Was wird zu den einzelnen Themen gesagt? und b) Welche Beziehungen haben die Themen untereinander? Dafür kann jede Hauptkategorie in sich, aber auch vergleichend über Kategoriegrenzen hinweg, betrachtet werden (Kuckartz 2018, 119). Im Wesentlichen haben wir dazu Fallzusammenfassungen und Kategorienzusammenfassungen erstellt. Um aber noch ein Beispiel für Zusammenhänge über die Hauptkategorien hinweg zu nennen: Wir konnten eine relativ hohe Ausprägung des Codes „Privates" bei Li.Marie feststellen, zu dem sie auch immer wieder Bibelverse postet. Im Kontrast dazu konnten wir keine Bibelverse finden, wo der Code „Öffentlichkeit" gecodet wurde. Ein Beispiel für die Analyse innerhalb der Kategorien wäre: ja.und.amen postet viel unter der Kategorie „Öffentlichkeit", was unter anderem in die Subkategorien „politisches Statement" und „gesellschaftliches Engagement" unterteilt ist. Auffällig ist hier, dass sie häufig Stellung zu politischen Themen bezieht und dabei auch zu gesellschaftlichem Engagement aufruft.

In unserer Analyse haben wir uns in erster Linie auf die drei Kategorien konzentriert (Eingrenzung aufgrund der Masse der Daten), deren Themen bei den einzelnen Frauen jeweils am häufigsten vorkamen und in einer Fallanalysen für jede Frau einzeln als Ergebnisse festgehalten. Die anderen Inhalte haben wir in einem groben Überblick auch für jede Frau einzeln zusammengefasst. Außerdem haben wir uns einzelne Hauptkategorien (Gleichberechtigung, Mutterschaft sowie Sexualität und Selbstbestimmung) ausgesucht, die unter allen vier Frauen verglichen wurden. Eine kleine Übersicht über diese Ergebnisse wird das nächste Kapitel geben.

3. Präsentation der zentralen Forschungsergebnisse

Nach dem Verständnis über die Herangehensweise sollen die Erkenntnisse aus den 712 Dokumenten und fast zweitausend Codes in fünfzehn Hauptkategorien dargestellt werden. Zuerst werden die zentralen Ergebnisse in einer Charakterisierung der Frauenbilder aller vier Untersuchten einzeln zusammengefasst und dabei in den Zusammenhang zentraler Erkenntnisse aus der bisherigen Frauenforschung und theologisch relevanten Themen gestellt. Anschließend sollen die Ergebnisse in Hinblick auf die Anschlussfähigkeit für die Religions- und Gemeindepädagogik kritisch reflektiert werden.

3.1 Frauenbilder

Li.Marie, Lisa Reppert, ist hauptberufliche Grafikdesignerin und hat an der privaten Prediger:innenschule THS-Akademie[3] Theologie studiert. Bei Li.Marie (genauso wie bei Liebezurbibel) treffen ein passives und pessimistisches Weltbild[4] auf ein verbal-inspiriertes Bibelverständnis und freikirchliche Glaubensprägung[5]. Argumentationen baut sie häufig auf Bibelversen auf. Auf IG tritt Li.Marie als liebevolle Mutter, tüchtige Hausfrau und unterstützende Ehefrau auf:

> „@2luckyrepi So proud to be your #wifey... you are such a big gift to me! ... People say that men doesn't [sic] know what women need... just try harder and act out of love, I'm sure you'll find out. Hubby, I love you!!" (200514LM)[6]

Sie unterstreicht ihr Frauenbild mit dem Bibelvers Spr 31,10–31. Hier vertritt sie das traditionelle Familienbild, das in der Industrialisierung entstand und sich besonders in christlich-konservativen Familien hält (Liebsch 2007, 31). Dabei dient die Frau als Unterstützung des Familienvaters durch den Fokus auf den Haushalt und Erziehung der Kinder. Deutlich wird dies in der fehlenden Codierung der Hauptkategorie „Öffentlichkeit". In unserer Analyse fanden sich fast keine Aussagen zu öffentlichen Themen. Die Verschiebung der Frau aus dem Privaten in die Öffentlichkeit rückte erst durch die erste Frauenbewegung im 20. Jhd. in die Eigenschaftszuschreibung von Frauen, welche in evangelikalen Kreisen wenig Anklang fand (Liebsch 2007, 29). Damit kann Li.Marie dem Geschlechtskonservativismus (u. A. Zweigeschlechtlichkeit, ungleiche Aufgabenverteilung [Lenz 2018, 21]) zugeordnet werden.

Ganz im Gegensatz dazu zeigt sich ja.und.amen als aktive, berufstätige Feministin. Ihr Muttersein spielt auf IG eine untergeordnete Rolle.

> „Ich habe Sex, Ich werde Pfarrerin, Ich tanze gerne, Ich bin Mutter... Ich bin Feministin." (210105JUA)

Ja.und.amen, Maike Schöfer, ist Pfarrerin in der EKBO. Wie auch theresaliebt kommt sie aus dem Kontext der ev. Landeskirche und vereinbart ein aktives und

---

[3] Deutscher Name der „Academy for pastoral Leadership".
[4] Gemeint sind Vorstellungen wie eine sündhafte, gefallene Welt, die überkommen werden muss und zur Folge des Sündenfalls gehört. Der aktiv, positive Gegenpol ist der Himmel/ Gottes Reich.
[5] Dietz und Faix (2021) gehen davon aus, dass Weltbild, Theologische Prinzipien, Hermeneutik und Glaubenspraxis sich reziprok beeinflussen (S. 38–39).
[6] Die Zitationsangaben bei IG-Posts beziehen sich auf die im Zeitraum 01. bis 15. Februar 2021 erhobenen Daten. Die Angabe besteht immer aus Jahr, Monat, Tag des Posts und dem Kürzel der Influencerin. Z. B. bedeutet die Angabe „200512LM", dass der Post von Li.Marie ist und am 12.05.2020 veröffentlicht wurde.

bejahendes Weltbild[7] mit einer kritischen Bibelauslegung. Sie zeichnet das Bild einer patriarchalen Gesellschaft und Kirche, gegen die es sich zu wehren gilt. Gleichzeitig steht sie für eine Entidealisierung des Mutter- und Frauenbild ein. Sie schwärmt von einer sexuellen Revolution des Christentums und beschreibt ihren Glauben als Grundlage für diesen Kampf. Ja.und.amen setzte sich für Sichtbarkeit und Gleichberechtigung der Frau in Kirche und Gesellschaft ein, kämpft für die (sexuelle) Selbstbestimmung und fundiert ihre Aussagen mit einer feministisch-queeren und kontextualisierten Bibelauslegung. Das zeigt sich auch in der nicht-geschlechtlichen Anrede, die sie für Gott wählt („Gott*" [200913JUA]). Sie fokussiert die Ausgrenzung gesellschaftlich produzierter Geschlechtsbilder, arbeitet mit allen Geschlechtern zusammen, ruft zum (politischen) Engagement und Umdenken zum Weg aus einer (Macht)Ungleichheit auf (diskursiven und struktureller Feminismus [Lenz 2018, 22]).

Liebezurbibel wird geführt von Jasmin Neubauer und ihrem Team. Jasmin ist Kommunikationsdesignerin und hat an der freikirchlichen Hochschule TAS Theologie studiert. Liebezurbibel ist ursprünglich ihr selbstständiger Onlineshop mit christlichem Merchandise. Sie inszeniert sich als entschlossene, selbständige, junge und gottesfürchtige Frau. Allerdings zeichnet sie auch eine sehr ambivalente Haltung zur Rolle der Frau aus.

> „Für mich ist es noch klar, wenn ich lese, Frauen sollen in der Gemeinde nicht das Oberwort irgendwie ergreifen. Ich seh das aber nicht als Einschränkung, sondern ich sehe das eher so ‚Hey Gott, du hast einen guten Plan und ich vertraue dir, dass du es gut meinst.' Und hey, vielleicht hast du auch irgendwo Recht, denn ich weiß, ich bin sehr von Gefühlen geleitet und Männer sind da nicht so gefühlsmäßig drauf, wie Frauen." (200522LZB)

Auf der einen Seite ruft sie Frauen dazu auf, laut und mutig ihre Berufung zu leben und inszeniert sich selbst in ihrer aktiven Erwerbstätigkeit. Andererseits bezeichnet sie Frauen als schwaches Geschlecht und charakterisiert Frauen oft über ihre (unterwürfige) Beziehung zum Mann. Die offenkundigen Widersprüche scheinen für sie in keiner Spannung zu stehen. Die Wertesynthese (Gensicke 2015, 266) ist bei Hochreligiösen wie Liebezurbibel besonders hoch vertreten (Faix/Künkler 2018, 38). Das zeigt sich auch in der Sprache. Obwohl sie sich nach eigener Aussage ausschließlich an Frauen richtet (200908LZB), benutzt sie durchgehend das generische Maskulinum (auch im Selbstbezug) (201117LZB). Auch ihre Gottesbezeichnungen sind immer männlich. Weiter muss Liebezurbibel ins fundamentalistische Spektrum eingeordnet werden. Dieses hängt oft mit einer rigiden Sexualmoral und Reduktion der Frau zusammen (Liebsch 2007, 29). Häufig wird diese mit einer „Hermeneutik gefährlichen Begehrens" (Liebsch

---

7   Gemeint ist die Vorstellung, dass die Welt durch unseren Einsatz noch gerettet werden kann. Es wird davon ausgegangen, dass der Himmel auf Erden kommen wird und der Mensch mit Gottes Kraft dafür Sorge tragen sollte.

2007, 30) begründet, wie bspw. in der von Liebezurbibel beschriebenen Vorstellung, die Frau sei ein Instrument, dass durch ihre sexuelle Anziehung den Mann zu Fall bringen kann (200722LZB). Trotz des traditionellen Frauenbildes nimmt auch die Frau eine öffentliche Rolle als Vertreterin des Bildes für die fundamentalistische Bewegung ein (Rohr u. a. 2007, 7). Sie greift das frauenfeindliche, patriarchal-geprägte Ordnungsnarrativ der Geschichte auf (Rohr u. a. 2007, 8) und zeigt antifeministische Tendenzen bzw. Antigenderismus (Lenz 2018, 21).

Theresaliebt, Theresa Brückner, ist Pfarrerin der EKBO; seit 2019 auch offiziell für Kirche im digitalen Raum. Sie zeigt sich als vollberufstätige Pfarrerin und Mutter, die ihre Feminität in Szene setzt (weibliche Kleidung, Make-up, schöne Frisuren und Emotionalität):

> „Ich bin sehr gerne Pfarrerin und sehr gerne Frau" (210225TL).

Sie reflektiert auf ihrem Account sexistische Erfahrungen und tritt für die Gleichberechtigung und Selbstbestimmung aller Geschlechter ein (queerer Feminismus [Lenz 2018, 22]). In ihrer Theologie zeigt sich ein offenes Weltbild, unterstützt von einer kritischen Bibelauslegung, das besonders den Bezug auf die personelle Beziehung zueinander/zu Gott fokussiert. Fast immer spricht sie von Gott als „Du", nur selten von „er" und nie von „Herr". Mit der gemeinsamen Darstellung von Heimarbeit und Erwerbstätigkeit postuliert theresaliebt die Gleichwertigkeit beider. Sie lebt den Ausdruck „das Private ist Politisch" (Gerhard 2012, 112). Hier zeichnet sie das Bild einer starken Frau, die sich gleichzeitig (politisch) für sich selbst und eine Familie einsetzten kann. Die Beziehung zu ihrem Mann spielt kaum eine Rolle, er tritt in ihrem Account nicht als Akteur auf. Wie auch bei ja.und.amen fällt auch hier wieder ein besonderes politisches Engagement für die Rechte von Frauen und unterdrückten Minderheiten auf. Darüber hinaus sehen beide Frauen sich selbst als Teil der langen Geschichte des Kampfes um Gleichberechtigung (210305JUA, 210225TL).

In der Analyse ergeben sich für unser Sample zwei zentrale Zusammenhänge: die durch die EKD geprägten Frauen zeigen ein progressives, den neueren Entwicklungen der Frauenbewegungen folgendes Bild, während die freikirchlich geprägten Frauen ein passives, traditionelles Frauenbild vertreten. Gleichzeitig fällt auf, dass ein männliches Gottesbild und ein eher wörtliches Bibelverständnis in Korrelation zu einem konservativen Rollenverständnis steht, während ein unbestimmtes und intersektionales Gottesbild und kontextualisierte Bibelauslegung mit einem progressiven Geschlechterverständnis korreliert.

3.2 Bezug zur gemeindepädagogischen Praxis

Soziale Medien haben einen immensen Einfluss auf die Identitätsbildung von Heranwachsenden (Faix u. a. 2023, 119). Grundsätzlich ist es als positiv zu bewerten, dass die vier untersuchten Frauen unterschiedliche Frauenbilder vermitteln. So bieten sich mehr mögliche Identifikationsflächen. Eine Gemeindepädagogik, die lebensweltorientiert sein will, muss sich deshalb mit den Inhalten vertraut machen, die auf Sozialen Medien verbreitet werden (Pirker 2020, 195). Sie muss Inhalte bewerten und Alternativen bereitstellen (Moxter 2013, 26f). Es ist ihre Aufgabe, religiöse Selbstbestimmung und Eigenverantwortlichkeit durch Befähigung zum Fragen und Selbstdenken zu schaffen (Karcher 2015, 176). Gerade in Bezug zu Internet-Medien soll Raum geschaffen werden für ein differenziertes und reflektiertes Denken (Moxter 2013, 27), um eine kritische und konstruktive Begleitung in Bezug auf Mediennutzung zu gewährleisten (Pirner 2012, 69). Dabei muss sie auch aktuelle gesellschaftliche Bedingungen und rechtstaatliche Vorgaben (bspw. Gleichstellung von Mann und Frau) beachten. Wo früher Institutionen und Gemeinden über verbreitete Inhalte entschieden haben, stehen heute Individuen ohne Kontrollinstanz in den Sozialen Medien im Fokus (Krain/Mößle 2020, 164). Hier muss die Gemeindepädagogik sensibel agieren und einseitige Machtverhältnisse und deren Gefahr für geistlichen Missbrauch dekonstruieren; besonders bei fundamentalistischen Tendenzen wie bei Liebezurbibel. Ihr Inhalt muss reflektiert und kontextualisiert werden, um sich aus dem starren Moralkontext und universalen Wahrheitsanspruch (Meyer 2011, 26) ihrer Inhalte lösen zu können. Ein erster Schritt in Richtung eines Kontrollmechanismus ist das Contentnetzwerk Yeet der EKD, das Influencer:innen professionelle Begleitung bietet. Am Beispiel des Netzwerkes bietet es sich an, in Jugendstunden oder im Konfirmations-/Religionsunterricht Kriterien für eine kritische Reflexion der im Internet gebotenen Inhalte zu erarbeiten, um Jugendlichen das Handwerkszeug zum eigenständigen Verarbeiten dieser Inhalte an die Hand zu geben. Gemeindepädagogik muss dabei vor allem auch Gender-/Geschlechterfragen im Blick haben und auch sexualpädagogische Kompetenzen aufbringen, um junge Menschen in ihren Fragen zu begleiten und in ihrer (sexuellen) Identität zu stärken; gerade um den Zusammenhang zwischen Geschlecht, Sexualität und Macht auch theologisch zu reflektieren (Knauß 2020, 256). Statt moraltheologische Diskussionen zu führen (wie bei Liebezurbibel zu finden und kritisch zu hinterfragen), sollte Gemeindepädagogik sich auf „ein weites Verständnis von Sexualität [und Geschlecht], in dem physische, emotionale und spirituelle Dimensionen zusammenkommen" (Knauß 2020, 273), einlassen und jungen Menschen helfen, die medialen und theologischen Einflüsse, die ihnen begegnen, einzuordnen. Gerade im Jugendalter werden sowohl Fragen nach religiöser Mündigkeit als auch nach sexueller (und geschlechtlicher) Selbstbestimmung zentral. Hier würde es sich anbieten, bspw. Konfi-Einheiten zur Bearbeitung verschiedener Fragen rund um Sexualität und Geschlecht mithilfe von Beispiel aus den Sozialen Medien durchzuführen. Dabei sollte besonders ein kritischer Blick auf die Frage der Autorität und Wahrheitsanspruch der Creators geworfen werden. Die Inhalte der Accounts bieten sich auch sehr gut als Aufhänger oder ergänzendes Material für Bibel- und Themenarbeiten in jungen Erwachsenen Kreisen an. „In religionspädagogischen Settings braucht es Raum, um die Oberflächlichkeit, Selbstinszenierung und fundamentalistischen Aussagen der Chrisfluencer[:innen] zu entlarven und kritisch einzuordnen" (Krain/Mößle 2020, 178). Denn schließlich lässt sich die Notwendigkeit von Forschungen wie dieser und der Gewinn für die Gemeindepädagogik in einem Satz zusammenfasen: kritische Medienkompetenz ist auch Glaubenskompetenz!

4. Anschlussfähigkeit für weitere Forschung

Wie jede gute Forschung muss auch diese auf ihren Verlauf, die Methodik und die Intersubjektivität der Forschenden hin reflektiert werden. Zunächst einmal wollen wir festhalten, dass wir als Forscherinnen selbst Teil der sozialen Wirklichkeit sind, die wir untersucht haben. Wir sind selbst in Landeskirche und Freikirche sozialisiert, hochreligiös, cis Frauen und Konsumentinnen von CF. Wir haben versucht, den Daten offen zu begegnen.

Das Forschungsdesign und die gewählte Methodik stellten sich als tragfähig heraus und die strukturierende Inhaltsanalyse kann als geeignete Methode betrachtet werden, um thematische Aussagen auf IG zu untersuchen. Unzureichend war die gewählte Methode allerdings, um Bilder zu analysieren. Im Rahmen einer weiteren Arbeit könnte eine Bildanalyse durchgeführt werden, um zu überprüfen, ob die in den Texten vermittelten Rollenbilder mit den thematischen Aussagen der CF übereinstimmen. Auch der Vergleich von konkreten Posts der CF könnten in einer Diskursanalyse miteinander verglichen werden, da ein aufeinander Antworten zu erkennen war. Zusätzlich würde sich anbieten, auch Kommentare und Diskussionsstrukturen zu untersuchen. Auch eine nähere Betrachtung der Thematiken Autorität, Glaubwürdigkeit und Selbstdarstellung und ihren Einfluss auf die Produktion der Frauenbildern wäre spannend.

Grundsätzlich müssen wir zwei Mängel in dieser Forschung kritisieren, die von vornherein eine Vorsortierung und ggf. einen Informationsverlust zufolge hatten. Zum einen ist die Beschränkung auf IG zu nennen, da drei von vier (alle bis auf theresaliebt) auch Podcasts oder YouTube-Videos produzieren. Hier wäre bspw. spannend, in welcher Weise die Form der Vermittlung das vermittelte Frauenbild beeinflusst. Zum anderen ist die Beschränkung des Erhebungszeitraums auf ein Jahr eine Selektion, durch die ggf. klärende oder ergänzende Posts anderer Jahre verloren gegangen sind. Es könnte spannend sein, sich die Entwicklung der Frauenbilder über mehrere Jahre hinweg anzuschauen. Der Vorteil der Eingrenzung auf ein Jahr war, dass wir auch die indirekte Vermittlung von Frauenbildern aufgreifen konnten, da wir auch Posts mit in die Analyse aufgenommen haben, die auf den ersten Blick eher aus dem Raster gefallen wären.

Der Begriff „Frau" wird hier beschränkt auf das heteronormative Bild der Konstruktion binärer Geschlechter verwendet. Das Sample besteht unseres Wissens ausschließlich aus christlichen, heterosexuellen cis Frauen und die untersuchten Frauenbilder beziehen sich nur unter Vorbehalt bspw. auf trans- oder intergeschlechtliche Frauen. Weitere Forschungen könnten an diesem Punkt anschließen und die Weitung des Begriffs „Frau" untersuchen. Zudem ist das Sample für weitreichende Hypothesenbildung zu klein. Spannend wären an dieser Stelle weitere Untersuchungen mit der gleichen Methodik, die dem Vergleich ergänzt werden und so eine breitere Datenbasis für valide Hypothesen schaffen. Diese könnten mit quantitativen Forschungsdesigns an einer statistischen Masse überprüft werden.

Zusammenfassend kann die vorliegende Arbeit einen umfassenden Überblick über die Selbstdarstellung und das gezeigte Frauenbild der vier Frauen geben, allerdings keine allgemeinen Aussagen über Frauenbilder bei CF treffen. Dabei wurde durch den gewählte Zeitrahmen und das Medium (gerade für LM) ggf. die Tiefe der Analyse eingeschränkt. Darüber hinaus ist zwar ein weitreichender Blick auf ein Frauenbild im binären Sinne, aber nicht die differenzierte Betrachtung eines umfassenderen Geschlechtsbegriffs ermöglicht worden.

Weiterführende Literatur und Hinweise zur Vertiefung

Hat es zum Zeitpunkt der hier beschriebenen Forschung noch ein relativ überschaubares Feld der Forschung zum christlichen bzw. spirituellen Influencing gegeben, so ist in den letzten zwei Jahren noch sehr viel passiert. Das Feld hat die Aufmerksamkeit der Wissenschaft erobert; nicht nur bezogen auf das Christentum. Zur Vertiefung in andere Forschungsarbeiten empfehlen wir die zwei hier zitierten Forschungen (Pirker zu katholischen Influencer:innen auf IG und Krain & Mößler zu christlichen Influencerinnen auf YouTube und der Einführung des Begriffs „Doing Emotion"). Just dieses Jahr ist zudem ein Herausgeberband erschienen, der sich explizit mit (christlicher) Religion auf Instagram beschäftigt. Dazu empfehlen wir einen weiteren Herausgeberband von Campbell und Tsuria, die sich generell mit den Thema digitaler Religion beschäftigen und in ihrem zweiten Buchteil verschiedene Beispiele digitaler Präsenz von unterschiedlichen Religionen darstellen lassen.

Pirker, Viera (2019), Katholisch, weiblich, Instagram. Einblicke in plattformspezifische Praktiken. Communicatio Socialis, 52(1), 96–112.
Krain, Rebekka/Mössle, Laura (2020), Christliches Influencing auf YouTube als „Doing Emotion", in: Österreichisches Religionspädagogisches Forum, 28,1, 13–38.
Pirker, Viera/Paschke, Paula (2024), Religion auf Instagram, Analysen und Perspektiven. Herder Verlag, Freiburg.

CAMPBELL, HEIDI A./TSURIA, RUTH (2021), Digital Religion. Understanding Religious Practice in Digital Media, London.

Letzteres bietet auch einen guten Einblick in die Grundlagen digitaler Verarbeitung von Religion. Für ein Interesse in einem grundlegenden Themenfeld zu Religion im Internet kann die Zeitschrift der Heidelberger Universität empfohlen werden. Für den Einstieg in feministische Theorien in Verbindung mit Digitalisierung der Herausgeberband von

THOMAS/WISCHERMANN (2019), *The Dynamics of Religion, Media, and Community*, Journal of Religions on the Internet,14, Heidelberg.

THOMAS, TANJA/WISCHERMANN, ULLA (Hg.) (2020), Feministische Theorie und Kritische Medienkulturanalyse Ausgangspunkte und Perspektiven, Bielefeld.

Spezifisch für die Gemeindepädagogik interessant sind zwei Herausgeberbände, die sich mit der Schnittstelle Digitalisierung und Theologie beschäftigen. Die Veröffentlichung von Schlag und Suhner umfasst Beiträge rund um das Thema Digitalität und Jugendtheologie. In diesem Band ist auch ein Beitrag zu unserer Forschung erschienen. Der zweite Band beschäftigt sich mit der Auswirkung der Digitalisierung auf theologische Inhalte.

SCHLAG, THOMAS/SUHNER, JASMIN (Hg.) (2023), „ … Dann nutzen wir sie auch: Digitalisierung first—Bedenken second"!? Jugendtheologie und Digitalisierung, Stuttgart.

BECK, WOLFGANG/NORD, ILONA/VALENTIN, JOACHIM (2021), Theologie und Digitalität. Ein Kompendium, Sulzbach am Taunus.

Für die gemeindepädagogische Praxis kann auch noch dieses Projekt interessant sein: mit Hilfe von Influencer:innen hat das IMK und die CVJM Hochschule eine Praxishilfe in Form von YouTube Videos erstellt, die den Umgang mit Sozialen Medien thematisieren. Abrufbar sind diese Videos unter https://zukunft-jugendarbeit.de/material/tutorial/ [abgerufen am 10.04.2024].

Literatur

BRUSEMEISTER, THOMAS (2008), Qualitative Forschung. Ein Überblick, Wiesbaden.

FAIX, TOBIAS/DIETZ, THORSTEN (2021), Transformative Ethik—Wege zum Leben Einführung in eine Ethik zum Selberdenken: Bd. 2.1. Neukirchen-Vluyn.

FAIX, TOBIAS/KUNKLER, TOBIAS (2018), Generation Lobpreis und die Zukunft der Kirche: Das Buch zur empirica Jugendstudie 2018, Neukirchen-Vluyn.

FAIX, TOBIAS/PRECK, LEONIE/BERGER, MARIELENA (2023), Instagram als neue Kanzel. Christliche Influencer:innen zwischen mediatisierten Lebenswelten und fluiden Identitätskonstruktionen, in: SCHLAG, THOMAS/SUHNER, JASMIN (Hg.), „ … Dann nutzen wir sie auch: Digitalisierung first—Bedenken second"!? Jugendtheologie und Digitalisierung, Stuttgart, 118–130.

FLICK, UWE/VON KARDORFF, ERNST/STEINKE, INES (2007), Was ist qualitative Forschung? Einleitung und Überblick, in: FLICK, UWE/VON KARDORFF, ERNST/STEINKE, INES (Hg.), Qualitative Forschung: Ein Handbuch, Reinbeck, 13–29.

FORSTER, DION (2020), Social Identity, Social Media, and Society: A Call for Public Theological Engagement in: GOTLIND, ULSHOFER (Hg.), Theologische Medienethik im digitalen Zeitalter, Stuttgart, 85–104.

Gensicke, Thomas (2015), Die Werteorientierung der Jugend (2002-2015), in: ALBERT, MATHIAS/HURRLEMANN, KLAUS/QUENZEL, GUDRUN (Hg.), Jugend 2015. Eine pragmatische Generation im Aufbruch, Frankfurt am Main, 237–272.

GERHARD, UTE (2012), Frauenbewegung und Feminismus: Eine Geschichte seit 1789, München.

GILDENMEISTER, REGINE (2010), Doing Gender: Soziale Praktiken der Geschlechterunterscheidung, in: BECKER, RUTH/KORTENDIEK, BEATE (Hg.), Handbuch Frauen- und Geschlechterforschung: Theorie, Methoden, Empirie, ORT, 137–145.
GIRLS GIRLS GIRLS MAGAZINE. (2020, Februar 24). Be a lady they said. [Video]. YouTube. https://youtube.de/z8ZSDS7zVdU [abgerufen am 10.04.2024].
GROEN, MAIKE/TILLMANN, ANGELA (2017), Gender, in: SCHORB, BERND/HARTUNG-GRIEMBERG, ANJA/DALLMANN CHRISTINE (Hg.), Grundbegriffe Medienpädagogik, München.
HOFFMANN, NICOLE (2018), Dokumentenanalyse in der Bildungs- und Sozialforschung. Überblick und Einführung, Weinheim Basel.
JIM STUDIE. JUGEND, INFORMATION, MEDIEN (2023), Basisuntersuchung zum Medienumgang 12- bis 19-Jähriger, Stuttgart.
KARCHER, FLORIAN (2015), Jugendkultur, Religion und Fundamentalismus—Religiosität Jugendlicher heute und ihre Anfälligkeit für Fundamentalismus, in: EPPLER, WILHELM (Hg.), Fundamentalismus als religionspädagogische Herausforderung, Göttingen, 163–178.
KNAUSS, STEFANIE (2020), Zweideutigkeiten: Theologische Überlegungen zu Sexualität, Gesellschaft und Medien, in: POPLUTZ, UTA (Hg.), Jahrbuch für Biblische Theologie: Sexualität, Band 33. Göttingen, 255–278.
KRAIN, REBEKKA/MOSSLE, LAURA (2020), Christliches Influencing auf YouTube als „Doing Emotion", in: Österreichisches Religionspädagogisches Forum, 28,1, 13–38.
KUCKARTZ, UWE (2018), Qualitative Inhaltsanalyse: Methoden, Praxis, Computerunterstützung, Weinheim.
LENZ, ILSE (2018), Von der Sorgearbeit bis #metoo: Aktuelle feministische Themen und Debatten, in: Deutschland. 68,17, 20–27.
LIEBSCH, KATHARINA (2007), Zwischen Sehnsucht und Langeweile. Zur Konstruktion von Wirklichkeit im Protestantischen Fundamentalismus, in: JANSEN, MECHTILD/ROHR, ELISABETH/WAGNER-RAU, ULRIKE (Hg.), Die halbierte Emanzipation? Fundamentalismus und Geschlecht, Sulzbach am Tanus, 29–43.
LÜNEBORG, MAGRETH/MAIER, TANJA (2020), Gender Media Studies. 62.
MEYER, THOMAS (2011), Was ist Fundamentalismus? Eine Einführung, Wiesbaden.
MOXTER, MICHAEL (2013). Die Macht des Mausklicks. Fundamentalismus du neue Medien, EZW-Texte 224.
PIRKER, VIERA (2020), „#monthoftherosary": Theologische Rekonstruktion zu einem Instagram Image.
PIRNER, MANFRED L. (2012), Religiöse Mediensozialisation. Wie die Medien die Religiosität von Kindern und Jugendlichen beeinflussen., in: RUDOLF ENGLERT/HELGA KOHLER-SPIEGEL/ELISABETH NAURATH/BERND SCHRÖDER/FRIEDRICH SCHWEITZER (Hg.), Gott googeln? Multimedia und Religion, Neukirchen-Vluyn am Niederrhein, 59–69.
PRZYBORSKI, AGLAJA/WOHLRAB-SAHR, MONIKA (2014), Forschungsdesigns für die qualitative Sozialforschung, in: BAUR, NINA/BLASIUS, JÖRG (Hg.), Handbuch Methoden der empirischen Sozialforschung, Wiesbaden, 117–133.
RENDTORFF BARBERA/KLEINAU, ELKE/RIEGRAF, BIRGIT (2016), Bildung - Geschlecht - Gesellschaft: Eine Einführung, Weinheim.
ROHR, ELISABETH/JANSEN, MECHTILD/WAGNER-RAU, ULRIKE (2007), Einleitung, in: ROHR, ELISABETH/JANSEN, MECHTILD/WAGNER-RAU, ULRIKE (Hg.), Die halbierte Emanzipation? Fundamentalismus und Geschlecht, Sulzbach am Tanus, 29–43.
SCHREIER, MAGRIT (2020), Fallauswahl, in: MEY, GUNTHER/MRUCK, KATJA (Hg.), Handbuch Qualitative Forschung in der Psychologie, Wiesbaden, 1–21.

Kapitel 8: Teilnehmende Beobachtung – Begleitung einer Jugendgruppe auf dem Kirchentag in Nürnberg 2023

Ann-Sophie Markert

1. Einleitung

Die teilnehmende Beobachtung wurde zu Beginn vornehmlich in der Ethnologie und der Kulturanthropologie eingesetzt. Erst als die Soziolog:innen der Chicago School zu Beginn des 20. Jahrhunderts damit begannen, sich für unterschiedlichste Subkulturen ihrer Gesellschaft zu interessieren, wurde sie schließlich auch als Erhebungsmethode in der qualitativen Sozialforschung etabliert. Gleichwohl hat die teilnehmende Beobachtung einen nach wie vor eigentümlichen Stellenwert: Einerseits wird sie eher selten exklusiv praktiziert, während die verschiedenen Formen des Interviews mittlerweile zur gängigen Form der Datenerhebung avanciert sind. Andererseits ist sie ausgesprochen grundlegend, da Forschende während der Datenerhebungsphase immer auch beobachten. Jegliche Form der empirischen Sozialforschung ist daher immer auch teilnehmende Beobachtung: Man kann die soziale Wirklichkeit nicht erforschen, ohne selbst Teil von ihr zu sein (Hammersley/Atkinson 1983).

Mittels teilnehmender Beobachtung können viele Themenfelder erforscht werden. Typisch sind Beobachtungen von Menschen im öffentlichen Raum, von Randgruppen, von Expert:innen, von Abläufen in Organisationen und Unternehmen oder auch des Geschehens bei Events. Auch in der Gemeindepädagogik ist diese Methode zur Erforschung gemeindepädagogischer Praxis einsetzbar:
– Die Teilnahme von Gruppen an kirchlichen/gemeindlichen Events (z. B. Kirchentag)
– Der Ablauf von Konfiarbeit/Kindergottesdienst
– Die Interaktion und Zusammenarbeit zwischen Ehrenamtlichen und Hauptamtlichen
– Interreligiöse und interkulturelle Situationen

Im Folgenden wird dargestellt, (2) was unter einer teilnehmenden Beobachtung verstanden werden kann, (3) wie eine teilnehmende Beobachtung in der gemeindepädagogischen Forschungspraxis ablaufen könnte, (4) welche Fehlerquellen zu beachten sind, (5) welche Potentiale und Grenzen dieses Vorgehen mit sich bringt (6) und wie eine methodische Umsetzung am Beispiel der Beobachtung einer Jugendgruppe auf dem Kirchentag 2023 in Nürnberg aussehen könnte. Abschließend werden Anschlussmöglichkeiten für weitere Forschungen im Handlungsfeld der Gemeindepädagogik reflektiert (7).

2. Was ist teilnehmende Beobachtung?

Unter einer teilnehmenden Beobachtung versteht man die „zielgerichtete, systematische und regelgeleitete Erfassung, Dokumentation und Interpretation von Merkmalen, Ereignissen oder Verhaltensweisen mithilfe menschlicher Sinnesorgane" (Döring 2023, 323). Das Kennzeichnende dieser Methode ist die persönliche Teilnahme der Forschenden an den zwischenmenschlichen Interaktionen der Personen im Feld, die das Forschungsobjekt sind. Dabei ist die Annahme leitend, dass durch die Teilnahme beziehungsweise die unmittelbare Erfahrung der Situation Aspekte des Handelns und Denkens beobachtbar werden, die vergleichsweise in Gesprächen und Dokumenten über diese Interaktionen bzw. Situationen nicht zugänglich wären (Lüders 2003, 151f).

Unabhängig davon, ob eine Beobachtung teilnehmend oder nicht-teilnehmend ist, werden verschiede Kriterien unterschieden (Döring 2023, 328f):

— *Involviertheitsgrad der Beobachterrolle*:
Bei der teilnehmenden Beobachtung lassen sich unterschiedliche Grade der Involvierung voneinander abgrenzen: So können Forschende in erster Linie am Feldgeschehen teilnehmen und beobachten nebenbei (aktive Teilnahme; „participant as observer"), was die Gefahr in sich birgt, die Prinzipien und Gütekriterien der qualitativen Sozialforschung zu vernachlässigen („going native") oder sie beobachten in erster Linie und nehmen passiv am Feldgeschehen teil (passive Teilnahme; „observer as participant"), was zwar die Gefahr des going native ausschließt, die fehlende Identifikation mit den im Feld handelnden Akteur:nnen jedoch eine sinnverstehende Interpretation der Beobachtung erschwert. Die Wahl der Vorgehensweise hängt vom Erkenntnisinteresse sowie den Merkmalen des Beobachtungsfeldes ab.

— *Orte der Beobachtung*
Teilnehmende Beobachtung kann im Lebensumfeld (Feldbeobachtung) oder in kontrollierten Laborsituationen (Laborbeobachtung) stattfinden. Zudem kann das Verhalten in physischen Umgebungen (Offline-Beobachtung) oder auch in virtuellen bzw. Online-Umgebungen beobachtet werden (Online-Beobachtung).

— *Gegenstand der Beobachtung*
Hier wird zwischen Fremdbeobachtung und Selbstbeobachtung (Autoethnographie) unterschieden.

- *Strukturiertheit der Beobachtung*
  Bei der unstrukturierten Beobachtung werden visuelle und verbale Beobachtungsdaten zum interessierenden Beobachtungsgegenstand ohne jegliche Vorgabe von Beobachtungsrichtlinien erhoben. Diese „offene" oder „freie" Beobachtung ist das Pendant zum nicht-strukturierten offenen Interview. Daneben gibt es noch die teil-strukturierte Beobachtung, der in der Welt der Befragungsmethoden das Leifadeninterview entspricht. Schließlich kann die Beobachtung auch vollstrukturiert erfolgen. Der Beobachtungsbogen als standardisiertes Erhebungsinstrument bei der strukturierten Beobachtung entspricht dem standardisierten Fragebogen bei der Befragung.
- *Transparenz der Beobachtung*
  Bei der Fremdbeobachtung stellt sich – unabhängig vom Involvierungsgrad der Beobachterrolle – noch die Frage nach der Transparenz des Vorgehens: Sofern die beobachteten Personen wissen, dass ihr Verhalten gerade wissenschaftlich untersucht wird, spricht man von einer offenen Beobachtung; wird die Beobachtung hingegen heimlich durchgeführt, spricht man von einer verdeckten Beobachtung. Bei der verdeckten Beobachtung ist die Einhaltung besonderer forschungsethischer Grundsätze wichtig.

Anhand dieser Dimensionen zur Klassifikation der teilnehmenden Beobachtung, welche jedoch auf die Beobachtungsmethode allgemein zutreffen, lassen sich grundlegend zwei Formen der teilnehmenden Beobachtung unterscheiden (Döring 2023). Auf der einen Seite die qualitative teilnehmende Beobachtung mit geringem Komplexitätsgrad, die sich auf einzelne Aspekte des sozialen Geschehens konzentriert und auf der anderen Seite die ethnographische Feldbeobachtung, die darauf abzielt, komplexe Interaktionsabläufe und soziale Gefüge umfassend zu rekonstruieren.

Da mithilfe der teilnehmenden Beobachtung angestrebt wird, Daten zu erheben, auf deren Grundlage die beobachteten sozialen Interaktionen dann detailliert und sinnverstehend rekonstruiert werden können, müssen die Beobachtenden selbst den Sinn des Beobachteten entschlüsseln. Die Methode der Beobachtung sowie ihre Gestaltung und Umsetzung ist an eine theoretische Reflexion dessen gebunden, was soziale Interaktionen und deren Bedeutung ausmacht. Die zentrale Frage der teilnehmenden Beobachtung sozialer Situationen und Interaktionen lautet somit: „Was geht hier eigentlich vor?" (Goffman 1996, 16). Theoretischer Hintergrund dieser Methode ist die Theorie des symbolischen Interaktionismus[1], der in den 1930er Jahren in den USA entwickelt wurde. Der

---

[1] Die drei Grundannahmen der Theorie lauten: 1. Menschen handeln Dingen gegenüber aufgrund der Bedeutung, die diese Dinge für sie haben. 2. Diese Bedeutung entsteht in einem Interaktionsprozess. 3. Die Bedeutung wird von der Person in Auseinandersetzung mit den Dingen selbst interpretiert, daraufhin entsprechend gehandhabt und geändert (Blumer 1973, 81).

wichtigste Vertreter dieser Theorie ist der in der Tradition der Chicagoer Schule stehende Soziologe Erving Goffman, der in seinem Werk ein sehr differenziertes Handwerkszeug zur Beschreibung sozialer Interaktionen entwickelt hat, welches bis heute vielfach Anwendung findet (Goffman 1971, 1996). So schlägt Goffman (1969) zur Beobachtung und Beschreibung zwischenmenschlicher Interaktionen u. a. die Metapher des Theaters vor: Akteur:innen in sozialen Situationen agieren demnach wie Schauspieler:innen auf einer Bühne; sie nehmen je nach Situation adäquate Rollen ein, die sie in weniger beobachteten Momenten – auf der Hinterbühne – ablegen bzw. vorbereiten (z. B. Verhalten von Konfiteamer:innen in der Konfiarbeit: Vorderbühne versus in Teambesprechungen: Hinterbühne). Kenntnisse der Theorie des symbolischen Interaktionismus (und/oder anderer Theorien, die soziale Interaktionen betreffen) stellen daher ein wichtiges Hilfsinstrumentarium für teilnehmende Beobachtende dar, weil sie allgemeine Deutungskategorien liefern, mit denen zu Beobachtende während des Beobachtungsvorgangs interpretiert werden können (Döring 2023, 333).

3. Methodologische Grundlagen

Die teilnehmende Beobachtung im gemeindepädagogischen Forschungskontext folgt bestimmten Prinzipien (siehe z. B. Gniewosz 2015, 110):
- Selektion: Auswahl des Beobachtungsgegenstandes aus der Gesamtheit der möglichen Wahrnehmungsgegenstände in der Situation.
- Abstraktion: Reduktion der Beobachtung auf die wesentliche Bedeutung, d. h. Herauslösung aus dem konkreten Kontext.
- Klassifikation: Zuordnung von Zeichen und Symbolen zu Ereignis- oder Merkmalsklassen in der Protokollierung der Beobachtung.
- Systematisierung: Zusammenführung der im Klassifikationsprozess kodierten Einzelbeobachtungen zu einem Übersichts- oder Gesamtprotokoll.
- Relativierung: Bezug des Beobachteten auf einen theoretischen Hintergrund und Interpretation des Beobachteten.

Im Zentrum der Methode stehen in erster Linie prozessbezogene W-Fragen (siehe die oben zitierte Frage von Goffmann (1996): „Was geht hier eigentlich vor?"). Solche W-Fragen sind auch typisch für den Alltag; Beobachten ist nämlich eine Alltagskompetenz. Doch im Unterschied zur Alltagsbeobachtung weist die teilnehmende Beobachtung eine größere Systematik aus, da sie auf eine Forschungsfrage bezogen ist, welche zu Beginn des Vorhabens präzise entwickelt werden muss.

James P. Spradley (1980) unterscheidet drei Phasen einer teilnehmenden Beobachtung:

Der:die Forschende beginnt zunächst eine umfassende Perspektive einzunehmen, um das Untersuchungsfeld weitreichend erfassen und analytisch beschreiben zu können. Anschließend erfolgt eine schrittweise Fokussierung der Beobachtung auf diejenigen Aspekte, die für die Beantwortung der Forschungsfrage besonders relevant erscheinen. Im dritten Schritt tritt der:die Forschende in die Phase der selektiven Beobachtung ein. Dabei erfolgt die Entscheidung, welche Aspekte genauer untersucht werden sollen, auch unter Einbeziehung weiterer Daten wie beispielsweise Interviews.

Dabei besteht das grundlegende Dilemma für teilnehmend Beobachtende, auf der einen Seite eine analytische Distanz zum untersuchten Feld zu wahren, um nach wissenschaftlichen Maßstäben forschen zu können. Auf der anderen Seite müssen die Forschenden sich aber an die Bedingungen des Feldes insofern anpassen, dass sie sozial und kulturell konform handeln – letztlich auch, um das Vertrauen der Akteur:innen zu gewinnen, die sie beobachten möchten (Lamnek 2010).

Wesentliche Instrumente für die Datenerhebung bei teilnehmender Beobachtung sind Feldnotizen und Beobachtungsprotokolle. Es ist entscheidend, diese regelmäßig, zeitnah zu den Beobachtungen und möglichst detailliert anzufertigen. Dabei ist zu beachten, dass die beobachteten Handlungen und Prozesse durch die schriftliche Erfassung in Feldnotizen und Beobachtungsprotokollen in einen Text umgewandelt werden (Hirschauer 2001). Im Unterschied zur Tonbandaufzeichnung eines Interviews und seiner präzisen Transkription beinhalten diese Aufzeichnungen immer auch rekonstruktive und interpretative Elemente:

> „Beobachtungsprotokolle als Grundlage von Ethnographien können deshalb nicht als getreue Wiedergaben oder problemlose Zusammenfassungen des Erfahrenen begriffen werden, sondern müssen als das gesehen werden, was sie sind: Texte von Autoren, die mit den ihnen jeweils zur Verfügung stehenden sprachlichen Mitteln ihre ‚Beobachtungen' und Erinnerungen nachträglich sinnhaft verdichtet, in Zusammenhänge einordnen und textförmig in nachvollziehbare Protokolle gießen." (Lüders 2010, 396)

Wichtig ist, dass die Beobachtungsprotokolle und Feldnotizen möglichst unmittelbar nach Verlassen des Feldes (oder währenddessen) ausformuliert werden. Wie ein teilstandardisiertes Beobachtungsprotokoll exemplarisch aufgebaut sein kann, zeigt die folgende Tabelle:

Ort, Zeit	Beobachtungen	Kontext-information	Methodische und Rollen-Reflexionen	Theoretische Reflexionen
Wo befinde ich mich zu welchem Zeitpunkt?	Wie sieht das Feld aus? Welche genauen Abläufe gibt es? Wer tut was und wie mit wem? Welche Konstellationen gibt es? Gibt es hervorgehobene Personen? Gibt es Personen, die kaum kontaktiert werden? Wie ist die Art der Kommunikation? Gibt es Gruppenbildungen und Grenzziehungen? Gibt es Hinweise auf relevante Beziehungen zu Personen bzw. Einrichtungen außerhalb des unmittelbaren Feldes?	Durch welche Rahmenbedingungen, z.B. finanzieller, familiärer, rechtlicher, politischer Art oder durch welche vor dem Untersuchungszeitraum liegenden Abläufe wird das Feld mitbestimmt?	Wie ist meine Rolle als Forscher:in im Feld? Haben Beobachtungen im Feld bestimmte methodische Konsequenzen?	Wie lässt sich das bisher Beobachtete in vorläufiger Weise theoretisch fassen? Welche Zusammenhänge deuten sich an?

Abbildung 1: Tabelle entnommen aus Döring 2023, 340.

Als Faustregel gilt, dass auf eine Stunde Beobachtung bis zu 14 Stunden Dokumentationsarbeit folgen (Berg, 1989, 73). Es ist empfehlenswert, im Beobachtungsprotokoll auch äußere Umstände, wie z. B. Räumlichkeiten, Gegenstände, anwesende Personen genau zu beschreiben. Ereignisse, Äußerungen von beobachteten Personen sowie subjektive Empfindungen und Gedanken der Forschenden sind dabei klar voneinander zu trennen (Döring 2023). Weitere gesammelte Dokumente können den Materialbestand ggf. ergänzen. In diesem Prozess sind Datenerhebung und Dateninterpretation miteinander vermischt. Möglicherweise entstehen während des Beobachtungsvorgangs neue Fragestellungen und Hypothesen, die durch weiteres Sammeln von Informationen bestätigt oder widerlegt werden können. Wenn der Beobachtungsvorgang beendet ist, steht zur Analyse neben persönlichen Eindrücken und Erfahrungen ein umfangreiches Textmaterial zur Verfügung (ggf. ergänzend Bild- und Tonmaterial). Die Auswertung dessen erfolgt nach den unterschiedlichen Methoden der qualitativen Daten- und insbesondere (aufgrund der Textlastigkeit) der *Qualitativen Dokumentenanalyse* (siehe erster Beitrag von Markert in diesem Handbuch).

4. Beobachtungsfehler

In einem Beobachtungsprozess gibt es verschiedene Fehlerquellen, die dazu führen, dass die Gütekriterien und somit die Aussagekraft der Beobachtungsstudie beeinträchtigt werden können. Bei Beobachtungsstudien wird zwischen Fehlern der beobachtenden Person und Fehlern des Vorgehens unterschieden (Greve/Wentura, 1997; Döring 2023, 331).
Auf Seiten der beobachtenden Person kann es zu folgenden Fehlern kommen:
- Vor allem durch den Grad der Vertrautheit der Forschenden können *Wahrnehmungsfehler* entstehen. Gehört die forschende Person z. B. selbst zu der sozialen Gruppe, die sie beobachtet, besteht das Risiko eines Verlusts an wissenschaftlicher Distanz zum Forschungsthema bzw. emotionale Beteiligung im Beobachtungsprozess („going native"; z. B. verstärkte Wahrnehmung von positiven Aspekten). Gehört sie hingegen nicht selbst zu der beobachteten sozialen Gruppe, so besteht die Gefahr von unreflektierten Abgrenzungen („othering"; z. B. verstärkte Wahrnehmung von negativen Aspekten). Weiterhin kann es zu Konsistenzeffekten im Sinne selektiver Wahrnehmung kommen, d. h. die beobachtende Person versucht, in ihren Beobachtungen und Urteilen konsistent zu bleiben. Gemeint ist hierbei z. B. der sogenannte Halo-Effekt (Nisbett/Wilson 1977), der besagt, dass ein bestehender Gesamteindruck oder aber ein sehr deutliches Einzelmerkmal, wie das äußere Erscheinungsbild, weitere Urteile über diese Person beeinflussen. Darüber hinaus können Wahrnehmungsfehler durch Müdigkeit/Abgelenktheit oder mangelnde Motivation entstehen („observer drift").
- Da menschliche Gedächtniskapazitäten begrenzt sind, kann es zu *Erinnerungsfehlern* kommen. So werden i.d.R. solche Ereignisse besser erinnert, die von der Normalität abweichen, die besonders häufig auftreten, die zu Beginn oder ganz am Ende einer Beobachtungsperiode stattfinden.
- Wenn wahrgenommene Merkmale oder Verhaltensweisen bei der strukturierten Beobachtung auf Ratingskalen einzuschätzen sind, besteht das Risiko von *Urteilsfehlern*, etwa die Tendenz zur Mitte (Vermeidung von Extremwerten an den Enden der Skala). Doch auch persönliche Urteilsfehler (wie die Tendenz, stets besonders streng oder besonders milde über andere zu urteilen, Vorurteile oder implizite Theorien) können vorkommen.
- Auch Faktoren der Beobachtung, die korrekt wahrgenommen, erinnert und beurteilt werden, können im Beobachtungsschema oder in Notizen verzerrt wiedergegeben werden (*Wiedergabefehler*). Dies geschieht etwa, weil die beobachtende Person sich Arbeit ersparen möchte, Zeitdruck hat, oder die beobachteten Personen in einem besseren Licht dastehen lassen möchte.

Die genannten Fehlerquellen betreffen solche Fehler, die durch die beobachtende Person verursacht werden. Davon zu unterscheiden sind Fehler, die durch die Beobachtungssituation entstehen (Döring 2023, 330; Gniewosz 2015, 116).

- Mit der Wahl der Beobachtungsform (künstliche vs. reale Bedingungen) können bereits *Fehler in den Beobachtungsprozess* einfließen. Hierbei geht um die Möglichkeit, dass sich die Beobachteten aufgrund der Beobachtung anders verhalten als in Situationen, in denen sie nicht beobachtet werden. Werden Beobachtungs- und Untersuchungsbedingungen falsch gewählt, sind die Resultate der Studie nicht interpretierbar. Beispielsweise lässt sich eine valide Beobachtung eines gemeindepädagogischen Lehrenden-Lernenden-Verhältnisses am besten in der konkreten Situation, wie z. B. der Konfiarbeit vor Ort erfassen. Die künstliche Situation eines Labors kann die Kommunikationsmuster bereits deutlich verändern.
- Außerdem können *Fehler bei der praktischen Durchführung von Beobachtungen* dadurch entstehen, dass beispielsweise in bestimmten Situationen die zur Dokumentation notwendige Videokamera versagt, Feldnotizen verloren gehen oder sich das Beobachtungsinstrument als unzureichend erweist und unerwartete Geschehnisse nicht erfasst.

5. Vorteile und Nachteile

Wie aus der Darstellung deutlich geworden ist, handelt es sich bei der teilnehmenden Beobachtung um ein anspruchsvolles Forschungsdesign mit vielen möglichen Fehlerquellen. Im Vergleich mit anderen Datenerhebungsmethoden sprechen folgende Aspekte für eine besondere Eignung dieses methodischen Vorgehens zur Bearbeitung eines Forschungsproblems (Döring 2023, 324f.; Gniewosz 2015, 116f):
- Die Methode erweist sich besonders gewinnbringend bei Personen und Gruppen, die aufgrund eingeschränkter Verbalisierungsfähigkeit nur bedingt befragt, in ihrem Interaktionsverhalten jedoch beobachtet werden können (z. B. Säuglinge, Kleinkinder; Minigottesdienste).
- Mittels Beobachtung lassen sich zudem Erkenntnisse über automatisierte und unbewusste Verhaltensweisen (Mimik, Gestik, u. a.) gewinnen, die über eine Befragung nicht gewonnen werden können.
- Auch Themen oder Zielgruppen, die weniger auskunftswillig sind, können mittels Beobachtung untersucht werden, z. B. bei normverletzendem Verhalten (z. B. Machtmissbrauch) oder Zeitmangel (z. B. erklären sich gemeindepädagogische Fachkräfte manchmal eher dazu bereit, sich bei ihrer Arbeit beobachten zu lassen, als für ein Interview nach der Arbeit zur Verfügung zu stehen).
- Während eine Befragung immer nur punktuelle Aussagen über Verhaltensweisen erfassen kann, kann die Beobachtung ein Verhalten über einen längeren Zeitraum hinweg dokumentieren (z. B. Veränderungen von Glaubensvorstellungen bei einer Konfirmandin über den Verlauf des Konficamps).

- Die Ergebnisse einer Beobachtungsstudie sind im Allgemeinen wenig durch die untersuchten Personen beeinflussbar bzw. verzerrbar (etwa durch Falschantworten in Fragebögen oder Interviews). Eine Beobachtung findet dagegen non-reaktiv statt.

Diese Aspekte zeigen, dass die Methode der teilnehmenden Beobachtung eine Alternative zu der meist routinemäßig herangezogenen Methode der Befragung ist. Zudem ist sie als eine sinnvolle Ergänzung zu anderen Erhebungsmethoden zu begreifen, da die Forschenden auf diese Weise das Handlungsfeld bereits explorativ beobachtet haben.

Dennoch sind bei der teilnehmenden Beobachtung auch folgende Nachteile zu beachten (Döring 2023, 325.; Gniewosz 2015, 116f):

- Der Interpretationsspielraum ist bei Beobachtungsdaten größer als bei anderen Untersuchungsmethoden, was Falsch- oder Überinterpretationen ermöglicht. Schließlich sind Beobachtungen immer subjektiv gefärbt. Dieses Problem lässt sich zwar durch das Untersuchungsdesign einschränken, aber nicht grundlegend beheben.
- Die Beobachtung ist zeit- und meist auch kostenaufwendiger als die Befragung.
- Viele subjektiven Erlebens- und Verhaltensvorgänge sind mittels einer Fremdbeobachtung nicht zugänglich und müssen erfragt werden.
- Durch die starke Präsenz der Befragungsmethode in den Sozial- und Bildungswissenschaften ist die Beobachtungsmethode auf methodologischer Ebene weniger profiliert und ausgearbeitet.

6. Exemplarische Durchführung

Wie eine teilnehmende Beobachtung in der gemeindepädagogischen Forschungspraxis exemplarisch aussehen kann, soll im Folgenden anhand von Beispielen aus einer Studie zur Beteiligung von Jugendlichen auf dem Evangelischen Kirchentag[2] in Nürnberg 2023 gezeigt werden. Eine Jugendgruppe der bayrischen Landeskirche wurde während des gesamten Kirchentags teilnehmend beobachtet. Ergänzend wurden Interviews geführt. Zu Beginn steht dabei die Forschungsfrage, inwiefern der Kirchentag Angebote für Jugendliche bietet und wie sie diese wahrnehmen. Der gesamte Beobachtungsvorgang richtet sich nach

---

[2] Zum Phänomen Kirchentag allgemein siehe Schroeter, Harald (1993), Kirchentag als vorläufige Kirche. Der Kirchentag als eine besondere Gestalt des Christseins zwischen Kirche und Welt, Stuttgart; Schroeter-Wittke, Harald (2017), Deutscher Evangelischer Kirchentag, in: Wissenschaftlich Religionspädagogisches Lexikon im Internet (www.wirelex.de [abgerufen am 10.04.2024]), 2017; Renner, Christiane (2020), Phänomen Kirchentag. Event, Hybrid, Gemeinde? Praktisch-theologische Erkundungen, Stuttgart.

dieser Frage. Die Forscherin war während des Beobachtungsvorgangs aktiv Teil der Jugendgruppe und machte den Beobachtungsvorgang transparent.

Mit Blick auf die oben formulierten Prinzipien einer wissenschaftlichen Beobachtung sind in diesem Kontext eine Vielzahl von Situationen beobachtbar: Peergruppeninteraktion, das Verhalten zwischen Mitarbeitenden und Jugendlichen, die Teilnahme der Jugendlichen an Angeboten des Kirchentags, die selbständige Verantwortung von Angeboten bzw. Veranstaltungen der Jugendlichen dieser Gruppe im „Zentrum Jugend", die Gruppendynamik oder Interaktionen mit anderen Gruppen. Durch die *Selektion* wird z. B. die Teilnahme an und die Verantwortung von Angeboten der Jugendlichen am Kirchentag ausgewählt. Alle anderen Beobachtungsinhalte werden ausgeblendet. Wird beispielsweise beobachtet, dass die Jugendlichen von musikalischen Angeboten wie Konzerten von den O'Bros begeistert sind, in großer Anzahl daran teilnehmen, sich während des Konzerts mitreißen lassen und danach positiv davon erzählen, wird dies durch *Abstraktion* in begeisterte Teilnahme an Angeboten christlicher Pop-Musik übersetzt. In der *Klassifikation* wird dies nun verkürzt auf dem Bobachtungsprotokoll festgehalten. Eine Möglichkeit wäre, in einer Strichliste aufzuzählen, welche Art von Veranstaltungen (z. B. musikalisch, politisch, kulturell etc.) besucht wurden und welche Wirkung diese auf die Jugendlichen hatten. Am Ende des Beobachtungsprozesses wird dann in der *Systematisierung* aufgelistet, wie viele Veranstaltungen welcher Art besucht wurden und wie die Jugendlichen diese wahrgenommen haben, z. B. wie oft sie davon begeistert waren. Diese Beobachtungsergebnisse werden dann vor einem theoretischen Hintergrund (z. B. musiktheoretische Einsichten) beleuchtet und mögliche Einschränkungen der Interpretierbarkeit und der Aussagekraft der Ergebnisse angesprochen (*Relativierung*).

Insgesamt können mit Blick auf die Forschungsfrage ausgewählte Ergebnisse dieser Studie wie folgt holzschnittartig zusammengefasst werden[3]:

Angebote, an denen die Jugendlichen aktiv partizipieren konnten, wurden gerne in Anspruch genommen, beispielsweise bei dem Thema Pfarrperson und Pfarrbild durften die Jugendlichen selbst einmal einen Talar anziehen. Auch Konzerte christlicher Pop-Bands wurden begeistert und in großer Teilnehmendenzahl besucht; ebenso der Abendsegen. Besonders nachhaltig prägte die Jugendlichen, dass sie selbst Angebote veranstalteten und dadurch aktiv Teil des Kirchentags sein durften. Dies wirkte sich positiv auf die Selbstwirksamkeit der Jugendlichen, ihre Gemeinschaft und ihr Verhältnis zum Kirchentag, ja sogar zur Kirche insgesamt aus. Bei der Planung der Veranstaltungen hatten sie zudem Gelegenheit, sich intensiv mit ihrer eigenen Spiritualität und ihrem Glauben auseinanderzusetzen.

---

[3] Ein Teil der Ergebnisse ist auch in Form eines selbstgedrehten Videos festgehalten, das auf der Homepage des Fachbereichs Theologie der FAU zu finden ist: https://www.theologie.fau.de/studium/kirchentag/ [abgerufen am 10.04.2024].

Andererseits hatten auch einige das Gefühl, auf dem Kirchentag in eine „protestantische Parallelwelt" einzutauchen. Sie fühlten sich von der Vielzahl der Angebote überfordert, empfanden die Großveranstaltungen stellenweise als zu politisch aufgeladen und konnten daraus wenig für ihre eigene Gemeinde im ländlichen Raum mitnehmen. Auch war für die Jugendlichen spürbar, dass viele Angebote für Menschen mit einem höheren Bildungsniveau konzipiert wurden. Einige Mitglieder der Jugendgruppe mit einem geringeren sozioökonomischen Status konnten mit vielen Angeboten kaum etwas anfangen. Zudem kam der Wunsch nach einer für Jugendliche ansprechenderen Ästhetik und Werbung auf.

Am Ende der Studie fällt die Bilanz ambivalent aus: Der Kirchentag bietet durchaus attraktive Angebote für Jugendliche, besonders wenn sie diese aktiv gestalten dürfen, könnte sich jedoch in Zukunft noch stärker an der Lebenswelt der Jugendlichen und ihren Bedürfnissen orientieren.

7. Anschlussfähigkeit für Praxis und weitere Forschung

Bisher steht die Teilnehmende Beobachtung innerhalb der Gemeindepädagogischen Praxisforschung deutlich hinter der Befragungsmethode. Allerdings weist sie, so sollte deutlich werden, einige Vorzüge auf, weshalb sie deshalb für manche Fragestellung und in manchen Erhebungskontexten das überlegene Instrument darstellt. Es lohnt sich daher, im Sinne einer ertragreichen und effizienten gemeindepädagogischen Forschung ihren Einsatz systematisch in Betracht zu ziehen. Wie keine andere Methode ist sie dazu geeignet, etwas zu entdecken, das man vorher nicht gewusst hat – genauer: eine Fragestellung zu entwickeln, von der man im Vorfeld noch gar nicht wusste, dass sie eine gemeindepädagogisch relevante Forschungsfrage ist. Im Rahmen einer Gemeindepädagogischen Praxisforschung kann sie, wie das Beispiel zum Kirchentag zeigt, besonders dichte, kontextuell eingebettete und auch ambivalente Daten sowohl über außergewöhnliche Ereignisse als auch über alltägliche Routinen generieren. Allerdings bietet sich für einen spezifischeren Zugang ein Methodenmix an, bei dem die Teilnehmende Beobachtung durch andere empirische Methoden ergänzt wird. So konnte z. B. in dem Beispiel zum Kirchentag das subjektive Erleben der einzelnen Jugendlichen nur unzureichend Erfahrung gebracht werden.

Insgesamt kann jedoch festgehalten werden, dass die Teilnehmende Beobachtung innerhalb einer Gemeindepädagogischen Praxisforschung einen attraktiven Zugang zu vielfältigen Praxisfeldern der Gemeindepädagogik (neben dem Kirchentag wäre auch an den Besuch sonntäglicher Gottesdienste, eine Konfifreizeit u. a. zu denken) eröffnet. So dürften die Einsatzbereiche und Potentiale dieser Methode innerhalb der Gemeindepädagogik noch nicht ausgeschöpft sein.

Weiterführende Literatur und Hinweise zur Vertiefung

BAßLER, BIANCA (2024), (De-)Thematisierung von Macht und Ungleichheit. Eine ethnographische Studie in der Kinder- und Jugendhilfe, Weinheim/Basel.
DÖRING, NICOLA (2023), Forschungsmethoden und Evaluation in den Sozial- und Humanwissenschaften, 6. Auflage, Berlin.
FRIEBERTSHÄUSER, BARBARA (2003), Feldforschung und teilnehmende Beobachtung. In: FRIEBERTSHÄUSER, BARBARA/ PRENGEL, ANNEDORE (Hg.), Handbuch Qualitative Forschungsmethoden in der Erziehungswissenschaft. Weinheim, 503–534.
GREVE, WERNER/VENTURA, DIRK (1997), Wissenschaftliche Beobachtung. Eine Einführung. Weinheim.
MAYRING, PHILIPP (2023), Einführung in die qualitative Sozialforschung: eine Anleitung zu qualitativem Denken, 7. Auflage, Basel.

Literatur

ATTESLANDER, PETER (2012), Methoden der empirischen Sozialforschung. Berlin.
BERG, B. (1989), Qualitative research methods for the social sciences. Boston.
DÖRING, NICOLA (2023), Forschungsmethoden und Evaluation in den Sozial- und Humanwissenschaften, 6. Auflage, Berlin.
GNIEWOSZ, BURKHARD (2015), Beobachtung, in: REINDERS, HEINZ/DITTON, HARTMUT/GRÄSEL, CORNELIA/GNIEWOSZ, BURKHARD (Hg.), Empirische Bildungsforschung. Strukturen und Methoden, 2. Auflage, Wiesbaden, 109–118.
GOFFMANN, ERWING (1969), Wir alle spielen Theater. Die Selbstdarstellung im Alltag. Basel.
GOFFMANN, ERWING (1971), Verhalten in sozialen Situationen. Strukturen und Regeln der Interaktion im öffentlichen Raum. Gütersloh.
GOFFMANN, ERWING (1996), Rahmen-Analyse. Ein Versuch über die Organisation von Alltagserfahrungen. Frankfurt.
GREVE, WERNER/VENTURA, DIRK (1997), Wissenschaftliche Beobachtung. Eine Einführung. Weinheim.
HAMMERSYLEY, MARTYN/ATKINSON, PAUL (2007), Ethnography: Principles in Practice (Vol. 3). London.
HIRSCHAUER, STEFAN (1999), Die Praxis der Fremdheit und die Minimierung von Anwesenheit. Eine Fahrstuhlfahrt. Soziale Welt, 50, 221–246.
LÜDERS, CHRISTIAN (2010), Beobachten im Feld und Ethnographie. In: UWE FLICK/ERNST VON KARDORFF/INES STEINKE (Hg.), Qualitative Forschung. Ein Handbuch. 384–401. 8. Aufl. Reinbek.
NISBETT, RICHARD/WILSON, TIMOTHY (1977), The halo effect: Evidence for unconscious alteration of judgments. Journal of Personality and Social Psychology, 35, 250–256.
RENNER, CHRISTIANE (2020), Phänomen Kirchentag. Event, Hybrid, Gemeinde? Praktisch-theologische Erkundungen, Stuttgart.
SCHROETER, HARALD (1993), Kirchentag als vorläufige Kirche. Der Kirchentag als eine besondere Gestalt des Christseins zwischen Kirche und Welt, Stuttgart.
SCHROETER-WITTKE, HARALD (2017), Art. Deutscher Evangelischer Kirchentag, in: Wissenschaftlich Religionspädagogisches Lexikon im Internet (www.wirelex.de).
SPRADLEY, JAMES P. (1980), Participant Observation. New York.

Kapitel 9: Expert:inneninterview im Bibliodrama und in der Frauenforschung

Carolin Erdmann, Maraike Winkler & Hildrun Keßler

1. Einleitung

Dieses Kapitel widmet sich dem „offenen Konzept" des Expert:innen- oder narrativen Interviews. Anhand von zwei verschiedenen Szenarien (1: Auswertungsverfahren durch die dokumentarische Methode, 2: Auswertung durch ein kombiniertes Verfahren aus SWOT- und qualitativer Inhaltsanalyse) werden die je spezifischen Herausforderungen und Konsequenzen unterschiedlicher Auswertungswege vergleichend vorgestellt und diskutiert. Als „offenes Konzept" (Atteslander 2003, 153–155) ist ein Expert:inneninterview besonders geeignet, subjektive Sichtweisen, Zusammenhänge und „explorative Ziele", Haltungen und Einstellungen im Gespräch mit der:dem beteiligten Experten:in herauszuarbeiten. Ein Expert:inneninterview ist eine partizipative Methode, die dem gemeindepädagogischen Anliegen nach einer an den Subjekten orientierten Bildungsarbeit (Domsgen/Mulia 2019, 150f) entspricht. Jede und jeder kann zur Expertin oder Experten werden, wenn sie:er:es für die eigene Forschungsfrage als fachlich qualifiziert und engagiert gilt. Theoretisches Wissen und praktisches Können machen Menschen zu interessanten Gesprächspartner:innen. Verschiedene Perspektiven, ein möglichst großer Erfahrungsreichtum, die Bereitschaft zur Reflexion und zum Gespräch sowie kommunikative und Wahrnehmungskompetenzen sind einige der Voraussetzungen für ein gelingendes Expert:inneninterview (Atteslander 2003, 157).[1]

---

[1] Herausforderungen dieser Befragungsform sind die hohen Anforderungen an die:den Interviewer:in, die Abhängigkeit der Datenqualität von der:dem Interviewer:in, ein hoher Zeitaufwand und die Bereitschaft der Befragten zur Mitarbeit u. a. m.

2. Fragestellungen

2.1 Textverständnis im Bibliodrama

Ausgangspunkt für die Forschungsarbeit sind die gesellschaftlich sowie kirchlich wahrgenommenen Veränderungen der Rolle des Körpers. Bibliodrama als ein „körperorientierter Ansatz" (Martin 1979, 136) knüpft an die Achtsamkeit und Aufmerksamkeit für Bewegung, Atmung oder körperliche Sensationen an, wie sie beispielsweise im Yoga, Chi Gong, in der (asiatischen) Mediationspraxis oder anderen Bewegungsschulen (Feldenkrais, Alexander-Technik, Autogenes Training u. a.) einbezogen werden.

Für die Hermeneutik biblischer Texte stellt sich dabei die Frage, wie ein verändertes körperliches Erleben auf das Verstehen von biblischen Texten Einfluss hat. Im Bibliodrama verbinden sich beide Aspekte: die Auslegung von biblischen Texten als ein kognitiver und verbaler Vorgang und die Selbst- und Körpererfahrung. Beides, intellektuelles und körperorientiertes Verstehen, stehen in einem sich wechselseitig bedingenden Prozess. Dabei ist der körperliche Einsatz ein grundlegendes Element von Bibliodrama, der in verschiedenen Bibliodramakonzepten unterschiedlich umgesetzt wird. Es liegt nahe, zwei verschiedene Ansätze zu vergleichen: zum einen das Bibliodrama nach Ellen Kubitza (Kubitza/Schramm 2006, 100), zum anderen jenes nach Gerhard Marcel Martin (Martin 2011, 35f). Es sind Teilnehmende aus zwei Bibliodramaworkshops interviewt worden, die einem dieser beiden Ansätze zuzuordnen sind. Da es um ein individuelles Empfinden und Beschreiben der Veränderungen während des Bibliodramaprozesses geht, bieten sich qualitativ geführte, leitfadengestützte Einzelinterviews an. Dadurch wird dem individuellen Erleben der Teilnehmenden Raum geschenkt.

Die Forschungsfrage lautet: Welche Erfahrungen hinsichtlich eines veränderten Textverständnisses durch den Einsatz des Körpers im Bibliodrama schildern ausgewählte Teilnehmende? Die Auswertung der Interviews erfolgt mittels der dokumentarischen Methode nach Arnd-Michael Nohl (Nohl 2017). Die Forschung fand im Rahmen einer Master-Thesis im Studium „Leitung-Bildung-Diversität" mit dem Schwerpunkt „Evangelische Religions- und Gemeindepädagogik" an der Evangelischen Hochschule Berlin 2017 statt.

2.1.1 Vorbereitung der Bibliodramaforschung

Zunächst wurden Workshops ausgewählt, in deren Rahmen Interviews stattfinden konnten. Es war beabsichtigt, mit den Ansätzen von Gerhard Marcel Martin und von Ellen Kubitza zwei unterschiedliche Bibliodramakonzeptionen zu erforschen. Beide gehen von einem grundsätzlich veränderbaren Textverständnis durch den Einsatz des Körpers in der bibliodramatischen Arbeit aus, was für die Forschungsfrage elementar ist. Bei Gerhard Marcel Martin liegt der Schwerpunkt der Körperarbeit auf der Einstimmung, dem Bewusstwerden von eingespielten Bewegungs- und automatisierten Denk- und Handlungsmustern. Ellen Kubitza spricht hingegen explizit von Körperexegese und setzt den Körper als Mittel zur Texterschließung ein. Neben diesen inhaltlichen Körperkonzepten spielen bei der Auswahl der Workshops auch pragmatische Gründe eine Rolle. So musste die Durchführung der Interviews in den Zeitraum der Forschungsarbeit fallen, die Leitenden mussten eine Bereitschaft haben, dass im Rahmen ihres Workshops Praxisforschung geschieht, der jeweilige Workshoport musste gut erreichbar und für die studierende Forscherin finanziell erschwinglich sein.

Erst während der mehrtägigen Workshops wurden die Teilnehmenden darüber informiert, dass sie das persönliche Erleben nachträglich in einem Interview reflektieren können. Der Begriff der Expert:in ist in diesem Artikel vergleichsweise weit gefasst. Im Zuge der Bibliodramaforschung wurden Teilnehmende der jeweiligen Workshops als Expert:in für ihr:sein eigenes Erleben befragt. Für dieses Erleben und Erfahren kann es keine anderen Expert:in geben als die jeweils betreffende Person. Um deutlich zu machen, wie elementar für diese Form der Forschung die Teilnehmenden und ihre jeweilige Perspektive auf sich selbst und das eigene Erleben ist, wurde der Begriff „Expert:in" gewählt.

Hierbei musste mit der Gesamtsituation sensibel umgegangen werden: Die Forscherin nahm selbst am Workshop teil und konnte so als Teil des Prozesses unkompliziert über die Rahmenbedingungen der Interviews (Zwecke der Forschung, Anonymität und zeitlicher Aufwand) informieren. Dadurch war es möglich, dass sich in beiden Workshops (pro Bibliodramakonzeption wurde eine Gruppe ausgewählt) sämtliche Teilnehmende zu Interviews bereit erklärten. Das Interviewsample sollte sich in möglichst vielen Punkten (wie Geschlecht, Alter, Beruf und bisherigen Bibliodramaerfahrungen) unterscheiden. Für die Interviews wurde ein Leitfaden erstellt. Dieser hilft, in einem breiten Feld der individuellen Erfahrungen und Positionierungen einen inhaltlichen Fokus zu setzen. Daneben ermöglicht ein Leitfaden eine höhere Vergleichbarkeit der Einzelinterviews, da alle annähernd dem gleichen Muster folgen. Gleichzeitig eröffnen Leitfadeninterviews die Möglichkeit, flexibel eingesetzt an wichtigen Stellen der Narration vertieft einsteigen und nachfragen zu können. Dafür sollten die Fragen des Leitfadens so formuliert sein, dass sie ein Erzählen durch die interviewte Person begünstigen und dazu einladen. Dazu war es nötig, im Vorhinein einen Pre-Test bei einem weiteren Bibliodramaworkshop durchzuführen. Anschließend musste der Leitfaden überarbeitet werden. Es wurden Fragen so gestellt, dass sie vordergründig auf implizites Wissen zielen und erst im Verlauf des Gesprächs eine Reflexion des Körpererlebens angestrebt haben. Außerdem wurden Fragen so formuliert, dass vermehrt erzählende Passagen möglich waren. Diese differenzierte Vorbereitung zeigt die Anforderungen, die die Interviewtechnik an die Interviewenden und die:den Befragte:n stellt.

2.1.2 Durchführung der Leitfadeninterviews

Für die Durchführung der Interviews haben sich einige Details als hilfreich erwiesen. Beispielsweise ist ein Raum essentiell, in dem ungestört ein Gespräch geführt und Vertraulichkeit gewährleistet werden kann. Außerdem ist es wichtig, dass wenig bis keine Hintergrundgeräusche zu hören sind, so dass Tonaufnahmen für die spätere Auswertung in hoher Qualität vorliegen. Zur Anonymisierung bietet sich eine Codierung an, die von vornherein festgelegt wird und die bereits für die Befragung relevante Kriterien enthalten kann. Im Fall der Bibliodramaforschung war das beispielsweise neben einer durchgehenden Nummerierung auch die Einteilung zum jeweiligen Workshop.

Der Zeitpunkt der Interviews stellte sich als schwierig heraus, da diese gegen Ende des Prozesses einen Rückblick auf das Geschehen ermöglichen sollte. Gleichzeitig hatten viele Teilnehmende bereits ihre Abreise geplant. So wurden die Interviews im Prozess so spät wie möglich in den ohnehin eingeplanten Pausenzeiten geführt. Diese Bedingungen wirkten sich auf die Länge des Leitfadens sowie die Durchführung der Interviews aus. Je Interview standen maximal 30 Minuten zur Verfügung. In diesem knappen Zeitraum war eine fokussierte Fragehaltung seitens der Interviewerin notwendig. Zwar wurden teils mehrere interessante Themengebiete angesprochen und gerade im Sinne der Ganzheitlichkeit wäre hier ein vertiefter Austausch interessant gewesen. Aufgrund des Zeitdrucks konnte jedoch nur dort eingehakt und ausführlicher nachgefragt werden, wo es im engeren Sinne um die Forschungsfrage ging. Diese Fokussierung kann dem Interview auch dienlich sein, da angesichts der Zeitverknappung nur die wichtigen Aspekte zur Sprache kommen. Gleichzeitig kann ein von vornherein festgelegter Zeitrahmen auch zur Entlastung beider Interviewpartner:innen beitragen, da kein allzu weites Ausschweifen möglich ist.

2.1.3 Auswertung anhand der dokumentarischen Methode

Zur Auswertung wurde die dokumentarische Methode gewählt. Hierzu wurde zunächst für jedes Interview ein thematischer Verlauf in tabellarischer Form erstellt, in welchem Fragen und Themen in eigenen Worten zusammengefasst bzw. nah am Wortlaut der interviewten Person aufgelistet wurden. In einem zweiten Schritt wurden anhand dieser Tabelle die für die Forschungsfrage relevanten Abschnitte ermittelt, welche anschließend transkribiert wurden. Mittels der formulierenden Feininterpretation wurde im nächsten Schritt das Gesagte in eigenen Worten wiedergegeben, um eine Fremdheit mit dem generierten Material herzustellen. Nachdem in der formulierenden Feininterpretation vor allem der Inhalt der Interviews betrachtet wird, liegt bei der anschließenden reflektierenden Interpretation der Fokus auf dem „Wie" des Gesagten. Die reflektierende Interpretation setzt sich zusammen aus der formalen Interpretation, bei der eine Textsortentrennung vorgenommen wird, und der semantischen Interpretation.

Die Ergebnisse der Interpretation werden dann in einer Systematisierung zusammengestellt. Folgendes Beispiel illustriert dieses kleinschrittige Vorgehen:

Transkription:

```
8   X:  Mhm, okay, ja. Ähm, hattest du das Gefühl heute irgendwann, dass du den Text ähm mit deinem Körper verstehen
9       konntest?
10  H:  (6) Ähm, ja. Das war ähm besonders stark, als äh wir die, die Pantomime gemacht haben. Und äh ich so
11      losgewandert bin und noch so den Eindruck hatte von unserer verschiedenen Bewegung bei Uta mal, sanft,
12      zögerlich <<X: Mhm>> und dann entschlossen und ich das so Gefühl hatte, na jetzt stehe mal los, jetzt gehste
13      mal mit dem Volk. So. <<X: Mhm>> Das, war ja, das war so n gutes Gefühl.
14  X:  Was hat dazu geführt. dass du da so, ja so durchdringen konntest?
15  H:  Es hat sicher auch was mit mir zu tun, ich glaube ich bin einfach so. Ich bin nicht jemand, der sich versteckt,
16      sondern der irgendann sagt, so wenn das jetzt dran ist, dann mach ich ma los. <<X: Mhm>> So und schaff das
17      glaub ich auch ganz gut, mich zu überwinden. <<X: Mhm>>
18  X:  Also meinst du, dass du damit dann quasi mehr verstehen konntest?
19  H:  Na klar! Na klar. Und äh ich denke, da ist aber nicht nur dieses jetzt hat dich Gott geschickt, sondern auch dieses
20      Gefühl, was ich vorhin auch bei so ner, äh, nochmal Rückblicksrunde gesagt hab, dieses Verantwortung
21      übernehmen. <<X: Mhm>> Das ist ähm denk ich ein Aspekt, der da sehr maßgeblich ist, ahm ähm (3) an für die
22      Überwindung jetzt tu ich ja nen Schritt <<X: Mhm>> weil jetzt jetzt muss es sein und du machst es ja nicht nur
23      für dich.
```

Formulierende Feininterpretation:
H: 10–13 Bei der sprachfreien Nachspielung des Textes wurde innere Empfindung gespielt und als stimmig und positiv erlebt.

Reflektierende Interpretation:
Z. 10–13: Erzählung mit abschließender Bewertung
Die Interviewte erzählt von einer Situation, die ihr vom Nachspielen des biblischen Textes besonders in Erinnerung geblieben ist. Dabei spielte die vorangehende Körperarbeit, das im Raum-Gehen mit verschiedenen Gemütszuständen, eine vorbereitende Rolle, ebenso wie das eigene Gefühl. Im weiteren Verlauf des Interviews wird außerdem deutlich, dass sich die Interviewte selbst als „Macherin" sieht und dass dieses Selbstbild ebenso zu der aktiven Rolle in der nachgespielten Situation geführt hat. („Ich bin nicht jemand, der sich versteckt, sondern der irgendwann sagt, so wenn das jetzt dran ist, dann mach ich ma los.")
Z. 19–23: Argumentation
In ihrer Argumentation wird das Verantwortungsbewusstsein als weiterer Aspekt eingeführt, der zu der oben beschriebenen Aktion geführt hat. Die Verantwortung wird hier als Gefühl beschrieben, welches motiviert, in einer Situation zu handeln.

2.1.4 Ergebnisse der Bibliodramaforschung

Es konnte gezeigt werden, dass körperliche Bewegung grundsätzlich einen Lernprozess auslöst und befördert. Ob dieser jedoch in ein verändertes Textverständnis, eine vertiefte Gottesbeziehung mündet oder sich noch in ganz anderer Weise zeigt, ist von weiteren Faktoren abhängig, wie der Schwerpunktsetzung der Leitenden in der Körperarbeit (textbezogen oder extratextuell) oder der Erwartungshaltung der Teilnehmenden. Es wurde deutlich, dass Teilnehmende, die eine Auseinandersetzung mit dem Text erwarteten, ihre Sicht auf den Text veränderten, während Teilnehmende, die im Bibliodrama eher eine persönliche Auszeit und/oder eine spirituelle Praxis sahen, eher eine vertiefte Gottesbeziehung erfuhren. Insgesamt ist festzuhalten: Körperarbeit *kann* zu einem veränderten Textverständnis führen.

In den Interviews wurde immer wieder von Ganzheitlichkeit gesprochen. Das bedeutet, dass eine Fokussierung allein auf den Körper als Mittel eines veränderten Textverständnisses nicht ausreicht. Weitere Umstände und Faktoren wie die beschriebenen spielen bei einem veränderten Textverständnis eine ebenso große Rolle. Durch Erkenntnisse der Neurobiologie (Heckmair/Michl o. J., 27f) wurde deutlich, dass das emotionale Erleben der Lernumgebung einen weiteren wesentlichen Einfluss auf Veränderungen von Einstellungen hat. Von vielen Interviewten aus beiden Bibliodramaansätzen wurde auch der Austausch mit anderen Teilnehmenden als förderlich und hilfreich für ein verändertes Textverstehen benannt.

2.2 Führungspositionen für ordinierte Frauen

Die Evangelische Kirche Berlin-Brandenburg-schlesische Oberlausitz (EKBO) hat das Ziel, ordinierte Frauen für Leitungspositionen[2] zu gewinnen und weiterzubilden. Hierfür wurde 2019 das Mentoringprogramm „Frauen in Leitung" durchgeführt. Die Evaluierung dieses Programms war Gegenstand einer Master-Thesis im Studiengang „Evangelische Religions- und Gemeindepädagogik" an der Evangelischen Hochschule Berlin 2020. Grundlage der Evaluation bilden Einzelinterviews mit den Teilnehmerinnen. Diese wurden nach dem kombinierten Ansatz anhand der SWOT-Analyse (Schneider 2019) geführt und mit der qualitativen Inhaltsanalyse von Phillipp Mayring (Mayring 2015) ausgewertet. Es wurde erforscht, mit welchen Zielen die teilnehmenden Frauen in das Programm gegangen sind und inwiefern sich diese Erwartungen erfüllt haben. Zugleich macht die Evaluation sichtbar, inwieweit das Programm die Ziele einer qualifizierten Personalentwicklung mit dem Fokus der Geschlechtergerechtigkeit erreicht hat.

Die Forschungsfrage lautet: Wie kann kirchliches Qualitäts- und Personalmanagement aussehen und was kann es bei der Qualifizierung von Frauen für Leitungsaufgaben auf der mittleren Ebene (als Superintendentin, Dekanin, Regionalbischöfin u. a. m.) bewirken? Im persönlichen Gespräch wurde nach dem Mehrwert des Mentoringprogramm „Frauen in Leitung" für die Teilnehmerin-

---

[2] https://blogs.rpi-virtuell.de/mentoringprogrammekbo/mentoring/ [abgerufen am 10.04.2024].

nen gefragt. Daneben wurde der Mehrwert auch auf institutioneller Ebene untersucht. Ist das erklärte Ziel der landeskirchlichen Personalentwicklung, ordinierte Frauen für Leitungspositionen zu gewinnen und auszubilden, tatsächlich erreicht worden? Damit hat das Forschungsprojekt sowohl einen Beitrag zur Personalentwicklung wie zur Gleichstellungspolitik der EKBO geleistet. Für Frauen ermöglichen die Ergebnisse einen Einblick in Voraussetzungen und Herausforderungen von Leitungsämtern in der Kirche sowie Erkenntnisse zur Arbeitsweise der Personalabteilung der Landeskirche. Insofern war die Forschungsarbeit auch Teil eines hilfreichen Selbstklärungsprozesses, da mit ihr die Entscheidung einherging, in den Vorbereitungsdienst der EKBO (Vikariat) zu treten.

2.2.1 Vorbereitung in der Frauenforschung

Auch im Falle des Frauenforschungsprojektes erfolgte nach der Festlegung der Forschungsfragen (Mayring, Schritt 1) die Auswahl der Interviewpartnerinnen (Mayring, Schritt 2). Für das Mentoringprogramm wurden 13 Teilnehmerinnen, sogenannte Mentees, ausgewählt. 11 der 13 Teilnehmerinnen haben sich zur Mitarbeit bereit erklärt. Dadurch war eine große Varianz von subjektiven Sichtweisen auf und Einstellungen zum Programm zu erwarten. Wie bereits in der Bibliodramaforschung so gilt auch hier, dass Expert:innen Personen sind, die durch praktische Erfahrungen und theoretische Auseinandersetzungen ein anwendungsbereites Wissen und Feldkompetenz mitbringen. In Bezug auf das konkrete Mentoringprogramm sind die Mentees als Zielgruppe zugleich „Expertinnen".

Die Struktur des Interviewleitfadens ergab sich aus den Kategorien der angewandten Erhebungsmethode (Mayring, Schritt 3), der SWOT-Analyse. Die SWOT-Analyse fragt nach internen und externen Faktoren, die ein Projekt, eine Firmenführung oder eben ein Fortbildungsprogramm beeinflussen. Als interne Faktoren werden Stärken (strengths) und Schwächen (weaknesses) des Programms, als externe Faktoren einwirkende Chancen (opportunities) und Risiken (threats) beleuchtet. Zur Auswertung des Mentoringprogramms wurden diesen vier Kategorien jeweils passende Detailfragen zugeordnet (Mayring, Schritt 4). Der auf der Basis der SWOT-Analyse erstellte Interviewleitfaden sieht folgendermaßen aus:

Frage nach dem Sollzustand:
Mit welchem Ziel sind Sie in das Programm gegangen?
Wurde dieses Ziel Ihrer Meinung nach erreicht? (Wenn nicht, warum nicht?)

INTERN	EXTERN
Stärken	**Chancen**
Durch welche Bausteine/ Aspekte des Programms sehen Sie sich besonders unterstützt?	Hat sich Ihr Blick auf die Rahmenbedingungen verändert?
Hat sich der eigene Arbeits- und Führungsstil verändert?	Was muss verändert werden, damit die eigenen Aufgaben besser bewältigt werden können?
Haben Sie sich nach dem Programm neue Ziele gesetzt?	
Schwächen	**Risiken**
Welche formalen oder inhaltlichen Bausteine müssen sich verändern?	Was bleiben kritische Faktoren von außen?
Was fehlt dem Programm?	

Offene Abschlussfragen:

Wenn Sie auf Ihre Tätigkeit/Ihr Arbeitsumfeld schauen, gibt es etwas Allgemeines, was Sie zum Thema Qualitäts- bzw. Personalmanagement in der Landeskirche sagen möchten? (Anmerkung/Impuls/Kritik/Wunsch)
Was müsste passieren, damit ein Leitungsamt wie das einer Superintendentin für Sie attraktiv wäre? Warum kommt es in Frage/warum nicht?

Den Interviews gingen als Erstkontakt jeweils Mails und Telefonate mit allen Teilnehmerinnen voraus, in denen Regeln für das Interview (Zeitumfang, Anonymität, Forschungsinteresse) geklärt wurden. Die Frage der Anonymität in Bezug auf mögliche Kritik an der Arbeitgeberin Kirche war von zentraler Bedeutung. Bei einer Evaluation mit einem überschaubaren Teilnehmerinnensample wie in diesem Fall lassen sich möglicherweise Rückschlüsse auf die Aussagen Einzelner ziehen. Dafür wurde folgendes Verfahren zugesichert: Für eine größtmögliche Anonymität wurden im Transkript-Kopf die Namen codiert und auch im Anhang nur reduzierte Informationen zu den Interviews (wie Datum, Ort, geführt von, Besonderheiten wie Durchführung via Zoom) gegeben. Außerdem sind die Transkripte willkürlich nummeriert und Äußerungen zum Tätigkeitsfeld werden nachträglich „geglättet", so dass die inhaltlichen Informationen erhalten bleiben, diese jedoch keinerlei Rückschlüsse auf die befragte Person ermöglichen. Nur durch dieses aufwendige jedoch notwendige Anonymisierungsverfahren blieb die Zusage aller Befragten erhalten, die Interviews für die Master-Arbeit nutzen und das Material in den Anhang stellen zu dürfen.[3] Die Zusicherung, das Anonymisierungsverfahren einzuhalten, erhielten die Teilnehmerinnen schriftlich; im Gegenzug reichten sie eine Einwilligungserklärung ein. Dadurch war der Rahmen und somit die Durchführung der Interviews rechtlich abgesichert. Auch erhielten die Teilnehmerinnen vorab den Interviewleitfaden mit einer Kurzerklärung zur SWOT-Analyse. Zwar wird in der Fachliteratur (Gläser/Laudel 2010, 159f) von einer Vorabzusendung der Interviewfragen abgeraten, da Antworten dann durchdacht und geglättet sein können. In diesem Fall war dieses Vorgehen jedoch nötig, um den Teilnehmerinnen eine größtmögliche Sicherheit und Vertrauen in den Interviewverlauf zu vermitteln. Durch die kategoriengelenkten, jedoch recht offen formulierten Fragen nahm jedes Gespräch einen individuellen Verlauf, was in der Auswertung durch die klaren Kategorien der SWOT-Analyse aufgefangen werden konnte.

Für die Erprobung des Fragebogens konnte ein Mitarbeiter des Institutes für Demoskopie Allensbach gewonnen werden. Es ist allerdings die Frage, ob ein Pre-Test bei 11 Probandinnen notwendig ist, zumal die Interviewfragen mit der für das Programm Zuständigen im Vorfeld abgestimmt wurden. Der Interviewzeitraum umfasste vom Erstkontakt bis zum letzten Interview sechzehn Wochen. Dies bedeutete eine deutliche Verschiebung zum ursprünglichen Zeitplan. Pandemiebedingte Veränderungen von Terminen und im Gesprächssetting (ein Teil der Gespräche musste Online geführt werden) erforderten eine hohe Flexibilität.

2.2.2 Durchführung der narrativen Interviews

Narrative Interviews werden vor allem verwendet, um subjektive Erfahrungen zu erforschen. Die Balance zwischen Erzählfreiheit der befragten Person und der Ausrichtung auf die Forschungsfrage ist hierbei zu beachten. Die Interviews wurden mit einem Handy, das über eine Intervieweinstellung in der Diktiergerätfunktion verfügt, aufgenommen. Dafür wurde an beiden Enden des Gerätes eine Einsprechfunktion aktiviert. Dies war entscheidend, da das Handy bei Präsenztreffen jeweils zwischen den Personen lag und nur so das Erfassen beider Stimmen ermöglichte. Bei den Gesprächen, die coronabedingt digital geführt wurden, lag das Handy zwischen dem Lautsprecher des Laptops und der Interviewerin. Auf eine passable Tonqualität ist sorgfältig zu achten. Die Aufzeichnungen mit schlechter Tonqualität aufgrund der Internetverbindung wurden

---

[3] Keine Befragte zog ihre Zusage zur Mitarbeit zurück.

mithilfe des Sound Editors WavePad[4] nachträglich bereinigt. Dieser Vorgang nimmt entsprechend Zeit in Anspruch. Vor Beginn des Interviews wurde jeweils an die getroffenen Vereinbarungen (Zeitumfang, Anonymitätsgewährung, Zusage, Löschen der Tonaufnahmen nach Forschungsabschluss, Einwilligungserklärung u. a.) erinnert, kurz der geplante Ablauf skizziert und auf das Recht, das Interview abzubrechen, hingewiesen.

Ein wichtiger Teil der Vorbereitung ist auch, sich über die Art und Weise der Interviewführung Gedanken zu machen. Es gilt, eine Interviewbeziehung aufzubauen, für die der Erstkontakt und die Anfangsphase des Interviews enorm wichtig sind. Die interviewführende Person kann zu einer gelungenen Interviewbeziehung beitragen, indem sie sich vor dem Interview die eigene Rolle im Verhältnis zum Gegenüber, die eigene Perspektive und die Ziele des Interviews bewusst macht und entsprechend (innerlich) „sortiert" in das Gespräch geht. Dazu gehört auch, das eigene Interesse geklärt und ein fundiertes theoretisches Hintergrundwissen in Bezug auf das Thema zu haben. Auch eine respektvolle, achtsame Kommunikationshaltung mit aktivem Zuhören, die sich auf die Interviewpartnerin einstellt, spielt eine zentrale Rolle. Hinzu kommt, Bewertungen zu vermeiden und sich zu trauen, Missverständliches und Widersprüchliches zu benennen, das Feingefühl zu besitzen, im richtigen Moment ruhig und sachlich nachzufragen und gleichzeitig unpassende Äußerungen zu erkennen und gegebenenfalls stehen zu lassen. Ein Interviewleitfaden hilft dabei, am Thema zu bleiben und einen gewissen Zeitrahmen nicht zu überschreiten. Im Falle der hier beschriebenen Forschungsarbeit bilden die dem SWOT-Analyse-Schema zugeordneten Fragen den Rahmen.

2.2.3 Auswertung anhand der qualitativen Inhaltsanalyse

Zur Auswertung wurden alle Interviews nach der Aufzeichnung mit Express Scribe[5] transkribiert und manuell noch einmal überarbeitet bzw. korrigiert. Aus den Transkripten aller Interviews wurden entsprechend der Kategorien der SWOT-Analyse übereinstimmende Sinnmuster und Lesarten zu ermitteln versucht. Dafür wurde das Material schrittweise auf zentrale Aussagen und Textpassagen reduziert und diese durch Beispiele aus dem Text illustriert (Mayring, Schritte 5+6). Diese Arbeitsschritte erfordern ausreichend Zeit und Genauigkeit. Entsprechend sollte dies *im Zeitplan* beachtet werden. Die Transkripte samt Zu-

---

[4] Kostenlos herunterladbar unter https://www.nch.com.au/wavepad/de/index.html?ns=true&msclkid32153c8d7b17110794ca5c07010ab86e&utm_source=bing&utm_medium=cpc&utm_campaign=DE-C1&utm_term=wavepad&utm_content=WavePad%20-%20ByName [abgerufen am 10.04.2024] WavePad ist ein Musikbearbeitungsprogramm, das mit Windows, Mac OS X anwendbar ist.

[5] https://express-scribe.de.softonic.com/mac [abgerufen am 10.04.2024].

ordnungstabelle waren Grundlage für die Auswertung anhand des SWOT-Kategorie-Systems. Da die Kategorien durch das SWOT-Schema vorab festgelegt sind, handelt es sich um eine sogenannte deduktive Kategorienbildung (Mayring, Schritt 7). Der große Umfang des Materials machte eine repräsentative Auswahl der Belege nötig. Auf eine Prüfung von Validität, Objektivität und Reliabilität in größerem Umfang ist verzichtet worden (Mayring, Schritt 8), da es den Rahmen der Master-Arbeit überschritten hätte. Eine Güteprüfung erfolgte insofern, als dass die Aussagen der Mentees den der Steuerungsgruppe des Programms gegenübergestellt wurden. Viele Einschätzungen innerhalb der beiden Vergleichsgruppe deckten sich, die Interviews der Mentees warfen jedoch zusätzlich Fragen auf.

2.2.4 Ergebnisse der Frauenforschung

Die Auswertung hat gezeigt, dass sowohl die Landeskirche auf institutioneller Ebene als auch die Mentees auf persönlicher Ebene vom Programm profitiert haben: Nach der Fortbildung wurden Leitungsstellen neu besetzt, Netzwerke auf- und ausgebaut, die Passung von berufsbiografischen Voraussetzungen und kirchlichen Strukturen geklärt und ein in die Gesellschaft hineinwirkendes Projekt initiiert. So ist beispielsweise das kirchliche Startup „Spirit & Soul"[6] während des Programms als Idee gereift und anschließend umgesetzt worden. Außerdem wechselte eine Teilnehmerin aus dem Gemeindepfarramt auf die mittlere Leitungsebene als Superintendentin. Aus der Evaluation ergeben sich sechs konkrete Schlussfolgerungen für ein wirkungsorientiertes Qualitätsmanagement in der Kirche: 1. mehr Zielklarheit bei Maßnahmen; 2. mehr Nachhaltigkeit im Anschluss an Maßnahmen; 3. mehr institutionelles Lernen mit gemeinsamen Parametern anhand von Best Practice in der EKBO; 4. effizientere Öffentlichkeitsarbeit, auch im Sinne der Gleichstellung; 5. Ämterreform nach dem Vorschlag Bubmann (2019, 145f), erweitert um weitere Berufsgruppen und 6. möglichst frühe Sensibilisierung für individuelle Voraussetzungen und institutionelle kirchliche Strukturen.

Nach vier Jahren gilt es, das Programm erneut zu überprüfen und ggf. weiterzuentwickeln. Das Forschungsprojekt verdeutlicht, wie wichtig eine abschließende Evaluation unter Berücksichtigung der Perspektiven aller Teilnehmenden für die veranstaltende Institution ist. Mentoringprogramm und Forschungsprojekt sind sinnvolle Beiträge für eine Personalentwicklung innerhalb der EKBO.

---

[6] https://spiritandsoul.org [abgerufen am 10.04.2024].

3. Anschlussfähigkeit für Praxis und weitere Forschung

3.1 Chancen und Vorteile von Expert:inneninterviews

Narrative Interviews bieten die Chance, intensiver nachzufragen, um Unklarheiten anzusprechen, „subjektive Sinnstrukturen" (Mayring 1996, 54–56) zu verstehen und detaillierte Hintergrundinformationen zu erheben. Im Gespräch mit Personen aus dem eigenen und/oder fremden gemeindepädagogischen Praxis- und Forschungsfeld werden Sichtweisen und das Selbstverständnis der Gesprächspartner:innen vor dem Hintergrund entsprechender Strukturen erhoben. Zudem entstehen Netzwerke innerhalb der beruflichen Praxis. Eine Sonderheit ist es, wenn die Forschende zugleich Teilnehmerin des Forschungsfeldes bzw. Forschungsgegenstandes, also zugleich Expertin, ist. Diese Doppelperspektive von distanzierter Forscherin einerseits und engagierter Kennerin und Expertin andererseits bietet die Möglichkeit, einen unkomplizierten Zugang zum Forschungsfeld und eine hohe Bereitschaft auf Seiten der Befragten zu erhalten. Jedoch könnte es die Interviews auch inhaltlich beeinflussen. Durch den intensiven und mehrtägigen Kontakt und die Vertrautheit mit den Befragten und dem Kontext könnten persönliche Sympathien oder Antipathien mehr als in anderen Interviewsettings eine Rolle spielen oder gemeinsame Erfahrungen werden weniger ausführlich geschildert, weil sie als gemeinsamer Erfahrungshorizont vorausgesetzt werden. Ein möglicher Umgang mit dieser Situation könnte das Führen eines Tagebuchs sein, um das Erlebte auch nachträglich in Verbindung zu den Inhalten der Interviews bringen zu können.

So oder so ist auf Expert:inneninterviews gestützte Forschung zeitaufwendig, sie bedarf exakter Planung und hoher Flexibilität bei auftretenden Schwierigkeiten und Änderungen.

3.2 Herausforderungen und Forschungsdesiderate

Beide dargestellten Forschungsprojekte aus dem Bibliodrama und der Personalförderung von Frauen haben bei beiden Studentinnen zur persönlichen und beruflichen Selbstklärung beigetragen. Im ersten Fall eröffnete die Forschungsarbeit die Möglichkeit, im Bibliodrama selbst Fuß zu fassen und es schloss sich eine Ausbildung zur Bibliodramaleiterin an. Damit hat die Forschungsarbeit auch zur beruflichen Schwerpunktsetzung geführt. Im anderen Fall hat die theoretische Auseinandersetzung mit dem Thema „Leitung" gut auf die künftige Arbeit als ordinierte Gemeindepädagogin im Pfarrdienst vorbereitet. Die persönliche Nähe zum Forschungsgegenstand, die intensive Auseinandersetzung mit einem

Thema und die Begegnung mit Kolleg:innen werden als persönlicher und professioneller Gewinn in der eigenen Berufsbiographie wahrgenommen.

In den Leitfaden im Frauenforschungsprojekt sind auch Interessen der durchführenden Institution (Personalabteilung) eingeflossen. Im Arbeitsprozess und den Gesprächen mit den Mentees wurde jedoch deutlich, dass man weitere Programmpartner hätte befragen müssen. Die Perspektiven aller am Projekt Beteiligten (Fortbildungsanbieter, eingebundene Referent:innen, Kolleg:innen, Anstellungsträger oder Nutzer:innen von Angeboten u. a.) zu evaluieren, wäre nur in einem Forscher:innenteam umsetzbar gewesen. Für die heutige Arbeit als Gemeindepädagogin ist diese Einsicht aus der eigenen Forschungsarbeit jedoch zentral: Für eine umfassende Qualitätssicherung und -entwicklung gemeindepädagogischer Praxis ist die Beteiligung aller Projektpartner:innen und möglichst vieler Perspektiven unabdingbar. In Qualifikationsarbeiten sind durch die zeitlichen und Ressourcengrenzen zumeist nur konkrete Einzelerkundungen möglich. Auch eine Langzeitstudie zu Veränderungen und Erkenntnissen nach zwei Monaten und/oder einem Jahr mit den gleichen Personen wäre eine sinnvolle Anschlussforschung. Solchen länger angelegten Forschungsformaten sind in einer zeitlich befristeten Master-Thesis Grenzen gesetzt.

Weiterführende Literatur und Hinweise zur Vertiefung

ATTESLANDER, PETER (2003), Methoden der empirischen Sozialforschung. 10. Neu bearb. und erweiterte Aufl. Berlin/New York. Ausführliches Grundlagen- und Nachschlagewerk zu Forschungsablauf, Forschungsdesign und Auswertungsverfahren.

BUBMANN, PETER (2019), Gemeinsam unterwegs im Namen des Herrn. Eine pastoraltheologische Sicht auf das Miteinander kirchlicher Berufsgruppen, in: Praktische Theologie. Zeitschrift für Praxis in Kirche, Gesellschaft und Kultur. H. 3, 140–150. Wenn, wie hier vorgeschlagen, Bildung als eine Grunddimension des kirchlichen Auftrags verstanden wird, dann hat das Konsequenzen für die im gemeindepädagogischen Feld Tätigen

DOMSGEN, MICHAEL/MULIA, CHRISTIAN (2019), Bildung, Erziehung und Sozialisation im Lebenslauf. Generationsverbindendes und lebenslanges Lernen als gemeindepädagogische Herausforderung, in: BUBMANN, PETER/KEßLER, HILDRUN/MULIA, CHRISTIAN/OESSELMANN, DIRK/PIROTH, NICOLE/STEINHÄUSER, MARTIN (Hg.) (2019), Gemeindepädagogik, 2. Aufl. Berlin/Boston, 149–173.

EYERT, CAROLIN (2017), Dem Text die ganze Person zur Verfügung stellen. Eine Untersuchung über die Auswirkung des Körpereinsatzes beim Bibliodrama auf eine mögliche Veränderung des Textverständnisses. Master-Thesis, in der die hier beschriebene Forschung zum Bibliodrama ausführlicher dargestellt wird - zugänglich über die Bibliothek der Evangelischen Hochschule Berlin.

GLASER, JOCHEN/LAUDEL, GRIT (2010), Experteninterviews und qualitative Inhaltsanalyse, 4. Aufl., Wiesbaden. Erklärt Grundlagen und die Durchführung der Forschungsmethode verständlich. Nötige Fachbegriffe werden definiert, das Buch begleitet Schritt für Schritt von der Forschungsfrage, über die Durchführung hin zur Auswertung und zum Abschluss. Es werden sinnvolle Anfragen an die eigene Haltung als Forschende gestellt.

HECKMAIR, BERND/MICHL, WERNER (2011), Bewegung und Erlebnis als Nährboden des Lernens, in: DIE Zeitschrift für Erwachsenenbildung, 18 (1).

KUBITZA, ELLEN/SCHRAMM, TIM (2006), Bibliodrama als lebendiger Gottesdienst, Schenefeld. Ein Grundlagenbuch, in dem neben den spirituellen Aspekten von Bibliodrama auch konkrete Übungen und Anregungen vorgestellt werden. Das Konzept der „Körperexegese" wird hier dargestellt.

MARTIN, GERHARD M. (1979), ‚Bibliodrama' als Spiel, Exegese und Seelsorge, in: Wissenschaft und Praxis in Kirche und Gesellschaft 68, 135–144. Grundlagenartikel des Wegbereiters des Bibliodramas, Klärung des Exegeseverständnisses.

MARTIN, GERHARD M. (2011), Sachbuch Bibliodrama. Praxis und Theorie, Berlin. Ein Sachbuch, das Praxis und Theorie des Bibliodramas verbindet und dabei nicht nur einen Blick auf die Entstehung des Bibliodramas wirft, sondern auch wichtige Aspekte wie die Vorbereitung eines bibliodramatischen Prozesses oder die Dynamik innerhalb einer Gruppe beleuchtet. Empfehlenswert sowohl zum Einstieg als auch zur Vertiefung.

MAYRING, PHILIPP (1996), Einführung in die qualitative Sozialforschung, 3. Aufl., München. Grundlagenwerk. In einer Geschichte wird in das qualitative Denken und Forschen eingeführt und qualitative Erhebungs-, Aufbereitungs- und Analyseverfahren erläutert.

MYRING, PHILIPP (2015), Qualitative Inhaltsanalyse. Grundlagen und Techniken, 12. Aufl., Weinheim. Beispiele illustrieren, was qualitative Inhaltsanalyse bedeutet und wie sie durchzuführen ist.

NOHL, ARND M. (2017), Interview und dokumentarische Methode. Anleitung für die Forschungspraxis, Wiesbaden. Hier wird die dokumentarische Methode als Möglichkeit zur Auswertung von Interviews ausführlich dargestellt - in ihrem theoretischen Hintergrund aber auch mit praktischen Hinweisen zur Durchführung und mit gut verständlichen Beispielen.

SCHNEIDER, WILLY (2019), Praxisleitfaden SWOT-Analyse, BoD. Erläutert, worauf SWOT-Analyse abzielt, aus welchen Fragestellungen das SWOT-Schema entsteht und wie dieses auf die eigene Forschungsfrage zu übertragen ist.

WINKLER, MARAIKE (2021), Qualitätsmanagement in der EKD. Am Beispiel des EKBO- Mentoringprogramms ‚Frauen in Leitung'- Betrachtung der persönlichen und der institutionellen Ebene. Master-Thesis zugänglich in der Bibliothek der Evangelische Hochschule Berlin. Verschriftlichung des Forschungsprojektes samt Interviews und nicht veröffentlichtem Material zum Thema Personalpolitik der Evangelischen Kirche Berlin-Brandenburg-schlesische Oberlausitz. Bietet außerdem vertiefende Einblicke zum Thema Ökonomisierung der evangelischen Kirche.

Kapitel 10: Expert:inneninterviews zur Untersuchung von spirituellen Angeboten für Junge Erwachsene

Konstantin Hardi Lobert, Bente Ruge & Simon Traute

1. Einleitung

Die Evangelische Kirche fokussiert in ihren Glaubensangeboten hauptsächlich Kinder und Jugendliche, junge Eltern und ältere Menschen. Betrachtet man nun die Altersgruppe der Jungen Erwachsenen, wird diese so gut wie komplett aus den Augen verloren. Wenn Jugendliche nach der Konfirmation mit der Kirche verbunden bleiben wollen, haben sie häufig nur die Möglichkeit, sich ehren- oder hauptamtlich zu engagieren. Erst wenn sie selbst Eltern werden und ihre Kinder im Rahmen der Taufe in die Gemeinde aufgenommen werden, stehen auch sie wieder im Fokus der Glaubensangebote. In Rahmen des Forschungsprojekts werden Junge Erwachsene als eigene Personengruppe definiert, daher wird der Begriff im Folgenden als Terminus technicus verstanden.

In der Metropole Ruhr, auf dem Boden der westfälischen Landeskirche, werden nur in wenigen Angeboten Junge Erwachsene explizit angesprochen. Was diese Angebote ausmacht und welche Faktoren zum Erfolg beitragen, wurde in diesem Praxisforschungsprojekt analysiert.

Das Praxisforschungsprojekt wurde im Rahmen des Masterstudienganges „Management in sozialwirtschaftlichen und diakonischen Organisationen" an der Evangelischen Hochschule Rheinland-Westfalen-Lippe durchgeführt. Dazu wurden fünf Expert:inneninterviews geführt und anhand der qualitativen Inhaltsanalyse nach Udo Kuckartz ausgewertet.

Die folgenden Angebote wurden anhand der im weiteren Verlauf dieses Beitrags beschriebenen Kriterien ausgesucht. Die entsprechenden Verantwortlichen dieser Angebote wurden als Expert:innen identifiziert und angefragt. Die Expert:innen standen und sprachen stellvertretend für das Angebot.

Folgende Angebote wurden im Rahmen der Forschung untersucht:

Name	Ort	Format
Connect [n] Talk	Schwelm	„Low-Level Hauskreis" in einer Kneipe
GROW	Witten	Worshipgottesdienst
Junge Erwachsenen Freizeit	Wanne-Eickel	Vier- bis fünftägige Freizeit
Komma! unplugged	Bochum	Gottesdienst
Live It!	Herne	Gemeindegruppe

2. Fragestellung

Die Evangelische Kirche verfügt über eine ausgezeichnete Jugendarbeit. Alleine an der Konfirmand:innenarbeit in der Evangelischen Kirche von Westfalen (nachfolgend EKvW) nahmen im Jahr 2021 13.649 Jugendliche teil (EKD 2023a, 18). Bereits im Anschluss an die Konfizeit wird deutlich, dass merklich weniger Jugendliche weiterhin regelmäßige Gruppenangebote nutzen - insgesamt nur noch 5.622 Jugendliche (EKD 2023a, 32). Interessant ist, dass Junge Erwachsene von den wenigsten Gemeinden als eigene Zielgruppe benannt und für Gemeindearbeit in den Blick genommen werden. Denn gerade in der Lebensphase zwischen 18 und 27 Jahren befinden sich diese jungen Menschen in einem Statusübergang zwischen Jugendalter und Erwachsenenleben (John Klug 2020, 41), an dem die Gemeindearbeit ansetzen könnte.

Bei dem Betrachten der Austrittszahlen aus der Evangelischen Kirche fällt auf, dass gerade junge Menschen (im Alter von 25–35 Jahren) aus der Kirche austreten (EKD 2019, 10). Dies kann damit zusammenhängen, dass junge Menschen in das Erwerbsleben eintreten, das erste Mal Kirchensteuer zahlen und gleichzeitig selten kirchliche Angebote in Anspruch nehmen (EKD 2019, 10). Sicherlich spielt auch das abnehmende Interesse an religiösen Themen und religiösen Praktiken eine Rolle (EKD 2023b). In logischer Konsequenz dessen lässt sich schlussfolgern, dass die Formate, die die Kirche anbietet, für Junge Erwachsene wenig attraktiv sind oder zu Zeiten stattfinden, an denen junge Menschen berufstätig oder anderweitig beschäftigt sind. Deutlich wird, dass nach der meist positiv erlebten Konfirmand:innenzeit der Kontakt zur Kirche häufig abbricht und die Kirche wenig Anknüpfungspunkte für junge Menschen bietet (SI EKD 2018, 35).

Um in diesem Kontext Formen der Arbeit mit Jungen Erwachsenen näher zu untersuchen, wurde der Frage nachgegangen, welche Herausforderungen sich bei der Projektentwicklung und -durchführung von spirituellen Angeboten explizit für Junge Erwachsene in der EKvW in der Metropole Ruhr ergeben. Ziel war die Sammlung von Faktoren, die das Gelingen der Entwicklung und der Durchführung des Projektes begünstigen, um den Weg für die Entwicklung zielgruppengerechter Formate für Junge Erwachsene zu ebnen.

Die Untersuchung wurde innerhalb der EKvW auf den Bereich der Metropole Ruhr beschränkt. Diese Region birgt als Ballungsraum mit verdichteter Infrastruktur in besonderer Weise Potenzial, die Zielgruppe der Jungen Erwachsenen zu adressieren.

3. Forschungsmethode

Um sich der Frage nach Herausforderungen und Faktoren des Gelingens bei der Entwicklung und Durchführung spiritueller Angebote für Junge Erwachsene thesengenerierend zu nähern, bietet sich die Durchführung von leitfadengestützten Expert:inneninterviews an. Diese Forschungsmethode wurde gewählt, um wie oben beschrieben über die individuelle Perspektive der Teilnehmenden hinaus den organisatorischen Rahmen und die formatspezifischen Strukturen abzubilden.

3.1 Expert:inneninterviews

Expert:inneninterviews sind eine besondere Form der qualitativen Forschung und zeichnen sich durch ihre besondere Zielgruppe aus (Ahlrichs 2012, 105). Sie folgen den Prinzipien der Offenheit, des theorie- sowie regelgeleiteten Vorgehens und „des Verstehens als Basishandlung sozialwissenschaftlicher Forschung" (Ahlrichs 2012, 105f). Nach Uwe Flick werden im Rahmen von Expert:inneninterviews Personen in ihrer Eigenschaft als Expert:in im Sinne eines:r Sachverständigen für ein bestimmtes Handlungsfeld befragt (Flick 2007, 214f). Expert:innen verfügen über ein spezifisches Rollenwissen und „eine darauf basierende besondere Kompetenz" (Przyborski/Wohlrab-Sahr 2009, 133). Durch Interviews mit Expert:innen können unterschiedliche Arten des Wissens erfragt werden: Betriebswissen, Deutungswissen und Kontextwissen (ebd., 134).

In dieser Forschung wurde besonders das Betriebswissen über Mechanismen und Abläufe der Angebote sowie das Kontextwissen zu Spiritualität und Jungen Erwachsenen erfragt. Als Expert:in wurde in diesem Forschungsprojekt die Leitung beziehungsweise der:die Initiator:in des Angebotes verstanden, die in ihrer Rolle über das spezifische Fachwissen und die Erfahrung verfügt.

3.1.1 Auswahl der Interviewpartner:innen

Nach der Festlegung des Forschungsdesigns wurde eine explorative quantitative Abfrage zu bereits bestehenden spirituellen Angeboten für Junge Erwachsene durchgeführt. Die Abfrage nach bereits bestehenden Angeboten und möglichen Ansprechpartner:innen richtete sich an Kirchenkreise sowie Jugendreferate.

Parallel dazu wurden die theoretischen Hintergründe zu den Themen „Spiritualität" sowie „Junge Erwachsene innerhalb der evangelischen Kirche" erarbeitet. Im Anschluss an die Abfrage wurden konkrete Angebote anhand der Kriterien „Standort", „Spiritualität" und „Format" ausgewählt. Der Standort sollte in der EKvW im Gebiet der Metropole Ruhr sein. Ein spirituelles Angebot wurde daran festgemacht, dass in eben diesem Transzendenzerfahrungen ermöglicht werden. Außerdem sollten formatübergreifende Angebote ausgewählt werden, um den Fokus nicht auf formatspezifische Aspekte, sondern übergreifend auf die Zielgruppe der Jungen Erwachsenen zu legen. Nach der Kontaktaufnahme und Terminkoordination mit den Verantwortlichen der Angebote wurde mit der Erstellung des Leitfadens begonnen.

3.1.2 Erstellung eines Interviewleitfaden

Dabei wurde sich an der Methode „SPSS" von Cornelia Helfferich orientiert: dem Sammeln, Prüfen, Sortieren und anschließenden Subsumieren der Fragen (Helfferich 2014, 567f; siehe *Karcher/Müller* in diesem Band). Der Leitfaden umfasste schlussendlich Fragenbündel zu den Themen Inhalt und Rahmenbedingungen der Angebote, Zielgruppe, Spiritualität, Herausforderungen der Projektentstehung, -durchführung und -entwicklung sowie abschließende Fragen.

Nach der Entwicklung einer Einverständniserklärung wurde anschließend ein Pretest durchgeführt. Dieser wurde mit einer Person durchgeführt, welche ein Freiwilliges Soziales Jahr in einem der Angebote absolviert hat und somit bereits über Erfahrung in der Thematik verfügt. Ziel des Pretests war die externe Überprüfung des Leitfadens auf Verständlichkeit und Vollständigkeit. Anschließend wurde der Leitfaden minimal überarbeitet und bei der Durchführung der Interviews verwendet. Zur Veranschaulichung und Orientierung wird dieser nachfolgend aufgeführt.

1) <u>Inhalt & Struktur</u>
   a) Beschreiben Sie Ihr Angebot:
      1. Name, Standort, Zielgruppe, Form, Leitung, Finanzierung, Häufigkeit, Teilnehmenden-Zahl, Dauer, Gründungsjahr, Ebene (Kirchengemeinde, Kirchenkreis, Landeskirche)?
      2. Was ist Ihre Rolle in diesem Angebot?
      3. Wie ist es gestaltet?
      4. Wie läuft es ab?
      5. Was möchte das Angebot erreichen?
      6. Wie werden inhaltliche Themen erarbeitet?
   b) Aufwendungen
      1. Wie ist das Angebot personell aufgestellt?
         a) Qualifikation?
         b) Hauptamtlich sowie ehrenamtlich?
         c) Zeitlicher Aufwand (Stellenanteile)?
      2. Welche Kosten fallen an?
      3. Wie wird das Angebot finanziert?
2) <u>Zielgruppe</u>
      1. Wie definieren Sie Ihre Zielgruppe?
         a) Wie sprechen Sie Ihre Zielgruppe an?
         b) Welche Zielgruppe erreichen Sie?
         c) Welche spezifischen Herangehensweisen erfordert die Zielgruppe Junge Erwachsene?
         d) Wie werden kirchenferne Menschen angesprochen?
      2. Was glauben Sie, welche Elemente in Ihrem Angebot für die Zielgruppe besonders relevant sind?
         a) Warum besuchen Junge Erwachsene das Angebot?
3) <u>Spiritualität</u>
      1. Wie würden Sie Spiritualität beschreiben?
      2. Wie erleben Sie die Spiritualität der Jungen Erwachsenen, die ihr Angebot besuchen?
      3. Inwieweit ermöglichen Sie spirituelle Erfahrungen durch Ihr Angebot?
         a) Wie ermöglichen Sie den individuellen Ausdruck / die individuelle Auslebung von Spiritualität der Jungen Erwachsenen?
4) <u>Herausforderungen der Projektentstehung, -durchführung und -entwicklung</u>
      1. Projektentstehung
         a) Wie ist das Projekt gestartet?
         b) Warum wurde dieses Format gewählt?
         c) Welche Herausforderungen sind Ihnen bei der Planung begegnet?
            1. Wie wurde mit den Herausforderungen umgegangen?

2. Projektdurchführung
   a) Wann sprechen Sie von einem gelingenden Angebot?
   b) Was stellt Sie bei der Durchführung Ihres Angebotes vor Herausforderungen?
      1. Wie gehen Sie damit um?
      2. Gab es einen Punkt, an dem das Angebot vor dem Aus stand?
      3. Wenn ja, warum?
      4. Was hat Sie bewogen, das Angebot fortzuführen?
3. Projektentwicklung
   a) Inwieweit passt sich das Angebot den Bedürfnissen der Teilnehmenden an?
   b) Welche Besonderheit weist Ihrer Einschätzung nach der Standort (Metropole Ruhr) für Ihr Angebot auf?
   c) Wo sehen Sie das Angebot in fünf Jahren?
   d) Was wünschen Sie sich für Ihr Angebot?
      1. Wunsch für die Zukunft?
      2. Wunsch von dem Träger/Institution/Geldgeber?
5) <u>Abschluss</u>
   1. Inwieweit ist Ihrer Meinung nach Ihr Angebot für andere Gebiete innerhalb der EKvW übertragbar?
   2. Was würden Sie entstehenden Angeboten vor dem Hintergrund Ihrer Erfahrungen mit auf den Weg geben?
   3. Beschreiben Sie Ihr Angebot in drei Worten.
   4. Möchten Sie noch etwas sagen, was Ihnen wichtig ist?
   5. Sind noch Fragen oder Anmerkungen offen geblieben?

3.1.3 Durchführung der Expert:inneninterviews

In einem Vorgespräch mit den Interviewten wurden die Termine, der Ort und der zeitliche Rahmen mit den Expert:innen abgestimmt. Damit wurde den Expert:innen die Möglichkeit gegeben, auf die Rahmenbedingungen des Interviews Einfluss zu nehmen und sichergestellt, dass die Gespräche in einer für die Expert:innen angenehmen Umgebung stattfinden. Die Interviews wurden an dem jeweiligen Wirkungsort der Angebote von mindestens zwei der Forschenden geführt. Eine Person übernahm dabei die Gesprächsführung inklusive des aktiven Zuhörens, die zweite Person achtete auf die Mimik und Gestik der Interviewten sowie auf die organisatorischen Rahmenbedingungen wie beispielsweise die Zeit und die Technik. Die reine Zeit des Interviews betrug ungefähr eine bis anderthalb Stunden. Dazu wurde noch Zeit eingeplant, um sowohl vor als auch nach dem Interview ins Gespräch mit den Expert:innen zu kommen.

3.2 Auswertung der Interviews

Mithilfe des Programmes f4transkript wurden die Interviewaufnahmen nach vorher festgelegten Regeln transkribiert. Diese orientieren sich an den Regeln für die erweiterte inhaltlich-semantische Transkription nach Thorsten Dresing und Thorsten Pehl (Dresing/Pehl 2018, 21ff):
- Jeder Beitrag der jeweils sprechenden Person erhält eigene Absätze. Auch kurze Einwürfe werden in einem separaten Absatz transkribiert. Mindestens am Ende eines Absatzes werden Zeitmarken eingefügt.
- Nonverbale Äußerungen im Rahmen des Interviews, welche eine konkrete Aussage unterstützt oder verdeutlicht (wie lachen oder seufzen), werden beim Einsatz in Klammern notiert.
- Wort- und Satzabbrüche werden markiert.
- Wortverschleifungen werden nicht an das Schriftdeutsch angenähert (zum Beispiel „Das ist 'ne gute Frage.")
- Pausen werden je nach Länge durch Auslassungspunkte in Klammern markiert.
- Rezeptionssignale und Fülllaute aller Personen (zum Beispiel „hm", „ja", „aha", „ähm") werden transkribiert.
- Nach dem Partikel „hm" wird eine Beschreibung der Betonung in Klammern festgehalten (zum Beispiel bejahend, verneinend oder fragend).

Die Codierung des Materials orientierte sich an der Inhaltsanalyse nach Udo Kuckartz (Kuckartz 2016, 100). Dafür wurde zunächst direkt an den Transkripten gearbeitet und wichtige Textstellen digital markiert. Daran anschließend wurden thematische Hauptkategorien gebildet, welche sich zu großen Teilen mit den Fragenbündeln des Leitfadens deckten. Die Hauptkategorien sind:
- Zielgruppe
- Kosten
- Themenerarbeitung
- Mitarbeitende
- Spiritualität
- Herausforderungen und Umgang
- Übertragbarkeit an andere Orte in der EKvW
- Sonstiges

Tabellarisch wurden dann die konkreten Aussagen in die Hauptkategorien sortiert und in diesem Zuge in Unterkategorien geordnet. Beispielsweise sind die Aussagen in der Hauptkategorie Herausforderungen und Umgang den Unterkategorien Entstehung, Durchführung, Entwicklung und Gelingendes Angebot zugeordnet worden.

Nachfolgend wird beispielhaft die Hauptkategorie Herausforderungen und Umgang anhand der Unterkategorie Gelingendes Angebot dargestellt.

Name Angebot	Inhaltlich zusammengefasste Aussagen in der Unterkategorie Gelingendes Angebot
Connect [n] Talk	– Besuchende hatten einen gelungenen Abend mit Lachen und Deep Talk – Aufwand sollte der Teilnehmendenzahl angemessen sein – Langfristigkeit und Regelmäßigkeit ermöglichen bleibende Beziehungen – Einladen neuer Personen als missionarischer Anspruch
GROW	– Besuchendenzahl sollte in Relation zur Teamgröße angemessen sein – Gemeinschaft miteinander und mit Gott erleben – Größer gehen als sie gekommen sind: Besuchende sollen im Angebot wachsen – Ein Angebot, dass den Leuten dient und Gott ehrt
Junge Erwachsenen Freizeit	– Wenn Teilnehmende sagen: Ich bin durch das Angebot in irgendwas gewachsen. Entweder auf persönlicher Ebene oder durch spirituelle Erfahrungen, welche den eigenen Glauben vertieft haben und mich für meinen Alltag stärken.
Komma! unplugged	– Teilnehmende gehen beseelt, fröhlich, strahlend aus dem Komma, haben für sich was mitgenommen und kommen wieder – Teilweise aber auch Teilnehmendenzahl
Live It!	– Nicht unbedingt externe Leitung notwendig, aber es braucht auf jeden Fall eine Art Führung - Die Ideengeber wollen sich nicht ausschließlich als Mitarbeitende sehen. – Geeigneter Rhythmus und Regelmäßigkeit sowie verbindliche Verantwortungsübernahme von Aufgaben

Es kann hilfreich sein, hinter den zusammengefassten Aussagen die Zeilennummern aus den Transkripten aufzuführen, um gegebenenfalls den Wortlaut nachlesen zu können und die Aussagen in ihrem Kontext zu betrachten.

Induktiv wurden weitere Kategorien identifiziert, wie beispielsweise die Kategorien Reflexion oder Partizipation. Diese induktive Ableitung von Kategorien ergab sich dann, wenn Aussagen keiner Kategorie zugeordnet werden konnten, sie aber trotzdem inhaltliche Relevanz für die Forschung aufwiesen. Schlussendlich wurde das tabellarisch kategorisierte Material ausgewertet, indem die Aussagen innerhalb der einzelnen Kategorien gegenübergestellt und miteinander verglichen wurden. Aus den so gewonnenen Erkenntnissen ließen sich die zentralen Forschungsergebnisse erschließen.

4. Zentrale Forschungsergebnisse

Im folgenden Kapitel wird der Fokus auf die Forschungsergebnisse gelegt. Dabei werden zentrale Ergebnisse komprimiert dargestellt, um den praktischen Mehrwert der Forschung aufzuzeigen.

Die Arbeit mit Jungen Erwachsenen und die Etablierung von Angeboten für diese Zielgruppe sind von Herausforderungen geprägt, aus denen sich Handlungsempfehlungen ableiten lassen. Konkrete Herausforderungen finden sich unter anderem bei der Entstehung der Angebote für Junge Erwachsene. Dabei liegen diese häufig in den strukturellen Rahmenbedingungen, betreffen also organisatorische Fragen wie die Etablierung einer Grundstruktur, die Zielgruppenansprache und die Teamzusammenarbeit. Ebenso herausfordernd ist, dass es wenig oder keine Vergleichs- oder Austauschmöglichkeiten mit anderen Angeboten für Junge Erwachsene gibt. Auch die Individualität verschiedener Spiritualitäts- und Glaubensverständnisse ist für die Entstehung und Durchführung der Angebote herausfordernd. Eine weitere Herausforderung bei der Durchführung der Angebote ist das Spannungsfeld von Mitarbeit und Teilnahme sowie aber auch die Covid19-Pandemie.

Als Faktoren für ein gelingendes Angebot werden beispielsweise der persönliche Mehrwert für die Teilnehmenden identifiziert, allerdings auch die Kontinuität und die Klarheit der Strukturen. Es bedarf eines lebenswelt-orientierten Austausches mit den Teilnehmenden und vorzugsweise einer hauptamtlichen Person, die das Angebot leitet, um die benötigte klar kommunizierte Angebotsstruktur zu gewährleisten. In einem gelungenen Angebot werden Gemeinschaft, unter anderem durch Essen als gemeinschaftsstiftenden Faktor, Austausch und Partizipation ermöglicht.

Bezogen auf das Ziel des Forschungsprojektes lassen sich fünf Handlungsempfehlungen aus dem Material ableiten. Die Handlungsempfehlungen werden nachfolgend puristisch dargestellt. So wird in übersichtlicher Form der konkrete Mehrwert der Forschung – die Sammlung von Faktoren, die das Gelingen der Projektentwicklung und -durchführung begünstigen – aufgezeigt.

Glaube: Nicht nur bei der Durchführung des Angebotes, sondern auch bei der Planung und Vorbereitung sollte es Raum für Spiritualität und göttliche Wirksamkeitserfahrungen geben. Dies sollte auch in der Weiterentwicklung des Angebotes stets bedacht werden.

> „Guckt, dass ihr mit Gott durch diese Gruppe geht. Und eben nicht nur euch verpflichtet fühlt, Gott doch irgendwie einzubauen [...], sondern ihn da mit reinzunehmen in den Prozess" (Live It!).

Klares Anliegen: Außerdem braucht das Format ein klares Profil und eine eindeutig kommunizierte Struktur. Teilnehmende sollten wissen, was sie erwartet und worauf sie sich einlassen.

> „Aber man muss schon wissen: Warum kommen wir hier eigentlich zusammen und wozu? Also und es sollte meines Erachtens 'n klares, geistiges Anliegen geben, und 'ne klare methodische Idee. Und dadrum sammelt sich dann auch was" (GROW).

Leitung: Um diese verlässliche Struktur zu gewährleisten braucht es geklärte Verantwortlichkeiten sowie die Möglichkeit, sich in einen Resonanzraum mit Gleichgesinnten auszutauschen.

> „Such dir irgendwie Leute, mit denen du das zusammen machen kannst. [...] ich merke, dass das mir total helfen würde, n kleines Team oder irgendwie n Austauschkreis zu haben, um zu gucken: Ist man auf 'nem guten Weg?" (Komma! unplugged).

Partizipation: Im Rahmen des Partizipationsgedanken sollte gut abgewogen werden, inwieweit sich Teilnehmende als Mit-Organisator:innen verstehen müssen. Vermehrt wird bei den Jungen Erwachsenen auch der Wunsch wahrgenommen, lediglich als Besuchende Benefiziant:in zu sein und aufzutanken.

> „Gut zu überlegen, wo ist es sinnvoll Dinge vorzugeben und wo ist es sinnvoll sie [Junge Erwachsene] bewusst mit einzubeziehen" (Junge Erwachsenen Freizeit).

Vertrauen: Um neuartige Angebote in Kirchengemeinden und Kirchenkreisen zu etablieren, benötigt es Vertrauen und Mut in das Engagement und die Fähigkeiten von Jungen Erwachsene.

> „So gesehen glaube ich, wenn man dieses Anliegen mit ein bisschen Geld in jedem Kirchenkreis in die Hände von jungen Menschen legt, dann wüsste ich jetzt nicht, warum das nicht laufen sollte" (Connect [n] Talk).

5. Anschlussfähigkeit für Praxis und weitere Forschung

Das Praxisforschungsprojekt war von Beginn an als praktische Hilfe für Personen oder Organisationen gedacht, die Formate für die Zielgruppe der Jungen Erwachsenen etablieren möchten. Dadurch, dass wissensgenerierend konkrete Faktoren sowie Handlungsempfehlungen evaluiert wurden, sind die Ergebnisse für die Praxis relevant. Es zeigt sich, dass die gewählte Zielgruppe bisher kaum im Zentrum der Forschung lag, obwohl gerade in dieser Altersgruppe besonders viele Kirchenaustritte zu verzeichnen sind und es wenig Angebote für Junge Erwachsene gibt (EKD 2019, 10). Wenn sich im aktuellen Diskurs mit der Frage auseinandergesetzt wird, wie Menschen langfristig und kontinuierlich an die Kirche gebunden werden können, muss das Augenmerk insbesondere auf die Zielgruppe der Jungen Erwachsenen gelegt werden.

Zu einer wissenschaftlich fundierten Forschung gehört das kritische Hinterfragen und Reflektieren des eigenen Forschungszugangs. Die Forschenden gehören selbst zu der Zielgruppe der Jungen Erwachsenen. Durch ihre christliche Sozialisierung sowie ihr aktives Engagement innerhalb der EKvW war das Forschungsthema naheliegend. Dadurch konnte von den jeweiligen Erfahrungen von und mit Kirche profitiert werden. Die Forschenden waren bereits gut vernetzt und hatten so die Möglichkeit, entsprechende spirituelle Angebote in der westfälischen Landeskirche innerhalb der Metropole Ruhr zu finden. Diese Ressourcen können sich im Rahmen der Untersuchung allerdings auch nachteilig auswirken, da die Forschenden durch ihre christliche Sozialisierung mit subjektiven Vorannahmen an das Projekt herangegangen sind. Ein Beispiel dafür ist das Filtern der Angebote anhand des festgelegten Kriteriums der Spiritualität. In der Forschung existieren vielfältige Definitionsversuche zu dem Begriff Spiritualität, die in der vorliegenden Praxisforschung nicht in ihrer Gänze berücksichtigt werden konnten, sodass sich die Forschenden auf ein Spiritualitätsverständnis beschränkt haben.

Die qualitative Forschung ist meist subjektiv geprägt und wenig partizipativ. So werden zwar Expert:innen befragt, allerdings wurde im Rahmen dieser vorliegenden Forschung die Perspektiven und Meinungen der eigentlichen Zielgruppe an sich außen vor gelassen. Die Forschungsergebnisse können als wissenschaftlich fundierter Einblick in die Praxis gesehen werden, wenngleich die Gruppe der Befragten sehr homogen (männlich gelesen, hauptsächlich Pfarrpersonen) war. In diesem Sinne wäre eine Vertiefung und Fortführung der Ergebnisse im Rahmen einer quantitativen Studie, bei der die Zielgruppe der Jungen Erwachsenen zu ihren vielfältigen Ansichten befragt wird, sicherlich aufschlussreich. Auch eine Ausweitung des Untersuchungsraumes auf das gesamte Ruhrgebiet kann als sehr vielversprechend gesehen werden. Da durch die hohe Mobilität im Ruhrgebiet leicht zwischen Angeboten der rheinischen und westfälischen Landeskirche gewählt werden kann, sollte eine Untersuchung der Angebote für Junge Erwachsene im rheinischen Teil des Ruhrgebiets weitere Erkenntnisse liefern. Diese Ausweitung könnte sich nicht nur auf die rheinische Landeskirche beziehen, sondern auch auf spirituelle Angebote für Junge Erwachsene außerhalb der verfassten evangelischen Kirche. Eine Ausweitung der Untersuchung in der katholischen Kirche oder anderen religiösen Glaubensgemeinschaften kann weitergehende Einblicke und Erkenntnisse bieten.

Auf eben diese konsekutiven Forschungsfragen und -anregungen kann sich die zukünftige Forschung, auch Dank dieser Forschungsergebnisse, beziehen.

Die Untersuchung der Zielgruppe Junger Erwachsener ist in der gemeindepädagogischen Forschung eher selten anzutreffen. Die Ergebnisse können einen Ausblick bieten und ein solides Fundament für weitergehende Studien in diesem Feld sein. Gleiches gilt für die Praxis, welche aus den Ergebnissen der Forschung methodisches Vorgehen und alternative Ansätze für neue oder bereits bestehende Angebote ableiten kann.

Die vorliegenden Forschungsergebnisse sind kein Garant für das Gelingen eines spirituellen Angebotes für Junge Erwachsene. Wie in anderen gemeindepädagogischen Handlungsfeldern ist auch das Feld der Jungen Erwachsenenarbeit geprägt von Beziehungsarbeit, Partizipation und der Orientierung an der individuellen Lebenswelt der Zielgruppe.

Weiterführende Literatur und Hinweise zur Vertiefung

Die nachfolgenden Literaturangaben empfehlen sich zur Aneignung und Vertiefung der qualitativen Forschungsmethode der leitfadengestützten Expert:inneninterviews. Darüber hinaus geben sie einen weitreichenden Überblick über das Feld der qualitativen Sozialforschung.

BOGNER, ALEXANDER/LITTIG, BEATE/MENZ, WOLFGANG (2014), Interviews mit Experten: eine praxisorientierte Einführung, Wiesbaden.
BOHNSACK, RALF/GEIMER, ALEXANDER/MEUSER, MICHAEL (Hg.) (2018), Hauptbegriffe Qualitativer Sozialforschung. 4. vollständig überarbeitete und erweiterte Auflage. Opladen & Toronto.
GLÄSER, JOCHEN/LAUDEL, GRIT (2010), Experteninterviews und qualitative Inhaltsanalyse. 4. Auflage, Wiesbaden.
HELFFERICH, CORNELIA (2011), Die Qualität qualitativer Daten. Manual für die Durchführung qualitativer Interviews. 4. Auflage, Wiesbaden.
HOPF, CHRISTEL (1978), Die Pseudo-Exploration – Überlegungen zur Technik qualitativer Interviews in der Sozialforschung / Pseudo-exploration – Thoughts on the techniques of qualitative interviews in social research. Zeitschrift für Soziologie. Ausgabe 7 Nummer 2, 97–115.
LAMNEK, SIEGFRIED/KRELL, CLAUDIA (2016), Qualitative Sozialforschung. 6. vollständig überarbeitete Auflage, Weinheim.
MAYRING, PHILIPP (2023), Einführung in die qualitative Sozialforschung. 7. überarbeitete und aktualisierte Auflage, Weinheim.
MISOCH, SABINE (2019), Qualitative Interviews. 2. Auflage, Berlin/Boston.
PRZYBORSKI, AGLAJA/WOHLRAB-SAHR, MONIKA (2021), Qualitative Sozialforschung: Ein Arbeitsbuch. 5. erweiterte Auflage, München.

Literatur

AHLRICHS, ROLF (2012), Zwischen sozialer Verantwortung und ökonomischer Vernunft, Wiesbaden.
DRESING, THORSTEN/PEHL, THORSTEN (2018), Praxisbuch Interview, Transkription & Analyse. Anleitungen und Regelsysteme für qualitativ Forschende. 8. Auflage, Marburg.
EKD — EVANGELISCHE KIRCHE IN DEUTSCHLAND (Hg.) (2019), Kirche im Umbruch. Zwischen demografischen Wandel und nachlassender Kirchenverbundenheit. Eine langfristige Projektion der Kirchenmitglieder und des Kirchensteueraufkommens der Universität Freiburg in Verbindung mit der EKD, Hannover.

EKD — EVANGELISCHE KIRCHE IN DEUTSCHLAND (Hg.) (2023a), Die Äußerungen des kirchlichen Lebens im Jahr 2021, Hannover.

EKD — EVANGELISCHE KIRCHE IN DEUTSCHLAND (Hg.) (2023b), Religiosität KMU 6 https://kmu.ekd.de/kmu-themen/religiositaet [abgerufen am 10.04.2024].

FLICK, UWE (2007), Qualitative Sozialforschung. Eine Einführung, Reinbek.

HELFFERICH, CORNELIA (2014), Leitfaden- und Experteninterviews. In: BAUR, NINA/BLASIUS, JÖRG (Hg.), Handbuch Methoden der empirischen Sozialforschung, Wiesbaden, 559–574.

JOHN KLUG, REBECCA (2020), Kirche und Junge Erwachsene im Spannungsfeld. Kirchentheoretische Analysen und eine explorative Studie zur ekklesiologische Qualität ergänzender Ausdrucksweisen des christlichen Glaubens, Göttingen.

PRZYBORSKI, AGLAJA/WOHLRAB-SAHR, MONIKA (2009), Qualitative Sozialforschung. Ein Arbeitsbuch, München.

SI EKD — SOZIALWISSENSCHAFTLICHES INSTITUT DER EKD (Hg.) (2018), „Was mein Leben bestimmt? Ich". Lebens- und Glaubenswelten junger Menschen heute, Hannover.

KUCKARTZ, UDO (2016), Qualitative Inhaltsanalyse. Praxis, Methoden, Computerunterstützung, Weinheim/Basel.

Kapitel 11: Bibeltexte in Leichter Sprache: „Expert:innen-Interviews" (Bogner u. a.) und „Qualitative Inhaltsanalyse" (Mayring)

Britta Lauenstein

Einleitung

Seit 2010 gibt es im deutschsprachigen Raum Bibeltexte in Leichter Sprache, die an verschiedenen Orten durch verschiedene Gruppen entstanden. Diesem Beitrag liegt eine Dissertation zu Grunde, die ein Grundlagenwerk zum Thema Bibeltexte in Leichter Sprache im deutschsprachigen Raum darstellt. Darin erfolgt eine theoretische Einordnung unter dem Begriff der „Teilhabe am Evangelium"; außerdem wird die Übersetzungslandschaft für Bibeltexte in Leichter Sprache kartiert und Übersetzungsherausforderungen ermittelt und analysiert (Lauenstein 2024a).

In diesem Beitrag wird der empirische Teil der Forschung (Lauenstein 2024a, 274ff) – schriftliche Expert:inneninterviews mit Fragebögen und deren Auswertung nach Mayring – beschrieben und auch für kleinere Forschungsprojekte als mögliche Methode vorgestellt.

Leichte Sprache stellt eine Varietät der deutschen Sprache dar, die besonders leicht verständlich und gut lesbar ist. Um das zu erreichen, werden die Texte besonders einfach strukturiert, ein kleiner Wortschatz verwendet und geringes Vorwissen bei den Rezipierenden vorausgesetzt (Maaß 2015, 11f). Leichte-Sprache-Texte sind darüber hinaus mit großer Schrift und erklärenden Illustrationen visuell auf eine bestimmte Art aufbereitet. Die Texte folgen einem festen Regelwerk, wenn dieses eingehalten wird, darf ein Text mit dem Label „Leichte Sprache" versehen werden. Zu den Regeln gehört auch die Prüfung durch eine Gruppe von Menschen aus der Zielgruppe Leichter Sprache.[1]

---

[1] Es gibt drei offiziell anerkannte Regelwerke: 1. Das Regelwerk von Inclusion Europe (2009); 2. Das Regelwerk des Netzwerk Leichte Sprache/Bundesministerium für Arbeit und Soziales (2014); 3. Regelwerk im Rahmen der BITV 2.0 (2011) eine Synopse der drei Regelwerke in: Bredel, Ursula/Maaß, Christiane (Hg.) (2016), Duden Leichte Sprache, 109ff

Abbildung 1: Das Easy-to-read-Logo von Inclusion Europe – Erkennungszeichen für Texte in Leichter Sprache

Leichte Sprache entstand zeitgleich aus der Selbstbestimmungsbewegung von Menschen mit Behinderungen und Integrationsbemühungen von Fachleuten heraus seit Ende der 1970er Jahre. Erste Forderungen nach Mitbestimmung wurden damals in den USA durch die Bewegung „People first" erhoben, besonders die Forderung nach einer verständlichen Sprache (mündlich und schriftlich). In Skandinavien und Großbritannien gab es ab den 1990er Jahren eine breite Bewegung, durch leicht zu lesende Texte („Easy-to-read") die Integration von Menschen mit kognitiven Einschränkungen oder Menschen mit einer anderen Muttersprache voranzutreiben (Schädler/Reichstein 2015, 39ff).

Seither hat sich Leichte Sprache geografisch in Europa, u. a. in Deutschland und institutionell in verschiedenen Kontexten, u. a. in den kirchlichen, ausgebreitet. In Deutschland gehörten die Initiative „Mensch zuerst" (später: Netzwerk Leichte Sprache) und das Projekt „Pathways" (in Initiative Inclusion Europe) zu den Wegbereitern der Leichten Sprache (ebd.). Zentraler Meilenstein war das Inkrafttreten der UN-Behindertenrechtskonvention 2009 (Beauftragter der Bundesregierung für die Belange behinderter Menschen o. J., o. S.), in der der barrierefreie Zugang zu Informationen völkerrechtlich festgeschrieben wurde und Leichte Sprache in Deutschland in die nationale Gesetzgebung aufgenommen wurde.[2] Inzwischen sind in Deutschland alle Institutionen durch gesetzliche Vorgaben verpflichtet, ihre Informationen in Leichter Sprache vorzuhalten (Bundesministerium für Justiz 2011, o. S.).

Im kirchlichen Kontext taucht der Terminus Leichte Sprache ab 2005 auf, zuerst im Programm des Deutschen Evangelischen Kirchentags (Hofmann 2020, 1). Ab 2010 wurden die ersten Bibeltexte in Leichter Sprache veröffentlicht: Zum einen begann die Lebenshilfe Bremen[3] 2010 mit der Veröffentlichung biblischer Geschichten, zum anderen nahm die Internetplattform Offene Bibel ihre Arbeit auf.[4] Im Jahr 2013 starteten mehrere Inititativen: das Projekt „Evangelium in Leichter Sprache"[5] des Katholischen Bibelwerks Stuttgart und der Akademie

---

[2] z. B. in das Behindertengleichstellungsgesetzt (BGG) und in das Bundesteilhabegesetz (BTHG); Bundesministerium für Arbeit und Soziales.

[3] Lebenshilfe Bremen e. V.: Die Weihnachtsgeschichte in Leichter Sprache (2010); weitere Veröffentlichungen: Josef (2014), Die Ostergeschichte (2014), Gott macht die Welt. Gott rettet Menschen und Tiere (2015), Geschichten von Jesus in Leichter Sprache (2016)

[4] www.offene-bibel.de [abgerufen am 10.04.2024].

[5] Bauer, Dieter/Ettl, Claudio/Mels, Paulis: Bibel in Leichter Sprache. Lesejahr A (2016), Lesejahr B (2017), Lesejahr C (2018); das Projekt begann 2013 mit der Internetseite: www.evangelium-in-leichter-sprache.de [abgerufen am 10.04.2024]

Caritas Pirckheimer Haus Nürnberg; der Deutsche Evangelische Kirchentag begann mit der Übersetzung aller Bibeltexte des jeweilgen Kirchentags und eine Privatinitiative um Anne Gidion veröffentlichte Biblische Lesungen und Gebete in Leichter Sprache.[6] Hinzu kamen zahlreiche kleine Projekt v.a. in diakonischen Einrichtungen und den zugehörigen Büros für Leichte Sprache.[7] Erwähnenswert ist auch das Leichte-Sprache-Projekt der Ev. Kirche in Baden (2015–2017).[8]

1. Fragestellung

Leichte Sprache folgt einem Regelwerk mit vielen recht starren Vorgaben. Bibeltexte sind hingegen traditionelle, kunstvoll komponierte und theologisch durchsetzte Texte. Ein Zusammentreffen dieser besonderen Texte mit einer besonderen Form von Sprache kann nicht reibungslos von statten gehen.

Ein Blick auf die Regeln lässt bereits erste Schwierigkeiten erahnen: Wie soll man die 10 Gebote übersetzen, wenn man keine Verneinungen benutzen soll? Wie kann man ohne bildliche Sprache von Gott oder in Gleichnissen sprechen? Wie passen die Forderungen nach sprachlicher Eindeutigkeit und die Vieldeutigkeit biblischer Texte zusammen?

Daraus ergibt sich folgende Fragestellung: Welche Lösungsansätze gibt es für die Diskrepanz zwischen den Regeln in Leichter Sprache und den sprachlichen Eigenheiten und der Botschaft von Bibeltexten?

2. Forschungsmethode

Um diese Fragen zu beantworten, wurde das Forschungsdesign der Momentaufnahme in Form von Expert:inneninterviews gewählt. Expert:innen sind in diesem Zusammenhang und den Soziologen Alexander Bogner, Wolfgang Menz und der Soziologin Beate Littig folgend

> „Personen [...], die sich - ausgehend von einem spezifischen Praxis- oder Erfahrungswissen, das sich auf einen klar begrenzbaren Problemkreis bezieht - die Möglichkeit geschaffen haben, mit ihren Deutungen das konkrete Handlungsfeld sinnhaft und handlungsleitend für Andere zu strukturieren." (Bogner u. a. 2014, 13)

Expert:innen zeichnen sich außerdem durch zwei weitere Aspekte aus:

---

[6] Gidion, Anne/Arnold, Jochen/Martinsen, Andreas (2013), Leicht gesagt.
[7] Exemplarisch wurden die Texte des Büros für Leichte Sprache der Ev. Stiftung Wittekindshof und des Büros für Leichte Sprache der Diakonie Mark-Ruhr untersucht.
[8] www.ekiba.de/leichtesprache [abgerufen am 10.04.2024]

> 1. „Der Experte [sic!] ist - im Gegensatz zum Spezialisten - nicht allein durch Sonderwissen in Form fachspezifischer Kompetenzen charakterisiert, sondern durch seine Fähigkeit, Verbindung zu anderen Wissensbeständen und Wissensformen herzustellen und die Relevanz des eigenen Wissens zu reflektieren." (ebd., 14).
> 2. „Experten [sic!] besitzen die Möglichkeit zur (zumindest partiellen) Durchsetzung ihrer Orientierungen. Experten zeichnen sich dadurch aus, dass sie maßgeblich bestimmen, aus welcher Perspektive und mithilfe welcher Begrifflichkeiten in der Gesellschaft über bestimmte Probleme nachgedacht wird. Genau diese Praxisrelevanz macht die Experten für viele empirische Forschungsprojekte und Forschungsfragen interessant." (ebd., 15)

Für die Interviews wurden sieben Personen ausgewählt, die regelmäßig Bibeltexte in Leichte Sprache übersetzen oder große Projekte in dieser Richtung (mit)-verantwortet haben. Sie entsprechen in jeder Hinsicht den o.g. Kriterien für Expert:innen: Sie verfügen über Erfahrungen in der Übersetzungspraxis, besitzen Kenntnisse in den verwandten Disziplinen Theologie und Inklusionswissenschaften und haben durch ihre Arbeit und die Reichweite ihrer Texte Einfluss auf die Praxis und damit auf gesellschaftliche und kirchliche Entwicklungen.

Die Auswahl der Expert:innen erfolgte nach der Recherche und dem Wissensstand von 2017 und berücksichtigt alle zu dieser Zeit bekannten Übersetzendengruppen von Bibeltexten in Leichter Sprache: die Lebenshilfe Bremen, die Internet-Plattform Offene Bibel, den Deutschen Evangelischen Kirchentag, das Projekt „Leicht gesagt", das Projekt Evangelium in Leichter Sprache und zwei kleinere Leichte-Sprache-Büros in Trägerschaft der Diakonie Mark/Ruhr bzw. der Diakonischen Stiftung Wittekindshof.

Um den Befragten die Möglichkeit zu umfassenden Beispielzitaten zu geben, wurde die Form eines schriftlichen Fragebogens mit offenen Fragen gewählt. Mündliche Interviews hätte die Unterbringung von Zitaten erschwert und waren daher eher ungeeignet. Auch Bildzitate waren in der schriftlichen Form leichter unterzubringen.

Die Übersetzungsherausforderungen wurden in der theoretischen Grundlegung der Dissertation erarbeitet und daraus ein Fragebogen entwickelt, mit dem die Befragung im Sommer und Herbst 2017 durchgeführt wurde. Es konnte ein Rücklauf von 100% erreicht werden.

Der Fragebogen umfasste fünf Fragenblöcke zu den Themen
1. Allgemeine Fragen
2. Fragen zur Übersetzungspraxis (Schwerpunkt Übersetzungsprozess, Zielgruppen, Auftraggeber, Verbreitung der Text, Vernetzung)
3. Fragen zu regelbedingten Herausforderungen beim Übersetzen von Bibeltexten (Schwerpunkte: Verneinung und bildhafte Sprache)

4. Fragen zu weiteren Herausforderungen beim Übersetzen von Bibeltexten (Schwerpunkte: Ausgangstexte für die Übersetzungen, Hintergrundwissen, Deutungsvielfalt und -macht, theologische Fachbegriffe)
5. Fragen zu Bildern zu Bibeltexten in Leichter Sprache

Nach einer ersten Auswertung des Datenmaterials wurden bei einzelnen Interviewpersonen Nachfragen gestellt und damit ein zirkulärer Anteil in den sonst linear angelegten Prozess implementiert.

In der Übersicht ergibt sich folgender Aufbau der Befragung:

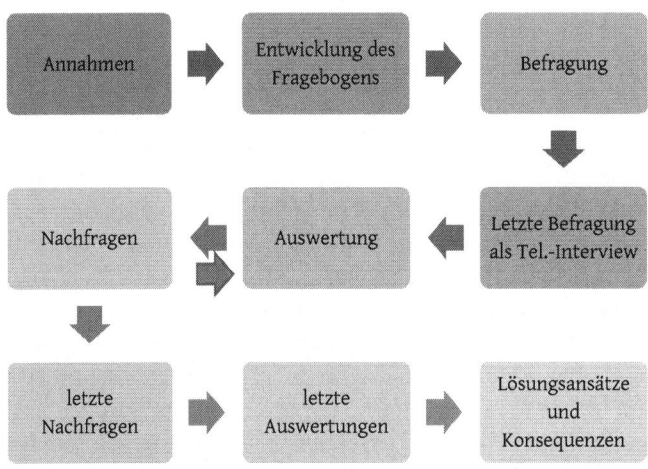

Abbildung 2: Aufbau der Befragung (Lauenstein 2024a, 277)

Für die Auswertung wurden die Antworten teilweise anonymisiert. Dies wurde bereits im Voraus angekündigt, um die Befragten zu Unbefangenheit und Ehrlichkeit zu motivieren. Die Auswertung erfolgte aufgrund der überschaubaren Datenmenge (n=7) ohne computerbasierte Unterstützung; es wurden zunächst deduktive Kategorien gebildet und dann innerhalb dieser Kategorien induktive Codes gebildet.[9] Die gewählten Codes und Kategorien finden sich auch in der abschließenden Gesamtauswertung wieder. Für die Gesamtauswertung wurde die Methode der qualitativen Inhaltsanalyse nach Philipp Mayring (Mayring 2015) gewählt. Auch die Auswertung lässt sich schematisch darstellen:

---

[9] Das bedeutet: Die Hauptkategorien wurden aus der Fragestellung abgeleitet und bezogen sich auf die Übersetzungsherausforderungen Verneinung, Bildhafte Sprache, Deutungsmacht, fremde oder dogmatische Begriffe etc. Innerhalb dieser Hauptkategorien wurde dann offen codiert, also die Unterkategorien aus dem Material heraus gebildet.

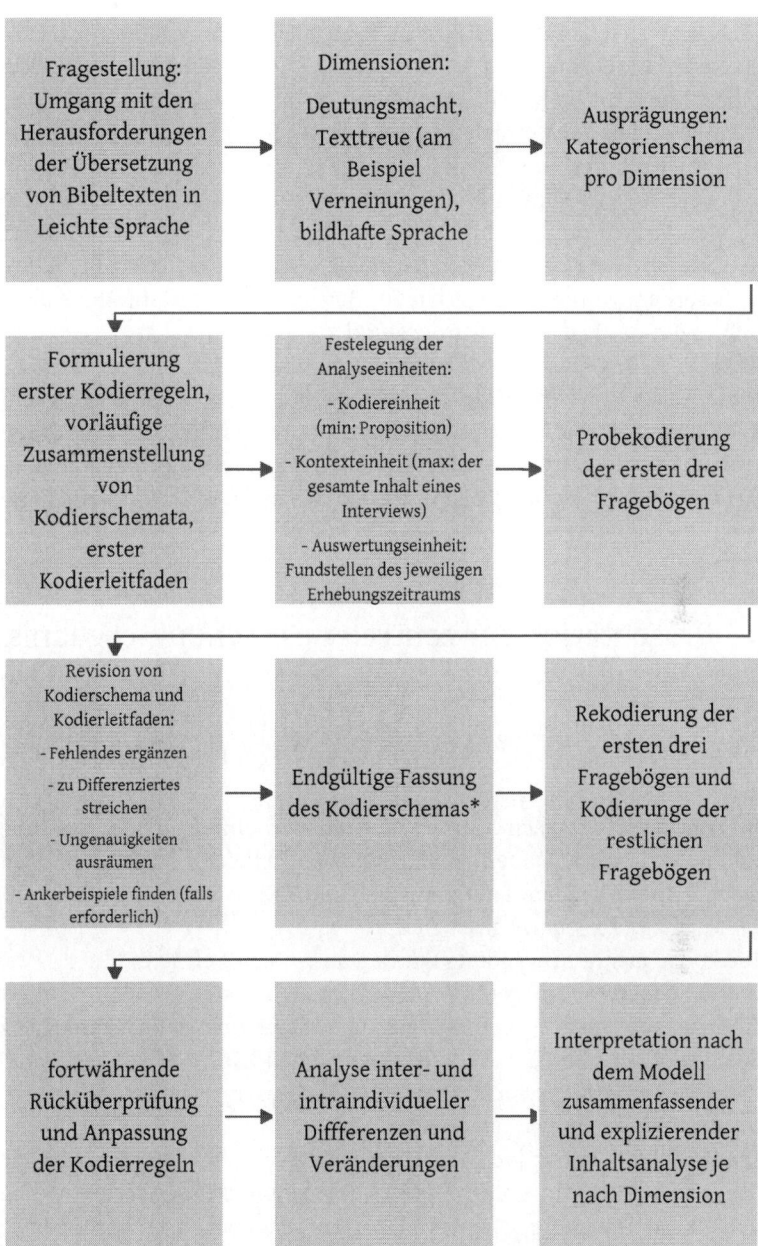

Abbildung 3: Schematischer Ablauf der Auswertung (Lauenstein 2024a, 278)

* Auffälligkeiten im Material, die nicht kodiert werden können, werden gesondert festgehalten und ggfs. in der Interpretation berücksichtigt.

Das Vorgehen soll am Beispiel des Umgangs mit Verneinungen exemplarisch verdeutlicht werden:

Im Fragebogen lautete die Frage: „Wie gehen Sie mit Verneinungen in Bibeltexten um? Zum Beispiel: ‚Du sollst nicht...' in den 10 Geboten oder ‚Fürchtet euch nicht!' aus der Weihnachtsgeschichte."

Die Antworten der Befragten wurden in einem ersten Schritt in einer Tabelle nummeriert und paraphrasiert, dann generalisiert und in eine 1. Reduktion komprimiert. Aus der Paraphrase „In bestimmten Situationen ist negative Sprache notwendig" wurde „Es geht nicht ohne negative Sprache" (Generalisierung) und schließlich „Verneinungen sind in einigen Fällen unvermeidlich" (1. Reduktion). Außerdem wurden Kategorien zur Sortierung ausgewählt, hier die: Umsetzung. In einer 2. Reduktion wurden aus der 1. Reduktion allgemeine Aussagen abgeleitet: „Die Regel wird modifiziert angewendet."

Diese Auswertungsmethode fasst die Ergebnisse der Interviews zusammen und ermöglicht allgemeine Aussagen über zur Fragestellung. Im Verlauf tauchen auch neue Themen und Aspekte sowie erklärungsbedürftige Begrifflichkeiten auf, die dann noch gesondert expliziert oder als eigenes Kapitel aufgenommen werden.

3. Präsentation der zentralen Forschungsergebnisse

Die Ergebnisse der Befragung, also die Lösungsansätze der Expert:innen, stellten sich nicht nur als erkenntnisbringend sondern auch handlungsleitend für zukünftige Übersetzungen heraus.

Im Zuge der Frage nach dem Umgang mit Verneinungen und zum Umgang mit bildhafter Sprache kamen die Expert:innen in beiden Fragen zu folgenden Möglichkeiten des Umgangs mit der jeweiligen Regel:

– *Die Regel wird konsequent angewendet.*

Die konsequente Anwendung wurde von einigen Befragten für das Verbot der Verneinungsregel gefordert und auch als Selbstanspruch formuliert.

In Bezug auf bildhafte Sprache waren sich die Befragten hingegen einig, dass Sprache nicht ohne Sprachbilder auskommen kann. Die konsequente Einhaltung wurde daher von keiner befragten Person gefordert.

– *Die Regel wird modifiziert angewendet.*

Die Modifikationen fallen für die beiden Regeln unterschiedlich aus: Für das Verneinungsverbot werden doppelte Verneinungen abgelehnt und eine allgemeine Vermeidung befürwortet, sofern geeignete Formulierungen in positiver Sprache möglich sind. Die Bedeutung der Verneinung als wichtiger Teil der deutschen Sprache und der persönlichen Integrität (die Fähigkeit, nein sagen zu können oder etwas abzulehnen) wurde von fast allen Befragten betont.

Bei bildhafter Sprache werden die Möglichkeiten von Erklärungen oder Hinführungen innerhalb oder außerhalb des Bibeltextes ausgelotet und beschrieben. Es wird zwischen bekannten und ungewohnten Sprachbildern unterschieden und nur die ungewohnten abgelehnt.
– *Die Regel wird ignoriert.*
Diese Meinung stellt das Gegenteil zur Aussage a) dar und wurde zwar als Möglichkeit benannt, aber die damit verbundene Abschaffung der Regel wurde letztendlich von keiner der befragten Personen gefordert, weder hinsichtlich der Verneinung noch der bildhaften Sprache.
– *Die Prüfgruppe entscheidet.*[10]
Diese letzte Option setzt voraus, dass die Befragten die Verwendung von Verneinungen und Sprachbildern zumindest als Möglichkeit in Betracht zieht und der Prüfgruppe einen Text mit Verneinung bzw. Sprachbildern zur Prüfung vorlegt. Die Prüfgruppe ist für alle Befragten eine wichtige Instanz.

Insgesamt plädierten alle Befragten für einen großen Ermessensspielraum, der sich an der Zielgruppe, der Textfunktion und dem Verwendungszusammenhang orientiert.

Bei der Frage nach dem Deutungsspielraum ergaben sich aus den Antworten der Befragten drei zentrale Aussagen:
– Theologisches (exegetisches und bibeldidaktisches) Wissen ist Voraussetzung für die Übersetzung von Bibeltexten.
– Der Deutungsspielraum ist eine Herausforderung, die nicht nur für Leichte Sprache, sondern für jede Bibelübersetzung gilt. Es wurden verschiedene Aspekte dieser Herausforderung und der Umgang damit benannt.
– Als besondere Herausforderung beim Übersetzen in Leichte Sprache wurden außerdem die Themen Lebensweltunterschiede, Brückenfunktion (Hinführung zu bzw. Wiedererkennbarkeit einer Bibelübersetzung in Alltagssprache oder aus der Tradition), die Verwendung und Bekanntheit traditioneller Texte und Widersprüche in Bibeltexten genannt (Lauenstein 2024a, 300ff).

Als zusätzlich Themen ergab die Befragung v.a. das Stichwort Dialog und eine unterschätzte Bedeutung von Leichter Sprache für sekundäre Zielgruppen,[11] besonders für die Multiplikator:innen (Lauenstein 2024a, 312ff).

---

[10] Eine Prüfgruppe besteht aus Menschen aus einer der Zielgruppen Leichter Sprache, die dafür geschult wurden, Texte in Leichter Sprache auf ihre Verständlichkeit zu prüfen. Diese Prüfgruppen stellen jeweils nur einen kleinen Ausschnitt der Vielfalt der Zielgruppen Leichter Sprache dar, sind aber dennoch ein entscheidender Teil des Übersetzungsprozesses.

[11] Die Zielgruppen Leichter Sprache werden in primäre und sekundäre Zielgruppen eingeteilt. Die primären Zielgruppen sind alle Menschen mit Lese- und Verständnisschwierigkeiten, die auf Texte in Leichter Sprache angewiesen sind, um sich Informationen und Wissen aneignen zu können. Sekundäre Zielgruppen sind all jene, die Leichte Sprache

Zum Thema Dialog ergab die Befragung folgende Aspekte:
- Bibeltexte in Leichter Sprache sollten nie für sich allein stehen, sondern sind immer Aufforderung zum Gespräch im Verwendungszusammenhang mit der Zielgruppe oder auch im fachlichen Diskurs.
- Bibeltexte in Leichter Sprache entstehen durch Dialog – zwischen den Übersetzenden und vor allem auch mit der Prüfgruppe. Dieser Prozess wird als besonders wertvoll eingestuft.
- Bibeltexte in Leichter Sprache sind nie ‚fertig', sondern bleiben immer im Prozess. Jeder gedruckte Bibeltext in Leichter Sprache stellt nur ein vorläufiges Ergebnis dar (Lauenstein 2024a, 313f).

In Bezug auf die besondere Bedeutung für Multiplikator:innen wurde benannt, dass Bibeltexte in Leichter Sprache dazu anregen, traditionelle Texte auf ihre Verständlichkeit zu überprüfen und nicht Vertrautheit und Verständlichkeit gleichzusetzen und dass Bibeltexte in Leichter Sprache im Anwendungszusammenhang einen Interpretationsspielraum offenlassen sollen. Daraus ergibt sich eine spezifische Verantwortung, unter Umständen auch auf verschiedene Deutungsalternativen hinzuweisen.

Die Ergebnisse dieser Befragung machen deutlich, dass die Frage der Angemessenheit eine zentrale Frage zukünftiger Bibelübersetzungen in Leichter Sprache sein wird. Dies ist auch das Ergebnis der neuesten Regelforschung durch die Sprachwissenschaft. Bettina M. Bock, Sprachwissenschaftlerin im Forschungsprojekt LeiSa der Uni Leipzig formuliert fünf Angemessenheitsfaktoren für ‚gute' Leichte Sprache:
- die Leser:innen → adressat:innenbezogen
- der Zweck des Textes → funktional/ kommunikationsbereichsbezogen
- der Inhalt des Textes → sachlich-inhaltlich
- die Lese-Situation → bezogen auf weitere situative Merkmale
- Autor:in und Auftraggeber:in → sender:innenbezogen (Bock 2019, 15)

Bock benennt diese Faktoren als Orientierungsrahmen für den Texterstellungsprozess und als praktische Problemlösungsstrategie. Dabei gälten die Angemessenheitsfaktoren je nach Ausgangstext in unterschiedlicher Ausprägung. Es sei nicht möglich, alle gleichzeitig in höchstem Maße zu berücksichtigen. Es sei anzunehmen, dass dem Inhalt bzw. den Adressat:innen dabei kontextübergreifend eine große Bedeutung zukomme (ebd., 17).

Die Angemessenheitsfaktoren stellen nach Bock keine Maßstäbe auf, sondern eröffnen das Feld, in dem es sich zu bewegen gilt. Je nach Gewichtung der Faktoren findet dann auch eine Gewichtung der Leichte-Sprache-Regeln statt,

---

nutzen, obwohl sie schwierigere Texte lesen und verstehen könnten. Leichte Sprache gehört bei diesen Menschen in den meisten Fällen zum Arbeits- oder Forschungskontext, z. B. durch die Arbeit oder Forschung mit Menschen aus der primären Zielgruppe (Bredel/Maaß 2016, 139).

die von Bock eher als Faustregeln denn als starre Vorgaben angesehen werden (Bock 2019, 19). Dadurch wird deutlich: *„Was als ‚gute' und ‚angemessene' Formulierung gilt, kann von Fall zu Fall und von Text zu Text variieren"* (ebd.).

Bock stellt fest: *„Angemessenheit und Verständlichkeit sind relativ"* (ebd.). Sie weist noch einmal darauf hin, dass das Ideal von Texten in Leichter Sprache die *„kommunikative Barrierefreiheit"* (ebd.) ist. Dabei sei zu beachten, dass sprachliche und inhaltliche Komplexität variabel und in allen Schwierigkeitsstufen gesellschaftlich notwendig seien. So brauche die Juristik und die Medizin ihre Fachbegriffe und gleichzeitig gebe es für jeden Menschen Lebens- und Wissensbereiche, in denen ihm Leichte Sprache nützlich sein könne (ebd., 20). Dies gilt in besonderem Maße auch für Bibeltexte in Leichter Sprache.

In der Dissertation wurde mit diesen Ergebnissen weitergearbeitet und anhand von zwei Perikopen (Psalm 23 und die Geburtsgeschichte Jesu nach Lk 2,1–20) in jeweils fünf Versionen in Leichter Sprache überprüft, ob sich die Ergebnisse der Befragung in der Praxis wiederfinden lassen. Dabei wurde deutlich, dass die Übersetzendengruppen überwiegend sorgfältig arbeiten und wohlüberlegt formulieren. Bei den Verneinungen konnten alle in der Befragung ermittelten Umgangsmöglichkeiten mit den Regeln nachgewiesen werden. Auch bei der Bildsprache wurde an den Beispielen klar, dass leicht verständliche Sprachbilder verwendet, fremde aktualisiert und die Überfrachtung mit Sprachbildern und bildlicher Sprache vermieden wird. Es konnten deutliche Zusammenhänge zwischen der exegetischen Forschung und den Übersetzungsentscheidungen nachgewiesen werden. Die Revision einiger Texte ist nach dieser genauen Betrachtung dennoch zu empfehlen.

4. Anschlussfähigkeit für die gemeindepädagogische Praxis und weitere Forschung

Für die gemeindepädagogische Praxis lässt sich sowohl thematisch-inhaltlich als auch methodisch anknüpfen.

Inhaltlich ist die Bedeutung von Bibeltexten für die gemeindepädagogische Praxis eine wichtige Frage der Zukunft. Wieviel Bibel wird in diesem Zusammenhang noch gebraucht? Welche Sprache und Form bzw. Medien brauchen die verwendeten Bibeltexte? Welche Rolle spielen Bibeltexte im Kontext Transformation der Kirche? Inwieweit müssen auch Bibeltexte transfomiert werden? Thematisch läge im Bereich Bibeltexte in Leichter Sprache die Befragung von Menschen der (sehr heterogenen) Zielgruppe als nächster Schritt nahe. Partizipative Forschung gehört gerade im Bereich Bibeltexte in Leichter Sprache noch zu den größten Forschungsdesideraten. Spannende Fragen kämen z. B. aus den Bereichen „Illustrationen zu Bibeltexten in Leichter Sprache", zum Thema „Religiösen Literalität" oder zum Themenbereich „Klang, Resonanz und Stimme", wenn Menschen auf das Vorlesen durch andere angewiesen sind. Auch zur Sprachfähigkeit in Glaubensthemen könnten Untersuchungen gestartet werden. Hierzu könnte das Thema Dialog vertieft und (bibel-) didaktisch (und damit dann auch wieder gemeindepädagogisch) nutzbar gemacht werden.

Als nächster Schritt meiner eigenen Forschung sollen die zentralen Ergebnisse meiner Dissertation in einem partizipativ angelegten Projekt in Leichte Sprache übersetzt werden und damit auch der primären Zielgruppe von Leichter Sprache zugänglich gemacht werden.

Methodisch bieten sich Expert:inneninterviews und die Auswertung nach Mayring für kleinere und größere gemeindepädagogische Forschungsprojekte an. Nach meiner Erfahrung sollte v.a. bei kleineren Forschungsvorhaben darauf geachtet werden, dass das Datenmaterial nicht zu große Ausmaße annimmt. Daher ist immer zu überlegen, ob die Befragung schriftlich erfolgen sollte, auch wenn dies die zusätzlichen Informationsquellen wie Körpersprache, Pausen, Zwischenbemerkungen und -laute ausschließt. Es vereinfacht die Auswertung deutlich.

Wichtig ist in diesem Zusammenhang die Definition der „Expert:innen", die durchaus unterschiedlich ausfallen kann, wie man auch an anderen Beiträgen in diesem Buch sieht (Erdmann u. a.). Zu Beginn der eigenen Forschung sollte diese Definition geklärt und formuliert werden. Einen guten Überblick hierzu bieten Bogner u. a. (2014, 9–15).

Außerdem sind Ergebnisse aus Expert:inneninterviews mit Vorsicht zu verallgemeinern, da sie in der Regel nur einen kleinen Ausschnitt zeigen und keinen repräsentativen Anspruch haben (können). Dennoch können sie wertvolle Erkenntnisse liefern und sind als qualitative Methode für Gemeindepädagogische Praxisforschung geeignet. Expert:inneninterviews sind auch in kleinerem Rahmen gut umsetzbar. Aufwand und Nutzen stehen in einem sehr guten Verhältnis.

Weiterführende Literatur und Hinweise zur Vertiefung

Thema Bibeltexte in Leichter Sprache:
KATECHETISCHE BLÄTTER (2017), Themenheft Leichte Sprache, 214(4).
LAUENSTEIN, BRITTA (2024a), Bibeltexte in Leichter Sprache. Intentionen – Arbeitsweisen – Herausforderungen, Stuttgart.
LAUENSTEIN, BRITTA (2024b), Bibeltexte in Leichter Sprache. Digitaler Anhang.

Methode Qualitative Expert:innen-Interviews/Inhaltsanalyse nach Mayring:
BOGNER, ALEXANDER u. a. (2014), Interviews mit Experten. Eine praxisorientierte Einführung, Wiesbaden.
MAYRING, PHILIPP (2015), Qualitative Inhaltsanalyse. Grundlagen und Techniken, Weinheim.

Literatur

BAUER, DIETER/ETTL, CLAUDIO/MELS, SCHWESTER M. PAULIS (2018), Bibel in Leichter Sprache. Evangelien der Sonn- und Festtage im Lesejahr C, Stuttgart.
BAUER, DIETER/ETTL, CLAUDIO; MELS, SCHWESTER M. PAULIS (2017), Bibel in Leichter Sprache. Evangelien der Sonn- und Festtage im Lesejahr B, Stuttgart.
BAUER, DIETER/ETTL, CLAUDIO; MELS, SCHWESTER M. PAULIS (2016), Bibel in Leichter Sprache. Evangelien der Sonn- und Festtage im Lesejahr A, Stuttgart.
BEAUFTRAGTER DER BUNDESREGIERUNG FÜR DIE BELANGE BEHINDERTER MENSCHEN (Hg.), Die UN-Behindertenrechtskonvention. Übereinkommen über die Rechte von Menschen mit Behinderungen, URL: https://www.behindertenbeauftragter.de/DE/AS/rechtliches/un-brk/un-brk.html [abgerufen am 10.04.2024].
BOCK, BETTINA M. (2019), „Leichte Sprache" – Kein Regelwerk. Sprachwissenschaftliche Ergebnisse und Praxisempfehlungen aus dem LeiSA-Projekt, Berlin.
BREDEL, URSULA/MAAß, CHRISTIANE (Hg.) (2016), Duden Leichte Sprache, Berlin
BUNDESMINISTERIUM DER JUSTIZ (Hg.) (2011), BITV 2.0 - Verordnung zur Schaffung barrierefreier Informationstechnik nach dem Behindertengleichstellungsgesetz (Barrierefreie-Informationstechnik-Verordnung BITV 2.0). BITV 2.0.
BUNDESMINISTERIUM FÜR ARBEIT UND SOZIALES (Hg.) (2014), Leichte Sprache. Ein Ratgeber, Berlin/Rostock.
CANDUSSI, KLAUS/FRÖHLICH, WALBURGA (Hg.) (2015), Leicht Lesen. Der Schlüssel zur Welt, Wien.
Evangelische Landeskirche in Baden (Hg.), Homepage Projekt Leichte Sprache, URL: https://www.ekiba.de/leichtesprache [abgerufen am 10.04.2024].
GIDION, ANNE/ARNOLD, JOCHEN/MARTINSEN, RAUTE/POSCHMANN, ANDREAS (Hg.) (2013), Leicht gesagt! Biblische Lesungen und Gebete zum Kirchenjahr in Leichter Sprache, Hannover.
HOFMANN, MICHAEL (2020), Kirchentage und die Entwicklung der Aktivitäten mit dem Label Leichte Sprache, Dortmund, unveröffentlichtes Manuskript.
INCLUSION EUROPE (Hg.) (o. J.), Easy-to-read-Logo, URL: https://www.inclusion-europe.eu/easy-to-read/ [abgerufen am 10.04.2024].
LEBENSHILFE BREMEN E. V. (Hg.) (2016), Geschichten von Jesus in Leichter Sprache, Bremen.
LEBENSHILFE BREMEN E. V. (Hg.) (2015), Gott macht die Welt. Gott rettet Menschen und Tiere. 2 Geschichten aus der Bibel in Leichter Sprache, Bremen.
LEBENSHILFE BREMEN E. V. (Hg.) (2014 b), Die Geschichte über Josef in Leichter Sprache, Bremen.
LEBENSHILFE BREMEN E. V. (Hg.) (2014 a), Die Oster-Geschichte in Leichter Sprache, Bremen.
LEBENSHILFE BREMEN E. V. (Hg.) (2010), Die Weihnachts-Geschichte in Leichter Sprache, Bremen.
MAAß, CHRISTIANE (2015), Leichte Sprache. Das Regelbuch, Münster.
OFFENE BIBEL E. V. (Hg.), Homepage Bibel in Leichter Sprache, https://offene-bibel.de/wiki/Leichte_Sprache [abgerufen am 7.1.2024].
SCHÄDLER, JOHANNES/REICHSTEIN, MARTIN F. (2015), „Leichte Sprache" und Inklusion. Fragen zu Risiken und Nebenwirkungen, in: CANDUSSI, KLAUS/FRÖHLICH, WALBURGA (Hg.), Leicht Lesen. Der Schlüssel zur Welt, Wien, 39–61.

Kapitel 12: Praxeologische Zugänge in der Gemeindepädagogischen Praxisforschung mit Migrationskirchen

Stefan van der Hoek

1. Ausgangslage

Die migrationskirchliche Landschaft in deutschen Großstädten ist im 20. und 21. Jahrhundert unbestreitbar vielfältiger geworden (Scherle 2012, 80). Ukrainisch-orthodoxe Gläubige, finnische Lutheraner:innen, koreanische Presbyterianer:innen sowie polnische Katholik:innen versammeln sich in unmittelbarer Nachbarschaft zueinander in deutschen Großstädten und tragen zur religiösen Vielfalt bei. Nach Schätzungen des gemeinnützigen Vereins *Migrationskirchen e. V.* gibt es allein in Berlin ungefähr 250 Migrationskirchen, deren Zahl vermutlich nach oben korrigiert werden muss, da viele Gruppen aus informellen Gebetskreisen und Kleingruppen entstehen, die sich zumeist in Hauskreisen oder Facebook-Gruppen organisieren (van der Hoek 2022b, 482). Manche Gemeinden führen Gottesdienste über digitale Plattformen durch, feiern dabei zusammen mit Angehörigen aus den Herkunftsländern und sind im mehrfachen Sinne des Wortes ‚hybrid' unterwegs. Digitale Lebenswelten aber nach wie vor urbane Großstädte können daher als „ein religiös pulsierender Schauplatz globalisierter Religion" (Simojoki 2024, 274) verstanden werden.

Während die Zahl landeskirchlich-evangelischer Kirchenmitglieder seit Jahren rückläufig ist, manifestiert sich gelebtes Christentum immer markanter in einem vielverzweigten Netz von Migrationsgemeinden und geben dem Gesicht des Christentums auch in Deutschland deutlich südlichere und asiatische Züge (van der Hoek 2022). Diese Entwicklung ist für die gemeindepädagogische Forschung insofern relevant, da sie einen aktuellen Transformationsprozess aufgreift, der weltweit sichtbar ist.

Die glokalen[1] Transformationsprozesse betreffen somit auch die Frage nach dem Evangelisch-sein in Deutschland und vor Ort, ihrer Tradition, Situation und

---

[1] Der Begriff ist ein Kofferwort, das aus den Wörtern ‚global' und ‚lokal' zusammengesetzt ist. Er beschreibt Phänomene oder Praktiken, die sowohl globale als auch lokale Aspekte oder Einflüsse vereinen und betont damit, wie globalisierte Prozesse auf lokaler Ebene angepasst, umgesetzt oder interpretiert werden und wie lokale Gegebenheiten globale

den pädagogischen Handlungsmodellen, in denen sich Gemeindepädagogik in einer pluraler werdenden Welt positioniert (van der Hoek 2024b). Vielerorts existieren informelle oder auch ganz offizielle Vernetzungen und Kooperationen, die es für die Gemeindepädagogik weiter zu begleiten und evaluativ-empirisch zu reflektieren gilt. Aus diesen Dimensionen lassen sich Forschungsperspektiven ableiten, die sich im Rahmen eines Praxisforschungsprojekts ausgezeichnet bearbeiten lassen und im Folgenden anhand eines abgeschlossenen Projektes beschrieben werden soll.

Fragen nach den Modi der Zusammenarbeit aber auch der Abgrenzung, der Identitätsbewahrung und Integrationsmöglichkeiten lassen sich somit als Thema der Gemeindepädagogik behandeln, bei der die Sozialraum- und Gemeinwesenorientierung in den letzten Jahren eine zunehmende Aufmerksamkeit erfahren hat (Stoffregen 2020, 180). Zudem bietet Gemeindepädagogische Praxisforschung auf diese Weise die Möglichkeit, ganz grundlegende Fragen des gesellschaftlichen Zusammenhalts, Gruppenbildungen in Kirche und Gesellschaft, sowie Fragen der sozialen Integration aus einer veränderten Perspektive neu zu stellen. Sie verbindet Elemente der Sozialpädagogik, der Bildungs- und der Gemeinwesenarbeit und zielt darauf ab, Bildungs-, Erziehungs- und Betreuungsangebote in gemeindlichen Kontexten zu entwickeln, umzusetzen und zu erforschen (Hofmann 2019, 334). Ein wichtiger Schwerpunkt der Gemeindepädagogik liegt daher auf der Förderung von Teilhabe, Bildung und sozialer Integration in Reflexion eines christlichen Menschen- und Gesellschaftsbildes (Bubmann u. a. 2019, 18). In diesem Sinne hat Gemeindepädagogik das Ziel, Menschen in ihrer persönlichen und sozialen Entwicklung zu unterstützen und Individuen sowie Gemeinschaft in ihrer christlichen Identität zu stärken (Naurath 2019, 261). All diese anspruchsvollen Aufgaben lassen sich anhand einer evidenzbasierten Praxisforschung weiter verfeinern und erhalten zudem Strahlkraft, die über den innerkirchlichen Diskurs hinausgehen kann.

2. Von einer ersten Beobachtung zur Fragestellung

In einem empirischen Forschungsprojekt, welches ich von 2019 bis 2020 in Berlin durchgeführt habe, beschäftigte ich mich mit der Frage, inwiefern brasilianische Migrationskirchen einen Beitrag für die soziale Integration portugiesischsprachiger Migrant:innen leisten und somit nicht nur im additiven Sinne als eine weitere christliche Kirche in Berlin, sondern vor allem auch als selbstverwaltete Migrationsorganisation verstanden werden können, in denen Bildungsprozesse

---

Ströme beeinflussen können. Im weiteren Sinne reflektiert der Begriff die komplexe Verflechtung und gegenseitige Abhängigkeit globaler und lokaler Faktoren in der modernen Welt.

stattfinden und die einen empirisch-messbaren sozialen Mehrwert für ihre Besucher:innen haben.

Mit der Forschung sollte ein Beitrag dazu geleistet werden, Migrationskirchen nicht bloß als Parallelstrukturen von etablierten Kirchen wahrzunehmen, sondern sie für die Integrationsleistung anzuerkennen und als Kooperationspartnerinnen von Bildungsangeboten für die kirchliche aber auch städtische Sozialarbeit stärker als bisher wahrzunehmen.

Für die Ausformulierung der Fragestellung ließen sich auch Konzepte der Gemeinde- und der Migrationspädagogik zusammenführen, indem mit dem Blick auf Migrationskirchen als ‚Migrationsandere' gefördert wurde.[2]

Für die Beantwortung der Forschungsfrage war ein methodologischer Zugang notwendig, der das Spannungsverhältnis zwischen religiöser Subjektivität und Systemizität aus dem alltäglichen Geschehen heraus adäquat erheben kann und zudem den besonderen sozialen Raum der Gemeinde mitberücksichtigt. Beide Begriffe der Subjektivität und Systemizität beziehen sich im Kontext der kirchlichen Bildung auf zwei grundlegende Dimensionen, die sowohl das Verständnis als auch die Praxis von Bildung prägen (Bucher 2024, 321).

Subjektivität betont dabei das individuelle Erleben, die persönlichen Überzeugungen und die innere Entwicklung des Einzelnen im Kontext religiöser Bildung. Hier liegt der Fokus auf der persönlichen Glaubenserfahrung, der spirituellen Entwicklung und der individuellen Reflexion über religiöse und ethische Fragen. Subjektivität in der kirchlichen Bildung befasst sich damit, wie Individuen ihren Glauben interpretieren, internalisieren und in ihrem persönlichen Leben umsetzen. Es geht also um die Förderung eines persönlichen Glaubensverständnisses und einer individuellen Beziehung zu religiösen Inhalten und Praktiken, die darüber hinaus auch auf den Alltag der Personen Auswirkungen haben.

Systemizität bezieht sich hingegen auf die strukturierte, systematische Vermittlung von Glaubensinhalten und theologischen Lehrmeinungen innerhalb der kirchlichen Gruppen (Hoyningen-Huene 2009, 24). Sie umfasst die organisierte Lehre, die von der Kirche oder religiösen Institutionen festgelegt wird. Es geht also darum, ein kohärentes Verständnis der religiösen Tradition, Doktrin und Praxis zu erheben und danach zu fragen, wie diese Praxis auch Fragen der Integration und Lebenswelt in Deutschland aufgreifen.

---

[2] Der Begriff Migrationsandere beansprucht bei der Beschreibung von zugewanderten Gruppen, über die einfache Tatsache der Migration hinauszugehen und sich auf soziale Prozesse und Epistemologie der Markierung und Differenzierung zu beziehen (Mecheril 2010, 17). Die Differenz basiert nicht notwendigerweise auf objektiven Kriterien, sondern auf Zuschreibungen, die mit Vorstellungen von nationaler, ethnischer oder kultureller Zugehörigkeit verbunden sind. Mecheril hebt damit hervor, dass die Zuschreibungen und die damit verbundene Wahrnehmung als ‚anders' Auswirkungen auf die sozialen Chancen, die Teilhabemöglichkeiten und die Identitätskonstruktionen der betroffenen Personen haben.

Grob gesprochen geht es bei der Differenzierung darum, dass während die Subjektivität die individuelle Glaubenserfahrung und persönliche Transformation betont, die Systemizität für eine konsistente und strukturierte Vermittlung von Glaubensgrundlagen und -praktiken sorgt. Eine effektive kirchliche Bildung integriert beide Aspekte, um sowohl die persönlichen Entwicklungsmöglichkeiten des Einzelnen zu fördern als auch ein fundiertes Verständnis der gemeinsamen Glaubenstraditionen zu gewährleisten. Für die Gemeindepädagogik ist es daher von Interesse festzustellen, wie andere Kirchen mit den Alltagsfragen von zugewanderten Mitgliedern umgehen, wozu sich Migrationsgemeinden als Untersuchungsgegenstand in einem Praxisforschungsprojekt in besonderer Weise eignen.

Forschende, die explorativ erkunden wollen, wie bestimmte Inhalte performativ in ihren praktischen Vollzügen in Kirchengemeinden stattfinden, sind in der Regel mit der Methode eines ethnographischen Zugangs gut beraten. Sie eignen sich dazu, um Beobachtungen, soziale Praktiken, Erzählungen bis hin zu Formen des Glaubens mit standardisierten empirischen Methoden zu erfassen (Breidenstein u. a. 2020, 9). Die Untersuchungsmethode eignet sich, um das zuvor beschriebene Spannungsverhältnis und die Wechselwirkung zwischen persönlicher, individueller Glaubenserfahrung und den strukturierten, systematischen Aspekten einer religiösen Tradition oder Lehre, wie sie in einer Gemeinschaft stattfindet, zu erforschen. Zu dem Repertoire der Ethnographie gehören im Wesentlichen Interviews und Beobachtungen, die sich in Feldnotizen und Interviewtranskripten sammeln lassen.

In Bezug auf die Fragestellung lassen sich somit Gottesdienst- und Predigtthemen daraufhin untersuchen, ob, und wenn ja, wie sie einen Bezug zur lokalen Gesellschaft in Deutschland und der Lebenswelt der Gottesdienstbesucher:innen herstellen. Zudem lässt sich danach fragen, ob, und wenn ja, welche Gesprächsthemen vor, während und nach dem Gottesdienst unter den Besucher:innen besprochen werden. Durch narrative Interviews, in denen möglichst offene aber dennoch zielführende Fragen gestellt werden, lassen sich die subjektiven Bezug- und Annahmen der Besucher:innen feststellen.

Da sich die Systemizität in der Regel auf die verschiedenen religiösen Traditionen innerhalb einer Organisation, wie bspw. strukturierte Lehren, Dogmen und Rituale beziehen, lassen sich kirchliche Institutionen anhand von Glaubensgrundsätzen in Form von Bekenntnissen, moralischen Lehren und festgelegten Praktiken erforschen. Die Systemizität der EKD ließe sich über ihre Denk- und Bekenntnisschriften, Katechismen, innerkirchliche Diskurse und Debatten und historische Geschichtsschreibungen erfassen.

Bei jüngeren Freikirchen hingegen lassen sich im bestenfalls Satzungsdokumente feststellen, insofern es sich überhaupt um einen eingetragenen Verein (e. V.) handelt. Vieles – wenn nicht sogar alles, was die Organisation und das religiöse Leben betreffen findet hier jedoch vor allem performativ statt oder wird durch eine charismatische Leitungsfigur oder informelle Handlungsanweisungen und Gruppendynamiken vorgegeben.

Durch intensive Beobachtungen und Gespräche lässt sich somit ein Zugang zu dem Untersuchungsgegenstand herstellen und in ständiger Reflexion mit der Fragestellung beschrieben. Ein praxeologischer Zugang ermöglicht einen solchen explorativen Zugang, um kirchliche Gemeinschaften aus ihrer Performance heraus zu erforschen und wird im nachfolgenden Abschnitt beschrieben.

3. Praxeologie als Forschungsmethode der Gemeindepädagogik

Die praxeologische Forschungsmethode, ein Begriff, der sich aus den griechischen Wörtern für ‚Handeln' und ‚Logos' ableitet, markierte einen signifikanten Wandel in den Sozialwissenschaften. Die Begriffsverwendung spiegelt einen Paradigmenwechsel von der zuvor genannten ethnologischen bzw. ethnographischen Forschung wider, die sich ihrem Namen und Ursprung nach auf die Untersuchung von Völkern und Stammesgemeinschaften konzentrierte, die geographisch, kulturell und sozial weit entfernt waren. Ethnologen wie Maliniowski oder Nimuendajú, reisten noch in weit entfernte Gegenden, um unter dem sprichwörtlichen Zugang des ‚Going native' Forschungen über das Sozialverhalten der ‚exotischen Ureinwohner:innen' zusammenzutragen (van der Hoek 2022a, 108).

Zwar folgt auch die Praxeologie diesen Grundannahmen, richtet sich aber gegen das in der Ethnographie mitschwingende Verständnis des Untersuchungsgegenstandes. Stattdessen richtet sich der Fokus der Praxeologie auf die Beobachtung und Analyse alltäglicher sozialer Praktiken von kleineren Gruppen und Subkulturen bis hin zu einzelnen Individuen, wie sie auch in der Erforschung mit kirchlichen Jugendgruppen und Senior:innenarbeit berücksichtigt werden (Bretherton 2012, 145). Während bei der Ethnologie die Völker und Stämme in exotischen Regionen im Mittelpunkt stehen, wird die unmittelbare soziale Umgebung als Forschungsfeld identifiziert und in diese eingetaucht (Füssel 2022). Durch dieses Eintauchen wird ein tieferes Verständnis der komplexen sozialen Dynamiken in modernen Gesellschaften angestrebt und ermöglicht es für die Gemeindepädagogik, sich mit unterschiedlichen Personengruppen explorativ auseinanderzusetzen. Durch die persönliche Interaktion und die ausführliche Beschäftigung mit den Personen, ihren Gegenständen und Bezugnahmen gehört die Praxeologie zu den qualitativen Forschungsmethoden. Ein praxeologischer Zugang ermöglicht einen explorativen Zugang, um kirchliche Gemeinschaften aus ihrer Performance heraus zu erforschen. Dies wird im Folgenden kurz an den Zugangsweisen der Beobachtung beschrieben.

3.1 Beobachtungen

Die Beobachtung gehört zu den Alltagskompetenzen und ist eine Zugangsweise, sich Wissen über seine Umwelt anzueigenen, die bereits im Säuglings- und Kleinkindsalter erlernt wird. Dabei gilt es, nicht nur visuelle Wahrnehmungen, sondern auch Hören, Fühlen und Riechen einzubeziehen. Als wissenschaftliche Methode dient eine Differenzierung von Beobachtungen, die sich in verdeckte vs. offene Beobachtungen, systematische vs. unsystematische Beobachtungen, teilnehmende vs. nicht-teilnehmende Beobachtung sowie Selbst- vs. Fremdbeobachtungen differenzieren lassen. In Methodenhandbüchern lassen sich weitere Beobachtungsformen finden, die jedoch für das vorliegende Forschungsprojekt nicht weiter relevant waren (Flick 2012, 282f).

In der Forschung erprobte ich unterschiedliche Methoden und Zugangsweisen der Beobachtung, die in Abhängigkeit davon standen, was der kontextuelle Rahmen ermöglichte und wie das innere Bauchgefühl des Forschenden zu den jeweiligen Aktivitäten war. In der Regel bot die Teilnehmende Beobachtung und Selbstbeobachtung ausgezeichnete Möglichkeiten, um am Geschehen teilzunehmen und die Innenperspektive der Gottesdienstbesucher:innen zu erfahren. In anderen Situationen wiederum, bspw. wenn es während dem Gottesdienst zum Sprachengebet, der Heilung von Krankheiten und intimen Problemen bis hin zur Austreibung von Dämonen kam, wurde flexibel auf eine nicht-teilnehmende bzw. Fremdbeobachtung zurückgegriffen. Letzteres hält Distanz zum beobachteten Geschehen, um es zum einen nicht zu beeinflussen und versucht wird, die Aufmerksamkeit auf die gesamte Gruppe in diesen Situationen zu ermöglichen.

Die Dokumentation von Beobachtungen erfolgte in der Form eines Feldtagebuches, welches während des Gottesdienstes praktischerweise in die Bibel gelegt werden kann und dementsprechend nicht auffällt oder als irritierend wahrgenommen wird. So ist es beispielsweise möglich, während der Predigt persönliche Notizen zu machen.

3.2 Interviews

Im Rahmen der Praxeologie lassen sich eine Vielfalt von Interviews führen, um von den Teilnehmenden zu erfahren, wie sie die Inhalte des Gottesdienst und die Beziehungen zu den Pastor:innen und anderen Gottesdienstbesucher:innen für die alltäglichen Fragen der Integration verwenden können und welcher Mehrwert das soziale Netz der Gemeinde ihnen gibt. Als Interviewmethode wurde in dem Forschungsprojekt das offene oder auch narrative Interview gewählt, um den Befragten möglichst viel Freiraum zu geben und ihre Perspektiven dazustellen. Offene Interviews ermöglichen es, Fragen an den individuellen Hintergrund

und die Erfahrungen des Befragten im Laufe des Gesprächs anzupassen und entsprechend der Fokussetzung des Interviewers zu konkretisieren. Ein grober Fragekatalog bietet die Vergleichbarkeit der Interviews und erleichtert den Einstieg. Nicht selten gehen die Interviews jedoch weit in die Biographie zurück. Manche der Teilnehmenden begannen sogar in der Kindheit ihrer Eltern, um die Umstände zu erklären, aus denen sie gekommen waren. Eine typische Einstiegsfrage lautete daher, „Erzähle mir doch mal, wie du nach Deutschland gekommen bist und die Gemeinde kennengelernt hast?"

Diese Gesprächsoffenheit ist besonders wichtig, da zugewanderte Personen vielfältige und individuelle Erfahrungen machen, die durch standardisierte Fragen nicht vollständig erfasst werden können. Durch den offenen Charakter des Interviews können Befragte ihre Gedanken und Gefühle ohne die Einschränkungen durch vorformulierte Antwortmöglichkeiten ausdrücken und ermöglicht es ihnen, über ihre kirchliche Bindung und ihren Glauben in einer Weise zu sprechen, die ihre persönlichen Überzeugungen und Erfahrungen widerspiegelt.

Zudem schafft ein offenes Interview schafft eine weniger formelle und mehr gesprächsähnliche Atmosphäre, was dazu beitragen kann, dass sich die Befragten wohler und sicherer fühlen. Es wurde den Befragten auch ermöglicht, in ihrer Muttersprache die Interviews durchzuführen. Dies ist besonders wichtig für Zugewanderte, die möglicherweise zögern, über persönliche oder sensible Themen zu sprechen oder sich unsicher in der Begriffsverwendungen sind. Vor allem die Integration in eine neue Gesellschaft und die Auseinandersetzung mit einem neuen kulturellen und religiösen Kontext sind komplexe Prozesse. Offene Interviews in ihren jeweiligen Muttersprachen ermöglichen es den Befragten, diese Komplexität in ihren eigenen Worten zu beschreiben und so ein vollständigeres Bild ihrer Erfahrungen zu vermitteln.

4. Feldzugang

Im Folgenden werde ich den Zugang zum Feld beschreiben und dafür auf die Besonderheiten eingehen, die in Bezug auf die Gemeinden, ihre Leitungspersonen und die einzelnen Gottesdienstbesucher:innen aufgefallen sind.

Der Anfang des praxeologischen Forschungsprojektes begann zunächst mit einer Internetrecherche, um Kirchen und Anschriften in Berlin zu identifizieren, die dem Forschungsfokus entsprachen. Die Kriterien waren spezifisch: Die Gemeinden sollten sich selbst als pentekostal identifizieren[3] und Verbindungen zu

---

[3] Diese Identitfikation geschieht nicht immer explizit und es benötigten bisweilen zusätzliche Quellen- und Internetrecherchen, die die entsprechenden Gemeinden als pentekostal ausweisen. Dieser Zugang birgt jedoch weitere Gefahren, denn es lassen sich im Pente-

portugiesischsprachigen Ländern aufweisen. Diese Online-Recherche führte zunächst zur Identifikation verschiedener Gemeindegruppen und einer angolanischen Adventistengemeinde, die nicht in den Fokus der Untersuchung passten. Letztendlich blieben vier Gemeinden übrig, die anschließend persönlich besucht wurden und der Versuch unternommen wurde, soziale Kontakte zu den Pastor:innen und Besucher:innen herzustellen. Der Besuch aller Gemeinden an einem Wochenende gestaltete sich dadurch als möglich, dass der Gottesdienst nicht an jedem Standort am Sonntag um 10 Uhr stattfand. Manche Gemeinden führten ihre Gottesdienste zudem am Samstag durch, da sie in den Räumlichkeiten einer anderen Kirche untergemietet waren. Demensprechend besuchte ich über einen Zeitraum von etwa 9 Monaten jeweils Samstagabend, sonntagmorgens und am Nachmittag einen Gottesdienst. Zudem kamen mehrere weitere Veranstaltungen, die unter der Woche stattfanden und Hauskreise, Männergruppen oder andere gottesdienstliche Veranstaltungen beinhalteten.

Die Anfangsphase war äußerst entscheidend für den Zugang zum Feld. Die Form der Gottesdienste, ermöglichte es, zunächst unverbindlich als Gast an den Gottesdiensten teilzunehmen, erste Kontakte zu knüpfen und Vertrauen durch regelmäßige Präsenz zu den Pastoren aufzubauen.

In den meisten Gemeinden werden Neuankömmlinge schnell identifiziert und angesprochen, was die Kontaktaufnahme vereinfacht. Nach den Gottesdiensten wurde in den Gemeinden oft Gemeinschaft gepflegt, beispielsweise durch gemeinsame Mahlzeiten mit Butterbroten oder brasilianischem Fingerfood.

In der praxeologischen Forschung ist es wichtig, sogenannte Gate-Keeper zu identifizieren, die Zugang zu der Gruppe ermöglichen. Nachdem die Besuche der

---

kostalismus weitere Schattierungen und Phasen bestimmen, die weitere Uneindeutigkeiten in sich bergen. Der Pentekostalismus zeichnet sich durch einen besonderen Fokus auf das Wirken des Heiligen Geistes aus. Der Name leitet sich von „Pentekoste", dem griechischen Wort für Pfingsten, ab und bezieht sich auf das biblische Ereignis, bei dem die Apostel nach Jesu Christi Himmelfahrt mit dem Heiligen Geist erfüllt wurden und begannen, in verschiedenen Sprachen zu sprechen.

Kennzeichnend für den Pentekostalismus sind das Sprechen in Zungen (Glossolalie), Prophetie, Heilungen und andere charismatische Ausdrucksformen, die als direkte Manifestationen des Heiligen Geistes verstanden werden. Pentekostale Christen betonen die persönliche Erfahrung mit dem Heiligen Geist als wesentlichen Teil des christlichen Lebens und der Errettung. Der Pentekostalismus ist sehr vielfältig und hat zahlreiche Denominationen und unabhängige Kirchen hervorgebracht. Er hat eine besonders starke Verbreitung in Lateinamerika, Afrika und Teilen Asiens gefunden. Die Bewegung betont Mission und Evangelisation und hat signifikant zur globalen Ausbreitung des Christentums in den letzten Jahrzehnten beigetragen. In vielen Aspekten unterscheidet sich der Pentekostalismus von anderen christlichen Traditionen durch seine lebendige Gottesdienstpraxis, die oft durch intensive Musik, Tanz und emotionale Predigten gekennzeichnet ist. Trotz seiner Vielfalt teilen pentekostale Christen den Glauben an die Aktualität der Gaben des Heiligen Geistes und deren Bedeutung für das persönliche geistliche Leben und den Dienst in der Welt.

Gottesdienste für zwei bis drei Wochen angelaufen war und die Pastor:innen die Person des Forschers zuordnen konnten, wurde in einem vertraulichen Gespräche Kontakt zu den Pastor:innen aufgenommen, um sie über das geplante Forschungsprojekt zu informieren und bereits zu erkundigte, ob die Forschungsfrage für die jeweilige Gemeinde relevant sei. Auf diesem Weg ließ sich auch bereits nach potenziellen Zugängen zu Interviewpartner:innen erfragen, die für den Fortlauf der Untersuchung notwendig waren. Durch diese ersten Gespräche mit den Pastor:innen gelang es, diese in das Projekt einzubeziehen und tiefergehende Einblicke und Hintergründe in die jeweiligen Gemeinden zu gewinnen. In der Regel waren die Pastor:innen sehr zugänglich und erklärten sich bereit, die Forschung zu unterstützen oder das Forschungsprojekt zumindest nicht per se abzulehnen.

Zeitgleich konnte in dieser Phase bereits identifiziert werden, welche Besucher:innen der Gottesdienste regelmäßig teilnehmen und welche lediglich sporadisch oder sich gar nur vorübergehend in der Gemeinde bzw. in Berlin aufhielten. Auffallend war, dass es immer wieder eine hohe Zahl von Gästen gab, die lediglich im Urlaub oder anderer Kurzaufenthalte in Berlin befanden und daher den Gottesdienst besuchten.

Der Kontakt mit den regelmäßigen Gottesdienstbesucher:innen stellte sich einfach dar. Pentekostale Kirchen zeichnen sich in der Regel durch ein starkes Engagement ihrer Mitglieder und der Diversifizierung von Aufgaben aus. Bestimmte Personen werden häufig eingeteilt, um den Begrüßungsdienst, die Moderation oder andere Aufgaben zu übernehmen. So war es möglich, schnell mit verschiedenen Personen in Kontakt und Austausch zu kommen und sich über verschiedene Fragen des Alltags zu unterhalten. In der Summe konnten insgesamt vier Interviews mit zwei männlichen und zwei weiblichen Gottesdienstbesucher:innen unterschiedlicher Altersgruppen zwischen 20 und 60 Jahren durchgeführt werden. Alle Proband:innen kamen aus Brasilien und lebten zu dem damaligen Zeitpunkt weniger als fünf Jahre in Deutschland. Die zentralen Ergebnisse der Interviews als auch der Beobachtungen werden im nachfolgenden Abschnitt beschrieben.

5. Zentrale Forschungsergebnisse

Die Beobachtungen der Gottesdienste und Kleingruppen in verschiedenen Gemeinden boten ein vielschichtiges Bild darüber, wie diese Gemeinschaften ihre Identität im Spannungsfeld zwischen ihrer brasilianischen Herkunft und dem Leben in Berlin aushandeln. Trotz der gemeinsamen portugiesischen Gottesdienstsprache zeigten sich deutliche Unterschiede in der Art und Weise, wie die Gemeinden ihre kulturelle und religiöse Identität auslebten und interpretierten.

In der ersten Gemeinde lag der Fokus stark auf der Bewahrung der brasilianischen Identität. Dies äußerte sich in der ausschließlichen Beschäftigung mit Themen aus Brasilien, dem Singen brasilianischer Lieder und einer starken Bindung an die kirchliche Landschaft des Herkunftslandes. Dies deutet darauf hin, dass diese Gemeinde eine eher abgegrenzte Sphäre darstellte, die wenig zur Integration ihrer Mitglieder in die deutsche Gesellschaft beitrug.

Demgegenüber stand die zweite Gemeinde, eine Abspaltung der ersten, die einen integrativeren Ansatz verfolgte. Durch die Einbindung deutscher Gottesdienstlieder und die Ansprache von Menschen unterschiedlicher Nationalitäten, einschließlich spanischsprachiger Südamerikaner:innen, zeigte sich hier ein offeneres Verständnis von Gemeindeleben. Die Gemeinde engagierte sich aktiv in der Integration ihrer Mitglieder, wie das Engagement der Pastorin bei bürokratischen Angelegenheiten und die Durchführung von Integrationsveranstaltungen belegten, was auch durch die Interviews bestätigt werden konnte.

Die dritte Gemeinde konzentrierte sich auf Kleingruppen und definierte sich als ein Netzwerk von Familien (nicht die biologische, sondern eher als spirituelle Bezeichnung für Kleingruppen gemeint). Hier spielte der Pastor eine weniger zentrale Rolle, und der Schwerpunkt lag auf dem Gemeinschaftsleben und der gegenseitigen Unterstützung im Alltag. Diese Gruppen boten Raum für persönliche und spirituelle Themen, wobei die Migration als göttlicher Auftrag und Teil eines missionarischen Selbstverständnisses der Mitglieder gesehen wurde. Dementsprechend ergab auch die Befragung der Gottesdienstbesucher:innen, dass Unterstützung vor allem im spirituellen Sinne gedeutet wurde, die die dominantere in der Wahrnehmung von Problemen des Alltags war. Probleme und Herausforderungen im Alltag wurden bisweilen auch durch die starke Präsenz von Dämonen erklärt, die ein Interesse daran hätten, die Gläubigen von ihrem missionarischen Austrag abzuhalten. Dankbar wurde deshalb darauf zurückgegriffen, gemeinsam füreinander zu beten und das missionarische Selbstverständnis in persönlichen Begegnungen zu stärken.

Die vierte Gemeinde, eingebunden in ein Regime einer transnationalen Megachurch, unterschied sich deutlich von den anderen. Hier fanden die Gottesdienste mehrsprachig statt, und es herrschte eine noch stärkere Betonung auf spirituellen Kämpfen und Dämonologie. Diese Gemeinde zeigte eine eher geschlossene Haltung gegenüber externen Befragungen, was eine vertiefte Analyse ihrer Integrationsansätze erschwerte. Jedoch ließen sich weitere Perspektiven dadurch gewinnen, indem diese Gemeinde eine starke Internetpräsenz hat und ihre Gläubigen im Internet ihre persönlichen Bekehrungs- und Migrationserfahrungen transparent machen.

Insgesamt spiegeln diese Beobachtungen die Vielfalt der Ansätze wider, mit denen brasilianische Gemeinden in Berlin ihre kulturelle und religiöse Identität aushandeln und ihre Rolle im Kontext der Integration ihrer Mitglieder definieren. Jede Gemeinde entwickelte ein eigenes Verständnis und eigene Praktiken, die ihre individuellen Antworten auf die Herausforderungen der Migration und des Lebens in einer neuen Kultur darstellen.

6. Anschlussfähigkeit für Praxis und weitere Forschung

Die Untersuchung über die unterschiedlichen Ansätze brasilianischer Gemeinden in Deutschland hinsichtlich ihrer Integration und Identitätsbildung bietet sowohl für die praktische Gemeindepädagogik als auch für weiterführende Forschungen relevante Anschlusspunkte in diesem Bereich.

Für die Praxis der Gemeindepädagogik ergibt sich aus diesen Erkenntnissen zunächst die Notwendigkeit, die kulturelle und religiöse Vielfalt innerhalb der Gemeinden, die sich in unmittelbarer Nachbarschaft befinden, weiter zu erkunden und in ihrer je eigenen Frömmigkeitsform anzuerkennen. Die unterschiedlichen Wege, wie Gemeinden ihre Identität verhandeln und ihre Mitglieder in die Gesellschaft integrieren, können als Grundlage für weitere Zusammenarbeiten und Kooperationen dienen, um inklusive und adaptive pädagogische Konzepte gemeinsam zu entwickeln. Insbesondere die Ansätze zur Integration von Gottesdienstelementen aus verschiedenen Kulturen und die Einbeziehung von Migrant:innen in die Gemeindearbeit sind praxisrelevante Beispiele, die in der Gemeindepädagogik aufgegriffen werden können. Ebenso wichtig ist die Rolle der Kleingruppenarbeit, die sich als effektives Mittel zur Förderung von Gemeinschaftsgefühl und persönlicher Unterstützung erwiesen hat, insbesondere bei der Bewältigung von Herausforderungen, die mit der Migration verbunden sind.

In Bezug auf die wissenschaftliche Forschung bieten diese Beobachtungen eine Grundlage für vertiefte Studien zur Rolle von Gemeinde im Integrationsprozess. Es ergibt sich daraus die Möglichkeit, spezifische pädagogische Ansätze innerhalb der Gemeinden zu untersuchen und zu verstehen, wie religiöse Überzeugungen und Praktiken die soziale Integration beeinflussen können. Weiterhin könnten weitere partizipative Studien zwischen verschiedenen ethnischen und kulturellen Gemeinschaften durchgeführt werden, um ein breiteres Verständnis der unterschiedlichen Integrations- und Identitätsbildungsprozesse zu erlangen. Zudem eröffnet sich ein weites Feld für interdisziplinäre Forschungen, in der die Gemeindepädagogik mit anderen Bezugsdisziplinen wie der Soziologie, Theologie und Migrationsstudien zusammenarbeiten kann. Es ließen sich auch weiter noch auf die Fragestellungen konzentrieren, wie religiöse Institutionen als soziale Akteure in der Integrationsarbeit der Gegenwartsgesellschaft agieren und welche Rolle sie in der Lebenswelt von Migrant:innen spielen. Zudem wären weitere Theorien denkbar, die über den Ansatz des Migrationsanderen von Paul Mecheril hinausgehen und Kultur und Identität der Gemeinden stärker in den Fokus nehmen.

Schließlich können weitere Untersuchungen in diesem Bereich dazu beitragen, die Aus- und Weiterbildung von Gemeindepädagog:innen zu bereichern. Die Einbeziehung von Themen wie kulturelle Vielfalt, Migration und interkulturelle Kompetenz in die Lehrpläne, würde Pädagog:innen besser darauf vorbereiten, in einem zunehmend multikulturellen Umfeld effektiver zu arbeiten und nach einem Elementarisierungsprozess gemeinsame Schnittstellen zu identifizieren (van der Hoek 2024a, 163). Die Erkenntnisse bieten daher reichhaltige Anregungen für die praktische Umsetzung als auch die wissenschaftliche Vertiefung bis hin zu Theoriebildung in der Gemeindepädagogik. Nicht zuletzt müssen gerade in der Praxis kritische Aspekte aus den Gemeinden angesprochen werden können und Formate entwickelt werden, in denen zum einen die Theologien kontextualisiert und gewürdigt aber exegetische Verengungen und Fehlinterpretationen von Rechtfertigung, Spenden und Befreiung angesprochen und kritisierbar bleiben. Dies setzt voraus, dass es ein offenes Dialog- und Austauschformat gibt, in dem die unterschiedlichen Stimmen zusammenkommen und gehört werden können.

Weiterführende Literatur und Hinweise zur Vertiefung

BOHNSACK, RALF (2017), Praxeologische Wissenssoziologie. Opladen/Toronto.
BREIDENSTEIN, GEORG/HIRSCHAUER, HERBERT/KALTHOFF, STEFAN/NIESWAND, BORIS (2020), Ethnographie. Die Praxis der Feldforschung. 3. Auflage. München.
DUNAETZ, DAVID R. (2017), Research Methods and Survey Application. Outlines and Activities from a Christian Perspective. 3. Aufl, Claremont.
GRÜMME BERNARD (2021), Praxeologie. Eine religionspädagogische Selbstaufklärung. Freiburg im Breisgau.
WARD, PETE (2012), Perspectives on ecclesiology and ethnography. Grand Rapids.

Literatur

BREIDENSTEIN, GEORG/HIRSCHAUER, STEFAN/KALTHOFF, HERBERT/NIESWAND, BORIS (2020), Ethnographie. Die Praxis der Feldforschung. 3. Aufl. München.
BRETHERON, LUKE (2012), Generating Christian Political Theory and the Uses of Ethnography, in: PETE WARD (Hg.), Perspectives on ecclesiology and ethnography, Grand Rapids, 145–166.
BUBMANN, PETER (2019), Einleitung, in: Bubmann, Peter/Keßler, Hildrun/Mulia, Christian/Oesselmann, Dirk/Piroth, Nicole/Steinhäuser, Martin (Hg.) (2019), Gemeindepädagogik, 2. Aufl. Berlin, 1–36.

Bucher, Georg (2024), Alles anders? Konfessionslose Lernende und die Auswahl der Inhalte im Religionsunterricht, in: Tanja Goiny/Susanne Schwarz/Ulrike Witten (Hg.), Wie kommt der Religionsunterricht zu seinen Inhalten?: Erkundungen zwischen Fridays for Future, Abraham und Sühneopfertheologie, Bielefeld, 311–326.

Flick, Uwe (2012), Qualitative Sozialforschung. Eine Einführung. Rowohlt Taschenbücher, 5. Aufl. Reinbeck bei Hamburg.

Füssel, Marian (2022), Praxeologie als Methode, in: Stefan Haas (Hg.), Handbuch Methoden der Geschichtswissenschaft, Wiesbaden.

Hofmann, Beate (2019), Gemeindepädagogische Arbeit zwischen Engagement und Profession, in: Bubmann, Peter/Keßler, Hildrun/Mulia, Christian/Oesselmann, Dirk/Piroth, Nicole/Steinhäuser, Martin (Hg.) (2019), Gemeindepädagogik, 2. Aufl. Boston/Berlin, 317–348.

Hoyningen-Huene, Paul (2009), „Systematizität als das, was Wissenschaft ausmacht", in: Information Philosophie 37(2), 22–27.

Mecheril, Paul (2010), Migrationspädagogik. Hinführung zu einer Perspektive, in: Paul Mecheril (Hg.), Migrationspädagogik. Weinheim/Basel, 7–22.

Naurath, Elisabeth (2019), Kirchliche Bildungsarbeit in Inklusionsperspektive, in: Bubmann, Peter/Keßler, Hildrun/Mulia, Christian/Oesselmann, Dirk/Piroth, Nicole/Steinhäuser, Martin (Hg.) (2019), Gemeindepädagogik, 2. Aufl. Boston/Berlin, 259–282.

Scherle, Peter (2012), Zur Zukunft der Konfessionen in Europa. Eine ökumenisch verantwortete Theorie der Kirche in der religiösen Situation des 21. Jahrhunderts, in: Ivana Noble/Ulrike Link-Wiczorek/Peter De Mey (Hg.), Religiöse Bindungen – neu reflektiert. Ökumenische Antworten auf Veränderungen der Religiosität in Europa, Leipzig, 73–103.

Simojoki, Henrik (2024), „Mehr globale Perspektiven!", in: Tanja Goiny/Susanne Schwarz/Ulrike Witten (Hg.), Wie kommt der Religionsunterricht zu seinen Inhalten?: Erkundungen zwischen Fridays for Future, Abraham und Sühneopfertheologie, Bielefeld, 273–280.

Stoffregen, Jörg (2020), Gemeinwesenorientierte Gemeindepädagogik. Kreative Impulse für die Praxis, in: Carsten Gennerich/Roland Lieske (Hg.), Berufsprofile der Gemeindepädagogik. Leipzig, 180–191.

van der Hoek, Stefan (2022a), Nimuendajú, um pioneiro dos estudos empíricos da religião no Brasil?, in: REVER 22(2), 107–121.

van der Hoek, Stefan (2022b), Lusophony Pentecostal Churches in Berlin: Religious Identities Between Integration and Transatlantic Boundaries, in: International Journal of Latin American Religions 6(2), 477–499.

van der Hoek, Stefan (2024a), Pentekostale Migrationsgemeinden – Religionspädagogische Annäherungen an ein vieldeutiges Handlungsfeld, in: Zeitschrift für Pädagogik und Theologie 76(2), 158–172.

van der Hoek, Stefan (2024b), Pentekostale Migrationskirchen und Potenziale gemeindepädagogischer Forschung – am Beispiel der Universalkirche des Königreichs Gottes in Deutschland, in: Böhme, Thomas/Bell, Desmond/Fermor, Gotthard/Fischer, Ralf/Held, Felicitas/Ilg, Wolfgang/Mulia, Christian/van der Hoek, Stefan (Hg.), Empirie in der Gemeindepädagogik. Forschen – Interpretieren – Kommunizieren, Münster, 175–187.

Kapitel 13: Christliche Mentoringbeziehungen in der Bindungsperspektive: AAP und Dialoggespräche mit tiefenhermeneutischer Auswertung

Jennifer Paulus

1. Einleitung

Von der Wiege bis zum Grab hat jeder Mensch das Bedürfnis nach Nähe zu einer Person, die Sicherheit gibt. Diese Grundannahme der Bindungstheorie nach John Bowlby (1982) ist einer der Ausgangspunkte dieses Beitrags. Die Beziehung zwischen primärer Bezugsperson und Kind hat einen starken Einfluss auf die psychologische Entwicklung des Kindes und wirkt sich bis ins Erwachsenenalter aus (Grossmann u. a. 2002, 125). Im Laufe der Entwicklung werden Bindungsbeziehungen mehr und mehr durch innere Arbeitsmodelle auf mentaler Ebene reguliert, die sich ein Kind aufgrund von erlebten Interaktionsmustern mit seinen Hauptbindungspersonen aufbaut.

Im Rahmen meiner Masterthesis (2015) „Wirkungen von Mentoringbeziehungen in biografischen Übergangsphasen am Beispiel junger Erwachsener" wurden drei christliche Mentoringbeziehungen untersucht. Geklärt werden sollte die Frage, ob eine Mentoringbeziehung transformativen Charakter im Hinblick auf Bindungsrepräsentationen[1] und innere Arbeitsmodelle haben könne. Dafür ist es notwendig, zunächst zu klären, was Mentoringbeziehungen ausmacht (2.1), was die Besonderheiten der Lebensphase junger Erwachsener sind (2.2) und eine Einführung in die Bindungstheorie zu geben (2.3).

Den Hauptteil der Arbeit stellte eine qualitative Untersuchung dar. Dabei wurde besonders der Zusammenhang zwischen den Bindungsrepräsentanzen der befragten Mentees und der jeweiligen Beziehungsgestaltung fokussiert. Die Bindungsrepräsentanzen der Mentees wurden mithilfe des Diagnostikverfah-

---

[1] Durch das Erinnern und mentale Verarbeiten von Erfahrungen mit Bindungspersonen entstehen im Inneren eines Menschen Repräsentationen des Erlebten: die Bindungsrepräsentationen. Diese wiederum führen zum Entstehen innerer Arbeitsmodelle, welche zu Erwartungen an Personen und Situationen führen und damit aus bindungstheoretischer Perspektive das Verhalten steuern.

rens „Adult Attachment Projective" (im Folgenden: AAP) ermittelt (3.1). Bei diesem projektiven Verfahren werden dem:der Interviewten Situationen auf gezeichneten Bildern gezeigt und er:sie soll eine Geschichte dazu erzählen. Die Zeichnungen lösen bei ihm:ihr bindungsbezogenen Stress aus. Auf Grundlage der Transkriptionen der erzählten Geschichten können Bindungsmuster klassifiziert werden.

Die ermittelten Repräsentationen wurden in einem zweiten Schritt in der tiefenhermeneutischen Auswertung von qualitativen Interviews in Form von Dialoggesprächen zwischen Mentee und Mentorin berücksichtigt (3.2). Leitend war dabei die Frage, ob sich unsichere Bindungsrepräsentanzen mit Hilfe einer Mentoringbeziehung auch noch im jungen Erwachsenenalter transformieren lassen.

Als Ergebnis bleibt festzuhalten, dass Mentoringbeziehungen sehr wohl zu positiven Transformationsprozessen von Bindungsrepräsentationen bei Mentees beitragen können, besonders in Korrelation mit einer gleichzeitigen Gottesbeziehung beider Beteiligten. Das meint in dem Fall, dass die Beziehung zu einem persönlichen Gott eine positive Entwicklung verstärken kann. Mentoringbeziehungen können also für junge Erwachsene in ihrer besonderen Lebensphase sehr hilfreich sein und zur Steigerung ihrer Lebensqualität beitragen.

Gemeindepädagogische Arbeit lebt von Beziehungsgestaltung. Hier sind Jung und Alt miteinander verbunden, sie teilen Leben, engagieren sich gemeinsam und profitieren voneinander. Es hat sich gezeigt, dass christlich fundiertes Mentoring die positive Wirkung von Transformationsprozessen noch verstärken kann. Somit wird deutlich, dass die Thematik des Mentoring auch im Rahmen von Gemeindepädagogik ein erstrebenswertes Konzept zur Vernetzung von Individuen und von verschiedenen Generationen ist. Die Wahl der Forschungsmethodik hat sich bewährt. Zum einen lag hier ein praxisnaher Forschungszugang vor, zum anderen waren die Arbeit mit dem Bildmaterial, als auch die Interviewsituationen insgesamt angenehm und gehaltvoll in der Auswertung. Demnach ist diese Methodik für ein Forschungsdesign sehr empfehlenswert.

2. Fragestellung

Der Psychoanalytiker Mario Erdheim (1988) prägte den Begriff der Adoleszenz als „zweite Chance". Er meint damit, dass durch die Neustrukturierung von Persönlichkeit im Zuge der Pubertät eine zweite Chance entstünde, um frühkindliche Störungen wiedergutzumachen (Erdheim 1988, 195). So entstand die Frage, ob sich bei dem:der Mentee durch die enge Beziehung zu einer älteren Person, die nicht Mutter oder Vater ist, Bindungsrepräsentanzen verändern können. Als

Forschungsfrage wurde formuliert: *Ist es möglich, dass eine Mentoringbeziehung dazu beitragen kann, unsichere Bindungsrepräsentanzen zu transformieren?*

Zunächst werden nun das zugrundeliegende Verständnis von Mentoring und der spezifischen Lebensphase junger Erwachsener erläutert, danach wird der Zusammenhang von Bindungsrepräsentanzen und einer personalen Gottesbeziehung geklärt.

2.1 Mentoring

Mentoring meint eine freiwillige Eins-zu-eins-Beziehung zwischen einer jüngeren und einer älteren, erfahreneren Person (Faix/Wiedekind 2010, 38). Mentor:innen können als Vorbilder hilfreiche Wegbegleiter:innen für junge Menschen werden, die sich in einem herausfordernden und teilweise von Orientierungslosigkeit geprägten Lebensabschnitt befinden (Faix/Wiedekind 2010, 23f). Im Zentrum des Mentoring steht stets die Beziehung. Mentoring gibt es sowohl formell, als auch informell (Schmid/Haasen 2011, 30). Immer mehr Kirchengemeinden etablieren Mentoringprogramme, was wiederum zeigt, weshalb sich Gemeindepädagogische Praxisforschung weiterhin mit den intergenerationalen Mentoringbeziehungen beschäftigen sollte. Mentoring ist abzugrenzen von Therapie oder Beratung, da hierfür weder professionelle Voraussetzungen noch Indikationen oder ein Abrechnungssystem vorliegen muss.

Die hier zugrundeliegende Definition von Mentoring ist folgende:

> „Mentoring meint die förderungsorientierte Begleitung einer jüngeren Person durch eine ältere und erfahrenere Person. Die beiden sind gemeinsam als Tandem unterwegs, wobei der/die Mentee die Richtung angibt. Rahmen des Mentoring ist die gelebte Beziehung. Diese wird hauptsächlich durch regelmäßige Gespräche gestaltet und braucht Vertrauen und Zeit. Der/die Mentee profitiert im selbstbestimmten Lernprozess vom notwendigen Wissens- und Erfahrungsvorsprung des/der Mentors*in" (Paulus 2015, 15).

2.2 Die Lebensphase junger Erwachsener

Durch den längeren Verbleib im Bildungssystem wurde die Jugendphase verlängert. Damit entstand zu Beginn der 1990er Jahre der Begriff der jungen Erwachsenen. Er umfasst grob die Altersspanne zwischen 18 und 30 Jahren.

„Ein bedeutsames Abgrenzungskriterium zwischen den Lebensphasen ‚Jugend' und ‚junge Erwachsene' stellen also die Übergänge dar, die – wie dargelegt – vielfältige Bewältigungsaufgaben mit den diesen immanenten Schwierigkeiten und Problemen inkludieren" (Hüning 2018, 410). Insgesamt steht die Lebensphase junger Erwachsener unter dem Leitbegriff der Individualisierung: „Die größte Herausforderung (...) besteht darin, einen individuellen Lebensplan zu entwickeln, zu gehen und anderen gegenüber zu vertreten" (Paulus 2015, 18).

Im Rahmen dieser verlängerten Adoleszenz und den ihr innewohnenden Entwicklungsaufgaben findet eine Neustrukturierung der Persönlichkeit statt. Damit finden wir hier den Raum für „eine zweite Chance [...], um die in der frühen Kindheit eigentlich unvermeidbaren Schäden wiedergutzumachen" (Erdheim 1988, 207).

Adoleszente Entwicklungen sind nicht nur individuelle Prozesse der Identitätsbildung, sie müssen als intergenerationale Prozesse verstanden werden. Dabei besteht eine „Dialektik von Individuation und Generativität" (King 2004). „Wenn junge Erwachsene an den bedeutsamen Übergängen mit ihren besonderen Bewältigungsaufgaben Unterstützung benötigen, wird diese zuvörderst von den Herkunftssystemen eingefordert und von diesen in der Regel auch geleistet" (Hüning 2018, 416). Kirchengemeinden zählen hierbei auch zu den Herkunftssystemen.

Vor diesem Hintergrund wird Mentoring zu einem *generativen Konzept*, welches einen Möglichkeitsraum für die Entwicklung junger Erwachsener schafft, damit diese in ihrer Individualität reifen und wachsen können. Die Selbstreflexion, das Entwickeln von Zielen sowie viele weitere Entwicklungsthemen können mithilfe eines:einer Mentors:in bewusst gestaltet werden. Die ältere Generation kann der jüngeren einen sicheren Hafen und Anker bieten, welcher ihnen den Gang in die Welt hinaus ermöglicht (King 2004, 57).

2.3 Bindungsrepräsentanzen & Gottesbeziehung

„Theoretischen Annahmen zufolge ist Bindungssicherheit eine wichtige Voraussetzung für die spätere gesunde Persönlichkeitsentwicklung des Individuums" (Hédervári-Heller 2011, 75). Das Bindungssystem reguliert zunächst die Nähe des Kindes zu der - im Idealfall - beschützenden und zugleich autonomieunterstützenden Bindungsfigur. Die inneren Arbeitsmodelle von Erwachsenen sind mentale Repräsentanzen von frühen Bindungserfahrungen (Hédervári-Heller 2003, 117). Als solche ermöglichen sie Regulierung, Interpretation und Voraussagen von Verhalten (Bretherton 2001, 52f).

Eine sicher gebundene Person entwickelt in der Regel durch Erleben einer schützenden und unterstützenden Bindungsperson ein Arbeitsmodell eines geschätzten und kompetenten Selbst. Eine unsichere Bindung hingegen führt eher zur Entstehung des Arbeitsmodells eines entwerteten und inkompetenten Selbst (Bretherton 2001, 56). Damit wird deutlich, dass die Qualität der Bindungserfahrung die Qualität der Arbeitsmodelle von Bindungsbeziehungen und damit die Art und Weise des Umgangs mit emotional belastenden Situationen beeinflusst bzw. bedingt (Hédervári-Heller 2003, 117). Somit lassen sich Bindungsrepräsentanzen als „realitätsregulierend und realitätsschaffend" (Bretherton 2001, 74) definieren.

Beziehungserfahrungen und Kommunikationsschemata in inter- und intragenerationellen Beziehungen ermöglichen einen Perspektivenwechsel, der wiederum Individuation und Identitätsbildung bewirkt und ermöglicht (King 2004, 110f). Produkt dieser Prozesse der emotionalen Umgestaltung wird also ein neues Skript. Die „Differenz zwischen früheren Beziehungserfahrungen und ihrer späteren Verarbeitung" (King 2004, 112) führt zu neuen inneren Modellen und damit zur Ermöglichung *neuer Strukturen von Erfahrung*, die anders sind als die primäre Bindungserfahrung.

„Ist es möglich, unsichere Bindungserfahrungen in der frühen Kindheit durch feinfühlige Gespräche mit verlässlichen Vertrauenspersonen zu überwinden? Die meisten Therapeuten [sic!] würden diese Frage bejahen" (Grossmann u. a. 2002, 129).

James L. Griffith betrachtet die Bindungstheorie als Grundlage für Verständnis und Nachvollziehbarkeit der emotionalen Bedeutung der Beziehung eines:er Gläubigen zu einer personalen Gottesfigur: „Bindungsstile werden von menschlichen Wesen auf göttliche Wesen übertragen" (2013, 128). Bindung beschreibe bezüglich des Gottesglaubens, wie stark ein Individuum die gefühlte Gegenwart der elternähnlichen Beziehung zu Gott einsetzt, um sich in Situationen der Unsicherheit oder Angst sicher zu fühlen. Sie zeige auch, wie Menschen in einer Belastungssituation reagieren, ob sie nach Gott als einer Quelle des Trostes Ausschau halten oder sich von ihm abwenden würden (Griffith 2013, 129).

Es bleibt festzuhalten, dass die Bindungsrepräsentationen für die Lebensgestaltung von Individuen sehr bedeutsam sind. Sie bedingen, beeinflussen und gestalten die Beziehung zu den Eltern, Mitmenschen und – im Falle von Gläubigen – zu einer Gottesfigur. Eine sichere Bindungsrepräsentanz ist eine optimale Ausgangslage für Lernprozesse und Entwicklung, da mit einer solchen leichter Vertrauen hergestellt werden kann und mit dieser Sicherheit Exploration möglich ist. Doch sind auch Transformationsprozesse der Bindungsrepräsentanzen möglich – negative wie positive. Enges Begleiten und angeleitetes Reflektieren können positive Transformationsprozesse bewirken, sodass sich Individuen eine sichere Bindungsrepräsentanz „verdienen" können. Mentor:innen können einen geeigneten Rahmen dafür bieten.

3. Qualitatives Forschungsdesign: AAP und Dialoggespräche mit tiefenhermeneutischer Auswertung

Wichtigstes Kriterium für die Auswahl des Samples war das Alter der befragten Mentees. Da die Wirkungen von Mentoringbeziehungen am Beispiel junger Erwachsener untersucht werden sollten, wurden ausschließlich Personen im Alter von 20-30 Jahren ausgewählt. Alle bewegten sich in christlichen Gemeinden, da der Hintergrund der Mentoringbeziehung ein christlicher sein sollte – in Abgrenzung zum beruflichen oder studienbezogenen Mentoring. Eine weitere Bedingung war, dass sich die jungen Erwachsenen zur Zeit der Befragung als Mentee in einer Mentoringbeziehung befanden. Befragt wurden drei weibliche junge Erwachsene sowie deren weibliche Mentorinnen.

Im ersten Schritt wurde mit allen drei Mentees jeweils einzeln das AAP durchgeführt. Dafür fand ein face-to-face Treffen statt. Die Interviewerin zeigte der Mentee ein Bild und forderte sie auf, dazu eine Geschichte zu erzählen. Dies geschah mit den acht Bildern des AAP hintereinander. Nach Transkription der Interviews wurden diese ausgewertet. Um die Ergebnisse zu validieren, fand ein Austausch mit dem betreuenden Professor statt. Schließlich konnte durch diesen ersten Schritt bei jedem:r Mentee ein inneres Arbeitsmodell, d. h. ihr jeweiliges Bindungsmuster, identifiziert werden.

Im zweiten Schritt wurden jeweils Mentee und Mentorin in einem leitfadengestützen Dialoggespräch gemeinsam interviewt. Auch diese Gesprächssequenzen wurden transkribiert und schließlich das verschriftlichte Datenmaterial ausgewertet.

3.1 Adult Attachment Projective (AAP) – ein projektives Verfahren zur Analyse von Bindungsrepräsentanzen

Das AAP ist ein diagnostisches Testverfahren, das speziell zur Erfassung von Bindungsrepräsentationen entwickelt wurde. Im Erwachsenenalter stellte lange das Adult Attachment Interview (AAI) die geläufigste Methode zur Untersuchung mentaler Bindungsrepräsentationen dar. Der größte Vorteil des AAP gegenüber dem AAI liegt darin, dass mithilfe von Bildmaterialien Situationen bei dem:der Interviewten ausgelöst werden, die bindungsbezogenen Stress bewirken. Dabei wird Bindungsverhalten beobachtbar. Außerdem wird mittels einiger Bilder im AAP – diejenigen, in denen Dyaden abgebildet sind – die potenzielle Verfügbarkeit von Bindungsfiguren, also die psychische und repräsentationale Nähe der Bindungsperson, untersucht. Nicht zuletzt ist durch die Abbildung von Personen verschiedenen Alters (Kinder, Erwachsene und ältere Personen) die Auffassung Bowlbys verwirklicht, dass Bindung während der gesamten Lebensspanne zur

Entwicklung und zur seelischen Gesundheit beitrage (George u. a. 2009, 199–203).

Das AAP besteht aus acht schwarz-weiß Zeichnungen, auf denen unterschiedliche Szenen zu sehen sind. Die Proband:innen werden „zu jedem einzelnen Bild befragt, was dort passiert, was zu der dargestellten Szene geführt haben könnte, was die Personen denken oder fühlen und was als nächstes passieren wird" (George u. a. 2009, 200). Durch die festgelegte Reihenfolge der Bilder wird das Bindungsverhaltenssystem von Bild zu Bild stärker aktiviert. Dadurch, dass lediglich Basisinformationen zu sehen und die Personen ohne Mimik dargestellt sind, bleibt ein breiter Interpretationsspielraum (George u. a. 2009, 200). Hier ist ein Beispiel zu sehen:

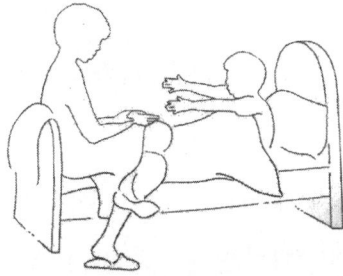

Abbildung 1: Bild 5 des AAP „Bett" (George u .a. 2009, 202).

Die Ergebnisse werden in vier Hauptgruppen klassifiziert: sicher-autonom, unsicher-distanziert, unsicher-verstrickt und unverarbeiteter Bindungsstatus. Klassifiziert wird auf Grundlage der Transkriptionen der erzählten Geschichten zu den AAP-Bildern, die bindungsrelevante Szenen beinhalten. Wichtig sind hierbei sowohl das Gesprochene, wie auch die Redepausen. Beurteilungsgrundlage bilden jeweils festgelegte Marker, also Kriterienbündel, die die drei Dimensionen Inhalt, Diskurs und Abwehr der wörtlichen Rede untersuchen (George u. a. 2009, 203f). Bezüglich des *Inhalts* wird geprüft, ob und inwieweit die Proband:innen real anwesende oder internalisierte Bindungsfiguren zur Regulation des aktivierten Bindungssystems nutzen können. Die drei Marker, welche die Beurteilung der Beziehungsqualität ermöglichen, sind Selbstwirksamkeit, Verbundenheit und Synchronie. Bleiben die Protagonist:innen der Erzählungen selbstwirksam und handlungsfähig? Nutzen sie interne oder externe Ressourcen zur Bewältigung der Situationen? Nennen sie den Wunsch, mit anderen Menschen verbunden zu sein? Synchronie kennzeichnet eine Geschichte, in der alle abgebildeten Personen vorkommen und die Personen in einer sinnvollen Weise aufeinander bezogen sind (z. B. die Mutter tröstet das Kind, dieses lässt sich trösten) (George u. a. 2009, 205f).

Bei der Betrachtung des *Diskurses* geht es um die Frage, wie die Geschichten erzählt werden, also darum, ob sich Kohärenz erkennen lässt, das heißt, ob die Erzählungen gut und nachvollziehbar aufgebaut sind. Außerdem wird untersucht, ob autobiografische Informationen in die Geschichte einfließen, also eine Vermischung von Realität und Narration stattfindet oder nicht – Aufgabe ist eigentlich, eine fiktive Geschichte zu erzählen (George u. a. 2009, 207).

Die dritte Dimension ist die der *Abwehr*. Bei aktiviertem Bindungsverhaltenssystem werden das Verhalten, die Gedanken und deren emotionale Bewertung durch individuelle Abwehrmechanismen beeinflusst. Ziel dieser Mechanismen ist „die Bewältigung bindungsrelevanter Erfahrungen oder der Gefühle zur Aufrechterhaltung der Handlungsfähigkeit" (George u. a. 2009, 207). Hier werden Deaktivierung des Bindungssystems (z. B. das Ausblenden von im Bild verfügbaren Bindungsfiguren, z. B. der Mutter als Trostspenderin), kognitive Abtrennung (z. B. Brüche, Unklarheiten und Unentschlossenheiten) oder abgetrennte Systeme (z. B. unangemessene Reaktion der Bindungsfigur, Abbruch der Geschichte) betrachtet (George u. a. 2009, 207–209).

3.2 Tiefenhermeneutische Auswertung leitfadengestützter Dialoggespräche

3.2.1 Beschreibung des Vorgehens

Als zweite Erhebungsmethode wurde das Tiefeninterview (Lamnek/Krell 2016, 351f) in Form eines *Dialoggesprächs* gewählt. Das Dialoggespräch ähnelt einer Gruppendiskussion (Lamnek/Krell 2016, 384ff), spricht man jedoch bei zwei Personen nicht von einer Gruppe. Aufgrund des alltagsweltlichen Sprechens von Mentorin und Mentee miteinander konnten besonders auf der Beziehungsebene Tiefenstrukturen erkannt und analysiert werden. Ein *teilweise standardisierter Leitfaden* half, das Gespräch zu strukturieren und relevante Themenbereiche zur Sprache zu bringen (Lamnek/Krell 2016, 319). Sechs Themenblöcke bzw. offene Fragen strukturierten das Gespräch und waren mit Nachfragen bzw. optionalen Fragen erweiterbar. Je nach Gesprächsverlauf wurden die Fragen gestellt oder auch weggelassen, wenn sie bereits beantwortet waren (Lamnek/Krell 2016, 333f). Im Anschluss wurden die Dialoggespräche *transkribiert*. Im Hinblick auf die Auswertungsmethode war es in diesem Fall notwendig, auch Pausen zu notieren (mit Sekundenangabe), sprachliche Auffälligkeiten, besondere Betonungen, gleichzeitiges Sprechen, aber auch gezeigte Emotionen (bspw. Lachen, Weinen) kenntlich zu machen.

Zuerst erfolgte die inhaltliche, deskriptive Auswertung des Dialoggesprächs (manifeste Ebene). In einem zweiten Schritt wurden die Dialoggespräche tiefenhermeneutisch ausgewertet. Die Tiefenhermeneutik orientiert sich in ihrem

Grundverständnis an der Psychoanalyse und erweist sich somit als anschlussfähig an die Bindungstheorie und das AAP, die beide ebenfalls psychoanalytisch begründet sind. „Die rekonstruktive Verstehensprozedur der Tiefenhermeneutik ist auf das Text-Subjekt-Verhältnis gerichtet, mit dessen Hilfe [...] der tiefer liegende Sinn der Textangebote sowie deren Wirkungen auf den Rezipienten [sic!] erschlossen werden" (Lamnek/Krell 2016, 210). Es geht also darum, sich im Dialoggespräch offenbarende, *tiefer liegende Strukturen* zu erkennen und zu deuten. Die Hermeneutik insgesamt gilt als Lehre des interpretativen Vorgehens (Lamnek/Krell 2016, 211).

Um tieferliegende Strukturen zu offenbaren, macht es Sinn, Interaktionen in den Blick zu nehmen (Lamnek/Krell 2016, 213). „Es ist dieser systemstabilisierende versus subversive Charakter des Text-Subjekt-Verhältnisses, der den Tiefenhermeneuten [sic!] interessiert" (Lamnek/Krell 2016, 214). Dafür erfolgte die Auswertung der gewonnenen Daten auch mithilfe von Ansätzen der Gruppenanalyse nach S. H. Foulkes (1992), da die Beziehungsgestaltung der Dyade auf Grundlage von Aushandlungsprozessen geschieht. So geht es um die Vermeidung von Trennung innerhalb der Beziehung und dabei besonders um die Frage, wie angepasst ein:e Beziehungspartner:in sein muss oder wie besonders er:sie sein darf. Diese Aushandlungsprozesse geschehen auf bewusster und manifester, aber noch viel mehr auf unbewusster und latenter Ebene. Sprachliche Bilder und Metaphern stärken die Gemeinschaft und verknüpfen die Teilnehmenden miteinander, während der Bezug auf abstrakte Themen eher zu Abwehr führt, da dadurch Beziehung vermieden wird (Mansfeld 2015, 8).

Konkrete Schritte dieser Tiefenauswertung sind zunächst das Finden von Irritationen sowie das bewusste Wahrnehmen von Pausen, Brüchen und Metaphern. Daraus lassen sich Strukturgleichheiten in Reden, Handeln und Auftreten feststellen. Diese Arbeitsschritte helfen, die latente Ebene des Gesprächs zu erkennen (Mansfeld 2015, 11f).

Schließlich wurde in einem letzten Schritt für jedes Dialoggespräch die *Verbindung der beiden Untersuchungsergebnisse* vorgenommen. So wurde die Beziehung von Mentee und Mentor:in explizit vor dem Hintergrund der zuvor ermittelten Bindungsrepräsentation betrachtet.

Als Forschende:r ist es, bei der Durchführung der tiefenhermeneutischen Auswertung, im gesamten Prozess notwendig, sich selbst zu distanzieren und in stetiger Selbstreflexion die Daten zu analysieren. Übertragung und Gegenübertragung, interpersonelle Bezüge, das Sprechen über biografische Themen sowie Aushandlungen von Verbundenheit und Trennung werden in den Blick genommen und helfen, die Beziehungsdynamik zu erkennen. Die tiefenhermeneutische Auswertung ermöglicht also ein Deuten der Beziehungsstruktur und damit eine Betrachtung von Wirkungen, welche die Interviewten selbst meist gar nicht wahrnehmen, da sie unbewusst bleiben (Mansfeld 2015, 12). Die Selbstreflexion des:der Forschenden gelingt durch das *Führen eines Forschungstagebuches*, in welchem Irritationen festgehalten und reflektiert werden können. Ebenfalls hilfreich ist der Austausch mit Betreuenden oder in einem Team.

3.2.2 Umsetzung der Arbeitsschritte am konkreten Beispiel

Es wurde jeweils ein Dialoggespräch zwischen Mentor:in und Mentee geführt, um nicht nur relevante Informationen erhalten, sondern zugleich Beziehungsaspekte der Mentoringbeziehung analysieren zu können.

Der Leitfaden begann mit der Frage nach den Rahmenbedingungen der Mentoringbeziehung, auf welche Art und Weise die Treffen gestaltet werden. Weiter ging es um die jeweilige Motivation und den Anlass für das Mentoring, um Themen, mit denen sich Mentorin und Mentee beschäftigten, sowie um den Einbezug des Gottesglaubens und darum, was sich bisher verändert habe. Darüber hinaus wurden die Besonderheiten einer Mentoringbeziehung im Vergleich zu einer Mutter-Tochter-Beziehung oder Beziehungen zu Gleichaltrigen thematisiert. Der letzte Themenblock beinhaltete die Frage, was die Befragten anderen empfehlen würden, die eine Mentoringbeziehung eingehen wollen.

In der Auswertung zeigte sich bspw. durch Wortwahl und Interaktion, dass die Mentorin Ute in einem Spannungsfeld steht zwischen dem Anspruch an ihre eigene Professionalität und der freundschaftlichen Beziehung zu ihrer Mentee Julia. Das Streben nach Professionalität verhindert das Entstehen einer persönlichen Ebene innerhalb der Mentoringbeziehung, was in diesem Fall aber durch sichere Bindungsrepräsentanzen bei Julia kein größeres Problem darstellt, da sie die notwendige Sicherheit mitbringt. Ein zweites Beispiel ist, dass das Dialoggespräch von Thea und Gabi durchweg dialogisch aufgebaut ist, sie sich gegenseitig ergänzen oder aufeinander beziehen. Hier haben wir es mit einer sehr engen, verbundenen Beziehung zu tun.

In der Gesamtschau der Forschungsergebnisse zeigte sich bspw. bei Eva, wie sie immer wieder betont, dass die Beziehung ausgeglichen sei und sie nicht in einem Abhängigkeitsverhältnis zu ihrer Mentorin stehe – was ihrem unsicherdistanzierten Arbeitsmodell entspricht.

4. Präsentation der zentralen Forschungsergebnisse

Die Auswertung der gesamten qualitativen Untersuchung hat ergeben, *dass eine Mentoringbeziehung transformatives Potenzial haben und damit zum Rahmen für eine zweite Chance werden kann.* Die Beziehung zu ihrer Mentorin hat der Mentee Thea, die über keine sicheren Bindungsrepräsentanzen verfügt hatte, das Erlangen einer erworbenen Sicherheit ermöglicht. Die enge Begleitung durch ihre Mentorin hat ihr eine persönliche Gotteserfahrung eröffnet, die ihr Leben grundlegend verändert hat. Dabei hat sie Gott als persönlich und nah erlebt, als verlässliche Bezugsfigur. Heute verfügt Thea inzwischen über teilweise sichere Bindungsrepräsentanzen, die ihr inneres Arbeitsmodell und damit Verhalten und Beziehungsgestaltung steuern. Ihre Mentorin wurde für sie zu einer Art erworbener Mutter, die ihr die nötige Freiheit und Verlässlichkeit gibt, zu explorieren.

Es hat sich durch die Untersuchung gezeigt, dass der:die Mentor:in also für den:die Mentee zu einer neuen, sicheren Basis zu einem Hafen und Anker werden kann, von dem aus Exploration und Autonomie möglich sind. Darüber hinaus wurde deutlich, dass es Mentees mit unsicher-distanzierten Bindungsrepräsentanzen schwerer fällt, sich auf eine enge Beziehung zu einer älteren Person einzulassen, die ihnen etwas vermitteln und ihren Weg mitgestalten darf, als der sicher-autonom gebundenen Mentee im Sample.

Insgesamt bleibt der überaus große Ertrag von christlichen Mentoringbeziehungen festzuhalten, da durch die Veränderung der Beziehung zu einer Gottesfigur auch die Beziehungsgestaltung zu den Mitmenschen einen Transformationsprozess durchlaufen kann. Für die gemeindepädagogische Praxisforschung sind die Ergebnisse von Relevanz, weil sich damit zeigt, welch hohe Bedeutsamkeit das gemeindepädagogische Setting auch für die psychosoziale Gesundheit von Individuen haben kann.

5. Anschlussfähigkeit für Praxis und weitere Forschung

Mentoring ist ein zukunftsträchtiges Konzept. Nicht nur im Zuge des demografischen Wandels und der zunehmenden Tendenz zur individualisierten Lebensführung stellt das enge Miteinander und das Verzahnen von Generationen eine hilfreiche Möglichkeit dar, Lebensqualität zu verbessern. Wenn Menschen gegenseitig an der Gestaltung ihres jeweiligen Lebens beteiligt sind, verzeichnen beide Seiten einen Gewinn davon. Gemeinschaftsstrukturen wie die Kirchengemeinde, Freundschaften, das eigene Familiennetzwerk oder andere christliche Netzwerke haben sich im Rahmen dieser Arbeit als Orte herausgestellt, die Menschen unterschiedlichen Alters zueinander führen.

Gemeindepädagogische Arbeit lebt von Beziehungsgestaltung. Die Mentor:innenbeziehung ist dabei eine besondere Form. So kann auch die Begleitung Ehrenamtlicher durch Gemeindepädagog:innen teilweise (fließend) in Mentor:innenbeziehungen übergehen. Besonders für junge Erwachsene ist es hilfreich oder wird es sogar zu einer zweiten Chance, eine Begleitung zu haben, die mit ihnen gemeinsam - im Rahmen des Möglichen (in Abgrenzung zu Therapie)

– Altes aufarbeiten und Neues ansteuern kann. Der Druck, den die Individualisierung des eigenen Lebensstils mit sich bringt, kann damit abnehmen. Offensichtlich gelingt es aber nicht alle jungen Erwachsenen, diesem Wunsch nach Begleitung Ausdruck zu verleihen, vielleicht sehen sie das Bedürfnis nicht einmal bei sich selbst. Daher ist es notwendig, dass die ältere Generation sensibel ist für die Belange und Herausforderungen der jungen Generation. Es gibt junge Erwachsene, die es, bspw. aufgrund einer unsicher-distanzierten mentalen Bindungsrepräsentation, benötigen, dass jemand auf sie zugeht. Manchmal müssen sich Beziehungen auch erst bewähren. Das heißt, dass Mentor:innen auch Passivität von Seiten der Mentees hinnehmen und dennoch an der Beziehung festhalten sollten, wenn diese (noch) nicht bereit sind, jemanden an ihrem Lebensentwurf teilhaben zu lassen.

Es bleiben Forschungsdesiderata festzuhalten. Im Rahmen der Masterthesis wurden nur drei Mentoringbeziehungen untersucht, die keinem organisierten Mentoringprogramm angehören, dabei waren alle Interviewpartnerinnen weiblich. In einem weiteren Forschungsvorhaben wäre es möglich, weitere Mentoringbeziehungen, besonders männliche, diverse oder gemischte Konstellationen in den Blick zu nehmen oder auch die Bindungsrepräsentanzen und Transformationsprozesse von Mentor:innen herauszuarbeiten.

Die Arbeit mit dem AAP und mit der tiefenhermeneutischen Auslegung setzt ein gewisses Reflexionspotenzial und auch Reflexionsbereitschaft voraus, was die Arbeit zu einem qualitativ anspruchsvollen Vorhaben macht. Wem dieser Zugang liegt, scheint mit einer solchen Methodik gut beraten zu sein.

Weiterführende Literatur und Hinweise zur Vertiefung

Hilfreiche Literatur hinsichtlich christlicher Mentoringbeziehungen findet sich u. a. bei: FAIX, TOBIAS/WIEDEKIND, ANKE (2010), Mentoring. Das Praxisbuch. Ganzheitliche Begleitung von Glaube und Leben, Neukirchen-Vluyn.

Über das AAP lassen sich verschiedene Veröffentlichungen heranziehen, die den Umgang mit der Methode auch an praxisorientierten Beispielen verdeutlichen: GEORGE, CAROL u. a. (2009), Diagnostik der Bindungsqualität im Jugendalter – Das Adult Attachment Projective (AAP), in: JULIUS, HENRI u. a. (Hg.), Bindung im Kindesalter. Diagnostik und Interventionen, Göttingen u. a., 199–222. Wenn Sie alle acht Bilder des AAP erhalten wollen, finden Sie diese hier: GEORGE, CAROL/WEST, MALCOLM (2012), The Adult Attachment Projective Picture System, New York.

Grundlagen zur qualitativen Sozialwissenschaftlichen Forschung liefern bspw.: FLICK, UWE (2011), Qualitative Sozialforschung. Eine Einführung, 4. erw. Aufl., Reinbek bei Hamburg und LAMNEK, SIEGFRIED/KRELL, CLAUDIA (2016), Qualitative Sozialforschung. Lehrbuch, 6. überarb. Aufl. Weinheim. Hier finden sich wertvolle Anleitungen zur Erstellung eines qualitativen Forschungsdesigns, zur Leitfadengenerierung und auch zu verschiedenen Auswertungsmethoden. Explizit zur Tiefenhermeneutik: KÖNIG, JULIA u. a. (2019), Dichte Interpretation: Tiefenhermeneutik als Methode qualitativer Forschung, Wiesbaden.

Literatur

BRETHERTON, INGE (2001), Zur Konzeption innerer Arbeitsmodelle in der Bindungstheorie, in: GLOGER-TIPPELT, GABRIELE (Hg.), Bindung im Erwachsenenalter. Ein Handbuch für Forschung und Praxis, Bern u. a., 52–74.
ERDHEIM, MARIO (1988), Die Psychoanalyse und das Unbewußte in der Kultur, Frankfurt a.M.
GRIFFITH, JAMES L. (2013), Religion hilft, Religion schadet. Wie der Glaube unsere Gesundheit beeinflusst. Aus dem Amerikanischen von Christa Kordt, Darmstadt.
GROSSMANN, KLAUS E./GROSSMANN, KARIN/WINTER, MONIKA/ZIMMERMANN, PETER (2002), Bindungsbeziehungen und Bewertung von Partnerschaft. Von früher Erfahrung feinfühliger Unterstützung zu späterer Partnerschaftsrepräsentation, in: BRISCH, KARL-HEINZ/GROSSMANN, KLAUS E./GROSSMANN, KARIN/KÖHLER, LOTTE (Hg.), Bindung und seelische Entwicklungswege. Grundlagen, Prävention und klinische Praxis, Stuttgart, 125–164.
HÉDERVÁRI-HELLER, ÉVA (2003), Frühe Interaktionsstrukturen in der Mutter-Kind-Dyade: Interaktionsprozesse sowie Selbst- und Objektrepräsentanzen, in: FINGER-TRESCHER, URTE/KREBS, HEINZ (Hg.), Bindungsstörungen und Entwicklungschancen, Gießen, 109–132.
HÉDERVÁRI-HELLER, ÉVA (2011), Emotionen und Bindung bei Kleinkindern, Weinheim.
HÜNING, JOHANNES (2018), Junge Erwachsene, in: BÖLLERT, KARIN (Hg.), Kompendium Kinder- und Jugendhilfe, Wiesbaden, 403–424.
KING, VERA (2004), Die Entstehung des Neuen in der Adoleszenz. Individuation, Generativität und Geschlecht in modernisierten Gesellschaften, Wiesbaden.
MANSFELD, CORNELIA (2015), Vergesellschaftungsprozesse mikrosoziologisch betrachten – Gruppendiskussionen als empirische Erhebungsmethode in einer tiefenpsychologischen Sicht, Unveröffentlichtes Manuskript.
PAULUS, JENNIFER (2015), Wirkungen von Mentoringbeziehungen in biografischen Übergangsphasen am Beispiel junger Erwachsener, unveröffentlichte Masterthesis, Darmstadt.
SCHMID, BERND/HAASEN, NELE (2011): Einführung in das systemische Mentoring, Heidelberg.

Kapitel 14: Praxisleitende Kriterien erheben. Die Dokumentarische Methode als Mittel der systemischen Erhebung handlungsleitender Orientierungsmuster in der bildungsorientierten Arbeit mit Kindern in Kirchgemeinden

Martin Steinhäuser & Tino Schlinzig

1. Einleitung

Der folgende Beitrag stellt die sog. *Dokumentarische Methode* als Instrument rekonstruktiver Sozialforschung vor. Um Grundideen und Verfahrensweisen zu veranschaulichen, beziehen wir uns auf ein Forschungsprojekt, welches zwischen 2017 und 2023 an der Evangelischen Hochschule Dresden, Campus Moritzburg, Studiengang Evangelische Religions- und Gemeindepädagogik[1] realisiert wurde (Steinhäuser 2023 & 2024).

Der Gegenstand dieses Forschungsprojektes wird in Abschnitt 2 skizziert, um daraus im Hauptteil dieses Beitrages die forschungsmethodischen Entscheidungen zu plausibilisieren und die sozialwissenschaftliche Methodik zu erläutern. Abschnitt 4 dokumentiert anhand einiger inhaltlicher Ergebnisse die Wirksamkeit des gewählten Vorgehens. Kurze Überlegungen zu aufgetauchten Forschungsdesideraten sowie zur praxistauglichen Ergebniskommunikation schließen den Beitrag ab.[2]

---

[1] Bis 2020 Evangelische Hochschule Moritzburg.

[2] Unterstützt wurden die gesamte Projektentwicklung und -durchführung durch die Verknüpfung von Forschungsgegenstand, Lehrveranstaltungen und landeskirchlichen Interessen am Thema. Aus diesen Verknüpfungen entstanden studentische Mitwirkungen, eine multiprofessionell zusammengesetzte projektbegleitende Beratungsgruppe sowie die Möglichkeit der Akquise landeskirchlicher Sachkosten-Zuschüsse. Weitere Fördermittel wurden durch die WERTESTARTER (Stiftung für christliche Wertebildung) sowie durch eine erfolgreiche Beteiligung an einem Preisausschreiben der KD-Bank ermöglicht.

2. Gegenstand der Forschung

Das Forschungsprojekt zielt darauf ab, die zugrundeliegenden Kriterien und Orientierungen zu untersuchen, die die gemeindepädagogische Praxis im Bereich der bildungsorientierten Arbeit mit Kindern in Kirchgemeinden prägen. Im Mittelpunkt stehen dabei folgende Fragen: Nach welchen Kriterien gestaltet sich die gemeindepädagogische Arbeit mit Kindern, und wie beeinflussen diese Kriterien sowohl das professionelle Handeln der Gemeindepädagog:innen als auch die aktive Beteiligung der Kinder? Welche bewussten oder unbewussten Faktoren steuern diese Prozesse? Zudem soll erforscht werden, *auf welche Weise* diese Orientierungen entwickelt und vermittelt werden.

2.1 Fachlicher Hintergrund der Leitfragen

Kirchliche Arbeit mit Kindern findet in großer Vielfalt statt. Zu ihnen gehören nicht nur musisch orientierte Formate (wie Kinderchöre), erlebnisorientierte Formate (wie Pfadfinder), oder liturgisch orientierte Formate (wie Kindergottesdienst), sondern auch *bildungsorientierte* Formate (wie Christenlehre oder KU 3/8). Spezifisch für letztgenannte Formate sind eine *Regelhaftigkeit inszenierter, planförmiger Begegnungen zwischen Person und Sache* sowie eine *relative Verbindlichkeit der Teilnahme in alterssortierten Gruppen*.

Aus dieser Formatgruppe konzentrierte sich das Forschungsprojekt auf Angebote in der Tradition der „Christenlehre". Diese wurde in den ostdeutschen Landeskirchen nach dem Zweiten Weltkrieg als Kompensation für fehlenden schulischen Religionsunterricht konzeptionalisiert.[3] Vor diesem historischen Hintergrund stellt sich heute die Frage, warum dieses Format mit der Wiedereinführung des Religionsunterrichtes in den ostdeutschen Schulen (seit 1992) nicht wieder verschwunden ist, sondern bis heute die dominante Form der gemeindlichen Arbeit mit Kindern in den ostdeutschen Landeskirchen darstellt.[4] Einer der Gründe ist sicher darin zu sehen, dass die Christenlehre schon zu DDR-Zeit eine Reihe von Transformationen durchlief. Der „unterrichtliche" Charakter trat in ein Zusammenspiel mit Akzenten persönlicher Lebensbegleitung und gemeindepädagogischer Verknüpfung.

Diese Ausweitung hat sich nach der Wiedervereinigung Deutschlands in einer regionalen und lokalen Pluralisierung des Formates fortgesetzt. Das gilt übrigens auch für den Namen „Christenlehre" - vor allem in ländlichen Räumen

---

[3] Für einen Überblick zu Geschichte und Konzept des Formates Christenlehre in den ostdeutschen evangelischen Landeskirchen siehe Steinhäuser (2021).
[4] Für eine kurze Übersicht zur empirischen Datenlage siehe Steinhäuser (2024b).

bildet dieser Begriff nach wie vor eine Art „Markenname", während er anderenorts, vor allem in Städten, von moderner klingenden Namen wie „Kinderkirche", „Kindertreff", „Senfkornbande" etc. ersetzt worden ist.

So haben wir es heute also mit einer Situation zu tun, in der die kirchliche Arbeit mit Kindern in der Christenlehre-Tradition von Ort zu Ort, von Region zu Region unterschiedlich ausgeformt sein kann.

An dieser Stelle entsteht die oben zitierte Leitfrage des Forschungsprojektes: Anhand welcher Kriterien lassen sich Qualitätssicherung und Zukunftsorientierung gewinnen? Gerade bei stark traditionsgeprägten Institutionen wie *Kirche*, *Parochie*, *Christenlehre* spielen persönlich-biografische und milieubezogene, lokal-kulturelle Akzente eine *untergründig* wirksame Rolle. Gibt es in dieser Situation überhaupt verbindende, gemeinsam orientierende Kriterien, und wie wären diese zu ermitteln?

2.2 Inhaltliche Entscheidungen

Diesen Fragen trug das inhaltliche Design des Forschungsprojektes mit einigen Entscheidungen Rechnung:
– Als theoretische Rahmung wurde die sog. *gemeindepädagogische Matrix* zugrunde gelegt: „Kommunikation des Evangeliums" als zentrierende Kategorie in vier fachlich begründeten Erstreckungen.[5]
– Die konkrete Operationalisierung der Leitfrage des Forschungsprojektes startete nicht bei einer abstrakten, historischen oder konzeptionell normierenden Idee von Christenlehre, sondern bei der vorfindlichen Vielfalt, erfassbar im Selbstverständnis der Beteiligten.
– Zielführend wurde die Idee, dass aus der Erhebung und Sichtbarmachung leitender Kriterien eine reflektiertere Praxisgestaltung und Qualitätssicherung ermöglicht würde und somit ein Beitrag zur Weiterentwicklung dieses Handlungsfeldes geleistet werden könnte.

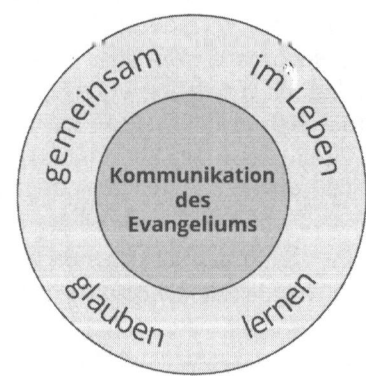

Abbildung 1: Gemeindepädagogische Matrix

---

[5] Zur Erläuterung und Einordnung der Matrix siehe Steinhäuser 2021b.

3. Methodik der Forschung

3.1 Vorüberlegungen

Welcher Denkstil und welche Forschungsmethodik könnten angemessen sein, um ein anscheinend so fluides Phänomen wie die kontextvariable bildungsorientierte Arbeit mit Kindern in ostdeutschen Kirchgemeinden erfassen zu können? Plausibilität und Relevanz der Praxis entsteht aus Sinnstiftungsprozessen, die in einer gegebenen Handlungsstruktur zwischen den Beteiligten ‚ausgehandelt' werden. Insofern diese ‚Aushandlungen' zum überwiegenden Teil implizit, vorbewusst und in biografischer Prägung (zum Beispiel bei den Eltern) erfolgen, sind *qualitative* Forschungsmethoden naheliegend, um ihre tragenden Motive zu erhellen.

Dieser forschungspragmatisch gesehen *offene* Ansatz schließt an folgende modernitätstheoretische und erkenntniskritische Überlegungen Ingo Dalferths an:

> „Gefragt ist nicht mehr das systematisch-subsumierende Denken, wie es für die analytischen und synthetischen Verfahren der Moderne charakteristisch war, das Phänomene als besondere Fälle eines bestimmten Allgemeinen zu begreifen suchte, sondern ein topisches Denken in Perspektiven und Horizonten, das sensibel ist für die Vielaspektigkeit und Rekombinierbarkeit der Phänomene, die in den Blick gefasst werden, sie also in verschiedenen Perspektiven und Horizonten zu betrachten sucht und nicht mehr darauf zielt, sie begrifflich so zu fixieren, dass sie auf eine und nur eine richtige Weise verstanden sind." (Dalferth 2004, 12).

Gefragt war außerdem ein Forschungsdesign, welches die empirische Methode nicht als ein „vorpädagogisches Ereignis" ansieht, das gleichsam „objektiv" zu relevanten Ergebnissen führen könnte. Stattdessen wurde die wissenschaftstheoretische Eigentümlichkeit der Gemeindepädagogik als *Praxistheorie* (Bubmann u. a. 2019, 7–9) aufgegriffen und nach einer Passung zwischen Methode und Gegenstand gesucht. Das sachbezogene Erforschen der jeweiligen Praxis sollte versuchen, die innere Struktur dieser Praxis aufzunehmen. Konkret: Die gemeindepädagogische Leitidee „Kommunikation des Evangeliums" sollte sich in einem kommunikativen Forschungsdesign spiegeln, näherhin in vertrauensbasierten Arbeitsbeziehungen zwischen Forschenden und Beforschten. Zu bedenken war hierbei auch die normative Aufladung jeder pädagogischen Praxis und die grundsätzliche Ambivalenz und Unberechenbarkeit ihrer Ereignisse. Im Rahmen eines Forschungsprojektes kann sich dies bei den pädagogisch Handelnden manchmal als Sorge vor fachlichen (Ab)Wertungen durch fachkundige, aber ortsfremde Besucher:innen niederschlagen.

Das Projekt wurde vom Erstautor dieses Beitrags geleitet und erhielt sozialwissenschaftlich-fachliche Begleitung durch einen Mitarbeiter des Lehrstuhls für Mikrosoziologie an der Technischen Universität Dresden, inzwischen ETH Zürich, ETH Wohnforum (Zweitautor dieses Beitrages).

3.2 Datenerhebung

Um die Vielfalt lokaler und regionaler Ausprägungen des Formates aufzunehmen, wurden zwei dörfliche, eine kleinstädtische und eine großstädtische Kirchgemeinde nach dem Kriterium der vermutlich größten Unterschiedlichkeit ausgewählt.

Um die Multiperspektivität möglicher konzeptioneller Einflussfaktoren zu würdigen, wurden in jeder dieser Gemeinden kontingent eine stattfindende Kindergruppe hospitiert und danach sowohl die beteiligten Kinder, als auch einige Eltern der betreffenden Gruppe, als auch ein:e Vertreter:in des lokalen Kirchenvorstandes als auch die Gemeindepädagogin interviewt. Dieses Design wird durch die nebenstehende Grafik verdeutlicht. Auf diese Weise wurden insgesamt 18 Einzel- bzw. Gruppeninterviews geführt.

Abbildung 2: Äußere Struktur der Datenerhebung

Es entstand insgesamt eine Perspektive, die man als „systemisch" bezeichnen kann. In den Blick kommt nicht nur eine einzelne Person/Personengruppe oder ein einzelnes Ereignis, sondern die Verflochtenheit eines Sozialsystems, in welches die jeweilige Person/das Ereignis eingebettet sind.

Zu keinem der Felder oder der dort anzutreffenden Personen bestanden persönliche Vorbeziehungen seitens der Forschenden. Die Feldexplorationen wurden im Rahmen jeweils mehrtägiger Aufenthalte in den Ortschaften realisiert. Die besuchenden Teams bestanden aus 2–3 Personen. Die Zusammensetzung der Teams wechselte zwischen den Feldern, war aber innerhalb eines Feldbesuches konstant. Der Erstautor des vorliegenden Textes war an allen Feldphasen und Interviews beteiligt.

Die Interviews mit den Erwachsenen folgten einem offenen Leitfaden mit narrativen Stimuli. Das heißt, dass durch die leitenden Erkenntnisinteressen bestimmte Fragebereiche vorgegeben waren. Diese strukturierten jedoch die Gespräche nur grob. Es wurde großer Wert auf narrative Stimuli gelegt, die auf biografische Erzählungen oder Schilderungen konkreter Erlebnisse zielten – z. B.

um begriffsbestimmte oder analytische Antworten zu kontextualisieren. Im Ergebnis wechseln sich in den Transkripten argumentierende Passagen mit narrativen Passagen ab. Dabei fiel auf, dass die Interviewpartner:innen im Verlauf der Interviews zunehmend gelöster und mit mehr Emphase und Gestik antworteten.

Die Interviews mit den vier Kindergruppen waren durch eine abwechslungsreiche Abfolge spielerisch-kreativer Methoden geprägt. Die interviewten Gruppen waren i. d. R. etwas kleiner als die zuvor hospitierten Gruppen, weil einige Eltern keine Zustimmung gegeben hatten. Die teilnehmenden Kinder jedoch waren fröhlich-neugierig gestimmt und beteiligten sich rege.[6]

Im Rahmen eines „ethical clearance"-Prozesses wurden die forschungsethischen Standards im Projekt, speziell bzgl. der Kinderinterviews, gesichert. Hierbei waren folgende Überlegungen leitend und bindend: Der Umgang mit Kindern gründet in der pädagogischen Verantwortung der Person als Forschende:r und Mensch gegenüber den Kindern, in der Anerkennung der Würde eines jeden Menschen (Art. 1 Abs. 1 GG) sowie in seinem Recht auf die Freiheit seiner Person und die Entfaltung seiner Persönlichkeit (Art. 2 GG) und Meinung (Art. 5 GG) als auch in der Gleichheit eines jeden Einzelnen (Art. 3 Abs. 1 GG). Die Konvention über die Rechte des Kindes der UN (1989, D: 1992) sichern „dem Kind, das fähig ist, sich eine eigene Meinung zu bilden, das Recht zu, diese Meinung in allen das Kind berührenden Angelegenheiten frei zu äußern…".[7] In diesem Rahmen kommt es darauf an, durch permanente Selbstreflexivität und Methodenkontrolle wissenschaftliche Redlichkeit verantwortungsbewusst zu realisieren.[8]

---

[6] Methoden und Frageformen wurden in Auseinandersetzung mit Trautmann (2010) sowie verschiedenen Beiträgen in Heinzel (2012) entwickelt.

[7] https://www.kinderrechtskonvention.info/uebereinkommen-ueber-die-rechte-des-kindes-370/ [abgerufen am 10.04.2024].

[8] In Design und Durchführung der Untersuchung richteten wir uns nach:
- Ethik-Kodex der Deutschen Gesellschaft für Soziologie (DGS) und des Berufsverbandes Deutscher Soziologinnen und Soziologen (BDS 2017 https://www.soziologie-deutschland.net/ethikcodex, bes. §2: Rechte der Probandinnen und Probanden [abgerufen am 10.04.2024].
- Ethik-Kodex der Deutschen Gesellschaft für Erziehungswissenschaft (DGfE 2017 https://www.dgfe.de/fileadmin/OrdnerRedakteure/Satzung_etc/Ethikkodex_2016.pdf [abgerufen am 10.04.2024].
- Richtlinie für die Befragung Minderjähriger vom *Arbeitskreis Deutscher Markt- und Sozialforschungsinstitute e. V.* (ADM), von der *Arbeitsgemeinschaft Sozialwissenschaftlicher Institute e. V.* (ASI), vom *Berufsverband Deutscher Markt- und Sozialforscher e. V.* (BVM) und von der *Deutsche Gesellschaft für Online Forschung e. V.* (D.G.O.F.) (2021, https://www.dgof.de/wp-content/uploads/2021/01/RL-Minderjaehrigen-neu-2021.pdf [abgerufen am 10.04.2024].

Speziell hinsichtlich der Gruppengespräche nutzten wir:
- Richtlinie für die Aufzeichnung und Beobachtung von Gruppendiskussionen und qualitativen Einzelinterviews des Verbandes der Markt- und Meinungsforschungsinstitute Österreichs (VdMI 2017, https://www.vdmi.at/assets/Richtlinien-Qualitativ-Endversion-konvertiert.pdf [abgerufen am 10.04.2024].

Konkret wurden ethische Aspekte nicht nur in der Planung des hier skizzierten Forschungsprojektes, sondern auch in der Durchführung reflektiert. Sowohl die Kinder, ihre Eltern und die jeweils verantwortliche Gemeindepädagogin bzw. der verantwortliche Gemeindepädagoge wurden über das Projekt, seine Ziele und Methoden vorab schriftlich informiert. Dies betrifft sowohl die Datenerhebung für die Interviews als auch die Erstellung der Fotos für das Arbeitsbuch. Die Einwilligung der Eltern für die Teilnahme ihres Kindes bzw. ihrer Kinder wurde vorab schriftlich eingeholt.[9] Die Kinder wurden zu Beginn darauf aufmerksam gemacht, dass ihre Äußerungen anonymisiert verwendet werden, sie die Beantwortung von Fragen jederzeit ablehnen und die Situation jederzeit verlassen können. In der Befragungssituation wie auch beim Erstellen der Fotos und in der Auswertung wurde die asymmetrische Kommunikationssituation zwischen den (den Kindern unvertrauten) Erwachsenen und den Kindern beachtet. Als Leitlinie galt, die Kinder und die anderen Befragten nicht als Objekte der Forschungsinteressen zu betrachten, sondern ihre Äußerungen aus ihrer eigenen Perspektive heraus zu interpretieren. Die Wahl der Befragungsmethoden berücksichtigte durch Abwechslungsreichtum die Uhrzeit (im Anschluss an die hospitierte Stunde am späten Nachmittag) sowie die Bewegungs- und spielerischen Bedürfnisse der Kinder.

Der Prozess der ethischen Prüfung der geplanten Methoden wurde in der Hochschulleitung der Evangelischen Hochschule Moritzburg verankert und in kritisch-kollegialer Diskussion durchgeführt, um die o.g. Kriterien und Maßstäbe sicherzustellen. Anschließend wurde die Genehmigung durch die Hochschulleitung erteilt.

Die wechselnden personellen Zusammensetzungen in den Datenerhebungs- und -interpretationsgruppen unterstützten das Bemühen um die nötige sozialwissenschaftliche/akademische Distanz zum Forschungsgegenstand. Auch die gewählte Auswertungsmethodik trug zu dieser Selbstkontrolle der Forschenden bei.

In der Auswertung der Daten sowie in mehreren konzeptionellen Diskussionsrunden, u. a. in einer multiprofessionell zusammengesetzten Beratungsgruppe des Projektes, wurde darauf geachtet, dass die erzielten Interpretationen und erstellten Fotos nicht als Abbildung von Wirklichkeit, sondern als Konstrukte der Interpretationsgruppe verstanden und damit unter einem grundsätzlichen Verstehensvorbehalt gestellt wurden.

Alle Interviews wurden im Anschluss transkribiert, anonymisiert, codiert und nummeriert. Die Transkriptionsregeln folgen einer vereinfachten Form der TiQ-Standards (Talk in Qualitative Research), auf die auch Bohnsack u. a. (2013, 399f) Bezug nehmen.

Siehe zur gesamten Thematik der Forschungsethik: Zimmermann (2018).

[9] Einige Eltern machten von der Möglichkeit Gebrauch, die Verwendung von Video-Aufzeichnungsgeräten abzulehnen.

Das Datenmanagement zu diesem Forschungsprojekt ist Teil der Erarbeitung von Leitlinien zum Umgang mit Forschungsdaten an der Evangelischen Hochschule Dresden.[10] Sämtliche Interview-Transkripte, dazugehörige Fallbeschreibungen sowie vergleichende Analysen wurden auf einer nachgeordneten Website der EHS abgelegt. Sie sind über QR Codes erreichbar, welche in den beiden Publikationen zum hier skizzierten Forschungsprojekt abgedruckt sind. Dadurch sind vorgenommene Interpretationen nachprüfbar und Sekundäranalysen möglich. Dies entspricht den „Leitlinien zur Sicherung guter wissenschaftlicher Praxis" der Deutschen Forschungsgemeinschaft (DFG).[11]

3.3 Datenauswertung mit der Dokumentarischen Methode

Das Analyseparadigma der *Dokumentarischen Methode der Textinterpretation* hat spätestens seit den frühen 2000er Jahren vor allem im Bereich der Erziehungswissenschaften und Soziologie vermehrt Anwendung gefunden. Das von Ralf Bohnsack (1998) ausgearbeitete Vorgehen gehört zu den sogenannten *rekonstruktiven* Verfahren.[12]

3.3.1 Was heißt „Rekonstruktive Sozialforschung"?

Rekonstruktiv deshalb, weil mit diesem Verfahren das Ziel verfolgt wird, die in verbalen Äußerungen eingelegten Sinnschichten zu erschließen und damit die Sinnsetzungen der Forschungssubjekte systematisch herauszuarbeiten. Dieser Ansatz begnügt sich nicht damit, an einer Oberflächenrhetorik zu verbleiben, sondern quasi „hinter den Rücken" der Interviewten zu blicken, deren *Orientierungsrahmen* und *konjunktiven Wissensvorrat* kontrolliert zu verstehen (Bohnsack 2014). Damit sind zwei zentrale Konzepte benannt, die Bohnsack der Wissenssoziologie Karl Mannheims (1980) entlehnt. Das *Dokumentarische* der Dokumentarischen Methode geht auf die Ethnomethodologie Harold Garfinkels (1967) zurück,

---

[10] Referenzen: Deutsche Forschungsgemeinschaft (DFG): Leitlinien zum Umgang mit Forschungsdaten https://www.dfg.de/download/pdf/foerderung/grundlagen_dfg_foerderung/forschungsdaten/leitlinien_forschungsdaten.pdf, [abgerufen am 10.04.2024] sowie Katholische Hochschule Mainz: Leitlinien zum Umgang mit Forschungsdaten (https://www.kh-mz.de/fileadmin/user_upload/IFB/Dokumente/Forschung_Qualitaetssicherung/Forschungsdatenmanagement_Leitlinien_KH_Mainz_01.04.2019.pdf, [abgerufen am 10.04.2024].

[11] Speziell Leitlinie 12: „Dokumentation" und 13: „Herstellung von öffentlichem Zugang zu Forschungsergebnissen" (https://www.dfg.de/download/pdf/foerderung/rechtliche_rahmenbedingungen/gute_wissenschaftliche_praxis/kodex_gwp.pdf, [abgerufen am 10.04.2024]).

[12] Die Darstellung der Dateninterpretation mit der „Dokumentarischen Methode" wird ebenso beschrieben in Steinhäuser 2024a, Teil C.

der damit die Methoden der Herstellung einer gemeinsamen alltäglichen Ordnung und eines geteilten Wissens beschreibt. Handlungen und Aussagen haben in diesem Sinne einen *Dokumentcharakter*, sie verweisen auf etwas und ermöglichen hierüber Verständigung.

Der Zugang zu diesen Erfahrungsräumen ist mit der methodologisch nicht ganz einfachen Frage nach den Voraussetzungen des Nachvollzugs der Sinnsetzungen der Beforschten durch die Forschenden verknüpft. Anders als bei quantitativ-standardisierten Forschungen gilt in den Erhebungen und Analysen gegenüber einer Standardisierung der Erhebungsinstrumente das Primat den Erforschten und deren Alltagsmethoden und Relevanzsetzungen. Ausgangspunkt sind Annahmen soziologischer Theorieansätze, die mit dem Titel *Interpretatives Paradigma* zusammengefassten werden. Hiernach wird soziale Wirklichkeit im Handeln der Subjekte bzw. in Interaktionen erzeugt. Dieser Prämisse folgend wurde sich in diesem Projekt einer *Hypothesen generierenden qualitativen Methodologie* bedient. Mit den Worten Ralf Bohnsacks (1998) wurde *rekonstruktive Sozialforschung* betrieben, die den Prinzipien der *Offenheit* und *Kommunikation* folgt (Hoffmann-Riem 1980). Zugang zu den Sinnsetzungen der Beforschten ist hiernach möglich, wenn deren „kommunikative Regelsysteme in Geltung" belassen werden (ebd., 346f) und die Strukturierung des Forschungsgegenstandes durch die Forschungssubjekte selbst erfolgt – in unserem Fall durch die interviewten Kinder, Eltern, Gemeindepädagog:innen und Mitgliedern der Kirchenvorstände. *Rekonstruktiv* versteht sich diese Art des Forschens insofern, als dass der bei Schütz (1971) angelegten Differenzierung zwischen „Konstruktionen ersten Grades", d. h. den handlungsleitenden Konstruktionen alltäglicher Wirklichkeit durch die handelnden Subjekte, und denen „zweiten Grades" der Sozialwissenschaften systematisch Rechnung getragen wird. Zusammen mit den Überlegungen Mannheims (1980) zur Seinsverbundenheit von Welterfahrung der Teilnehmenden an der Studie sowie der Forschenden soll das möglich werden, was einen wissenschaftlichen Erkenntnisgewinn von Erfahrungen des Alltags unterscheidet – *kontrolliertes Fremdverstehen,* hierüber (gegenstandsbezogene) *Theoriebildung* und damit die Generierung neuer Erkenntnisse, die intersubjektiv nachvollziehbar und damit reproduzierbar sind.

3.3.2 „Kommunikatives" und „konjunktives" Wissen

Für den Zugang zu den kollektiven Orientierungsrahmen und daraus erwachsenden Handlungspraktiken ist es nach Bohnsack (2014) hilfreich, mindestens zwei Wissensformen analytisch zu unterscheiden (siehe auch Nohl 2017; Przyborski 2004):
    (1) das kommunikative sowie
    (2) das konjunktive Wissen.

Dabei empfiehlt er eine Analysehaltung, die über den rein immanenten Sinngehalt einer Äußerung, d. h. die institutionalisierten und rollenförmigen Wissensbestände, hinausgeht und den dokumentarischen Sinn sowie das damit verbundene handlungsleitende und reflexiv nicht verfügbare Wissen zum Gegenstand der Untersuchungen zu machen. Es geht der Dokumentarischen Methode um den Nachvollzug des *modus operandi der Herstellung von Wirklichkeit, der sich in den Erzählungen der Interviewten dokumentiert*. Der für die Dokumentarische Methode grundlegenden Leitdifferenz von kommunikativem und konjunktivem Wissen folgend, wechselt die Analyse der verschriftlichten Interviews von der Frage nach dem *Was* gesagt wird zu der nach dem *Wie*. Dies wird in zwei voneinander unterscheidbare Arbeitsschritte übersetzt, die im Folgenden näher erläutert werden sollen.

3.3.3 „Formulierende" und „reflektierende" Interpretation

Der Analyseschritt der *formulierenden* Interpretation nimmt eine thematische Feingliederung zum Ausgangspunkt. Durch die Formulierung von Überschriften und durch Paraphrasierungen wird die thematische Struktur der verschriftlichten Interviews rekonstruiert. Aus Sicht Bohnsacks (2014, 34) wird dabei „konsequent innerhalb des Relevanzsystems, des Rahmens der Gruppe [resp. der Interviewten]" verblieben. Die Interpretationen zielen auf die Ebene des „immanenten Sinngehalts", auf das Was gesagt wurde.

Die *reflektierende* Interpretation zielt auf die Offenlegung des Rahmens, innerhalb dessen das Thema behandelt wird, auf die Art und Weise, wie und mit Bezug auf welches Orientierungsmuster das Thema behandelt wird. Diese Rahmen werden durch positive wie negative sogenannte Gegenhorizonte sowie deren Enaktierungspotenzial – die Möglichkeit ihrer Umsetzung – in den Darlegungen der Interviewten erkennbar (Bohnsack 1989, 26). Innerhalb dieses Rahmens ist die für die jeweilige Gruppe entscheidende Orientierungsfigur quasi „aufgespannt" (ebd., 28).

3.3.4 Beachtung unterschiedlicher „Textsorten"

Für die Dokumentarische Interpretation von Interviews ist zudem die Unterscheidung zwischen verschiedenen *Textsorten* relevant: Erzählungen, Beschreibungen und Argumentationen. Besonderes Augenmerk wird hierbei Erzählungen von Erlebtem und Beschreibungen wiederkehrender Handlungsabläufe zuteil, da in diesen die Handlungspraxis selbst ablesbar und damit das konjunktive Wissen der Interviewten zugänglich werde (Nohl 2017, 23f). Dieses umfasst bspw. spezifische Sprachformen und Praktiken, die mit gemeinsamen Traditionen, Gewohnheiten und Erfahrungen verbunden sind. Dieses Wissen ist für Außenstehende oft schwer zugänglich oder nachvollziehbar, da es ein tieferes Eintauchen in die jeweilige Lebenswelt der Befragten voraussetzt.

3.3.5 Komparative Analysen und die Emergenz neuen Wissens

Die Auslegungen unterschiedlicher Lesarten der Textmaterialien speisen sich bei alledem anfänglich aus den Erfahrungen der Interpretierenden und dem Wissenstand der jeweiligen Forschungen. Die Vergleichshorizonte werden jedoch im Zuge einer „komparativen Analyse" (siehe hierzu auch Strauss/Corbin 1996) sukzessive an den empirischen Materialien der einzelnen Fälle abgearbeitet. Im Fokus dieser Analysen, so stellen Loos/Schäffer (2001, 64) für das Gruppendiskussionsverfahren heraus, sind dabei nicht die *Intentionen und Motive* der Befragten – diese seien empirisch gesichert nicht zu ergründen – sondern *gemeinsame geteilte Vorstellungen*, die auf eine *kollektiv geteilte Handlungspraxis* verweisen.

3.3.6 Typenbildung

Der an die sequenzielle Analyse von Einzelfällen anschließende Schritt umfasst die vergleichende Analyse der Fallbeispiele mit dem Ziel einer sogenannten *Typenbildung*, das heißt eine Gruppierung verschiedener Orientierungen und Handlungsmuster zu Typen, die jeweils für sich genommen möglichst ähnliche Fälle zusammenfassen und sich gleichzeitig möglichst stark von anderen Typen unterscheiden. Nohl (2017, 41ff) folgend, wird in der Analysearbeit zwischen *sinngenetischer* und *soziogentischer* Typenbildung unterschieden. Im ersten Fall kommt ein themenbezogenes *Tertium Comparationis* zur Anwendung – etwa wie die Gemeindepädagog:innen von einer Stunde Christenlehre berichten.

Zweitere erweitert die Gruppierung der Fälle um den *sozialen Zusammenhang*, in dem die Orientierungsrahmen stehen. Hierbei werden verschiedene inhaltlich-thematische Aspekte systematisch nach z. B. sozialer Funktion, Geschlecht oder auch Alter variiert. Diese mehrdimensionale Typenbildung bietet die Grundlage für eine Generalisierung der Forschungsergebnisse (ebd., 47). Eine Typenbildung im strengen Sinn der Dokumentarischen Methode lag nicht im Interesse des hier skizzierten Forschungsprojektes. Jedoch wurden die Analysen abschließend in verdichtenden Fallbeschreibungen der jeweiligen *Gemeinden* sowie der verschiedenen interviewten *Bezugsgruppen* zusammengefasst und Variationen innerhalb sowie fallübergreifend herausgearbeitet.

4. Inhaltliche Ergebnisse

Die folgenden Abschnitte gehen nur insofern auf inhaltliche Ergebnisse des Forschungsprojektes ein, als sich damit Anwendungseffekte der Dokumentarischen Methode zeigen lassen.

4.1 Rekonstruktion des Erkenntnisweges

Untenstehende Grafik (Abb. 3) rekonstruiert den Erkenntnisweg im Forschungsprozess. Es ist wichtig, sich klarzumachen, dass mithilfe der Dokumentarischen Methode nicht die Praxis von Christenlehre als solche rekonstruiert wurde, sondern die Perspektiven von vier beteiligten Gruppen auf diese Praxis, und zwar in der kommunikativen Perspektive von Forschungsteam und Beratungsgruppe. Das Projekt ging davon aus, dass die Akteur:innen über handlungspraktisches Erfahrungswissen verfügen, welches ihnen reflexiv nicht zwingend verfügbar ist, aber die Alltagsroutinen anleitet. Ausgehend von der konkreten Praxis, erreichten die Befragten im Interview schnell eine generalisierende Ebene (das Typische an der Praxis vor Ort).

Abbildung 3: Rekonstruktion des Erkenntnisweges

So wurden die *Orientierungsrahmen* sichtbar, aus denen heraus die Beteiligten Aufträge an die jeweilige Praxis erteilen. Wie im Zuge der Dateninterpretation deutlich wurde, erteilen sie diese Aufträge nicht nur kurzfristig, womöglich aus der Situation der Befragung heraus. Sie spiegeln vielmehr generelle Setzungen, die zum Beispiel biografisch und/oder fachlich begründet sind und damit aus einer spezifischen (kollektiven) Erfahrung gespeist sind.

4.2 Interaktive und metaphorische Verdichtungen

In der Arbeit mit der Dokumentarischen Methode wird besonders auf solche Gesprächsphasen geachtet, in denen Beteiligungsenergie und Körpersprache vermuten lassen, dass die Gesprächspartner über etwas sprechen, das ihnen sehr wichtig ist. Häufig benutzen sie dann starke alltagsbildliche Wörter, Laute und Gesten, die ihren Orientierungsrahmen symbolisieren.[13]

Ein Ausschnitt aus einem der Kindergruppen-Interviews mag das verdeutlichen. Im Verlaufe des Gruppeninterviews erinnerten wir die Kinder mithilfe von Karten auf dem Fußboden, welche Stationen in der soeben miterlebten Christenlehre-Stunde vorkamen. Dann luden wir sie ein, solche Stationskarten zu entfernen, die sie für nicht so wichtig an der Christenlehre empfinden. Dies führte zu lebhaften Diskussionen in der Gruppe. Dabei wiederum verbalisierten die Kinder ihre subjektiven Begründungen für die Präferenz bestimmter Elemente. Zum Beispiel, ob Beten dazugehöre, obwohl das einige langweilig fänden. Ähnlich lebhaft ging es zu, als wir den Kindern anboten, mit weiteren Karten Elemente hinzuzufügen, die ihnen vielleicht wichtig wären, obwohl sie in der miterlebten Stunde des Tages gar nicht vorkamen. Hier überlegte Emilia laut vor sich hin, und gab damit der ganzen Gruppe einen Impuls für folgenden Wortwechsel:

> Emilia: „Kinderkirche ist ja nicht nur, hier, so, hier so Entspannung so, man muss auch was tun."
> Doreen [aufgeregt]: „Ich hab noch was! Reden und diskutieren, weil wir reden ja auch und sitzen nicht die ganze Zeit nur da, und müssen ja auch diskutieren, was jetzt genau da..."
> Kinder [durcheinander]: „Ja."
> Interviewer: „Worüber redet man am wichtigsten in der Christenlehre?"
> Bernd: „Na, über die Sachen, die wir erlebt haben, einmal, und über die -"
> [unklare Zuordnung]: „über Gott, über Gott, über Gott".
> Bernd: „- Geschichten, die wir erzählt haben".
> [unklare Zuordnung]: „Ja über Gott, über Gott. Wir reden über Gott."
> Interviewer: „Ja. Und du sagst?"
> Kind [unklare Zuordnung]: „Naja, über Jesus, das was unser Thema ist, und wir haben ja jetzt auch diskutiert: ,Ist das Gottesreich schon da, oder ist es nicht da?', und wir beide haben ja jetzt auch wegen Beten diskutiert: ,Gehört beten dazu oder gehört es nicht dazu.'"

Der Ausschnitt dokumentiert, wie sich die Kindergruppe gleichsam gesprächsweise eines wesentlichen Teils von Christenlehre bewusst wird und dies auch sofort anhand mehrerer Beispiele elaborieren kann. Es geht ihnen um *ihre Aktivität*, um das, was sie erlebt haben, und um die Gottesthematik. Wäre die Gottes-

---

[13] Bohnsack/Schäffer (2001, 334) sprechen im Zusammenhang mit Fokussierungsmetaphern von Passagen mit „einer hohen interaktiven und metaphorischen Dichte" (sog. in-vivo-codes).

vokabel hier nur stichwortartig gefallen, hätte man eine sozial erwünschte Antwort vermuten können. Da die Kinder aber gleichzeitig lossprudelten und ihre Perspektive sofort elaborieren konnten, gibt es kaum Anhalt für diesen Verdacht.

4.3 Enaktierungspotential

Im Abschnitt 3.3.3 wurde ein spezifisches Instrument der Dokumentarischen Methode erwähnt, das für einen pädagogisch verfassten Forschungsgegenstand besonders interessant erscheint und hier kurz am Beispiel vorgeführt werden soll. Um die jeweiligen „Orientierungsrahmen" zu ermitteln, kann man nach sog. „positiven" und „negativen Gegenhorizonten" suchen, denen die Interviewten hinsichtlich des Erreichens einer direkt oder indirekt erkennbaren Zielstellung Bedeutung zumessen. Wie schätzen sie die Realisierungschancen ein? Welche Potenziale bietet ihr Alltagshandeln, um welche grundlegenden Orientierungen zu realisieren? Mit dem Begriff des „Enaktierungspotential" wird die Wahrscheinlichkeit bezeichnet, dass eine bestimmte Orientierung handlungsleitend wird (Bohnsack 2014, 138).

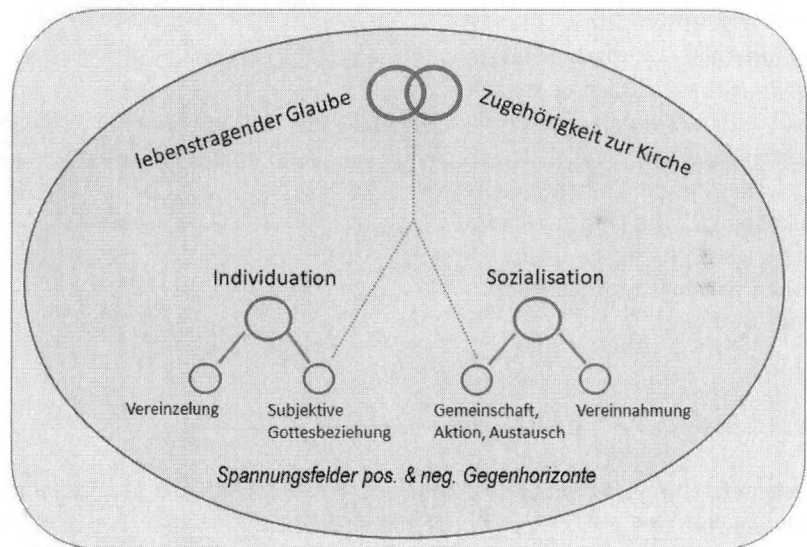

Abbildung 4: Enaktierungspotential

Beispielsweise deuten die komparativen Analysen auf eine hohe Übereinstimmung zwischen den Befragten hinsichtlich des Orientierungsrahmens von Christenlehre als wirksamer Beitrag zur *Herausbildung einer christlichen Identität* hin. Näherhin wird in diesem Orientierungsrahmen ein zweifaches Ziel gestellt:

Sowohl die *Entwicklung eines lebenstragenden Glaubens* als auch die *Entwicklung eines Zugehörigkeitsgefühls zur Kirche* soll durch die Christenlehre unterstützt werden. Doch die Realisierung dieser doppelten Zielstellung sieht sich einer ebenso unvermeidlichen wie prekären Spannung gegenüber: Zum einen soll die Christenlehre zur *Selbstwerdung* beitragen, zu *Individuation*. Diesem Spannungspol wird die Entwicklung einer subjektiven Gottesbeziehung als positiver Gegenhorizont zugeordnet, eine drohende Vereinzelung (Vernachlässigung der Sozialität des Glaubens) als negativer Gegenhorizont. Zum anderen soll Christenlehre zur *Sozialisation* beitragen, zum *Hineinwachsen in die gesellschaftlich-kulturelle Praxis des Glaubens als Gemeinde/Kirche*. Diesem Spannungspol wird die Gemeinschaft, die Aktion, der Austausch als positiver Gegenhorizont zugeordnet, eine drohende Vereinnahmung (Vernachlässigung der subjektiven Freiheit) als negativer Gegenhorizont. So lässt sich mit dieser analytisch und komparativ gewonnenen Hilfe die Frage an eine gegebene Praxis begründen, welche Realisierungsmöglichkeiten eine konkrete Gestalt von Christenlehre für die Erreichung des doppelten Zieles bietet.

4.4 Leitende Kriterien

Die Verfahrensschritte der Dokumentarischen Methode haben nicht nur eine Fülle „leitender Kriterien" für die Praxis von Christenlehre in unterschiedlichsten situativen und persönlichen Perspektiven zu Tage gefördert, sondern auch geholfen, diese Fülle zu ordnen. Ergebnis ist die nebenstehende Grafik.

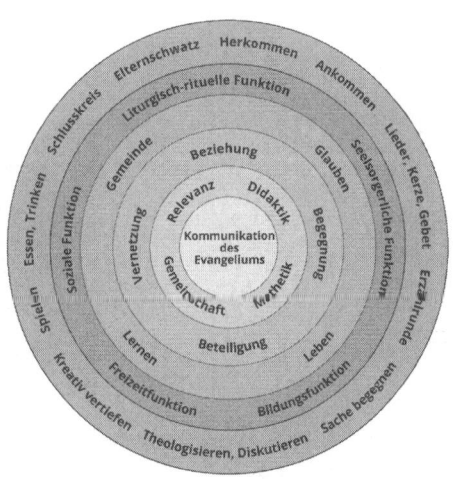

Abbildung 5: Strukturierte Anordnung leitender Kriterien von „Christenlehre"

Der äußerste Kreis benennt, gleichsam phänomenologisch, die durchschnittlichen *Stationen* im Verlauf einer Christenlehre-Stunde. Analytisch gesehen, leisten diese verschiedenen Stationen mithilfe gewählter Methoden ganz bestimmte *Funktionen*. Mit dieser Multifunktionalität erklärt sich die Attraktivität des Formates trotz unterschiedlicher Erwartungen der teilnehmenden Kinder. Im dritten Ring leuchten vier Kategorien auf, die in den Sichtweisen der Befragten eine Art *theologisch-pädagogisches Trägerfeld* von Christenlehre bilden. Sie verankern das Unternehmen Christenlehre im Netz grundlegender gemeindepädagogische Referenzen.

Reflektiert man nun diese vier systematischen Kriterien auf dem Hintergrund der Stationen und Funktionen, so lassen sich vier weitere, grundlegende, und zwar *prozesssteuernde* Kriterien einordnen (vierter Ring). Diese vier Begriffe beschreiben die *dynamischen Antriebskräfte* in der Praxis von Christenlehre.

Damit war allerdings die evozierende Leistung der Dokumentarischen Methode noch nicht am Ende. Sie ermöglichte es, noch weiter ins Zentrum der Eigentümlichkeit des Formates vorzustoßen und dort, zusätzlich zu den beiden bekannten zentralen Kriterien „Gemeinschaft" und „Didaktik", zwei neue Kriterien zu identifizieren, die eine *spezifische Qualität* besitzen: „Relevanz" als *zweckhafter subjektiver Qualitätsmaßstab* sowie „Mathetik" als Reflexionshorizont für die *gemeinsam geteilte Haltung christlicher Zeitgenossenschaft*, aus der heraus ein Unternehmen wie Christenlehre überhaupt in die Praxis kommt.

5. Weitere Anschlussfähigkeit für Praxis und Forschung

Hinsichtlich des Gegenstandes des Projektes - der bildungsorientierten Arbeit mit Kindern in Kirchgemeinden - wurden zwei Forschungsdesiderate deutlich:

Zum einen braucht die Frage der gemeindepädagogischen Qualitätssicherung im *Zusammenspiel von hauptamtlichen und ehrenamtlichen Leitungsfunktionen* genauere, empirisch fundierte Aufmerksamkeit.

Zum zweiten braucht es dringend eine religionsdidaktische Zusammenschau der verschiedenen Formen kirchlicher Arbeit mit Kindern, ob nun mit musikalischem, liturgischem, erlebnispädagogischem oder bildungsorientiertem Schwerpunkt. Eine konzeptionelle Grundlage zur Verständigung ist mit der religionspädagogischen Fassung des *allgemeinen Bildungsbegriffs* gegeben – aber wie greifen die Formatgruppen *in der Sicht der Beteiligten* ineinander?

Die Frage nach der Anschlussfähigkeit des skizzierten Projektes für die Praxis möchte ich im Blick auf die *Ergebniskommunikation* aufgreifen. Denn das ganze Projektes war von vornherein auf die *Erstellung eines praxisaffinen Arbeitsmaterials* orientiert. Dieses Ziel führte dazu, dass die Ergebnisse auf zwei Publikationen aufgeteilt wurden: Ein *Arbeitsbuch* für die Praktiker:innen sowie ein *Dokumentationsband*, der die wissenschaftlichen Perspektiven auf das Projekt spiegelt und bereits erste kritische Diskussionen zum Arbeitsbuch in Form von kommentierenden Aufsätzen beinhaltet.

Für das Arbeitsbuch für die Praxis wurde ein sozusagen „buchdidaktisches" Konzept entwickelt. Entstehen sollte ein dezentral effektives Arbeitsmittel, welches den Prozess einer Profilentwicklung nicht zentral steuert und normiert, sondern vor Ort stimuliert. Es geht darum, in der Hand der einzelnen gemeindepädagogisch Tätigen und Beteiligten Reflexionen zur je eigenen Praxis zu unterstützen. Damit zusammenhängend, soll es als Themenspender und Materialsammlung für Besprechungen in den lokalen oder regionalen Teams dienen, im Ausschuss des Kirchenvorstandes oder bei Elternabenden. Das kann auch in Form kleiner Fortbildungseinheiten für Menschen geschehen, die in der Gemeinde oder in der Ephorie ehrenamtlich in der Arbeit mit Kindern mitwirken.

Diese Ziele wurden mit folgenden Elementen umgesetzt:
- vier Teile, die kein lineares Lesen erfordern, sondern kaleidoskopartige Einstiege ermöglichen je nach individuell-situativem Interesse
- eine journalartige Kürze thematischer Impulse (jeweils eine Doppelseite) entspricht dem begrenzten Zeitbudget von Praktiker:innen
- zahlreiche Interviewzitate zeigen die Menschen hinter den Kriterien
- weitestgehende Vermeidung wissenschaftlicher Spezialsprache
- durchgängige Bebilderung im Vierfarbdruck mit eigens angefertigten Fotos, welche eigene ästhetische Beiträge zum Thema liefern
- neun Anhänge mit Übersichtsgrafiken und detaillierten Arbeitsmaterialien
- QR Codes verlinken die Praxis-Schilderungen zu den ausführlicheren „Fallbeschreibungen", um wissenschaftsorientierte Auseinandersetzungen zu unterstützen.

Weiterführende Literatur und Hinweise zur Vertiefung

BOHNSACK, RALF (2013), Die dokumentarische Methode und ihre Forschungspraxis. Grundlagen qualitativer Sozialforschung. 3. Aufl. Wiesbaden.
BOHNSACK, RALF (2014a), Rekonstruktive Sozialforschung. Einführung in qualitative Methoden. 9. Aufl. Opladen.
HEINZEL, FRIEDERIKE (Hg) (2012), Methoden der Kindheitsforschung. Ein Überblick über Forschungszugänge zur kindlichen Perspektive. 2. Aufl. Weinheim und Basel.
NOHL, ARND-MICHAEL (2017), Interview und dokumentarische Methode. 5., akt. u. erw. Aufl. Wiesbaden.
PRZYBORSKI, AGLAJA (2004), Gesprächsanalyse und dokumentarische Methode. Qualitative Auswertung von Gesprächen, Gruppendiskussionen und anderen Diskursen, Wiesbaden.
TRAUTMANN, THOMAS (2010), Interviews mit Kindern. Grundlagen, Techniken, Besonderheiten, Beispiele, Wiesbaden.

Literatur

BOHNSACK, RALF (1989), Generation, Milieu und Geschlecht. Ergebnisse aus Gruppendiskussionen mit Jugendlichen, Opladen.

BOHNSACK, RALF (1998), Rekonstruktive Sozialforschung und der Grundbegriff des Orientierungsmusters. In SIEFKES, DIRK/EULENHÖFER, PETER/STACH, HEIKE/STÄDLER, KLAUS (Hg.), Sozialgeschichte der Informatik – Kulturelle Praktiken und Orientierungen, Studien zur Wissenschafts- und Technikforschung. Wiesbaden, 105–121.

BOHNSACK, RALF (2014b), Habitus, Norm und Identität, in HELSPER, WERNER/KRAMER, ROLF-TORSTEN/THIERSCH, SVEN (Hg.), Schülerhabitus. Theoretische und empirische Analysen zum bourdieuischen Theorem der kulturellen Passung,. Wiesbaden, 33–55.

BOHNSACK, RALF/SCHÄFFER, BURKHARD (2001), Gruppendiskussionsverfahren. In: Hug, Theo (Hg.), Wie kommt Wissenschaft zu Wissen? Bd. 2. Baltmannsweiler 2001, 324–341.

BOHNSACK, RALF/NENTWIG-GESEMANN, IRIS/NOHL, ARND-MICHAEL (Hg.) (2013), Richtlinien der Transkription: Talk in Qualitative Research. In: DIES.: Die dokumentarische Methode und ihre Forschungspraxis. Grundlagen qualitativer Sozialforschung. 3. Aufl. Wiesbaden.

BUBMANN, PETER/KEßLER, HILDRUN/MULIA, CHRISTIAN/OESSELMANN, DIRK/PIROTH, NICOLE/STEINHÄUSER, MARTIN (Hg.) (2019), Gemeindepädagogik, 2. Aufl. Boston/Berlin

DALFERTH, INGOLF (2004), Evangelische Theologie als Interpretationspraxis. Eine systematische Orientierung. ThLZ.F 11/12 Leipzig.

HOFFMANN-RIEM, CHRISTA (1980), Die Sozialforschung einer interpretativen Soziologie – Der Datengewinn, in: Kölner Zeitschrift für Soziologie und Sozialpsychologie 32(2), 339–372.

LOOS, PETER/SCHÄFFER, BURKHARD (2001), Das Gruppendiskussionsverfahren, Opladen.

MANNHEIM, KARL (1980), Strukturen des Denkens, Frankfurt a.M.

SCHÜTZ, ALFRED (1971), Gesammelte Aufsätze. Bd. 1: Das Problem der sozialen Wirklichkeit, Nijho, Den Haag.

STEINHÄUSER, MARTIN (2021), Art. Christenlehre, in: WiReLex https://doi.org/10.23768/wirelex. Christenlehre.100214 [abgerufen am 10.04.2024].

STEINHÄUSER, MARTIN (2023), Kinderkirche, Christenlehre und Co. Profilentwicklung in der bildungsorientierten Arbeit mit Kindern in Kirchgemeinden. Bd. 1: Arbeitsbuch für die Praxis. Leipzig.

STEINHÄUSER, MARTIN (2024a), Kinderkirche, Christenlehre und Co. Profilentwicklung in der bildungsorientierten Arbeit mit Kindern in Kirchgemeinden. Band. 2: Dokumentation und Kommentare zum Forschungsprojekt. Leipzig.

STEINHÄUSER, MARTIN (2024b), Bildungsorientierte Arbeit mit Kindern in Kirchgemeinden – auf der Suche nach leitenden Kategorien. In: BÖHME, THOMAS/BELL, DESMOND/FERMOR, GOTTHARD/FISCHER, RALF/HELD, FELICITAS/ILG, WOLFGANG/MULIA, CHRISTIAN/VAN DER HOEK, STEFAN (Hg.), Empirie in der Gemeindepädagogik. Forschen – Interpretieren – Kommunizieren. Religions- und gemeindepädagogische Perspektiven Band 3. Münster, 101–117.

STRAUSS, ANSELM/CORBIN, JULIET (1996), Grounded Theory. Grundlagen Qualitativer Sozialforschung, Weinheim.

ZIMMERMANN, MIRJAM (2018), Respecting Boundaries. Ethical Standards in Theological Research Involving Children. In: STEINHÄUSER, MARTIN/ØYSTESE, RUNE (Hg.), Godly Play. European Perspectives on Practice and Research, Münster, New York, 248–265.

Kapitel 15: Kreative Zugänge in der Fragebogenentwicklung am Beispiel von Evaluationen kirchlicher Innovationsprozesse

Sina Müller & Florian Karcher

1. Frage(bogen)entwicklung bei explorativen Forschungsansätzen

Dieser Beitrag widmet sich einem wichtigen Teilbereich des Forschungsprozesses: der Fragebogenentwicklung für quantitative, aber auch qualitative Forschung.

In der qualitativen Sozialforschung dominieren unstrukturierte und halbstrukturierte Fragebögen, anders als in der quantitativen Forschung. Ein guter Fragebogen sorgt dafür, den Forschungsgegenstand aus der subjektiven Perspektive des oder der Befragten zu erheben. Die Ansichten, Beweggründe, Glaubensinhalte usw. der befragten Person können durch die qualitative Befragung sichtbar gemacht werden, was beispielsweise durch Beobachtung des Handelns nicht erhoben werden könnte. Die qualitative Befragung ist niedrigschwellig, persönlich und verspricht viele Informationen in kurzer Zeit zu generieren (Döring/Bortz 2016). In der quantitativen Forschung sind gute Items von hoher Bedeutung. Sie geben an, welche Ergebnisse erhoben und welche Schlüsse ggf. daraus gezogen werden können. Welche Fragen in einem Fragebogen gestellt werden, ist also für die Forschung von herausragender Bedeutung.

Der vorliegende Beitrag stellt drei Zugänge bzw. Methoden zur Erstellung eines Fragebogens vor, welche einzeln oder in Kombination eingesetzt werden können, bzw. im vorgestellten Projekt eingesetzt wurden.

Das vorgestellte Forschungsprojekt befasst sich mit kirchlichen Innovationsprozessen (Erprobungsräumen) innerhalb der Lippischen Landeskirche, die von der CVJM-Hochschule zwischen 2021 und 2024 evaluiert werden. Erprobungsräume „sind Projekte, in denen Neues und Ungewöhnliches ausprobiert wird. Sie finden heraus, was unsere Kirche zukunftsfähig macht."[1]

Bei der wissenschaftlichen Erfassung solcher Prozesse ist ein exploratives Vorgehen notwendig. Da bei diesen Thematiken in der Regel nur wenige theo-

---

[1] https://www.erprobungsraeume-lippe.de [abgerufen am 10.04.2024].

retische Hintergründe oder vergleichbare Studien zur Verfügung stehen (Diekmann 2021). Gerade in solchen Settings können kreative Zugänge hilfreich sein, um zielführende Items zu entwickeln. Da es bisher nahezu keine Zugänge zur Fragebogenentwicklung gibt, werden diese in dem Beitrag fokussiert.

Ein Fragebogen ist dabei „eine mehr oder weniger standardisierte Zusammenstellung von Fragen, die Personen zur Beantwortung mit dem Ziel vorgelegt werden, deren Antworten zur Überprüfung der den Fragen zugrunde liegenden theoretischen Konzepte und Zusammenhänge zu verwenden" (Porst u. a. 1998, 21). Ein Fragebogen besteht aus verschiedenen Items, auf welche die Befragten reagieren sollen.

2. Methodisches Vorgehen

Im zweiten Kapitel wird zuerst auf das angewandte Forschungsdesign für die Erhebung der Erprobungsräume eingegangen, woraufhin der Ablauf einer Fragebogenentwicklung übersichtlich dargestellt wird, gefolgt von der Beschreibung unterschiedlicher Fragen.

2.1 Forschungsdesign

Um sicherzustellen, dass die Forschung der Erprobungsräume der Lippischen Landeskirche während des gesamten Untersuchungszeitraums klare Ziele verfolgt, wird zu Beginn die Forschungsfrage formuliert (Przyborski/Wohlrab-Sahr 2021, 1). Die Forschungsfrage lautet: *Wie wirksam war das Werkzeug der Erprobungsräume und welche Erkenntnisse aus den Erprobungsräumen sind für die Lippische Landeskirche zu gewinnen?*

In dieser Evaluation wurden sowohl qualitative als auch quantitative Daten erhoben. Insgesamt wurden vier quantitative Online-Befragungen durchgeführt, die jeweils im Februar der Jahre 2021 bis 2024 stattfanden. Die qualitativen Interviews wurden im Mai 2023 zwischen der dritten und vierten quantitativen Befragung geführt. Die Items wurden in jedem Jahr wieder neu abgefragt, um die Entwicklung nachvollziehen zu können. Zudem erfolgte nach jeder Datenerhebung eine Auswertungsphase.

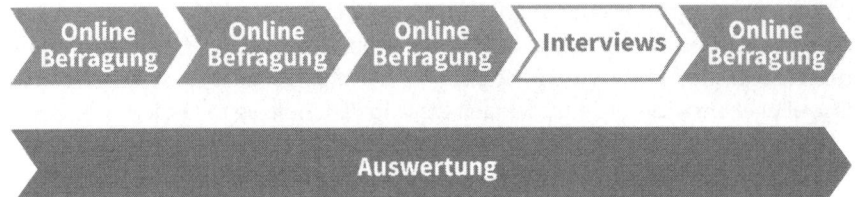

Abbildung 1: Forschungsvorhaben der Evaluation der Erprobungsräume der Lippischen Landeskirche

Der Vorteil eines solchen Forschungsdesigns liegt in der umfassenden Betrachtung der Situation aus verschiedenen Perspektiven. Dies ermöglicht generalisierende Aussagen und kann Deutungs- sowie Handlungsmuster aufdecken (Kuckartz 2014, 75).

Die quantitativen Daten wurden mittels eines Online-Fragebogens erhoben. Die Fragen waren größtenteils geschlossen, einige hingegen (halb)offen. Der Fragebogen wurde nach dem Feedback des externen Wissenschaftlichen Beirats und des Pretests angepasst. Die Analyse der quantitativen Ergebnisse erfolgte unter Anwendung der deskriptiven Statistik, wobei insbesondere auf univariate und bivariate Häufigkeiten zurückgegriffen wurde.

Zusätzlich zu den Fragebögen wurden mithilfe von qualitativen Expert:inneninterviews sieben konkrete Erprobungsräume befragt. Die befragten Personen wurden durch das Forschungsinteresse zu Expert:innen (Meuser/Nagel 2009, 73). Um die Forschungsfrage zu beantworten, hatten die angewandten Interviews einen evaluativen Charakter (Kruse 2015, 167). Bei der Analyse der qualitativen Daten wurde die qualitative Inhaltsanalyse nach Kuckartz (2018, 100f) ausgewählt.

Um zu beschreiben, wie die Forschenden zu den kreativen qualitativen und quantitativen Fragebögen gelangt sind – worum es im vorliegenden Artikel gehen soll –, muss jedoch zuerst geklärt werden, wie ein Fragebogen erstellt wird und welche Arten von Fragen es gibt.

2.2 Ablauf in der Fragebogenentwicklung

Bevor der Fragebogen entwickelt werden kann, muss die Forschungsfrage definiert und ausgearbeitet werden. Die Forschungsfrage stellt das Erkenntnisinteresse dar und klärt, welche Erwartungen an die Ergebnisse gestellt werden. Die folgende Empirie soll die Forschungsfrage beantworten (Steiner/Benesch 2021, 45; Hollenberg 2016, 5–15). Dabei sind die Forschungsfrage und die Fragen, die man den Proband:innen stellt, nie identisch, weswegen es notwendig ist, den zu untersuchenden Gegenstand zu zergliedern und Indikatoren zu bilden (Brosius u. a. 2022, 99f).

Bei Kallus lassen sich 13 Schritte zur Entwicklung eines Fragebogens finden, durch deren Einhaltung ein „psychometrisch geprüfter Fragebogen mit definierter Qualität, der auch in Normensystemen [...] eingeordnet werden kann" (2016, 15). Diese 13 Schritte werden im Folgenden vorgestellt: Zuerst steht die Klärung der Zielpopulation, also der Zielgruppe und des Themenbereiches an, woraufhin Merkmalsbereiche spezifiziert und Beispiele gesammelt werden (hierfür werden in Kapitel 3.2 drei Methoden vorgestellt). Im dritten Schritt werden die zuvor erarbeiteten Teilbereiche thematisch gruppiert, um zunächst die Antwortdimensionen festzulegen und anschließend die Items zu formulieren. Daraufhin werden die Items z. B. auf Sprache geprüft (siehe dazu Checkliste in Kapitel 5), Instruktionen hinzugefügt (siehe Kapitel 3.5) und eine sinnvolle Reihenfolge der Items wird fixiert. Weiterhin wird ein Pretest (siehe Kapitel 3.4) durchgeführt und mit den gewonnenen Erkenntnissen daraus der Fragebogen optimiert. Zuletzt werden ggf. Varianten des Fragbogens festgelegt, und der Fragebogen wird normiert und validiert (Kallus 2016, 14f).

Wichtig ist, bei dem gesamten Prozess der Fragebogenentwicklung schon von Beginn an die Auswertung im Blick zu haben. „Die Auswahl der Fragen und deren Gestaltung müssen Hand in Hand mit Auswertungsüberlegungen gehen. Dazu muss als eine der ersten grundsätzlichen Entscheidungen jene getroffen werden, welche Art von Fragen gestellt werden soll", raten Steiner und Benesch (2021, 48).

2.3   Arten von Fragen

Im Allgemeinen lässt sich in der Sozialforschung zwischen offenen, geschlossenen und halboffenen Fragen unterscheiden, die auch Items genannt werden.

Bei offenen Fragen bzw. Items werden keine Antwortmöglichkeiten vorgegeben, der oder die Befragte kann offen antworten. Vorteil von offenen Fragen ist, dass der oder die „Befragte innerhalb seines (oder ihres) eigenen Referenzsystems antworten kann, er (oder sie) also durch die Antwortvorgaben keine zusätzlichen Hinweise, die seine (oder ihre) Antworten beeinflussen könnten, erhält" (Schnell 2019, 69).

Geschlossene Fragen bieten den Befragten verschiedene Antwortmöglichkeiten, zwischen denen sie wählen können, die allen Befragten in gleicher Anzahl und Reihenfolge präsentiert werden.

> „Bei halboffenen Fragen wird an eine geschlossene Frage zusätzlich eine offene Kategorie angehängt. Damit bekommen alle, die ihre Antwort unter den gelisteten nicht ‚finden', dennoch eine Artikulationsmöglichkeit" (Braunecker 2021, 125).[2]

---

[2]   Aufgrund der eingeschränkten Zeichenzahl werden in diesem Beitrag nicht die Antwortmöglichkeiten von geschlossenen oder halboffenen Fragen thematisiert.

Inhaltlich unterscheiden Brosius u. a. Testfragen von Funktionsfragen in Fragebögen. Testfragen sind jene Fragen, die den Befragten vorgelegt werden und zur Beantwortung der Forschungsfrage dienen:

Funktionsfragen ermöglichen einen guten Fragebogen, sie werden meist nicht ausgewertet, aber sind Fragen, „die den Gesamtablauf der Befragung steuern und dadurch zu ergiebigen Antworten führen" (Brosius u. a. 2022, 104).

Testfragen können Sachfragen, Wissensfragen, Einstellungs- oder Meinungsfragen oder Verhaltensfragen sein (Brosius u. a. 2022, 102–104).

Zu den Funktionsfragen zählt die sog. Eisbrecherfrage, die zu Beginn einer Befragung gestellt wird. Die erste Frage in einem Interview ist sehr wichtig, sie muss spannend und für die Proband:innen leicht beantwortbar sein. Sie dient dazu, die Befragten „ins Reden zu bringen" und mit der Thematik warm zu werden (Braunecker 2021, 119). Gleichzeitig sollte die erste Frage in einem thematischen Zusammenhang zu der Forschung stehen, um die befragte Person in das Thema einzuführen (Schnell 2019, 108).

Überleitungsfragen als weitere Form der Funktionsfragen helfen den Befragten, der Logik des Fragebogens zu folgen bzw. sich auf ein weiteres Thema einzustellen.

Ebenso gehören die Trichter- und Filterfragen und die Kontrollfragen zu den Funktionsfragen, „die den Ablauf einer Befragung steuern oder die Qualität der Antworten einschätzen lassen, ohne zur Beantwortung der eigentlichen Forschungsfrage der Untersuchung etwas beizutragen" (Brosius u. a. 2022, 107).

3. Methoden zur Entwicklung von Items in explorativen Studien

Als nächstes werden drei kreative Zugänge zur Bildung von Items dargestellt. In aller Kürze werden anschließend Tipps zu Gestaltung von Fragebögen gegeben. Um die Items zu testen, hilft der sogenannte Pretest, der ebenso dargestellt wird wie weitere Elemente, die es braucht, um die Erstellung eines Fragebogens abzuschließen.

Dabei gilt es zu beachten, dass je nach Forschungsvorhaben unterschiedliche Fragebögen nach ihrem Standardisierungsgrad (zwischen vollkommen standardisierten Interviews bis hin zu unstrukturierten Interviews, Leitfadeninterviews oder Gruppeninterviews als Sonderform) benötigt werden (Przyborski/Wohlrab-Sahr 2021, 106–188).

3.1 Kreative Zugänge zur Fragebogenentwicklung

Um Items für die verschiedenen Formen von Fragebögen zu generieren, liefert die Fachliteratur nur wenige Ansätze und beachtet diese Frage nur sehr spärlich. Der häufigste Vorschlag ist es, Items aus vergleichbaren Studien ggf. zu optimieren und dann in den eigenen Fragebogen zu übernehmen, was bei beispielsweise einem hypothesentestenden Vorgehen auch folgerichtig ist (Steiner/Benesch 2021, 46). Bei explorativen Vorgehen, wie dem für die Erprobungsräume der Lippischen Landeskirche, gibt es allerdings wenig vergleichbare Forschungen, die nicht den Blick auf neue Erkenntnisse verschließen. Das explorative Vorgehen benötigt einen neuen, frischen Blick und neue erkenntnisgenerierende Fragen. Da die Literatur oft auslässt, wie man zu solchen Fragen kommt, werden im Folgenden drei kreative Ansätze präsentiert, welche einzeln oder in Kombination eingesetzt werden können. Alle drei Methoden tragen dazu bei, zielführende und gewinnbringende Items für einen Fragebogen zu entwickeln.

Dabei tragen die Methoden insbesondere zur Sammlung von Themenkomplexen bei, die dann in eine gute Frage umgewandelt werden müssen. Die Fragen können allein, am besten aber mit Expert:innen für das Thema und weiteren Forscher:innen gesammelt werden. Die gesammelten Fragen werden dabei nicht eins zu eins in den Fragebogen übernommen, sondern müssen auf ihre Wissenschaftlichkeit und Zielsetzung geprüft werden. Außerdem ist der Umfang potentieller Fragen nach den vorgestellten Methoden meist sehr groß, weswegen am Ende aussortiert werden muss. Als Hilfe dazu kann die Checkliste (Kapitel 5) verwendet werden. In jedem Fall ist vor und während der Erstellung des Fragebogens auch bei explorativen Vorgehen eine gründliche Literaturrecherche obligatorisch.

3.1.1 Die SPSS-/S^2PS^2-Methode

Eine bekannte Methode, um Items zu generieren ist die SPSS-Methode (Helfferich 2011), die von Kruse zur S^2PS^2-Methode (2015) weiterentwickelt wurde.

Bei der von Helfferich formulierten SPSS-Methode (*Sammeln, Prüfen, Sortieren* und *Subsumieren*) werden zuerst alle möglichen Fragen in einem Brainstorming gesammelt, welche dann im zweiten Schritt kritisch geprüft und grob sortiert werden. Danach werden die Fragen nach zeitlicher oder inhaltlicher Reihenfolge in Sinnabschnitte geordnet und subsumiert, indem Einzelfragen in ein Item überführt werden (Helfferich 2011, 182–185).

Kruse übernahm diese Methode und entwickelte sie weiter zur S^2PS^2-Methode, bei der zuerst die beiden „S": Sammeln und Sortieren angewandt werden. Hier wird wieder ein offenes Brainstorming durchgeführt und dann werden die Themenfelder identifiziert und die Fragen danach sortiert. Im nächsten Schritt werden die Fragen auf ihre inhaltliche und formale Eignung geprüft, worauf die beiden letzten Schritte folgen: Streichen und Subsumieren. Hier werden die Fragen zuerst gestrichen oder umformuliert und zuletzt in den Leitfaden überführt (Kruse 2015, 234–236).

3.1.2 Zeitreise-Methode

Bei der Methode „Zeitreise" werden durch gezielte Gedankenreisen bzw. Imaginationen Ziele und Ansprüche der Forschung herausgefunden. Daher wird diese Methode mit den Auftraggeber:innen der Forschung partizipativ durchgeführt. Ergänzt werden kann der Kreis durch Expert:innen für den konkreten Forschungsgegenstand.

Die Methode kann auch online durchgeführt werden. Dabei empfiehlt sich zur Ergänzung ein Tool, in dem Gedanken gesammelt werden können (wie z. B. Padlet).

Die Methode wird für die Teilnehmenden eingeleitet, indem das Ziel benannt wird. Ziel ist es herauszuarbeiten, was die zentralen Fragen für die Evaluation sind und welche Ergebnisse gebraucht werden, damit die Evaluation ihren Zweck erfüllt. Dazu wird ein kreativer Ansatz genutzt – eine Zeitreise, die helfen soll, sich vom Tagesgeschäft zu lösen. Innerhalb von drei Stationen werden die Teilnehmenden durch die Projektlaufzeit reisen, auf unterschiedliche Personen treffen und mit verschiedenen Fragen an das Projekt konfrontiert sein, wobei das Gesamtprojekt immer im Fokus steht. Um die unterschiedlichen Anfragen in den verschiedenen Zeiten gut beantworten zu können, werden die Teilnehmenden auf der Zeitreise immer gefragt, was sie für die Beantwortung von dem Projekt wissen müssen. Die Rückmeldung sind dabei Fragen, die sich die Teilnehmenden vor der Beantwortung der Anfrage selbst stellen müssten, damit in den jeweiligen Situationen gut reagiert werden kann. Um den Einstieg in die Methode zu erleichtern, kann eine erste Runde gemacht werden, in der jede Person die Frage beantwortet: „Wenn Sie an irgendeinen Punkt in der Zeit (Vergangenheit oder Zukunft) reisen könnten – wohin würden Sie reisen und warum?"

Innerhalb des in diesem Artikel beschriebe Projektes wurde zuerst ein knappes Jahr in die Zukunft gereist. Ziel war es, den Output des Projektes beantworten zu können, also die erbrachten Leistungen, den Nutzen der Leistungen und auch die Zufriedenheit der involvierten Personen.

Konkret sollten die Teilnehmenden sich vorstellen, an einer Tagung zum Thema „Zukunft der Kirche" teilzunehmen und dort auf eine Gruppe Vikar:innen der gastgebenden Landeskirche zu treffen. Den theologischen Nachwuchs interessieren die Erprobungsräume der Lippischen Landeskirche und sie wollen wissen: Was passiert da eigentlich bei den Erprobungsräumen? Wer wird erreicht? Was genau machen die? Was ist das Neue daran? Die Vikar:innen wollten also wissen, was die sichtbaren Entwicklungsergebnisse sind.

Die zweite Zeitreise führte die Teilnehmenden einige Jahre (z. B. drei Jahre) in die Zukunft. In dieser Zeitstation sollten Fragen nach dem Outcome des Projektes beantwortet werden, also darüber, ob erreichte Personen neues Wissen, neue Fähigkeiten oder Meinungen erlangt haben, ob im Handeln der zu erreichenden Personen eine Änderung festzustellen ist und ob sich die Lebenslage oder das Umfeld der Zielgruppe verändert hat.

Konkret sollten sich die Teilnehmenden der Methode vorstellen, bei der Synode dabei zu sein, in der die Ergebnisse der Evaluation vorgestellt werden. Dazu wurde beschrieben, dass eine kritische Synodale schnellen Schrittes auf die Person zukommt und Informationen zu den Erprobungsräumen haben will. „Das Ganze mit den Erprobungsräumen geht jetzt schon seit knapp drei Jahren", sagt sie. „Was genau bringt das eigentlich? Welche Auswirkungen sind denn sichtbar geworden? Verändern Sie damit überhaupt irgendwas?"

Die dritte und letzte Zeitreise führt die Teilnehmenden zu einer Begegnung in ferner Zukunft (z. B. 15 Jahre). In der Zukunft sollen die Auftraggeber:innen und Expert:innen Auskunft über die Wirkung des Projektes geben können, also ob das Projekt einen (gesellschaftlichen) Mehrwert hatte.

Konkret sollte sich vorgestellt werden, dass über 10 Jahre nach geplantem Ende des Projektes die aktuelle Gruppe wieder zu einem Auswertungstreffen zusammenkommt. In der imaginären bevorstehenden Synode geht es um die Lippische Landeskirche 2035 – Wie soll diese Kirche in 10 Jahren aussehen? Dabei sind die Augen auf die durchgeführten Erprobungsräume gerichtet – schließlich wollte die Kirche mit den Erprobungsräumen „Lernende Kirche" sein. In der Imagination werden die Personen gebeten, zu dem Thema zu referieren: Was konnte die Lippische Landeskirche aus dem Projekt Erprobungsräume lernen? Welche Konsequenzen können daraus gezogen werden?

Die gesammelten Fragen wurden dann auf ihre Wissenschaftlichkeit geprüft und in den Fragebogen überführt.

3.1.3 Hüte-Methode

Die Hüte-Methode ist ein Ansatz, welcher die SPSS- / S^{2}PS^2-Methode (Helfferich 2011; Kruse 2015) mit der Thinking-Hats-Methode (Bono 2017) kombiniert und so kreativ und anschlussfähig ist. Hier wird bei der Durchführung empfohlen, partizipativ mit Auftraggeber:innen und/ oder Expert:innen zusammenzuarbeiten.

Zu Beginn wird die Methode vorgestellt: Die Gruppenmitglieder werden der Reihe nach drei imaginäre Hüte aufziehen – den Sammel-Hut, den Kritik-Hut und zuletzt den Sortier-Hut. Die Gruppenleitung moderiert die Verteilung der einzelnen Hüte und gibt Bescheid, wofür der jeweilige Hut steht bzw. wann der nächste aufgesetzt werden kann.

Die Methode kann auch zu Beginn einer Fragebogenentwicklung angewandt werden, um die Erstellung von Fragen/Items konstruktiv-kritisch zu begleiten.

In der vorliegenden Forschung wurde sie jedoch mitten im Forschungsprozess durchgeführt, um den qualitativen Fragbogen zu erarbeiten. Die Methode ist also auch durchführbar, wenn schon Ergebnisse (hier quantitative) vorliegen. Daher wurden bei dem vorgestellten Forschungsprojekt zu Beginn der Methode die quantitativen Ergebnisse vorgestellt, um darauf aufzubauen. Das kann jedoch für den jeweiligen Forschungsansatz verändert werden.

Der erste Hut ist der Sammel-Hut, der das Ziel verfolgt, möglichst viele Frage, die zu einem vertieften Verständnis führen, zu ermitteln. Dazu wurden folgende Fragen gestellt:

– Mit Blick auf die bisherigen Ergebnisse: Was möchten Sie die Erprobungsräume nun fragen?
– Wo verstehen Sie Ergebnisse nicht bzw. wo sehen Sie Widersprüche? Was möchten Sie deshalb nachfragen?
– Was wollen Sie genauer wissen?
– Was müssten Sie von den Erprobungsräumen wissen, um Rückschlüsse auf den Gesamtprozess der Lippischen Landeskirche ziehen zu können?

Das Ziel des Kritik-Hutes ist es, Fragen aus dem zuvor erarbeiteten Pool herauszunehmen und in die „Ablage" oder in den „Speicher" zu sortieren. Unterstützend wurden folgende Fragen gestellt:

– Welche dieser Fragen sind nicht verständlich genug oder gehen an der Situation der Erprobungsräume vorbei?
– Zu welchen Fragen können die Verantwortlichen vielleicht einfach nichts sagen?
– Ist die Frage offen genug, um eine eigene zusammenhängende Antwort zu generieren?
– Gibt es Fragen, die suggestiv sind?
– Gibt es Fragen, auf die man ggf. auch verzichten könnte bzw. deren Antwort nur geringen Erkenntniswert hat?

Der dritte und letzte Sortier-Hut soll genau das: sortieren. Dazu sollten sich die Teilnehmenden die Fragen stellen:

– Welche Fragen gehören zusammen?
– Welche Themengruppen können identifiziert werden?

Um die Methode abzuschließen, wurde den Teilnehmenden Zeit gegeben, die erarbeiteten und ausgewählten Fragen in Ruhe zu lesen und zu betrachten, um sich zu fragen, ob ihnen nun noch eine Frage fehlt bzw. ein relevantes Thema noch nicht vorkommt.

3.2 Layout und Fragebogengestaltung

Nachdem Fragen gesammelt, aussortiert und geprüft wurden, steht die Fragebogengestaltung an, für welche gilt, dass ähnliche Fragen zu Frageblöcken zusammengefasst werden und die Frageblöcke in eine sinnvolle Reihenfolge zu bringen sind (Schnell 2019, 109), wobei die Blöcke durch Überleitungen bzw. Überleitungsfragen verknüpft werden können. Im Hinblick auf den Aufbau kann die Simulation eines Gespräches helfen (Braunecker 2021, 119). Ein Frageblock beginnt meist mit einer allgemeinen Frage, auf die spezifische Fragen folgen.

Sensible Fragen werden zumeist am Ende des Fragebogens gestellt, ebenso wie demographische Fragen (Schnell 2019, 109f).

Bei der Gestaltung sollte der Fragebogen visuell einheitlich gestaltet und nicht mit graphischen Elementen überfüllt sein (Schnell 2019, 111).

3.3 Pretest

Insbesondere für explorativ angelegte Fragebögen ist nach der Entwicklung der Items der Pretest hochrelevant. Der Pretest ist eine empirische Überprüfung des bisherigen Fragebogens. Er dient „vor allem der Überprüfung
- der ausreichenden Variation der Antworten
- des Verständnisses der Fragen durch den Befragten
- der Schwierigkeit der Fragen für den Befragten
- des Interesses und der Aufmerksamkeit des Befragten
- der Kontinuität des Interviewablaufs (‚Fluss')
- der Effekte der Frageanordnung
- der Güte der Filterführung
- von Kontexteffekten
- der Dauer der Befragung
- des Interesses des Befragten gegenüber der gesamten Befragung
- der Belastung des Befragten durch die Befragung" (Schnell 2019, 123).

Auf Basis der Pretest-Ergebnisse erfolgt die Optimierung des Fragebogens, wobei Formulierungen angepasst und die Frageanordnung modifiziert wird. Der überarbeitete Fragebogen kann daraufhin erneut einem Pretest unterzogen werden, um sicherzustellen, dass das Instrument für die Hauptuntersuchung geeignet ist. Dies ist besonders relevant, weil der Fragebogen nach Erhebungsstart gerade bei quantitativen Fragebögen nicht mehr verändert werden darf (Braunecker 2021, 133).

Für die Durchführung von Pretests gibt es keine festgelegten Standards, es empfiehlt sich aber, den Fragebogenentwurf bereits vorliegen zu haben. Schnell unterscheidet zwischen qualitativen und quantitativen Methoden zur Überprüfung eines Fragebogens.[3]

Zur Überprüfung des Fragebogens wird vorgeschlagen, ein Interview mit einer Person aus der Zielpopulation zu führen anhand des Fragebogenentwurfs, hier kann beispielsweise auch die Think-aloud-Technik aus der Kognitionspsychologie angewandt werden, bei der die Befragten gebeten werden, alles laut auszusprechen, was ihnen beim Hören oder Lesen und Beantworten der Frage durch den Kopf geht. Auch eine Diskussion mit Fachexpert:innen kann als Pretest fungieren. Zudem können Fragebögen verbessert werden, indem u. a. die Dauer der Befragung gemessen wird (Schnell 2019, 130–135).

In jedem Fall empfiehlt es sich, den Fragebogen durch die Checkliste (in Kapitel 5) zu überprüfen, die entwickelt wurde, um die Überprüfung von Items zu vereinfachen.

3.4   Weitere Aspekte für einen guten Fragebogen

Zu einem guten Fragebogen gehört zudem ein Begleitschreiben (Hollenberg 2016, 7) bzw. eine Einleitung. Die einleitenden Worte sind besonders relevant, weil sie entweder ein positiv förderndes Interesse wecken oder abschrecken können. Inhaltlich gehört dazu eine Vorstellung der Person bzw. Einrichtung, die Aufklärung über den Forschungsgegenstand, die Information über die Verwendung der Daten im Sinne der DSGVo und Zusicherung der Anonymität (wenn diese auch geleistet wird) sowie die Bitte um wahrheitsgetreue Antworten mit dem Hinweis, dass es keine falschen Antworten gibt (Steiner & Benesch 2021, 50).

Es sollte eine zumutbare Länge des Fragebogens gewählt werden. Dabei sollten Unterschiede zwischen den Zielgruppen beachtet werden (Brace 2018, 17).

Enden sollte jeder Fragebogen zum einen mit der Möglichkeit, noch weitere Gedanken zu ergänzen. Bei quantitativen Fragebögen kann das in Form einer offenen Frage passieren, in qualitativen Interviews kann das die letzte Frage sein. Diese Möglichkeit wird zwar selten genutzt und wird zumeist auch nicht ausgewertet, der Einsatz „scheint aber die sonst zu findenden Anmerkungen im gesamten Fragebogen zu verringern und einigen Befragten das Gefühl zu geben, mit ihren Anliegen ernst genommen zu werden" (Schnell 2019, 109f). Zum anderen sollten Fragebögen mit dem Dank an die befragte Person enden, die sich die Zeit genommen hat, und mit dem Hinweis, dass sie sich bei weiteren Fragen bei den Forscher:innen melden kann (Braunecker 2021, 112).

---

[3]   Schnell (2019) präsentiert verschiedenste Methoden für den Pretest, auf die an dieser Stelle nicht in Gänze eingegangen wird.

4. Präsentation der zentralen Forschungsergebnisse

Mithilfe der für die angewandte Forschungsfrage entwickelten Items konnten valide wissenschaftliche Daten generiert werden, die einen Einblick in ein wichtiges Forschungsfeld der Zukunft geben und für Gemeindepädagogische Praxisforschungsprojekte eine hohe Relevanz in Bezug auf die zukünftige Ausrichtung der Bildungsarbeit in Kirche darstellen.

Bei der Fragebogenerstellung und auch Auswertung der Erprobungsräume der Lippischen Landeskirche wurde auf folgende Inhalte fokussiert:
- Innovation
- Zielgruppe
- Sozialraum
- Kooperationen
- Kommunikation des Evangeliums
- Mitarbeitende (Ehrenamtliche, Pfarrpersonen, Arbeiten im Team)
- Kirchenbild
- Lerneffekte und Zukunft der Erprobungsräume
- Transfer der Erkenntnisse

Die Hoffnung, durch Erprobungsräume wichtige Erkenntnisse für die Zukunft der Lippischen Landeskirche zu gewinnen, bestätigt sich durch die Studie: Erprobungsräume sind ein wirksames Werkzeug, machen wichtige Erfahrungen und zeigen Herausforderungen wichtiger Stellschrauben auf. Dazu tragen sowohl positive Erfahrungen als auch negative Erfahrungen, wie Scheitern und Kritik, bei. Einige Aspekte sollen im Folgenden zusammenfassend aufgezeigt werden.[4]

4.1 *Investition in Innovation lohnt sich*

Erprobungsräume haben die Fähigkeit, bestehende Formen weiterzuentwickeln, Menschen zu binden und gelegentlich auch neue Menschen hinzuzugewinnen. Sie tragen dazu bei, die allgemeine Wahrnehmung der Kirche in der Gemeinschaft positiver zu gestalten, und sind somit ein Gewinn für die gesamte Kirche. Sie schaffen Identifikationsmöglichkeiten für Menschen, die mit den herkömmlichen kirchlichen Formen nicht mehr zufrieden sind. Ihre Stärke liegt in der behutsamen Weiterentwicklung von kirchlichen Formaten, die zum Teil durch-

---

[4] Der gesamte Forschungsbericht ist online einzusehen unter: https://www.cvjm-hochschule.de/forschung/institut-fuer-missionarische-jugendarbeit/projekte/evaluation-erprobungsraeume [abgerufen am 10.04.2024].

dacht konzeptionell umgesetzt werden, aber auch teilweise erst im Entwicklungsprozess Gestalt annehmen. Auf diese Weise bieten Erprobungsräume den Raum, in dem sich die Kirche weiterentwickeln kann und weiterentwickelt.

4.2 Besondere Wertschätzung und Zugeständnisse für das „Neue"

Die Erprobungsräume innerhalb der Lippischen Landeskirche verfügen bereits über einen guten Rahmen und haben eine gewisse Aufmerksamkeit erhalten. Dennoch zeigt sich, dass „Innovation" in diesem Rahmen oft eher beiläufig „mitgemacht" werden muss. Dies wird besonders an den Pfarrpersonen deutlich, die in der Regel keine festen Stellenanteile oder gar eigene Stellen für diese Aufgaben haben. Dies stellt einen erheblichen Begrenzungsfaktor dar.

Die Gestaltenden der Erprobungsräume sehnen sich nach einer verstärkten Wertschätzung seitens der Gesamtkirche und der kirchlichen Leitung. Dieser Mangel an Anerkennung führt gelegentlich zu einer kritischen Haltung. Es ist aus der Innovationsforschung bekannt, dass Innovationen, das heißt, „das Neue", in der Regel einen erheblichen zusätzlichen Aufwand erfordern, um in etablierten Systemen akzeptiert zu werden, da sie sich gegenüber den etablierten Formen behaupten müssen (Pompe 2016, 76).

4.3 Personal und Personen als Schlüssel

In den Erprobungsräumen der Lippischen Landeskirche zeigt sich eine deutliche Pfarrzentrierung, wie sie auch in anderen kirchlichen Bereichen zu beobachten ist. Angesichts der Entwicklung von Pfarrstellen ist es wichtig, bei Fragen zur kirchlichen Innovation nicht ausschließlich auf Pfarrer:innen zu setzen. Hier ergeben sich vier Perspektiven:

1. Bei der Frage nach der Zukunft der Kirche sollten andere kirchliche Berufe, wie Gemeindepädagog:innen oder Diakon:innen, verstärkt in den Blick genommen und gezielt für Innovationen gewonnen werden.
2. Es besteht weiteres Potenzial in der Arbeit mit Ehrenamtlichen und der Frage, wie sie stärker für neue Formen gewonnen und einbezogen werden können.
3. Sowohl Pfarrpersonen als auch andere kirchliche Mitarbeitende und Ehrenamtliche benötigen Angebote zur Qualifikation innovativer Formate, da die hier geforderten Kompetenzen nicht zwangsläufig Teil der klassischen Aus- und Fortbildungen sind.
4. Die Inspiration untereinander ist eine wichtige Ressource bei der Entwicklung neuer, innovativer Ideen und Ansätze.

Zudem liegt in diesem Themenfeld auch eine Option der Personalentwicklung. Freiräume zur Entwicklung neuer Formate und innovativer Ansätze haben das Potential, Personal zu binden und zu gewinnen, wenn es einen angemessenen Anteil ihrer Arbeitszeit einnimmt und mit den entsprechenden Unterstützungsstrukturen ausgestattet ist.

4.4 Ambidextrie – Beidhändig Kirche entwickeln

Eine starke Kirchlichkeit, wie sie die (Erprobungsräume der) Lippische(n) Landeskirche aufweist, muss nicht negativ bewertet werden: Statt eines Projektes zur Akquise kann auch eines zur Bindung von vorhandenen Mitgliedern gewinnbringend sein – gerade in Lippe, wo noch knapp 50 % der Menschen Kirchenmitglied sind. Es ist eine Frage der Strategie. Eine Ambidextrie („Beidhändigkeit") ist hier denkbar: Die Kirche hat das Potential, nicht nur etwas weiterzuentwickeln, also nicht nur etwas Neues zu erschaffen, flexibel zu sein und innovative Wege zu gehen, sondern parallel auch effizient Bestehendes zu festigen (Elhaus/Schendel 2021, 12f). Dazu zeigen die Erprobungsräume Potential und es kann von ihnen gelernt werden, denn sie probieren neue Dinge aus, bleiben dabei in engem Kontakt mit klassischen Formen und sind Teil der Landeskirche, obwohl sie diese kritisch sehen. Wenn aber auch neu gedacht und Innovation gefördert werden soll, muss es den Freiraum geben, eben das zu tun.

5. Hilfen zur praktischen Umsetzung und Checkliste

Explorative empirische Untersuchungen können dazu beitragen, einen blinden Fleck aufzudecken, Meinungen oder Einstellungen von Teilnehmenden oder die Motivation von Mitarbeitenden zu erfahren, ebenso wie die Relevanz der Arbeit für z. B. den Glauben von Gemeindemitgliedern darzustellen. Das macht die Sozialforschung und damit auch die Entwicklung von Fragebögen hoch bedeutungsvoll – auch für die Gemeindepädagogik.

Gerade kirchliche Innovationsprozesse brauchen explorative und innovative Zugänge in der Forschung und können auf nur wenige vorgefertigte Items zurückgreifen, sondern müssen speziell für den Kontext und die Fragestellung selbst Fragen generieren.

Dabei ist zu beachten, dass allein das Erstellen von guten Fragen nicht eine gute Forschung ausmacht. Es muss sich an sozialwissenschaftliche Qualitätsstandards gehalten werden, um valide, reliable und objektive Erkenntnisse zu gewinnen.

Um abschließend einen praktischen Anhaltspunkt für die Fragebogentwicklung zu bieten, liefert dieser Beitrag eine Checkliste, anhand derer die Fragen geprüft werden können. Die folgende Checkliste ist ein Sammelsurium aus eigenen Erfahrungen sowie den Empfehlungen verschiedener Autor:innen (Porst 2014; Braunecker 2021; Steiner/Benesch 2021; Hollenberg 2016; Schnell 2019; Kallos 2016; Bortz/Döring 2006).

5.1 Inhaltliche Grundsätze

- ☐ Wird mithilfe des Items die Forschungsfrage beantwortet?
- ☐ Zielt jede Frage auf nur einen Sachverhalt?
- ☐ Wurden neutrale Formulierungen gewählt?
- ☐ Provoziert die Frageformulierung soziale Erwünschtheit?
- ☐ Ist die Frage unter Umständen zu privat?
- ☐ Ist die Frage peinlich oder wird nach strafbaren Handlungen gefragt?
- ☐ Kann die Frage verschieden interpretiert werden?
- ☐ Passt die Antwortvorgabe zur Frageformulierung?
- ☐ Erfasst der Fragebogen wirklich das, was er zu messen vorgibt und messen soll?
- ☐ Ist die Frage einfach genug, um die Motivation der befragten Person nicht negativ zu beeinflussen?
- ☐ Wurden unklare Begriffe definiert?
- ☐ Wurde auf Suggestivfragen, Unterstellungen und unkonkrete Fragen verzichtet?
- ☐ Wird ein eindeutiger zeitlicher Bezug abgefragt?
- ☐ Werden ethische und rechtliche Standards berücksichtigt?
- ☐ Sind die Antwortkategorien erschöpfend und disjunktiv?

5.2 Beachtung der Zielgruppe

(hierfür kann es ggf. hilfreich sein, den Fragebogen mit den Auftraggeber:innen zu besprechen)
- ☐ Hat die Zielgruppe das Wissen, das sie braucht, um die Frage zu beantworten?
- ☐ Ist die Frage bei jeder Person sinnvoll? Versteht jede Person diese Frage?
- ☐ Beantworten die Befragten die Fragen unabhängig von dem oder der Interviewer:in?
- ☐ Wurde von der Zielgruppe her gedacht? (Wurde z. B. bei der Befragung von Menschen mit Migrationshintergrund auf landesspezifische Anpassungen geachtet?)

5.3 Einbettung des Fragebogens

- ☐ Wurde darauf geachtet, dass sich der Kontext einer Frage nicht auf die Antwort auswirkt?
- ☐ Wurde der Fragebogen so gestaltet, dass er zum Antworten motiviert?
- ☐ Ist der Fragebogen so lang, dass alle relevanten Aspekte abgefragt werden, aber so kurz, dass er so wenig wie möglich Zeit beansprucht?
- ☐ Sind die Items auch ohne Kontext der anderen Items verständlich?
- ☐ Ist ein thematischer roter Faden oder eine sinnvolle Reihenfolge zu erkennen?

5.4 Grammatikalische Richtlinien

- ☐ Wurden lange, komplexe, passive Fragen zugunsten von kurzen, einfachen Sätzen in Alltagssprache und unzweideutige Begriffe ersetzt?
- ☐ Wurden Formulierungen wie „immer", „alle", „keiner" oder „niemals" ebenso vermieden wie Metaphern, doppelte Verneinungen und Konjunktive?
- ☐ Gibt es genaue Anweisungen bei den Fragen?

Weiterführende Literatur

Zur weiteren Beschäftigung mit dem Thema empfielt es sich, mit Porst zu arbeiten, der viele und relevante Erkenntnisse zu Fragebögen erarbeitet hat:
PORST, ROLF (2014), Fragebogen, 4. Aufl. Wiesbaden

In dem Werk von Braunecker finden sich leicht verständliche Antworten auf Fragen zur Forschung:
BRAUNECKER, CLAUS (2021), How to do empirische Sozialforschung. Eine Gebrauchsanleitung, Stuttgart.

Die Literatur von Przyborski und Wohlrab-Sahr sowie Döring und Bortz sind gute Überblickswerke, die nahezu alle Fragen der Sozialforschung, die man haben kann, ansprechen:
PRZBORSKI, AGLAJA/WOHLRAB-SAHR, MONIKA (2021), Qualitative Sozialforschung. Ein Arbeitsbuch, 5. überarb. und erw. Aufl. Berlin u. a.
BORTZ, JÜRGEN/DÖRING, NICOLA (2016), Forschungsmethoden und Evaluation in den Sozial- und Humanwissenschaften, 5. überarb. Aufl. Heidelberg

Literatur

Bono, Edward de (2016), Six thinking hats, London.
Brace, Ian (2018), Questionnaire design. How to plan, structure and write survey material for effective market research, London u. a.
Brosius, Hans-Bernd/Haas, Alexander/Unkel, Julian (2022), Befragung II: Fragebogenkonstruktion und Befragungsmodus, in: Brosius, Hans-Bernd/Donges, Patrick/Löblich, Maria/ Matthes, Jörg (Hg.), Studienbücher zur Kommunikations- und Medienwissenschaft, 8. Aufl. Wiesbaden, 99–128.
Diekmann, Andreas (2021), Empirische Sozialforschung. Grundlagen, Methoden, Anwendungen, 14. Aufl. Reinbek bei Hamburg.
Elhaus, Philipp/Schendel, Gunther (2021), Mit beiden Händen geht es besser: Innovation in der Kirche am Beispiel von Erprobungsräumen und Ambidextrie, SI Kompakt 1, 1–30.
Helfferich, Cornelia (2011), Die Qualität qualitativer Daten, 3. überarb. Aufl. Wiesbaden.
Hollenberg, Stefan (2016), Fragebögen, 1. Aufl. Wiesbaden.
Kruse, Jan (2015), Qualitative Interviewforschung. Ein integrativer Ansatz, 2. überarb. und erg. Aufl. Weinheim u. a.
Kuckartz, Udo (2014), Mixed Methods. Methodologie, Forschungsdesigns und Analyseverfahren, Wiesbaden.
Kuckartz, Udo (2018), Qualitative Inhaltsanalyse. Methoden, Praxis, Computerunterstützung, 4. Aufl. Weinheim/Basel.
Meuser, Michael/Nagel, Ulrike (2009), ExpertInneninterviews. Vielfach erprobt, wenig bedacht, in: Bogner, Alexander/Littig, Beate/Menz, Wolfgang (Hg.), Das Experteninterview. Theorie, Methode, Anwendung, 3. überarb. Aufl. Wiesbaden, 71–93.
Pompe, Hans-Hermann (2016), Kirche in vielfacher Gestalt. Von der Notwendigkeit einer mixed economy in der evangelischen Kirche, in: Pompe, Hans-Hermann u. a. (Hg.), FRESH X – Frisch. Neu. Innovativ. Und es ist Kirche, Neukirchen-Vluyn, 71–78.
Porst, Rolf/Ranft, Sabine/Ruoff, Bernd (1998), Strategien und Maßnahmen zur Erhöhung der Ausschöpfungsquoten bei sozialwissenschaftlichen Umfragen: ein Literaturbericht. (ZUMA-Arbeitsbericht, 1998/07).
Reinders, Heinz (2016), Qualitative Interviews mit Jugendlichen führen. Ein Leitfaden, 3. erw. Aufl. Berlin.
Schnell, Rainer (2019), Survey-Interviews, 2. Aufl. Wiesbaden.
Steiner, Elisabeth/Benesch, Michael (2021), Der Fragebogen. Von der Forschungsidee zur SPSS-Auswertung, 6. überarb. Aufl. Wien.

Kapitel 16: Quantitative und qualitative Evaluation des Projekts „GemeindeSchwester"

Nina Behrendt-Raith, Marianne Anschütz & Christian Zwingmann

1. Hintergrund und Zielstellung der Evaluation

Das Projekt „GemeindeSchwester" (GS-Projekt) wurde im Jahr 2010 vom Diakonissen-Mutterhaus im *Diakoniewerk Ruhr Witten* gegründet. GemeindeSchwestern sind evangelische Frauen, die nach dreijähriger diakonisch-theologischer Weiterbildung in das Amt der Diakonisse innerhalb der *Evangelischen Kirche in Westfalen* eingesegnet werden bzw. dem Mutterhaus verbunden bleiben. Sie setzen in einer Kirchengemeinde besondere soziale Akzente und wollen dazu beitragen, die Gemeinde in diakonischer Perspektive weiterzuentwickeln. Das GS-Projekt ist damit ein instruktives Beispiel für die Anknüpfung an die Tradition, die Theodor Fliedner in der ersten Hälfte des 19. Jahrhunderts begründete (Behrendt-Raith u. a. 2021, 7f). Im Modell des Wittener Mutterhauses werden Elemente dieser Tradition aufgenommen und in neuer Form weitergeführt (Anschütz 2015). Die besondere Schreibweise „GemeindeSchwester" mit großem „S" in der Mitte will die Orientierung an der Tradition und neue Akzente zugleich zum Ausdruck bringen.

Im Jahr 2020 fragte die damalige Oberin des Mutterhauses, Marianne Anschütz, die *Evangelische Hochschule Rheinland-Westfalen-Lippe* (EvH) um eine Evaluation des GS-Projekts an. Anlässlich des 10-jährigen Bestehens dieses Projekts sollte eine Zwischenbilanz gezogen werden, die 1. sowohl positive Erfahrungen als auch etwaige Herausforderungen in den Blick nimmt, 2. multiperspektivisch die Einschätzungen nicht nur der GemeindeSchwestern selbst, sondern auch wichtiger Akteur:innen (insb. Presbyter:innen, Pfarrer:innen und hauptamtliche Mitarbeiter:innen in Kirchengemeinden) in deren Wirkungsraum aufgreift und 3. als konkretes Produkt in eine Broschüre einmündet, die auch zur Öffentlichkeitsarbeit verwendet werden kann.

Die EvH führte die Evaluation in den Jahren 2020/21 als Auftragsforschung durch. Die Federführung seitens der EvH hatten Dr. Nina Behrendt-Raith (qualitativ) und Prof. Dr. Dr. Christian Zwingmann (Lehrgebiet: Empirische Sozialforschung; quantitativ). Sie bildeten zusammen mit Marianne Anschütz das Kernteam zur Steuerung des Evaluationsprojekts. Vor allem zu Beginn wurde das Projektteam auf Anfrage des Mutterhauses von Veronika Drews-Galle mit organisationssoziologischer Expertise bei der Strukturierung unterstützt. Bei der Erstellung der Broschüre wirkte auf Einladung des Evaluationsteams Prof. i.R. Dr. Gerhard K. Schäfer (früheres Lehrgebiet: Gemeindepädagogik und Diakoniewissenschaft) maßgeblich mit. Die Evaluationsergebnisse wurden im September 2020 im Rahmen eines Impulstags interessierten GemeindeSchwestern und Akteur:innen präsentiert. Das Evaluationsprojekt endete im Juli 2021 mit Erscheinen der Broschüre (Behrendt-Raith u. a. 2021).

Schon im Vorfeld wurde vereinbart, die Evaluation als Mixed-Methods-Ansatz, also als Kombination quantitativer und qualitativer Methoden durchzuführen. Zunächst sollte in einer Fragebogenerhebung eine breite Datenbasis generiert werden, die einen aussagekräftigen Überblick sowie Vergleichsmöglichkeiten zwischen den Perspektiven der GemeindeSchwestern einerseits und externen Akteur:innen andererseits bietet. Auf der Grundlage der quantitativen Ergebnisse sollten anschließend in qualitativen Befragungen – wiederum multiperspektivisch – ausgewählte Themen vertieft werden, um Erklärungslücken zu schließen.

Somit handelt es sich um eine Mixed-Methods-Vorgehensweise mit zwei sequenziellen Phasen: einer ersten quantitativen und einer zweiten qualitativen Phase. Ein solches Design wird auch „qualitativ-vertiefendes Design" oder „Vertiefungsdesign" genannt (Kuckartz 2014). Gemäß der Notation von Morse (1991) kann es mit „QUANT → QUAL" abgekürzt werden, wobei die Großschreibung beider Methoden kennzeichnet, dass wir beiden Phasen gleiche Priorität eingeräumt haben.

Der vorliegende Beitrag fokussiert in erster Linie nicht die Ergebnisse, sondern die methodische Vorgehensweise. Zunächst informiert Abschnitt 2 über die einzelnen Arbeitsschritte der Mixed-Methods-Evaluation. Dabei werden zentrale methodische Aspekte der beiden Evaluationsphasen sowie deren Verknüpfung erläutert. Anschließend stellen wir in Abschnitt 3 ausgewählte Ergebnisse vor, welche vor allem die quantitative Bezugnahme verschiedener Perspektiven sowie die Verbindung der beiden Studienteile verdeutlichen. Abschnitt 4 beinhaltet eine methodische Reflexion und einen Ausblick. Abschließend werden vertiefende Literaturhinweise zur Forschungsmethodik gegeben.

2. Forschungsmethode: Mixed-Methods-Vertiefungsdesign

Der Mehrwert von Mixed Methods liegt in der Integration quantitativer und qualitativer Informationen. Bei unserem sequenziellen Vertiefungsdesign ist der bedeutsamste Integrationspunkt jene Stelle im Forschungsprozess, an welcher die Resultate der quantitativen Evaluation in die Konzeption der qualitativen Erhebungen einfließen. Eine zweite, nachgelagerte Schnittstelle liegt nach der Analyse der qualitativen Daten, nämlich wenn die qualitativen Daten zur Vertiefung oder Illustration der quantitativen Befunde herangezogen werden (Kuckartz 2017).

Demgemäß wird im vorliegenden Abschnitt zunächst die Methodik des quantitativen Teils dargestellt. Dann wird erläutert, aus welchen quantitativen Befunden die Schwerpunkte der qualitativen Evaluation abgeleitet wurden. Anschließend wird die Methodik des qualitativen Teils ausgeführt. Die zweite, nachgelagerte Schnittstelle wird nicht eigens erläutert, aber im Ergebnisabschnitt 3.2 illustriert.

2.1   Quantitative Evaluation

Gemäß der multiperspektivischen Zielstellung wurden zwei Fragebögen erstellt: einer für aktive und ehemalige GemeindeSchwestern und einer für relevante Akteur:innen. Beide Fragebögen enthalten auch analoge, aufeinander beziehbare Teile, um die Perspektiven der GemeindeSchwestern und Akteur:innen unmittelbar miteinander vergleichen zu können. Die konkreten Inhalte wurden auf Grundlage verschiedener Dokumente zur Entstehung, Zielstellung und Beschreibung des GS-Projekts entwickelt und im Evaluationsteam abgestimmt. Die Tabellen 1 und 2 geben einen Überblick über Aufbau und Inhalte der Fragebögen.

Wie die Schattierungen in den Tabellen 1 und 2 verdeutlichen, gibt es bei drei inhaltlichen Themen Entsprechungen im jeweils anderen Fragebogen: Dabei wurden die Fragen nach förderlichen und hemmenden Faktoren identisch formuliert. Hinsichtlich der Handlungsfelder wurden die GemeindeSchwestern gefragt, in welchen sie tätig sind, die Akteur:innen hingegen, welche sich für GemeindeSchwestern eignen. In ähnlicher Weise wurden bei den Zielgruppen die GemeindeSchwestern gefragt, um welche Personen sie sich kümmern, die Akteur:innen hingegen, um welche sie sich kümmern sollten.

Wie die Tabellen 1 und 2 zeigen, kommen in beiden Fragebögen unterschiedliche Antwortformate vor: Während bei einem gebundenen Format Antwortmöglichkeiten zum Ankreuzen vorgegeben werden, muss die befragte Person bei einem offenen Format selbst eine Antwort formulieren (Moosbrugger/Brandt 2020). Das offene Antwortformat wurde eingesetzt, wenn es darum ging, neue Informationen zu gewinnen, wenn also das Evaluationsteam das mögliche Antwortspektrum vorab nicht abschätzen konnte. Einige gebundene Fragen sind mit einer offenen Restkategorie versehen, sodass die Befragten selbst formulierte Ergänzungen vornehmen konnten. Bei den soziodemografischen Fragen sind die verwendeten gebundenen Antwortformate inhaltlich begründet und damit itemspezifisch. Bei allen anderen Items zum Ankreuzen wurden fünfstufige Ratingskalen eingesetzt, wobei die Antwortstufen verbalisiert wurden (blockweise unterschiedlich, am häufigsten: „gar nicht / wenig / mittelmäßig / ziemlich / sehr"). Bei den meisten Fragen mit gebundenem Antwortformat interessieren die Antworten auf die Einzelitems selbst. Bei drei inhaltlichen Blöcken hingegen sollen die verwendeten Items jeweils ein gemeinsames Merkmal erfassen (Tabelle 1: Punkte 2, 7; Tabelle 2: Punkt 2) und wurden – nach Prüfung statistischer Voraussetzungen (Bühner 2021, 220ff) – per Durchschnittsbildung zu Skalen zusammengefasst.

Tabelle 1: Aufbau des Fragebogens für GemeindeSchwestern (89 Items)

	Inhalt	Antwortformat	Itemanzahl
1.	Soziodemografie: Status	gebunden als Einzelitem	1
2.	Wertschätzung der Weiterbildung	gebunden für Skalenbildung	9
3.	Elemente der Weiterbildung	gebunden als Einzelitems	12
4.	Weiterbildung verändern?	offen	1
5.	drei förderliche und drei hemmende Faktoren bei Etablierung in Gemeinde	offen	2
6.	Was bringt das GS-Projekt voran?	offen	1
7.	Stellenwert Diakoniegemeinschaft	gebunden für Skalenbildung	4
8.	Handlungsfelder: sind tätig	gebunden als Einzelitems; offene Restkategorie	16
9.	Zielgruppen: kümmern sich	gebunden als Einzelitems; offene Restkategorie	13
10.	Konstruktive Unterstützung von wem?	gebunden als Einzelitems	14
11.	Was gefällt am besten?	offen	1
12.	Problemanzeigen	gebunden als Einzelitems; offene Restkategorie	14
13.	Anmerkungen	offen	1

Tabelle 2: Aufbau des Fragebogens für Akteur:innen (46 Items)

	Inhalt	Antwortformat	Item-anzahl
1.	Soziodemografie: • Dauer der Zusammenarbeit • Tätigkeit/Funktion	gebunden als Einzelitems	2
2.	Wertschätzung des GS-Projekts	gebunden für Skalenbildung	10
3.	Handlungsfelder: eignet sich	gebunden als Einzelitems	16
4.	Zielgruppen: sollten kümmern	gebunden als Einzelitems	13
5.	drei förderliche und drei hemmende Faktoren bei Etablierung in Gemeinde	offen	2
6.	persönliche und fachliche Voraussetzungen	offen	1
7.	Perspektiven des GS-Projekts	offen	1
8.	Anmerkungen	offen	1

Anmerkung zu Tabelle 1 und 2: Fragebogenteile, für die es Entsprechungen im jeweils anderen Fragebogen gibt, sind schattiert dargestellt.

Die Befragungen fanden im Juli/August 2020 statt. Den Fragebögen wurden ein erläuterndes Schreiben und ein vorfrankierter Umschlag zur Rücksendung beigelegt. Der Fragebogen für GemeindeSchwestern wurde über das Mutterhaus im Sinne einer Vollerhebung an alle aktiven und ehemaligen GemeindeSchwestern verteilt. Bei einer Rücklaufquote von 94,7 % beteiligten sich 28 aktuell tätige GemeindeSchwestern (davon 9 in Weiterbildung), 7 ehemalige GemeindeSchwestern sowie 1 Person lediglich mit Weiterbildung, insgesamt also 36 Antwortende. Der Fragebogen für Akteur:innen wurde über die GemeindeSchwestern oder das Mutterhaus in Kirchengemeinden verteilt, in denen GemeindeSchwestern tätig sind oder waren, sowie an bekannte übergemeindliche Kooperationspartner:innen versandt. Eine vollständige Liste der Grundgesamtheit war indes nicht verfügbar. Obwohl also versucht wurde, ein relevantes Spektrum an Akteur:innen zu erreichen, handelt es sich letztlich um eine anfallende Stichprobe ohne Repräsentativitätsanspruch. Insgesamt beteiligten sich 189 Akteur:innen (40 % Presbyter:innen; 23 % Pfarrer:innen; 12 % hauptamtliche Mitarbeiter:innen; 4 % Kooperationspartner:innen in diakonischen Institutionen oder Kirchenkreisen; 21 % Personen in „anderer Funktion", vermutlich vor allem Ehrenamtliche).

Die gebundenen Fragen wurden deskriptiv ausgewertet und sowohl tabellarisch als auch grafisch aufbereitet. Berechnet wurden Häufigkeiten sowie ggf. zusätzlich univariate Kennwerte (insb. Mittelwerte, Standardabweichungen) und bivariate Koeffizienten (Korrelationen, standardisierte Mittelwertdifferenzen). Die offenen Fragen wurden qualitativ codiert, d. h. auf einem mittleren Detaillierungsniveau inhaltlich abgrenzbaren, teilweise hierarchisch strukturierten Kategorien zugeordnet.

2.2 Ableitung der inhaltlichen Schwerpunkte für die qualitative Evaluation

In sequenziellen Vertiefungsdesigns werden die Schwerpunkte der qualitativen Evaluation durch noch unzureichende oder unklare Befunde der vorhergehenden quantitativen Evaluation bestimmt. In unserer Studie betraf dies vor allem das Thema „Herausforderungen": Die quantitativen Befragungen enthielten mehrere Fragenblöcke (Tabelle 1: Punkte 5, 6, 10, 12; Tabelle 2: Punkte 5, 7), in denen Herausforderungen für die Durchführung und Weiterentwicklung des GS-Projekts frei formuliert, markiert oder mittelbar abgeleitet werden konnten. Die bloße Nennung oder allenfalls stichwortartige Erläuterung von schwierig oder gar problematisch empfundenen Sachverhalten in den Fragebögen gestattete allerdings kaum einen Einblick in dahinterliegende Sichtweisen. Um die Facetten und Hintergründe besser zu verstehen, räumten wir den im quantitativen Teil am häufigsten genannten Herausforderungen einen prominenten Platz in den qualitativen Erhebungen ein.

Darüber hinaus wurden für die qualitative Evaluation folgende Vertiefungsthemen aus den quantitativen Ergebnissen abgeleitet: In der schriftlichen Befragung waren die GemeindeSchwestern zwar gefragt worden, was ihnen an ihrer Tätigkeit am besten gefällt (mit Abstand häufigste Nennung: „menschlicher Kontakt"), aber nicht direkt nach ihrer Motivation. Dies sollte im qualitativen Studienteil nachgeholt werden. Da die quantitativen Ergebnisse zeigen, dass für die GemeindeSchwestern die Diakoniegemeinschaft eine sehr hohe Bedeutung hat, sollten die Gründe hierfür in Erfahrung gebracht werden. Da die quantitative Befragung hinsichtlich der Einschätzung von Handlungsfeldern und Zielgruppen Diskrepanzen zwischen GemeindeSchwestern und Akteur:innen offenbart (siehe Abschnitt 3.1), sollten diese Themen und etwaige daraus resultierende Konflikte ebenfalls in der qualitativen Evaluation berücksichtigt werden.

2.3 Qualitative Evaluation

Die qualitativen Befragungen fanden im Oktober/November 2020 statt. Wiederum wurden GemeindeSchwestern und relevante Akteur:innen einbezogen. Mit den GemeindeSchwestern wurden Gruppendiskussionen durchgeführt. Die Befragung der Akteur:innen erfolgte in Einzelinterviews, die aus Kapazitätsgründen auf drei Personengruppen (Pfarrer:innen, Superintendent:innen, Kooperationspartner:innen in diakonischen Institutionen) beschränkt wurden. Zwei Drittel der Einzelinterviews wurden im Rahmen angeleiteter Praxisforschung von EvH-Studierenden geführt.[1] Für die Auswertung sowohl der Gruppendiskussionen als auch der Einzelinterviews wurde die Qualitative Inhaltsanalyse (QIA) verwendet.

2.3.1 Gruppendiskussionen mit GemeindeSchwestern

Wir führten zwei Gruppendiskussionen durch, eine mit drei ehemaligen und eine mit fünf aktiven GemeindeSchwestern, sodass beide Gruppen als homogen gelten können (Flick 2019, 252). Die Gruppen waren weder rein natürlich noch künstlich, d. h. zu Forschungszwecken zusammengestellt (Flick 2019, 252), da sich manche GemeindeSchwestern aus der Weiterbildung kannten, andere wiederum nicht. Ziel der Gruppendiskussionen war es, die Gruppendynamiken so auszunutzen, „dass sich die Teilnehmer wechselseitig anregen und auf diese Weise ihre Meinungen detaillierter äußern als beim Einzelinterview" (Scholl 2018, 121). Dies gelang in der Regel gut.

Die Leitfäden waren in Anlehnung an Flick (2019, 255f) aufgebaut:
1. Explikation des Vorgehens: Zu Beginn erläuterte die Diskussionsleiterin den Ablauf und bat darum, sich einzubringen und aufeinander Bezug zu nehmen.
2. Vorstellungsrunde: Da sich nicht alle Teilnehmerinnen kannten, wurde zum Aufwärmen eine Vorstellungsrunde durchgeführt. Die Teilnehmerinnen sollten etwas über ihre Tätigkeit als GemeindeSchwester erzählen, z. B. Motivation, Dauer, Gründe für eine Beendigung der Tätigkeit.
3. Diskussionsanreize: Der Hauptteil der Gruppendiskussionen gliederte sich in zwei Phasen. In der ersten Phase wurden vier offene Fragen gestellt; in der zweiten Phase wurden acht Forderungen oder Problemanzeigen in Thesenform vorgestellt und die Befragten gebeten, darüber zu diskutieren.
4. Abschlussfrage: Zuletzt wurden die Befragten gebeten, all das zum Thema zu ergänzen, was aus ihrer Sicht bislang nicht zur Sprache gekommen war.

In Ermangelung einer großen Auswahl an Interviewpartnerinnen wurde kein Pretest durchgeführt. Die beiden Gruppendiskussionen wurden aufgezeichnet und nach vereinfachten Transkriptionsregeln transkribiert.

---

[1] Wir danken Dennis Bulla, Niklas Finzi, Matthis Guth, Michael Heitkamp und Rebecca Schumacher für ihr Engagement.

2.3.2 Einzelinterviews mit Akteur:innen

Für die Interviews mit Pfarrer:innen, Superintendent:innen und Kooperationspartner:innen wurde die Form des Expert:inneninterviews gewählt. Das Expert:inneninterview gehört zu den teilstrukturierten Interviews und nimmt so „eine mittlere Position zwischen dem narrativen und dem standardisierten Interview ein" (Scholl 2018, 68). Anders als andere Formen qualitativer Interviews wird das Expert:inneninterview nicht über eine bestimmte methodische Vorgehensweise definiert, sondern über den Gegenstand seines Interesses, das Expert:innenwissen. Dabei wurde folgende Definition von Bogner u. a. (2014, 9) zugrunde gelegt: „Experten lassen sich als Personen verstehen, die sich – ausgehend von einem spezifischen Praxis- oder Erfahrungswissen, das sich auf einen klar begrenzbaren Problemkreis bezieht – die Möglichkeit geschaffen haben, mit ihren Deutungen das konkrete Handlungsfeld sinnhaft und handlungsleitend für Andere zu strukturieren." Es gibt verschiedene Formen des Expert:inneninterviews. Gemäß der Klassifikation von Bogner u. a. (2014, 22ff) handelt es sich hier um Systematisierende Expert:inneninterviews, welche der Informationsgewinnung dienen.

Ein Expert:inneninterview basiert auf einem Leitfaden, dem nach Meuser/Nagel (2005, 77) eine zweifache Funktion zukommt: „Die in die Entwicklung eines Leitfadens eingehende Arbeit schließt aus, dass sich der Forscher als inkompetenter Gesprächspartner darstellt. [...] Die Orientierung an einem Leitfaden schließt auch aus, dass das Gespräch sich in Themen verliert, die nichts zur Sache tun, und erlaubt zugleich dem Experten, seine Sache und Sicht der Dinge zu extemporieren". Unser Leitfaden war folgendermaßen aufgebaut:

1. Vorgespräch inkl. Vorstellung: Vor dem eigentlichen Interview wurden Rahmenbedingungen des GS-Projekts im jeweiligen Kontext besprochen. Um den Expert:innenstatus zu würdigen, wurde die:der Akteur:in gebeten, sich selbst in ihrer:seiner Funktion vorzustellen (Przyborski/Wohlrab-Sahr 2021, 160).
2. Einstiegsfrage: Begonnen wurde das Interview mit der Bitte, den Satz „GemeindeSchwestern sind für mich ..." zu vervollständigen. Obwohl dies keine klassische Eingangsfrage darstellt – sie erfüllt nicht die Kriterien der Offenheit und Erzählgenerierung (Pohlmann 2022, 242) – stellten wir sie als Erstes, um eine möglichst spontane, unbeeinflusste Antwort zu erhalten.
3. Fragen: Die Fragen wurden in Haupt- und Subfragen gegliedert. Es gab neun Hauptfragen; eine davon hatte keine Subfrage, die anderen jeweils zwei bis sechs. Es wurden fast ausschließlich offene Fragen gestellt; bei den wenigen geschlossenen folgten offene Nachfragen. Da die Akteur:innen je nach Gruppenzugehörigkeit unterschiedliche Berührungspunkte mit dem GS-Projekt hatten, wurden die ersten fünf Fragen jeweils inhaltlich angepasst.

4. Thesen: Der zweite Teil des Interviewleitfadens bestand aus fünf Thesen zu Herausforderungen für das GS-Projekt. Wir baten die Befragten, zu diesen Thesen Stellung zu nehmen und ihre Meinung zu begründen.
5. Abschlussfrage: Zum Schluss wurde der:dem Interviewten noch einmal die Möglichkeit für Anmerkungen eingeräumt (Scholl 2018, 178), um sicherzustellen, dass kein Aspekt, welcher der:dem Befragten wichtig war, vergessen wurde.

Alle Interviews wurden aufgezeichnet. Bei Expert:inneninterviews kommt es „in erster Linie auf die Informationen und Inhalte der Antworten und weniger auf die Erzählweise und die Sprache an" (Scholl 2018, 71). Deshalb wurde wie bei den Gruppendiskussionen eine vereinfachte Transkription durchgeführt.

2.3.3 Qualitative Inhaltsanalyse

Nach Bogner u. a. (2014, 72) ist die QIA für systematisierende Expert:inneninterviews am besten geeignet; eine detaillierte Begründung findet sich bei Gläser/Laudel (2010, 43ff). Konkret haben wir sowohl die Gruppendiskussionen als auch die Einzelinterviews nach Kuckartz/Rädiker (2022) ausgewertet und uns dabei an der inhaltlich strukturierenden QIA-Variante orientiert, die folgende Schritte umfasst:

1. Initiierende Textarbeit: Dieser Schritt bestand aus sorgfältigem Lesen, dem Markieren wichtiger Textstellen und dem Notieren von Besonderheiten.
2. Hauptkategorien entwickeln: Die Hauptkategorien wurden aus der Forschungsfrage und dem Leitfaden, d. h. deduktiv, abgeleitet und in einem Codeplan festgehalten. Es handelte sich fast ausschließlich um Themenkategorien (zu verschiedenen Kategorieformen siehe Kuckartz/Rädiker 2022, 55f).
3. Daten mit Hauptkategorien codieren: In diesem ersten Codierprozess gingen wir den gesamten Text Satz für Satz durch und wiesen Abschnitte den Kategorien zu, teilweise auch mehreren Kategorien gleichzeitig.
4. Subkategorien bilden: Um Subkategorien definieren zu können, wurden zunächst alle Textstellen einer Hauptkategorie zusammengestellt und im Anschluss die Subkategorien am Material, d. h. induktiv, gebildet. In diesem Schritt wurden neben thematischen Kategorien auch evaluative, analytische und natürliche Kategorien erstellt. Pro Hauptkategorie ergaben sich zwei bis acht Subkategorien.
5. Daten mit Subkategorien codieren: In diesem zweiten Codierprozess wurde – wie schon in Schritt 3 – das gesamte Material durchgegangen. Die mit den Hauptkategorien codierten Textstellen wurden den zuvor gebildeten Subkategorien zugeordnet.
6. Einfache und komplexe Analysen: Zur Vorbereitung der Ergebnispräsentation wurden eine Kategorienbasierte Analyse entlang der Hauptkategorien sowie teilweise Analysen der Zusammenhänge zwischen Hauptkategorien

oder Subkategorien einer Hauptkategorie vorgenommen (Kuckartz/Rädiker 2022, 148f). Außerdem führten wir Gruppenvergleiche durch.

3. Exemplarische Forschungsergebnisse

Die recht umfangreichen Evaluationsergebnisse liegen als unveröffentlichte Auswertungsdokumentation und -präsentation vor. Die am Ende des Projekts erstellte, auch im Internet verfügbare Broschüre (Behrendt-Raith u. a. 2021) integriert viele dieser Ergebnisse narrativ in allgemeinverständlicher Form. Zudem werden in der Broschüre ausgewählte Befunde des quantitativen Evaluationsteils grafisch dargestellt. Bezüglich des Fragebogens für GemeindeSchwestern finden sich vier Balkendiagramme mit Häufigkeiten bzw. Mittelwerten (Tabelle 1: Punkte 5, 8, 9, 11); bezüglich des Fragebogens für Akteur:innen veranschaulicht ein Histogramm die Verteilung der aus zehn Items gemittelten Skala „Wertschätzung des GS-Projekts" (Tabelle 2: Punkt 2). Aus dem qualitativen Evaluationsteil werden in der Broschüre in 13 grafisch abgesetzten „O-Ton-Kästchen" veranschaulichende Zitate wiedergegeben.

Im vorliegenden Abschnitt soll demgegenüber – jeweils exemplarisch – aufgezeigt werden, wie sich im quantitativen Bereich die unterschiedlichen Perspektiven von GemeindeSchwestern und Akteur:innen aufeinander beziehen lassen (am Beispiel des Bereichs „Zielgruppen") und wie die Ergebnisse der qualitativen Studienphase die quantitativen Befunde vertiefen (am Beispiel der Herausforderung „geringe Unterstützung durch die Gemeindeleitung").

3.1 Quantitativer Vergleich der Perspektiven von Gemeinde-Schwestern und Akteur:innen im Bereich „Zielgruppen"

Die GemeindeSchwestern gaben jeweils auf einer fünfstufigen Ratingskala von 1 („gar nicht") bis 5 („sehr") an, dass sie sich im Rahmen ihrer Tätigkeit durchschnittlich am ausführlichsten um folgende sechs Zielgruppen kümmern (Tabelle 1: Punkt 9): alte (Mittelwert M = 4,56), einsame (4,56), kranke (3,89) Menschen, Menschen in akuten Lebenskrisen (3,64), arme/bedürftige (3,33) und trauernde (3,28) Menschen. Die Akteur:innen gaben – auf der gleichen fünfstufigen Skala – durchschnittlich an, dass sich GemeindeSchwestern vor allem um folgende Zielgruppen kümmern sollten (Tabelle 2: Punkt 4): alte (M = 4,74), kranke (4,58), einsame (4,55) Menschen, pflegende Angehörige (4,32), arme/bedürftige (4,21) und trauernde (4,09) Menschen.

Schon der einfache Vergleich zeigt: Mehrere Zielgruppen werden sowohl von GemeindeSchwestern als auch von Akteur:innen als zentral eingeschätzt.

Während aus Sicht der GemeindeSchwestern zusätzlich Menschen in akuten Lebenskrisen eine wichtige Zielgruppe darstellen, sind es aus Sicht der Akteur:innen pflegende Angehörige. Zudem wird deutlich, dass bei den korrespondierenden Zielgruppen die Mittelwerte der Akteur:innen meist deutlich höher liegen als die der GemeindeSchwestern. Das bedeutet: Die Akteur:innen schätzen die Geeignetheit der GemeindeSchwestern für bestimmte Zielgruppen höher ein als die GemeindeSchwestern angeben, tatsächlich für diese tätig zu sein.

Der Vergleich zwischen den Einschätzungen der GemeindeSchwestern (GS) und Akteur:innen (A) pro Zielgruppe lässt sich quantifizieren, indem man die Differenz zwischen den durchschnittlichen Einschätzungen ($M_A - M_{GS}$) bildet und diese durch die gewichtete gemeinsame Standardabweichung der beiden Gruppen teilt (Sedlmeier/Renkewitz 2018, 291f). Die resultierenden standardisierten Mittelwertdifferenzen d drücken den mittleren Unterschied zwischen den Einschätzungen der beiden Gruppen in Standardabweichungseinheiten aus. Dabei zeigt sich, erkennbar am positiven Vorzeichen von d, dass die durchschnittlichen Einschätzungen der Akteur:innen fast durchweg höher liegen, und zwar besonders deutlich bei pflegenden Angehörigen ($d = 1,73$), Alleinerziehenden (1,41), Menschen mit Behinderung (1,11), armen/bedürftigen (0,89) und kranken (0,86) Menschen. Die aufgeführten fünf standardisierten Mittelwertdifferenzen sind nach den von Cohen (1988) vorgeschlagenen Faustregeln als „groß" zu bezeichnen.

Inhaltlich weisen die höheren Mittelwerte der Akteur:innen darauf hin, dass umfassende Erwartungen der Akteur:innen auf begrenzte Ressourcen der GemeindeSchwestern treffen. Die besonders hohen standardisierten Differenzen bei der Zielgruppe „pflegende Angehörige" sowie die höheren Einschätzungen der Akteur:innen bei „kranken Menschen" könnten ein Indiz dafür sein, dass die Erwartungen der Akteur:innen teilweise noch an die Gemeindeschwester alten Typs anknüpfen, die heute – historisch verengt – überwiegend mit Krankenpflege assoziiert wird (Anschütz 2015). Dafür spricht auch, dass Akteur:innen auf die offene Frage nach fachlichen Voraussetzungen für GemeindeSchwestern (Tabelle 2: Punkt 6) Kenntnisse oder Erfahrungen in „Pflege/Medizin" am dritthäufigsten angeben (nach den Bereichen „Seelsorge" und „Theologie/Diakonie"). Detailanalysen zeigen, dass besonders Akteur:innen in „anderer Funktion" (vermutlich vor allem Ehrenamtliche) und mit geringer Dauer der Projektzusammenarbeit zu dieser Angabe neigen.

3.2 Vertiefung quantitativer Befunde durch qualitative Ergebnisse am Beispiel der Herausforderung „geringe Unterstützung durch die Gemeindeleitung"

Im quantitativen Studienteil nach hemmenden Faktoren bei der Etablierung in der Kirchengemeinde befragt (Tabelle 1: Punkt 5), benennen die teilnehmenden GemeindeSchwestern – neben „unzureichende Finanzierung/Ressourcen" – am häufigsten die „geringe Unterstützung durch die Gemeindeleitung" (jeweils 15-mal). Auch die Akteur:innen geben auf die Frage nach hemmenden Faktoren (Tabelle 2: Punkt 5) häufig solche an, die auf die Gemeindeleitung Bezug nehmen: „Unterstützung/Rückhalt fehlt" (11-mal), „Haltung der/des Pfarrer:in" (10-mal), „fehlende Kommunikation" (4-mal) sowie „keine Begleitung" und „Pfarramtzentrierung" (jeweils 3-mal). Gemäß den quantitativen Befunden stellt die „geringe Unterstützung durch die Gemeindeleitung" somit eine wichtige Herausforderung für das GS-Projekt dar, deren Hintergründe in der qualitativen Studienphase vertiefend erfragt wurden. Im Folgenden werden exemplarische Ergebnisse aus den Gruppendiskussionen mit den GemeindeSchwestern vorgestellt.

Zunächst fällt auf, dass die von den drei ehemaligen GemeindeSchwestern angegebenen Gründe für die Beendigung ihrer Tätigkeit alle mit der Gemeindeleitung zusammenhängen: Die Ehemaligen gaben in der Gruppendiskussion an, dass sie keine Wertschätzung von der Gemeindeleitung erfahren oder sogar Desinteresse wahrgenommen haben und nicht in Entscheidungen und Ideenentwicklungen bzgl. der eigenen Arbeit eingebunden wurden. Auch eine der aktiven GemeindeSchwestern gab an, dass Probleme mit ihrer Gemeindeleitung dazu führen könnten, die Tätigkeit zu beenden.

Die Gruppendiskussionen zeigten, dass die Einbindung der GemeindeSchwester in Entscheidungsprozesse in den Gemeinden unterschiedlich funktioniert. Die Einbindung hängt maßgeblich davon ab, wo Entscheidungen getroffen werden (Gibt es zum Beispiel einen Diakonieausschuss?), welchen Stellenumfang die GemeindeSchwester hat (Sind zeitliche Kapazitäten vorhanden, um an Presbyteriumssitzungen oder Dienstbesprechungen teilzunehmen?) und außerdem davon, welches Verhältnis zur Gemeindeleitung besteht. Im Extremfall fühlen sich GemeindeSchwestern ausgeschlossen: „Also, bei uns ist das total getrennt. Die Theologen und die Diakonin sind ein Team und ich bin das andere Team." [Interviewerin: Okay. Also kein Teil des Teams?] „Genau. [...] Also, es ist nicht die Augenhöhe."

Ein weiterer Punkt kommt hinzu: Ein hohes Maß an Gestaltungsfreiheit und Eigenverantwortung ist ein wesentliches Motiv, als GemeindeSchwester zu arbeiten. Eben dieses Motiv steht aber teilweise in Spannung zu der Beteiligung an Gemeindegremien und auch zu den teilweise klaren Vorgaben der Gemeindeleitung für die Tätigkeit der GemeindeSchwester („Also, man war so der Handlanger"). Umgekehrt: Zwei GemeindeSchwestern erzählten, eine so große Gestaltungsfreiheit zu haben, dass sie diese als mangelnde Wahrnehmung und Wertschätzung empfinden.

Insgesamt lässt sich festhalten: Die beiden für die GemeindeSchwestern wesentlichen Punkte, die hinter einer „geringen Unterstützung durch die Gemeindeleitung" stehen, sind „fehlende Wertschätzung" und „fehlende Einbindung in Entscheidungsprozesse".

An dieser Stelle kann aus Platzgründen nicht auf das sich inhaltlich anschließende Thema der multiprofessionellen Zusammenarbeit in Kirchengemeinden eingegangen werden. Es sei darauf hingewiesen, dass die hier beschriebenen Ergebnisse zu Herausforderungen in der Zusammenarbeit zwischen Gemeindeleitung und GemeindeSchwester nur einen Baustein einer möglichen Analyse zur Rolle der GemeindeSchwester in einem multiprofessionellen Team darstellen. Für ein umfassendes Bild müssten weitere Faktoren, wie zum Beispiel die Zusammenarbeit mit anderen Berufsgruppen in der Gemeinde oder auch strukturelle Faktoren, ebenfalls betrachtet werden.

4. Methodische Reflexion und weitere Forschung

Wir sind der Meinung, dass das gewählte Mixed-Methods-Vertiefungsdesign und die methodische Durchführung sachgerecht waren. Aus den Ergebnissen wurden Impulse zur inhaltlichen Weiterentwicklung des GS-Projekts abgeleitet (Behrendt-Raith u. a. 2021, 25ff). Dennoch können retrospektiv einige methodische Kritikpunkte angeführt werden:

- Im Fragebogen für Akteur:innen wählten 21 % der Antwortenden bei der Frage nach ihrer Tätigkeit/Funktion die Antwortmöglichkeit „andere", ohne dass sie angeben konnten, welche das war. So kann nur gemutmaßt werden, dass es sich hier überwiegend um Ehrenamtliche handelt.
- Auf die offenen Fragen im Akteur:innen-Fragebogen (Tabelle 2: insb. Punkte 6, 7) wurde sehr vielfältig geantwortet. Die qualitative Kategorisierung dieser Antworten gestaltete sich besonders aufwändig.
- Weder den Gruppendiskussionen noch den Einzelinterviews gingen Pretests voraus. Rückmeldungen der befragten Zielgruppen zu den Leitfäden konnten also nicht aufgenommen werden. Pretests wären auch für die beteiligten Studierenden hilfreich gewesen, um die praktische Umsetzung der Interviewleitfäden zu proben und die Akteur:innengruppen kennenzulernen.
- Die Distribution des Fragebogens für Akteur:innen und die Auswahl der Interviewpartner:innen wurden durch die Oberin des Mutterhauses vorgenommen und basierten hauptsächlich auf Erreichbarkeit und Bereitschaft

der Zielgruppen. Verzerrungen können nicht ausgeschlossen werden, z. B. dass sich auf Anfrage der Oberin bevorzugt Befürworter:innen des Projekts „GemeindeSchwester" meldeten.

Eine Erweiterung des Evaluationsteams um ein oder zwei Personen insbesondere aus dem Kreis der Akteur:innen hätte einigen der genannten Limitationen möglicherweise entgegenwirken können: Der Fragebogen für Akteur:innen hätte unter Minimierung offener Fragen eventuell passgenauer gestaltet werden können. Für die Verteilung des Akteur:innen-Fragebogens und die Rekrutierung der Teilnehmer:innen für die qualitativen Befragungen hätte eine breitere Basis bestanden.

Die Evaluation lässt zunächst keine konkrete Forschungsfrage offen. Sie müsste indes regelmäßig und möglichst in kürzeren, etwa vier- bis fünfjährigen Abständen – ggf. beschränkt auf Teilthemen – wiederholt werden, um Wirkungen ergriffener Maßnahmen oder kontextuelle Veränderungen abzubilden.

Literaturhinweise zur methodischen Vertiefung

Über die im Text zitierten Quellen hinaus kann folgende deutschsprachige methodische Literatur empfohlen werden: zu Aufgaben und Formen der Evaluation als methodischen Ansatz die Einführung von Merchel (2019), zu den vielfältigen Möglichkeiten, aber auch Schwierigkeiten von Mixed Methods ein Sonderheft der *Kölner Zeitschrift für Soziologie und Sozialpsychologie* (Baur u. a. 2017), als gut verständliche Einführung für sowohl quantitative als auch qualitative Forschungsmethoden und deren Kombination das Lehrbuch von Hussy u. a. (2023), als kurzweiligen Einstieg in die Gestaltung von Fragebögen das Arbeitsbuch von Porst (2013) und als ersten Einblick in die QIA die Kurzeinführung von Pohontsch (2019).

Literatur

ANSCHÜTZ, MARIANNE (2015), GemeindeSchwestern – Diakonie im Gemeinwesen (Mutterhaus Witten), in: SCHÄFER, GERHARD K. u. a. (Hg.), Nah dran. Werkstattbuch für Gemeindediakonie, Neukirchen-Vluyn, 176–183.

BAUR, NINA/KELLE, UDO/KUCKARTZ, UDO (Hg.) (2017), Mixed Methods (Sonderheft 57 der Kölner Zeitschrift für Soziologie und Sozialpsychologie), Wiesbaden.

BEHRENDT-RAITH, NINA/SCHÄFER, GERHARD K./ZWINGMANN, CHRISTIAN (2021), Die Gemeinde-Schwester. Sehen und tun, was dran ist, Witten. Online verfügbar unter: https://kidoks.bsz-bw.de/frontdoor/index/index/year/2021/docId/2292es [aufgerufen am 10.01.2024].

BOGNER, ALEXANDER/LITTIG, BEATE/MENZ, WOLFGANG (2014), Interviews mit Experten. Eine praxisorientierte Einführung, Wiesbaden.

BÜHNER, MARKUS (2021), Einführung in die Test- und Fragebogenkonstruktion, 4. korr. u. erw. Aufl. München.

COHEN, JACOB (1988), Statistical power analysis for the behavioral sciences, 2. Aufl. Hillsdale, NJ.
FLICK, UWE (2019), Qualitative Sozialforschung. Eine Einführung, 9. Aufl. Reinbek.
GLÄSER, JOCHEN/LAUDEL, GRIT (2010), Experteninterviews und qualitative Inhaltsanalyse als Instrumente rekonstruierender Untersuchungen, 4. Aufl. Wiesbaden.
HUSSY, WALTER/ECHTERHOFF, GERALD/BAUER, JANA F./WEYDMANN, NICOLE/HUSSY, WALTER (2023), Forschungsmethoden in Psychologie und Sozialwissenschaften für Bachelor, 3. überarb. u. erg. Aufl. Heidelberg.
KUCKARTZ, UDO (2014), Mixed Methods. Methodologie, Forschungsdesigns und Analyseverfahren, Wiesbaden.
KUCKARTZ, UDO (2017), Datenanalyse in der Mixed-Methods-Forschung. Strategien der Integration von qualitativen und quantitativen Daten und Ergebnissen, in: Kölner Zeitschrift für Soziologie und Sozialpsychologie 69, 157–183.
KUCKARTZ, UDO/RÄDIKER, STEFAN (2022), Qualitative Inhaltsanalyse. Methoden, Praxis, Computerunterstützung, 5. Aufl. Weinheim.
MERCHEL, JOACHIM (2019), Evaluation in der Sozialen Arbeit, 3. Aufl. München.
MEUSER, MICHAEL/NAGEL, ULRIKE (2005), ExpertInneninterviews – vielfach erprobt, wenig bedacht. Ein Beitrag zur qualitativen Methodendiskussion, in: BOGNER, ALEXANDER/LITTIG, BEATE/MENZ, WOLFGANG (Hg.), Das Experteninterview. Theorie, Methode, Anwendung, 2. durchges. Aufl. Wiesbaden, 71–93.
MOOSBRUGGER, HELFRIED/BRANDT, HOLGER (2020), Antwortformate und Itemtypen, in: MOOSBRUGGER, HELFRIED/KELAVA, AUGUSTIN (Hg.), Testtheorie und Fragebogenkonstruktion, 3. vollst. neu bearb., erw. u. aktual. Aufl. Berlin, 91–118.
MORSE, JANICE M. (1991), Approaches to qualitative-quantitative methodological triangulation, in: Nursing Research 40, 120–123.
POHLMANN, MARKUS (2022), Einführung in die Qualitative Sozialforschung, Tübingen.
POHONTSCH, NADINE JANIS (2019), Die Qualitative Inhaltsanalyse, in: Rehabilitation 58, 413–418.
PORST, ROLF (2013), Fragebogen. Ein Arbeitsbuch, 4. erw. Aufl. Wiesbaden.
PRZYBORSKI, AGLAJA/WOHLRAB-SAHR, MONIKA (2021), Qualitative Sozialforschung. Ein Arbeitsbuch, 5. erw. Aufl. Berlin.
SCHOLL, ARMIN (2018), Die Befragung, 4. bearb. Aufl. Konstanz.
SEDLMEIER, PETER/RENKEWITZ, FRANK (2018), Forschungsmethoden und Statistik für Psychologen und Sozialwissenschaftler, 3. akt. u. erw. Aufl. München.

Kapitel 17: Mit Forschung Wirkung sichtbar machen – Wirkungsanalyse am Beispiel der Jugendverbandsarbeit

Sina Müller & Florian Karcher

1. Mit Angeboten Wirkung erzielen

Wirkung ist ein relevantes Kriterium professionellen Handelns – auch in der Gemeindepädagogik –, welches immer mehr an Bedeutung gewinnt. Anhand von Wirkungsanalysen lässt sich aufzeigen, welche Konzepte und Methoden wirksam sind, um diese dann gezielt und reflektiert zu optimieren und einzusetzen. Daher wird das Werkzeug der Wirkungsanalyse immer häufiger eingesetzt, auch um Wissenschaftskommunikation zu betreiben.

In diesem Beitrag wird die wissenschaftliche Wirkungsanalyse des Projektes „Damit Geflüchtete Heimat finden" aus dem Jugendverband des CVJM Baden (Müller 2023) vorgestellt und anhand derer aufgezeigt, wie Wirkungsorientierung die Grundlage von wissenschaftlichen Evaluationen sein kann.

Mit dem Projekt greift der CVJM Baden ein hochaktuelles Thema auf, das nicht zuletzt durch Kriegsgeflüchtete aus der Ukraine in Deutschland neue Diskussionen angestoßen hat. Laut dem Statistischen Bundesamt hatte im Jahr 2021 ca. jede vierte Person in Deutschland einen Migrationshintergrund.[1] Zukunftsprognosen verweisen darauf, dass der Anteil von Menschen mit Flucht- und Migrationshintergrund in Deutschland noch weiter steigen wird (Holdenried 2022, 185). Der CVJM Baden hat es sich daher zur Aufgabe gemacht, Projekte zu gestalten „Damit Geflüchtete Heimat finden". Eines dieser Projekte ist das Angebot einer Hausaufgabenhilfe, welche in dem vorliegenden Beitrag fokussiert wird.

Die Hausaufgabenhilfe wurde mithilfe verschiedener Analysen in Bezug auf ihre Wirkung Ende 2022 genauer in den Blick genommen. Dabei wurde die Wirkungslogik nach Phineo (Kurz/Kubek 2021) beachtet. Hier wird Wirkung durch die IOOI-Logik sichtbar gemacht: Es wird zwischen Inputs (Ressourcen), Outputs (Leistungen), Outcomes und Impact (Wirkung) unterschieden. Durch das Erhe-

---

[1] Das Statistische Bundesamt definiert Menschen mit Migrationshintergrund als solche, wenn mindestens ein Elternteil im Ausland geboren wurde. https://www.destatis.de/DE/Themen/Gesellschaft-Umwelt/Bevoelkerung/Migration-Integration/_inhalt.html#586354. [abgerufen am 10.04.2024].

ben, Analysieren und Darstellen der verschiedenen Ebenen kann dann eine Wirkung ausgemacht werden, die ab der Outcome-Stufe definiert ist (Ottmann/König 2023, 43).

Um die Wirkung konkret zu ermitteln, wurde auf verschiedene Methoden der Sozialforschung zurückgegriffen.

2. Fragestellung

Die Analyse von Wirkung in der Gemeindepädagogik kann viele Vorteile haben. Sie kann dabei helfen, die Relevanz der Arbeit zu kommunizieren, feststellen, was die Projekte bewirken, dazu beitragen, dass man aus Fehlern lernt, Mitarbeitende motivieren sowie die Angebote verbessern und legitimieren (Kurz/Kubek 2021, 8). Zudem wird in Fördermittelzusammenhängen auch zunehmend eine Wirkungsorientierung gefordert. Wirkungen sind so für Forschungsprojekte und wissenschaftliche Evaluationen eine relevante Perspektive.

Innerhalb des Forschungsvorhabens der angewandten Wirkungsanalyse waren folgende Forschungsfragen leitend:
– Welche Erfahrungen wurden mit dem interkulturellen Projekt der Hausaufgabenhilfe gemacht?
– Was unterstützt bzw. hindert Menschen mit Migrations- und Fluchthintergrund, in ihrem Sozialraum anzukommen?
– Welche Wirkung konnte durch die Hausaufgabenhilfe bei den Teilnehmenden erzielt werden?
– Welche Handlungsempfehlungen können für weitere Projekte mit dem Fokus interkulturelle Öffnung gewonnen werden?

Ziel des Forschungsberichtes war es zum einen, die Hausaufgabenhilfe im CVJM (sowohl aus organisatorischer Sicht als auch aus Sicht der Mitarbeiter:innen) zu beschreiben, und zum anderen Gelingensfaktoren für die Integration von Menschen mit Migrations- und Fluchthintergrund herauszuarbeiten und daraus ableitend Handlungsempfehlungen für weitere Projekte zu präsentieren.

Um die Forschungsfragen beantworten zu können, wurde sich für ein triangulatives Forschungsdesign entschieden. Das Vorgehen war sowohl evaluativ als auch explorativ (Diekmann 2021, 30–44). Für die Evaluation wurden vier haupt- und ehrenamtlich Mitarbeitende qualitativ befragt. Als Interviewform wurde sich dabei für Expert:inneninterviews entschieden (Meuser/Nagel 2009), die anhand einer qualitativen Inhaltsanalyse ausgewertet wurden (Kuckartz/Rädiker 2022). Neben qualitativen Interviews wurden durch einen Online-Fragebogen zusätzliche Daten und Informationen zum Projekt von Mitarbeiter:innen aus dem CVJM erhoben, die deskriptiv ausgewertet wurden. Zudem konnte eine Dokumentenanalyse (der Anwesenheitsliste der Hausaufgabenhilfe) durchgeführt werden.

3. Forschungsmethode

In dem folgenden Kapitel wird auf Forschungsmethoden eingegangen, die darauf ausgerichtet sind, Wirkung zu erheben. Dabei wird zuerst die Wirkungslogik nach Phineo betrachtet, wonach auf triangulierende Forschung, also die Kombination verschiedener Forschungsmethoden, eingegangen wird. Danach werden die angewandten Methoden – Expert:inneninterviews, quantitative Erhebung und Dokumentenanalyse – kurz dargestellt.

3.1 Wirkungslogik als theoretische Grundlage

Wirkung wird definiert als „eingetretene Veränderungen oder Stabilisierungen bei den Zielgruppen eines [...] Programms [...], die ursächlich auf dieses Programm zurückgehen" (Balzer/Beywl 2015, 192).

Von Wirkung ist also die Rede, wenn sich Effekt und Programm kausal aufeinander beziehen lassen. Um das zu gewährleisten, muss bei der Messung der Wirkung ein quasi-experimentelles Design durchgeführt werden können, bei dem eine Kontrollgruppe bzw. Vergleichsgruppe, die das Programm nicht in Anspruch nimmt, mit jener Gruppe, die an dem Programm teilnimmt, verglichen wird. Die Differenz der beiden Gruppen kann dann als Wirkung bezeichnet werden (Ottmann/König 2023, 14). Solche Verfahren sind jedoch zum einen sehr aufwändig, zum anderen gerade in sozialen Kontexten ethisch zu hinterfragen und zudem ressourcenintensiv. Es existieren realisierbarere Verfahren, um die Wirkung eines Programms darzustellen. Hier muss dann von Wirkungsplausibilität gesprochen werden, da die Wirkung nicht nachgewiesen, aber plausibel dargestellt wird.[2]

Um die Wirkung zu erheben, muss zuerst ein Wirkmodell aufgestellt werden. Ein Wirkmodell beschreibt theoretisch alle Wirkungen, die das Programm oder Angebot erreichen soll. Ein Wirkmodell besteht aus dem Input (den Ressourcen, die zur Verfügung gestellt wurden, und dem Kontext des Angebotes), Outputs (den konkreten Aktivitäten und Maßnahmen innerhalb des Angebots),

---

[2] In diesem Beitrag wird jedoch nicht zwischen Wirkung und Wirkungsplausibilität unterschieden und lediglich von „Wirkung" gesprochen.

Outcomes (der Wirkung auf Ebene der Zielgruppe) und dem Impact (der Wirkung auf gesellschaftlicher Ebene) (Ottmann/König 2023, 42f.; Kurz/Kubek 2021, 35).

Ein konkretes Wirkmodell soll im Folgenden vorgestellt werden: die Wirkungstreppe nach Phineo. Phineo analysiert und berät Organisationen und Institutionen für strategisches gesellschaftliches Engagement. Dazu wird in dem dazugehörigen Kursbuch eine Wirkungstreppe beschrieben, die sich an der Form des logic models orientiert – eine der gängigsten Versionen der Wirkungslogik. Im Folgenden wir diese Treppe vorgestellt.[3]

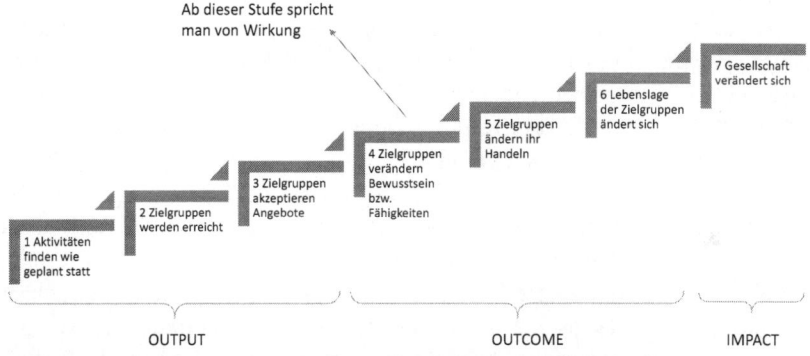

Abbildung 1: Die PHINEO Wirkungstreppe Quelle: Kurz/Kubek 2021, 5

Die Wirkungstreppe nach Phineo gliedert sich in sieben Stufen und drei Bereiche. Bevor diese Bereich beschrieben werden, empfiehlt Phineo die Inputs zu beschreiben, also die Ressourcen, die in das Projekt investiert wurden, wie z. B. (haupt- und ehrenamtlich) Mitarbeitende, Zeit, Geld, Material, Ausstattung, Räumlichkeiten oder Partner:innen.

Auf den untersten drei Stufen der Wirkungstreppe steht der *Output*. Der Output gibt Auskunft darüber, welche Leistungen ein Projekt erbringt und welche Zielgruppe davon erreicht wird. Dabei sind die Leistungen nicht mit Wirkung gleichzusetzen. Die Leistungen sind notwendig, um eine Wirkung zu erzielen – jedoch nicht allein dafür verantwortlich.

Auf der ersten Stufe wird gemessen, ob die Aktivitäten wie geplant stattfinden, also ob die geplanten Leistungen erbracht wurden. Es wird beispielsweise erhoben, wie häufig ein Workshop durchgeführt wurde. Es handelt sich daher um eine quantifizierbare Auskunft über das Angebot.

Ob die gewünschte Zielgruppe erreicht wurde, beantwortet die zweite Stufe. Hier wird die Nutzung der Leistung oder die Angebote durch die Zielgruppe gezeigt.

---

[3] Genauere Informationen finden sich in dem kostenlosen Arbeitsbuch von Phineo unter www.phineo.org/publikationen [abgerufen am 10.04.2024].

Die dritte und letzte Output-Stufe beschreibt die Akzeptanz der Angebote durch die Zielgruppe. Es geht dabei um die Zufriedenheit der Teilnehmenden mit dem Angebot, also ob sie sich z. B. gut betreut oder ernst genommen gefühlt haben, aber auch, ob sie das Gefühl haben, dass das Angebot nützlich für sie ist, wobei dies noch keine Auskunft über die tatsächliche Wirkung gibt.

Von Wirkung kann erst ab der vierten Stufe gesprochen werden. Die Stufen vier bis sechs sind der *Outcome*, also die Wirkung auf Ebene der Zielgruppe. Hier geht es um positive Veränderungen bzw. den Nutzen bei den erreichten Personen. Die Antwort darauf lässt sich größtenteils auf erfolgreiche Outputs zurückführen.

Die vierte Stufe zeigt an, ob die Zielgruppe über neues Wissen oder neue Fähigkeiten verfügt, ihre Fähigkeiten gefestigt oder verändert oder sich eine Meinung zu einem bestimmten Thema gebildet hat etc.

Auf der fünften Stufe geht es um erwünschte Veränderungen im Handeln oder Verhalten der erreichten Personen.

Die sechste Stufe beschreibt, ob sich die Lebenslage der Zielgruppe in wünschenswerter Weise verändert hat. Gemeint sein können damit z. B. die soziale Sicherheit oder die ökonomische Situation.

Auf der siebten und letzten Stufe auf der Wirkungstreppe steht der *Impact*, die Wirkungen auf gesellschaftlicher Ebene. Der Impact sind die langfristigen Wirkungen, die erzielt werden konnten, auch wenn diese nicht kausal auf allein das Projekt zurückzuführen sind, da auch andere Faktoren zu gesellschaftlichen Veränderungen beigetragen haben können. Die letzte Stufe beschreibt, ob erwünschte soziale, ökonomische oder weitere Veränderungen für die Gesamtgesellschaft oder die Bevölkerung einer bestimmten Region, eines Stadtteils oder eines Umfeldes erzielt wurden (Kurz/Kubek 2021, 27–47).

Um die Wirkung eines Programms messen zu können, müssen diese Stufen konkret für das Angebot oder Programm formuliert werden. Diese Wirkziele sollten konkret und messbar sowie positiv formuliert sein.

Nachdem eine eigene Wirkungslogik erstellt wurde, die bemessen werden soll, kann die Frage danach gestellt werden, wie die relevanten Daten erhoben werden. Dazu stehen eine Vielzahl an qualitativen und quantitativen Methoden zur Verfügung, wie beispielsweise Fallstudien, Fotodokumentationen, Monitoring von beispielsweise Teilnehmendenzahlen, Interviews mit verschiedenen Personen oder Gruppen, teilnehmende Beobachtungen, standardisierte Befragungen, Tests u.v.m.

Dabei hängt die Erhebungsmethode nicht nur von den vorhandenen Ressourcen, sondern auch von den jeweiligen Wirkungszielen und Items ab.

3.2 Angewandte Methoden zur Erhebung der Wirkung am Beispiel der Hausaufgabenhilfe im CVJM Baden

Im nächsten Unterkapitel wird beschrieben, welche Methoden in der vorgestellten Wirkungsanalyse angewandt wurden: der Mixed-Methods-approach, die Expert:inneninterviews, die Dokumentenanalyse und die quantitative Befragung.

3.2.1 Triangulation – der Mixed Methods-Approach

Triangulation ist die Kombination verschiedener Theorien, Methoden und/oder Daten. Uwe Flick definiert Triangulation wie folgt: „Triangulation beinhaltet die Einnahme unterschiedlicher Perspektiven auf einen untersuchten Gegenstand oder allgemeiner: bei der Beantwortung von Forschungsfragen. Diese Perspektiven können sich in unterschiedlichen Methoden [...] und/oder unterschiedlichen gewählten theoretischen Zugängen konkretisieren, wobei beides wiederum mit einander in Zusammenhang steht bzw. verknüpft werden sollte. Weiterhin bezieht sie sich auf die Kombination unterschiedlicher Datensorten [...]. Durch die Triangulation [...] sollte ein prinzipieller Erkenntniszuwachs möglich sein, dass also bspw. Erkenntnisse auf unterschiedlichen Ebenen gewonnen werden, die damit weiter reichen, als es mit einem Zugang möglich wäre" (2011, 12).

Auch in der vorgestellten Forschung wurden verschiedene Methoden triangulativ angewandt. Dabei ist Triangulation ein Oberbegriff für Methodenpluralität. Konkreter wurde ein Mixed-Methods-Design angewandt, also eine Kombination qualitativer und quantitativer Methoden (Burzan 2016, 23f.; 27). Dabei geht es um eine pragmatische Verknüpfung. In den letzten Jahren wurde die Kombination verschiedener Methoden immer mehr zum Trend – entgegen der bis dahin geltenden Sicht, dass qualitative und quantitative Daten getrennt werden sollten. Stattdessen zeigt sich immer mehr, „dass qualitative und quantitative Methoden eher komplementär denn als rivalisierende Lager gesehen werden sollten" (Jick 1983, 135).

Häufig werden in Mixed-Methods-Designs parallele, sequenzielle oder Transferdesigns angewandt. Bei einem parallelen Design werden beide Teilstudien gleichzeitig durchgeführt und erst nach dem Erstellen von zwei Forschungsberichten beide Ergebnisse aufeinander bezogen. Sequenzielle Designs werden nacheinander durchgeführt. Es wird unterschieden zwischen Vertiefungsdesigns (hier wird nach einer quantitativen Studie eine qualitative durchgeführt, um die Ergebnisse zu ergänzen und Erklärungslücken zu füllen) und Verallgemeinerungsdesigns (bei dem zuerst eine qualitative, dann eine quantitative Studie durchgeführt wird, um die Ergebnisse zu generalisieren). Bei Transferdesigns werden entweder qualitative Daten quantifiziert oder quantitative Daten qualifiziert, indem eine integrative Analyse durchgeführt wird (Flick 2011, 80–82; Kuckartz 2014, 71–90).

In der vorgestellten Studie wurden qualitative Expert:inneninterviews mit quantitativen Erhebungen und einer Dokumentenanalyse kombiniert:

Expert:inneninterviews	Quantitativ	Dokumentenanalyse
4 Leitfadengestützte Expert:inneninterviews mit haupt- und ehrenamtlichen Mitarbeitenden	Quantitative Befragung von 11 Mitarbeitenden (geschlosse, aber auch offene Fragen)	Anwesenheitsliste der Hausaufgabenhilfe zu Anzahl an einzelnen Tagen, Häufigkeit der Anwesenheit einzelner Besucher:innen

Abbildung 2: Das triangulative Forschungsdesign der Studie (eigene Darstellung)

3.2.2 Expert:inneninterviews

Insgesamt wurden in dem vorgestellten Forschungsprozess vier Mitarbeitende[4] qualitativ befragt. Dabei wurde die Form der Expert:inneninterviews gewählt. Die befragten Personen wurden durch das Forschungsinteresse zu Expert:innen. Expert:innen sind Personen, die über einen besonderen Wissensbestand verfügen, den andere Menschen nicht haben. Demzufolge sind Expert:innen nicht nur Fach-Expert:innen, sondern Personen, die Zugang zu einem für die Forschungsfrage relevanten Wissensbestand haben (Meuser/Nagel 2009, 73). Das Wissen kann dabei unterschiedlicher Art sein, wie

> „(a) Betriebswissen über Abläufe, Regeln und Mechanismen in institutionalisierten Zusammenhängen, deren Repräsentant(:innen) die Expert(:innen) sind;
> (b) Deutungswissen, in dem die Deutungsmacht der Expert(:innen) als Akteur(:innen) in einer bestimmten Diskursarena zum Ausdruck kommt; und schließlich
> (c) Kontextwissen über andere im Zentrum der Untersuchung stehende Bereiche"
> (Przyborski/Wohlrab-Sahr 2021, 157).

---

[4] Aufgrund von datschenschutzrechtlichen Bedingungen wurden die minderjährigen Teilnehmenden nicht selbst befragt. Es ist aber gängig in solchen Fällen, z. B. Mitarbeitende zu befragen.

Hieraus begründet sich auch die Auswahl, der in dieser Forschung befragten Personen. Die Interviewten repräsentieren in den Expert:inneninterviews Stakeholder der Hausaufgabenhilfe, dabei wurden sie als ganze Personen betrachtet (Kruse 2015, 166).

In der Regel sind Expert:inneninterviews an einem Interview-Leitfaden orientiert. Besonders ist, dass bei der Fragebogenerstellung darauf geachtet wird, auch die thematischen Interessen der Expert:innen zu beachten und einzubringen. In dem Interview ist zudem wichtig, den befragten Personen Gelegenheit zu geben, sich selbst und ihre Position vorzustellen und zu präsentieren (Przyborski/Wohlrab-Sahr 2021, 158–163).

Um die Forschungsfrage zu beantworten, hatten die angewandten Interviews einen evaluativen Charakter (Kruse 2015, 167).

Beachtet wurden bei der Forschung die zentralen Prinzipien der qualitativen Forschung: Offenheit, Prozesshaftigkeit und Kommunikation (Reinders 2016, 28). Bei der Transkription wurden die Transkriptionsregeln nach Kuckartz berücksichtigt. Ausgewertet wurden die Expert:inneninterviews durch die qualitative Inhaltsanalyse nach Kuckartz und Rädiker (2022).

3.2.3 Quantitativer Fragebogen

Neben qualitativen wurden in dem vorliegenden Projekt mithilfe eines skalierten Online-Fragebogen auch quantitative Daten erhoben, die evidenzbasiert Aufschluss über ehren- und hauptamtlich Mitarbeitende der Hausaufgabenhilfe geben. Dazu wurden Items formuliert, die sich an den Forschungsfragen bzw. Wirkungsstufen orientieren. Durch einen Pretest wurde der Fragebogen geprüft und optimiert, woraufhin er an die Proband:innen geschickt wurde. Der Fragebogen enthielt vor allem geschlossene und einige (halb)offene Fragen.

Nach dem Ende des Befragungszeitraums wurden die Rohdaten anonymisiert und deskriptiv ausgewertet. Die Erkenntnisse wurden daraufhin interpretiert (Döring/Bortz 2016, 24–25).

3.2.4 Dokumentenanalyse

Auch durch Dokumentenanalysen lassen sich empirische Daten gewinnen und auswerten. Bei der vorliegenden Forschung wurde dabei auf genuine, also schon vorhandene Dokumente zurückgegriffen, was in diesem Fall Anwesenheitslisten waren, die zum Abgleich dienen sollte, ob die angesprochene Zielgruppe erreicht werden würde. Zudem ließen sich auch andere Dokumente analysieren, wie beispielsweise Briefe, Foren, Sendungen, Fotos oder Gerichtsurteile. Diese Dokumente können qualitativ oder quantitativ ausgewertet werden. Für die Anwesenheitsliste wurde ein bivariates Verfahren gewählt, mit dem die Ausprägungen einzelner Merkmale erhoben wurden (Döring/Bortz 2016, 533–535).

4. Zentrale Forschungsergebnisse

Die Ergebnisse der durchgeführten Studie werden – anhand der klassischen Wirkungslogik – aufbauend in Output, Outcome und Impact gegliedert dargestellt. Dabei konnte auf die Forschungsfragen eine vielschichtige Antwort gefunden werden. Die Erfolge der einzelnen Stufen werden im Folgenden durch Zitate aus den quantitativen Fragebögen, Statistiken aus den qualitativen Interviews und Erkenntnissen aus der Dokumentenanalyse belegt.

4.1 Leistung/Output

Stufe 1: Aktivitäten finden wie geplant statt

Das Projekt „Damit Geflüchtete Heimat finden" war zuerst anders geplant. Verschiedene Beschränkungen durch die Corona-Pandemie veranlassten Anpassungen der Projektumsetzung. Die angepassten Pläne konnten jedoch umgesetzt werden, wobei auch bei der weiteren Umsetzung stets Flexibilität gefordert war. Die Anwesenheitsliste bestätigt dabei, dass es sich um ein regelmäßig stattfindendes Angebot handelte. Auch die befragten Mitarbeiter:innen bestätigten dies: „Also es wissen auch mittlerweile viele aus der Stadt, dass es die Hausaufgabenhilfe gibt."[5]

Es wurde berichtet, dass innerhalb des Angebotes auch die versprochenen Leistungen stattfinden konnten und die Teilnehmenden „meistens auch ihre Hausaufgaben machen, wenn sie kommen". Auch wird mitgeteilt, „dass eine Atmosphäre dafür da ist", in der die Aufgaben erledigt werden konnten.

Stufe 2: Zielgruppen werden erreicht

Die Anwesenheitslisten bestätigen, dass die anvisierte Zielgruppe erreicht wurde: Insgesamt nahmen über 30 junge Menschen an dem Angebot der Hausaufgabenhilfe teil. Diese Teilnehmer:innen haben laut der qualitativ und quantitativ erhobenen Ergebnisse meist einen Flucht- oder Migrationshintergrund. Sie entsprechen zudem der Zielgruppe, weil sie die angebotene Hilfe brauchen. Der Aussage „Die Hausaufgabenhilfe erreicht Kinder und Jugendliche, die Hilfe bei schulischen Aufgaben brauchen", stimmten 63 % sehr und 27 % etwas zu (10 % keine Angabe). Die Unterstützung bei den schulischen Aufgaben, die sie brauchen, bekommen die Teilnehmenden aufgrund von fehlenden Ressourcen nicht

---

[5] Aufgrund der überschaubaren Anzahl von Interviewpartner:innen werden aus Anonymisierungsgründen lediglich die Zitate in inhaltlicher Perspektive ohne Angabe der Quelle dargestellt.

von Zuhause, sondern müssen sich anderweitig diese Hilfe suchen: „Also teilweise brauchen die einfach sehr viel Aufmerksamkeit und kriegen zuhause nicht so viel. [...] also Kinder, die einfach Unterstützung brauchen [...] oder vielleicht auch ihre Eltern überfordert sind." Die Ergebnisse zeigten, dass die anvisierte Zielgruppe erreicht und Angebote regelmäßig genutzt wurden.

Stufe 3: Zielgruppen akzeptieren Angebote

Dass die Zielgruppe das Angebot akzeptierte, lässt sich unter anderem aus der Anzahl der Teilnahmen ableiten. Die Teilnehmer:innen besuchten die Hausaufgabenhilfe durchschnittlich 18-mal (Median: 10).

Die Interviews mit den Mitarbeitenden lassen zudem darauf schließen, dass die Besucher:innen gern teilnahmen und mit dem Angebot zufrieden waren: „Und gut läuft es, dass die Kinder eigentlich echt gerne kommen, weil man merkt, dass sie die Zeit und die Aufmerksamkeit genießen." Auch die quantitativ befragten Mitarbeiter:innen konnte dieses Ergebnis bestätigen.

4.2   Wirkungen auf Ebene der Zielgruppe/Outcome

Nachdem auf der Wirkungstreppe die ersten drei Stufen (Output) beschrieben wurden, wird in Form der nächsten drei Stufen der Outcome thematisiert, also die Wirkungen auf Ebene der Zielgruppe. Erst ab der vierten Stufe der Wirkungstreppe kann von einer Wirkung gesprochen werden.

Stufe 4: Zielgruppen verändern Bewusstsein bzw. Fähigkeiten

Veränderungen im Bewusstsein bzw. in den Fähigkeiten der Zielgruppe lassen sich auf verschiedenen Ebenen feststellen: in Bezug auf ihre Sprach-, Kulturkenntnisse, das Erlernen von Sozialkompetenz sowie schulische Kompetenzen und Erfolge.

Der Aussage „In der Hausaufgabenhilfe konnten die Teilnehmer:innen ihre deutschen *Sprachkenntnisse verbessern*" stimmten 100 % der Befragten etwas zu. Dabei waren die Mitarbeiter:innen teilweise auch aktiv um den Erwerb der Sprachkompetenzen der Teilnehmer:innen bemüht: „Wir haben auch gefragt: ‚Du möchtest noch Deutsch mit mir lernen, dann können wir das auch machen.' Und dann haben wir das auch gemacht." Teilweise wurden auch Spiele gespielt, die zur Erweiterung der Sprachkenntnisse beitrugen. Die Mitarbeitenden beschrieben, dass sie bei manchen Teilnehmer:innen den Prozess der Sprachentwicklung auch verfolgen konnten: „Ich habe mich sehr gefreut, wenn ich schon gesehen habe, dass die Kinder mir schon was auf Deutsch erzählen können." Die

Erfolge sind dabei jedoch nicht immer kausal auf die Hausaufgabenhilfe zurückzuführen, sondern auch auf die Schule oder andere Kontexte, in denen die Kinder die Sprache gelernt haben. Aber die Hausaufhabenhilfe hat dazu beigetragen, auch wenn „das nur ein Teil war". Zudem konnten die Besucher:innen weitere *Kenntnisse über die deutsche Kultur* erlangen (20 % stimmen dieser Aussagen sehr zu, 80 % etwas). Sie lernten Eigenheiten, Zusammenhänge und kulturelle Besonderheiten, die für das Leben im Sozialraum wichtig sind. Aber auch das *Erlernen von Sozialkompetenz* bewerten die Mitarbeitenden als gesteigert durch die Hausaufgabenhilfe: 25 % stimmen der Aussagen sehr, 75 % etwas zu, dass durch die Hausaufgabenhilfe die Sozialkompetenz der Teilnehmer:innen gesteigert werden konnte. Häufig sprachen die Mitarbeitenden davon, dass die Besucher:innen ihre Sozialkompetenzen verbessern konnten: „für die Kinder, die ständig die Hausaufgabenhilfe besucht haben, sie haben was auch daraus genommen und auch profitiert. [...] auch Freunde finden und irgendwie auch sozial zu sein und irgendwie auch lernen, wie man Freundschaften bildet oder wie man auch mit Erwachsenen dann redet". Durch die Interaktion mit den Mitarbeitenden und anderen Teilnehmenden konnten die Kinder Sozialkompetenz lernen.

Stufe 5: Zielgruppen verändern Handeln

Die Analyse ergab, dass Veränderungen im Handeln der erreichten Personen festgestellt werden konnten. Ein Prinzip, nach dem die Mitarbeitenden der Hausaufgabenhilfe arbeiteten, ist das Prinzip der *hilfesuchenden Helfenden*, was der Maßnahme der Selbstwirksamkeit/ des Empowerments (Grossmann 2005) ähnelt. Die befragten Mitarbeitenden gaben an, dass die Teilnehmer:innen anderen Kindern bei ihren Aufgaben geholfen haben, wenn es ihnen möglich war. Eine Befragte beschrieb, dass die Mitarbeitenden die Kinder ermutigt haben, selbst zu hilfesuchenden Helfenden zu werden: „Wir haben auch versucht, wenn jemand von den Kindern schon mit Hausaufgaben fertig ist, dann haben wir gesagt: ‚Okay, dann macht das zusammen, dann hilf DU mal jemandem, der Schwierigkeiten hat.' Und das finde ich auch gut, wenn die Kinder gegenseitig auch helfen." Eine andere Person beschrieb, dass diese Motivation auch Erfolg zeigte: „Wir hatten es tatsächlich so, [...] dass die Kinder sich gegenseitig auch geholfen haben und Aufgaben erklärt haben oder teilweise auch in der gleichen Klasse waren und dann Hausaufgaben zusammen machen konnten." Aber nicht nur die Besucher:innen, auch ihre Eltern hatten die Chance, zu hilfesuchenden Helfenden zu werden. So wird berichtet, dass eine Mutter „auch zu uns gekommen ist und gesagt hat, sie würde sich gerne ehrenamtlich engagieren irgendwo, auch um ihr Deutsch zu verbessern. Genau, dass sie mitgeholfen hat in der Hausaufgabenhilfe."

Stufe 6: Lebenslage der Zielgruppe ändert sich

Auf Stufe sechs der Wirkungsanalyse wurde untersucht, ob sich die Lebenslagen der Besucher:innen durch das Angebot verändert haben. Für die Hausaufgabenhilfe kann dies mit Blick auf die neu gewonnenen Freundschaften und Kontakte von den Proband:innen bejaht werden: „Ich denke, dass dadurch noch mehr Freundschaften entstanden sind unter den Kindern selbst, dass sie gemerkt haben, sie sind nicht die Einzigen, die aus einem anderen Land kommen. Also sie sind mit ihren Erfahrungen auch nicht alleine." Durch die neuen Freundschaften und Kontakte konnte sich „das Netzwerk [...] erweiter(n)". Durch die Kontakte konnten sich die Kinder und Familien ihren Sozialraum weiter erschließen.

Als ein wichtiges Ziel der Hausaufgabenhilfe beschreiben die Mitarbeitenden zudem, dass sich die Besucher:innen sicher sein können: „Da geht man hin und ist angenommen und ist willkommen." Laut den Mitarbeitenden konnte dies vermittelt werden. Alle befragten Mitarbeitenden stimmten der Aussage sehr/etwas zu: Durch die Hausaufgabenhilfe hatten die Teilnehmer:innen einen Ort, an dem sie willkommen waren. Einen Ort zu haben, an dem man sich wohlfühlt, wo Menschen sind, die einen akzeptieren, sich für einen interessieren und unterstützen, kann die Lebenslage von Menschen mit Migrationshintergrund grundlegend verändern und verbessern und trägt dazu bei, sich „zuhause" zu fühlen (Zimmermann 2014, 175).

4.3 Wirkungen auf gesellschaftlicher Ebene/Impact

Stufe 7: Gesellschaft verändert sich

Die siebte und letzte Stufe der Wirkungstreppe ist am schwersten zu messen. Sie fragt nach sozialen, ökonomischen und anderen Veränderungen für die Gesamtgesellschaft bzw. die Bevölkerung eines bestimmten Stadtteils, dem sogenannten Impact. Dies kann in der vorliegenden Forschung nicht beantwortet werden. Die quantitativ befragten Mitarbeitenden hatten jedoch in der Umfrage die Gelegenheit, erste Vermutungen über die gesellschaftliche Wirkung der Hausaufgabenhilfe anzustellen. Die meisten gaben dabei an, keine Aussage darüber treffen zu können. Einige vermuten aber, dass durch die Hausaufgabenhilfe mehr Vernetzung im CVJM von Menschen mit Migrationshintergrund stattfinden konnte und so die interkulturelle Öffnung in dem Sozialraum weiter gefördert werden konnte. Dies kann hier jedoch nicht belegt werden.

Auch wenn also auf die Frage, ob die Hausaufgenhilfe gesellschaftliche Veränderungen bewirken konnte, keine Antwort gefunden werden kann, so kann doch bestätigt werden, dass die Hausaufgabenhilfe eine Wirkung auf den anderen Stufen erreicht hat. Weiterhin konnten mithilfe der Analysen fördernde und hemmende Faktoren für Integration und konkrete Handlungsempfehlungen für den CVJM Baden herausgearbeitet werden, die an dieser Stelle aus Platzgründen jedoch nicht genannt werden können.

5. Anschlussfähigkeit für die Praxis und weitere Forschung

Wie das Beispiel der durchgeführten Studie andeutet, bietet die Durchführung einer Wirkungsanalyse viele, auch weitreichende Vorteile. Eine Wirkungsanalyse ermöglicht es, die Effektivität von Programmen zu bewerten, aber auch Schwachstellen zu identifizieren und darauf hin zu verbessern – also den Praxisalltag zu reflektieren. Zudem kann eine Wirkungsanalyse durch die Identifizierung wirksamer Programme die Entscheidungsfindung bei der Verteilung von Ressourcen unterstützen oder die Finanzierung sichern. Sie kann dazu beitragen, die Angebote noch stärker auf die Zielgruppe auszurichten, und bietet eine Grundlage für eine (politische) Legitimation der Angebote. Eine Wirkungsanalyse stellt die Effekte der Arbeit dar und kann als Qualitätsmerkmal der Arbeit genutzt werden – was auch in Zukunft immer mehr gefordert werden wird.

Es wird deutlich, dass Wirkungsforschung ein hilfreiches Instrument der Praxisforschung ist, um gemeindepädagogisches Handeln forschend zu evaluieren. Dabei lässt sich die vorgestellte Wirkungslogik auf zahlreiche Handlungsfelder der Gemeindepädagogik anwenden.

Weiterführende Literatur

Für weitere Vertiefung empfiehlt sich das praxisnahe Kursbuch Wirkung von Phineo:
KURZ, BETTINA/KUBEK, DOREEN (2021), Kursbuch Wirkung. Das Praxishandbuch für alle, die Gutes noch besser tun wollen; mit Schritt-für-Schritt-Anleitungen & Beispielen, 6. überarb. Aufl. Berlin.

Theoretisch vertieft werden kann das Wissen durch das neu erschienene Werk von Ottmann und König:
OTTMANN, SEBASTIAN/KÖNIG, JOACHIM (2023), Wirkungsorientierung in der Sozialen Arbeit. Eine Einführung für Studium und Praxis, Stuttgart.

Bei Methoden zur Erhebung von Wirkung geben die Werke von Döring und Bortz, sowie Przyborski und Wohlrab-Sahr einen guten Überblick:
DÖRING, NICOLA/BORTZ, JÜRGEN (2016), Forschungsmethoden und Evaluation in den Sozial- und Humanwissenschaften, 5. Aufl. Berlin u. a.

PRZYBORSKI, AGLAJA/WOHLRAB-SAHR, MONIKA (2021), Qualitative Sozialforschung. Ein Arbeitsbuch, 5. überarb. und erw. Aufl. Berlin.

Literatur

BURZAN, NICOLE (2016), Methodenplurale Forschung. Chancen und Probleme von Mixed Methods, Weinheim u. a.
DIEKMANN, ANDREAS (2021), Empirische Sozialforschung. Grundlagen, Methoden, Anwendungen, 14. Aufl. Reinbek bei Hamburg.
DÜMLING, BIANCA/LÖCHELT, KERSTIN/ZIMMERMANN, GERMO (2018), Kulturelle und religiöse Vielfalt anerkennen. Zur Notwendigkeit der interkulturellen Öffnung christlicher Jugendarbeit in der Migrationsgesellschaft, in: DÜMLING, BIANCA/LÖCHELT, KERSTIN/ZIMMERMANN, GERMO (Hg.), Beiträge zur missionarischen Jugendarbeit (BMJ-Reihe), Neukirchen-Vluyn, 13–24.
ESSER, HARTMUT (2006), Migration, Sprache und Integration, in: AKI-Forschungsbilanz 4, 1.
FISCHER, VERONIKA (2017), Familienbildung – Orte gelebter Diversität? Der Beitrag bürgerschaftlichen Engagements von Migrantenorganisationen zur Interkulturellen Öffnung der Familienbildung, in: GROß, TORSTEN /HUTH, SUSANNE/JAGUSCH, BIRGIT/NAUMANN, SIGLINDE/KLEIN, ANSGAR (Hg.), Engagierte Migranten: Teilhabe in der Bürgergesellschaft, Schwalbach/Ts., 147–153.
FLICK, UWE (2011), Triangulation, 3. Aufl. Wiesbaden.
FOCALI, ERGIN (2012), 7 Interkulturelle Öffnung in der Jugendarbeit, in: GRIESE, CHRISTIANE /MARBURGER, HELGA (Hg.), Interkulturelle Öffnung, München, 119–133.
GROSSMANN, KONRAD PETER (2005), Die Selbstwirksamkeit von Klienten. Ein Wirkverständnis systemischer Therapien, 1. Aufl. Heidelberg.
HANDSCHUCK, SABINE (2012), Interkulturelle Orientierung und Öffnung. Theoretische Grundlagen und 50 Aktivitäten zur Umsetzung, Augsburg.
HOLDENRIED, MICHAELA (2022), Interkulturelle Literatur der Gegenwart in Einzeldarstellungen, in: MICHAELA HOLDENRIED (Hg.), Interkulturelle Literaturwissenschaft, Stuttgart, 183–262.
JICK, THOMAS (1983), Mixing Qualitative and Quantitative Methods: Triangulation in Action, in: JOHN VAN MAANEN (Hg.), Qualitative Methodology, London u. a., 135–148 .
KOHLENBERGER, JUDITH/HEYNE, SOPHIA/RENGS, BERNHARD/BUBER-ENNSER, ISABELLA (2022), Soziale Inklusion geflüchteter Frauen. Zur Rolle der Familie und Familienarbeit, 1. Aufl. Baden-Baden.
KRUSE, JAN (2015), Qualitative Interviewforschung. Ein integrativer Ansatz, 2. überarb. und erg. Aufl. Weinheim u. a.
KUCKARTZ, UDO/RÄDIKER, STEFAN (2022), Qualitative Inhaltsanalyse. Methoden, Praxis, Computerunterstützung. Grundlagentexte Methoden, 5. Aufl. Weinheim u. a.
MEUSER, MICHAEL/NAGEL, ULRIKE (2009), Das Experteninterview. konzeptionelle Grundlagen und methodische Anlage, in: PICKEL, SUSANNE/PICKEL, GERT/LAUTH, HANS-JOACHIM/JAHN, DETLEF (Hg.), Methoden der vergleichenden Politik- und Sozialwissenschaft. Neue Entwicklungen und Anwendungen, 1. Aufl. Wiesbaden, 465–479.
MÜLLER, SINA (2023), Forschungsbericht: Damit Geflüchtete Heimat finden. CVJM Baden: https://www.cvjm-hochschule.de/fileadmin/user_upload/Forschungsbericht_2023_-_Damit_Gefluechtete_Heimat_finden.pdf [abgerufen am 10.04.2024].
THIMMEL, ANDREAS (2015), Zwischen top-down und bottom-up. Zur Gestaltung von Öffnungsprozessen durch die Jugendlichen in ihren Ortsgruppen, in: THIMMEL, ANDREAS/Chehata,

Yasmine (Hg.), Jugendarbeit in der Migrationsgesellschaft: Praxisforschung zur interkulturellen Öffnung in kritisch-reflexiver Perspektive (Politik und Bildung 78), Schwalbach/Ts., 173–185.

Werner, Robert (2017), Interkulturelle Öffnung in der Jugendverbandsarbeit, in: Groß, Thorsten/Huth, Susanne/Jagusch, Birgit/Naumann, Siglinde/Klein, Ansgar (Hg.), Engagierte Migranten: Teilhabe in der Bürgergesellschaft, Schwalbach/Ts., 140–146.

Zimmermann, Germo (2014), Anerkennung und Lebensbewältigung im freiwilligen Engagement. Eine qualitative Studie zur Inklusion benachteiligter Jugendlicher in der Kinder- und Jugendarbeit, Bad Heilbrunn.

Kapitel 18: Spiritual Care als vierte Dimension der Palliativversorgung und ihre Bedeutung für die Gemeindepädagogik

Marianne Kloke, Astrid Giebel & Mareike Gerundt

1. Hintergrund des Projektes Spirituelle Begleitung am Lebensende

Das Projekt Spirituelle Begleitung am Lebensende – Entwicklung und Erprobung einer Implementierungsstrategie im Rahmen eines Modellprojektes mit Pilotcharakter (kurz: SpECi) wurde von der Stiftung Wohlfahrtspflege NRW (Hauptsponsor), der Friede Springer-Stiftung und Diakonie Rheinland-Westfalen-Lippe als wissenschaftliches Projekt gefördert. Die Umsetzung erfolgte in Kooperation mit der *Deutschen Gesellschaft für Palliativmedizin e. V.* (DGP), dem *Deutschen Hospiz- und PalliativVerband e. V.* (DHPV), der *Diakonie Deutschland im Evangelischen Werk für Diakonie und Entwicklung e. V.* (EWDE e. V.), dem *Diözesan-Caritasverband für das Erzbistum Köln e. V.* und *ALPHA NRW*, den Ansprechstellen im Land Nordrhein-Westfalen zur Palliativversorgung, Hospizarbeit und Angehörigenbegleitung sowie der Charta zur Betreuung schwerstkranker und sterbender Menschen in Deutschland. Projektträger und gleichberechtigte Kooperationspartner waren die Evangelischen Kliniken Essen-Mitte gGmbH und Professur für Lebensqualität, Spiritualität und Coping, Fakultät für Gesundheit (Department für Humanmedizin) der Universität Witten/Herdecke.

> **Projektträger:**
> Evangelische Kliniken Essen-Mitte gGmbH (KEM) und die Professur für Lebensqualität, Spiritualität und Coping Fakultät für Gesundheit (Department für Humanmedizin) der Universität Witten/Herdecke (UW/H) als gleichberechtigter Partner
>
> **Unterstützende Wohlfahrtsverbände und Einrichtungen:**
> Diakonie Deutschland - *Evangelisches Werk für Diakonie und Entwicklung e. V.* (EWDE e. V.) und *Diözesan-Caritasverband für das Erzbistum Köln e. V.*, ALPHA NRW, den Ansprechstellen im Land Nordrhein-Westfalen zur Palliativversorgung, Hospizarbeit und Angehörigenbegleitung sowie der Charta zur Betreuung schwerstkranker und sterbender Menschen in Deutschland

Unterstützende Fachverbände:
Deutsche Gesellschaft für Palliativmedizin e. V. (DGP) und *Deutscher Hospiz- und PalliativVerband e. V.* (DHPV)

Förderung:
Hauptsponsor Stiftung Wohlfahrtspflege NRW, Friede Springer Stiftung und Diakonie Rheinland Westfalen Lippe

Laufzeit: 01. Oktober 2020 – 31. März 2024

Gesundheitliche Krisen oder auch nur das Erreichen eines Alters, in dem die gesundheitliche Verletzlichkeit gesteigert ist, werfen nicht selten Fragen nach dem Sinn des Lebens, seiner Bedeutung und dem, was nach dem Tod geschieht, auf. Erkrankungen, die mit schweren Komplikationen einhergehen und u. U. zu andauernden Einschränkungen insbesondere der Selbsthilfefähigkeiten führen, gehen häufig mit existenziellen Fragen und mit spirituellen Nöten einher. Und so mag es nicht wundern, dass ein Eingehen auf diese Dimension des Menschen besonders in den Konzeptionen von Palliative und Hospice Care gleichrangig mit der physischen, psychischen und sozialen gesehen und es im Versorgungsalltag auch so praktiziert wird.

Traditionell gaben die Glaubensgemeinschaften vor Ort in gesundheitlichen Krisensituationen Halt und boten Unterstützung. Aktuell haben die konfessionellen Institutionen nicht nur an gesamtgesellschaftlicher Bedeutung verloren, sondern ihnen wird häufig mit Misstrauen bis hin zu Feindlichkeit begegnet. Die von ihnen vermittelten Glaubensinhalte haben für viele Menschen keine Bedeutung mehr. Umso heftiger kann der Einzelne von dieser Suche nach dem „inneren Geist, das innerste Lebensmotiv in einem Menschen, mit dem er (bewusst oder nicht bewusst) durch sein Leben geht und mit dem er auch Schicksal, Alter und Krankheit zu bewältigen sucht (Weiher 2021, 71) durchgeschüttelt werden. Mit Blick auf die kulturelle, ethnische und religiöse Diversität und die damit einhergehende Säkularisierung der Gesellschaft wird an die Stelle der Religiosität die erweiterte Vorstellung einer Spiritualität als einem Spezifikum des Humanum gerückt. Die Definition, wie sie von der European Association für Palliative Care konsentiert wurde, trägt dieser Pluralität Rechnung: „Spiritualität ist die dynamische Dimension menschlichen Lebens, die sich darauf bezieht, wie Personen (individuell und in Gemeinschaft) Sinn, Bedeutung und Transzendenz erfahren, ausdrücken und/oder suchen, und wie sie in Verbindung stehen mit dem Moment, dem eigenen Selbst, mit Anderen/m, mit der Natur, mit dem Signifikanten und/oder dem Heiligen" (Nolan u. a. 2011). Die Sorge um diese Bedürfnisse des Menschen wird als Spiritual Care (SpC) bezeichnet und grenzt sich somit von Pastoral Care ab, die traditionell von zumeist konfessionsgebundenen hauptamtlichen Seelsorgenden mit oder ohne spezifische Qualifikation praktiziert wird. SpC wird grundsätzlich als Aufgabe für alle mit Betreuung und Begleitung von kranken und alten Menschen beauftragten Fachpersonen sowie qualifizierter ehrenamtlicher Mitarbeitender in den Hospizdiensten verstanden.

Als Ansprechpartner:innen für spirituelle Fragen wünschen sich die meisten Patient:innen ihren Arzt bzw. ihre Ärztin oder auch die sie Pflegenden. Besonders letztere möchten auch auf diese Bedürfnisse eingehen. Jedoch das Gefühl mangelnder Kompetenz (absolut mangelhafte Berücksichtigung von SpC in Ausbildungs- und Studienordnungen), ungeklärter Zuständigkeit und fehlender Personal- und Zeitressourcen verhindern ein adäquates Eingehen in den meisten Fällen. Auch wird SpC in keinem Qualitätssicherungs- oder Entgeltsystem abgebildet, was wiederum erhebliche strukturelle und organisatorische Defizite in diesem Bereich nach sich zieht, da jeglicher (pekuniärer) Anreiz, SpC als integralen Bestandteil der Versorgung zu etablieren, fehlt.

Somit wird aktuell den spirituellen Bedürfnissen von schwerkranken, alten und sterbenden Menschen nur unzureichend Rechnung getragen. Es bleibt häufig genug dem Zufall oder der Sensibilität und dem Engagement Einzelner überlassen, ob SpC integraler Bestandteil des Betreuungskonzeptes ist oder nicht. Dies ist umso kritischer zu bewerten, als dass eine Auseinandersetzung der Betreuenden mit der eigenen Spiritualität in unserer säkular geprägten Gesellschaft einschließlich des Berufsumfeldes – wenn überhaupt, dann zumeist nur rudimentär im öffentlichen Raum – stattgefunden hat.

Es gibt deutliche Hinweise darauf, dass die Implementierung von SpC in Einrichtungen des Gesundheitssystems effektiver und nachhaltiger gelingt, wenn hauptberufliche Seelsorgende intensiv beteiligt sind oder sogar als Mitglieder eines Versorgungsteams agieren. In diesem Punkt kommt der Gemeindepädagogik sowohl für den ambulanten als auch für den stationären Bereich eine wichtige Rolle im Sinne des diakonischen Auftrages zu.

2. Zielsetzung

Das Projekt „Spirituelle Begleitung am Lebensende" zielt darauf ab, die Defizite in der spirituellen Begleitung von schwerkranken, alten und sterbenden Menschen zu verbessern, indem es an drei Punkten ansetzt:
1. Auf- und Ausbau einer SpC-Kompetenz bei den Betreuenden durch Entwicklung, Umsetzung und Validierung eines 40 Stunden Curriculums Spiritual and Existential Care (interprofessionell).
2. Analyse der Effizienz von Schulungsmaßnahmen in Bezug auf die spirituelle Gesundheit der Betreuten und die Identifikation mit dem Beruf der Betreuenden.

3. Identifikation von Maßnahmen im personellen, strukturellen und organisatorischen Bereich zur Verbesserung der spirituellen Begleitung von Menschen in gesundheitlichen Krisensituationen.

3. Forschungsmethode

Das Projekt wurde im Januar 2020 gestartet und endete im März 2024. Es erstreckte sich über mehrere Phasen:
1. *Vorphase*
   – In einem ersten Schritt wurde von einem multiprofessionell zusammengesetzten Expert:innengremium ein vierzigstündiges Curriculum entsprechend den KoMPaC Richtlinien der Deutschen Gesellschaft für Palliativmedizin entwickelt (siehe Abb. 1).
   – Parallel wurde der Prüfplan zur wissenschaftlichen Begleitforschung erstellt und das Ethikvotum der Universität Witten/Herdecke eingeholt.
   – Mit der Identifikation von sieben kooperierenden Projektstandorten, die bereit waren, Schulungen nach dem Curriculum durchzuführen, sowie die Maßnahmen der Begleitforschung umzusetzen, war die Vorphase abgeschlossen. Die Teilnehmenden waren somit entweder im Bereich eines Krankenhauses, Hospizes oder einer stationären Einrichtung der Altenhilfe tätig.
2. *Umsetzungsphase*
   Zur Validierung der Effizienz des Curriculums wurde ein sogenannter **Prä-Post-Ansatz** gewählt mit der Durchführung der Schulungsmaßnahme als Intervention.
   Präinterventionell wurden 4–6 Wochen vor der Schulung validierte Fragebögen zur Erfassung von spirituellen und existenziellen Bedürfnissen durch von den zukünftigen Teilnehmenden betreuten Bewohner:innen bzw. Patient:innen sowie deren Angehörige bearbeitet. Auch die Schulungsteilnehmenden erhielten validierte Fragebögen, die sich u. a. mit der emotionalen Distanzierung vom Beruf befassten (Abb. 1: Verzeichnis der Fragebögen).

Kernbereich	Titel	Autor:in
Für Patient:innen / Bewohner:innen / Angehörige[1]		
Gesundheits-/ Belastungsempfinden	Visuelle Analog-Skala (VAS)	Büssing u. a. 2017, 2021
Spirituelle Bedürfnisse	Spiritual Needs Questionnaire (SpNQ-20)	Büssing u. a. 2010, 2021
Spirituelles Wohlbefinden	Functional Assessment of Chronic Illness Therapy - Spiritual Well-Being (FACIT-Sp)	Bredle u. a. 2011
Psychisches Wohlbefinden	WHO-5 Fragebogen zum Wohlbefinden (WHO-5)	Bech u. a. 2003
Unterstützungszufriedenheit	Brief Multidimensional Life Satisfaction Scale (BMLSS-Support)	Büssing u. a. 2009
Für Betreuende		
Gesundheits-/Belastungsempfinden	Visuelle Analog-Skala (VAS)	Büssing u. a. 2017, 2021
Psychisches Wohlbefinden	WHO-5 Fragebogen zum Wohlbefinden (WHO-5)	Bech u. a. 2003
Team-Zufriedenheit	Brief Multidimensional Life Satisfaction Scale (BMLSS-Support)	Büssing u. a. 2009
Spiritual Care Kompetenzen	Spiritual Care Competence Questionnaire (SCCQ deutsche Version)	Frick u. a. 2019
Cool Down Reaktionen	Cool Down Index (CDI)	Büssing u. a. 2017
Spirituelle Praxis	Spiritual practices questionnaire (SpREUK-P 17)	Büssing u. a. 2012
Ehrfurcht/Dankbarkeit	Awe/ Gratitude/ Questionnaire (GrAw-7)	Büssing 2020
Mitgefühl	Santa Clara Brief Compassion Scale	Hwang u. a. 2008

Abbildung 1: Verzeichnis der im Rahmen der wissenschaftlichen Begleitforschung verwandten Fragebögen[2]

---

[1] Die Bearbeitung der Fragebögen konnte entweder selbstständig oder mit Hilfe erfolgen.
[2] Ergänzend wurden soziodemographische und situationsbezogene Daten erfasst.

Die Schulung wurde an sieben Standorten mit 91 Teilnehmenden in zwei Blöcken durchgeführt (Intervention). Sowohl die Kursleiter:innen als auch die Teilnehmenden bewerteten diese inhaltlich, methodisch und strukturell sowohl im Rahmen von standardisierten Fragebögen als auch im Freitext. Postinterventionell wurden sowohl die Schulungsteilnehmenden als auch von ihnen betreute Personen zu zwei Zeitpunkten (3 und 6 Monate) nach der Qualifizierungsmaßnahme erneut mittels der dargestellten Fragebögen befragt.

3. *Auswertung*

Die Fragebögen zur Bewertung des Curriculums wurden quantitativ (Zensurenvergabe von 1 bis 6), die Freitextangaben qualitativ aufgearbeitet und das Ergebnis seinen Autor:innen als Grundlage für eine redaktionelle Überarbeitung übermittelt. Die endgültige Form wurde von der Deutschen Gesellschaft für Palliativmedizin in den Katalog der durch sie zertifizierbaren Curricula aufgenommen.

Die Fragebögen im Rahmen der wissenschaftlichen Begleitstudie wurden mittels verschiedener statistischer Methoden quantitativ ausgewertet und erste Ergebnisse publiziert (Büssing u. a. 2023). Da die Untersuchungen in Zeiten der maximalen Coronaeinschränkungen durchgeführt wurden, blieb die Zahl der eingegangenen Fragebögen hinter dem erwarteten Niveau zurück (die statischen Vorabberechnungen hatten eine Fragebogenzahl von 387 pro Kohorte vorgesehen, insgesamt konnten 774 Patient:innen bzw. Bewohner:innen in drei aufeinanderfolgenden Rekrutierungsphasen befragt werden.

4. *Umsetzung von Maßnahmen zur Implementierung von SpC*

In Verfolgung des primären Projektzieles, welches die Verbesserung der spirituellen Versorgung von alten, schwerkranken und sterbenden Menschen betrifft, wurden zahlreiche Maßnahmen zur Umsetzung der Forschungsergebnisse in den Betreuungsalltag und Sicherung der Nachhaltigkeit ergriffen. Sie umfassten sowohl publikatorische Aktivitäten als auch weitere Maßnahmen der Öffentlichkeitsarbeit (siehe Abschnitt Ergebnisse).

4. Zentrale Forschungsergebnisse (Auszug)[3]

4.1 Das Curriculum SpECi und die Wirksamkeit der Schulungsmaßnahme

Die den Schulungen zugrunde gelegte Ursprungsversion des Curriculums wurde von vielen Teilnehmenden und Kursleitenden als inhaltlich zu überladen angesehen, auch wurde eine Verschiebung der Gewichtung weg von lerntheoretischen Inhalten hin zu mehr praxisbezogenen Übungsteilen eingefordert (Gerundt u. a. 2024).

Nach Revision durch ein Autor:innenteam wurde das Curriculum in den Katalog der zertifizierungsfähigen Weiterbildungen der Deutschen Gesellschaft für Palliativmedizin aufgenommen und im Palliamed Verlag publiziert[4] (Abb. 2).

Modul	Thema
1	Spiritualität – Zugänge und Klärungen Spiritualität bei Gesundheit und Krankheit
2	Spirituelle Bedürfnisse und Spiritual Care – Kompetenzen
3	Existenzielle Belange wahrnehmen und erfassen
4	Spirituelle und Existenzielle Kommunikation in der alltäglichen Berufspraxis
5	Achtsamer Umgang mit Anvertrautem – Schnittflächen und Kontexte
6	Ist die Seele im Lot? – Gelingende Kommunikation bei unlösbaren Fragen
7	Verlust und Trauer begegnen
8	Spirituelle Ressourcen und Kraftquellen: Was tröstet?
9	Spirituelle Ressourcen und Kraftquellen: Was lässt hoffen?
10	Hilfreiche Rituale

Abbildung 2: Inhalte des Curriculums

Eine Aufteilung der zehn Module in zwei zeitlich abgegrenzte Unterrichtsblöcke wird empfohlen. Teilnahmeberechtigt sind grundsätzlich alle mit der Betreuung von schwerkranken, alten und sterbenden Menschen befassten Professionen

---

[3] Die wissenschaftliche Begleitforschung wurde unter Leitung von Professor Arndt Büssing (Professur Lebensqualität, Spiritualität und Coping an der Universität Witten/Herdecke) durchgeführt.

[4] Giebel, Astrid/Büssing, Arndt/Albrecht, Johannes (Hg.), Curriculum Spiritual/ Existential Care interprofessionell (SpECi®) für alle Berufsgruppen im Gesundheitswesen. Pallia Med Verlag Bonn 2024.

(qualifizierte Ehrenamtliche von Hospizdiensten inkludiert), wobei Erfahrungen und Wissen im Bereich der Palliativ-/Hospizversorgung und/oder von Diakonie Care erwünscht sind.

Während die Befähigung zur Wahrnehmung von Bedürfnissen und zur Gesprächsführung sowie das Wissen über andere Religionen bereits vor der Schulung ausgeprägt vorhanden waren, konnten Dokumentation, spirituelle Selbsterfahrung und Empowerment deutlich gesteigert werden. Die Sicherheit der Teilnehmenden im Umgang mit spirituellen Bedürfnissen der von ihnen Betreuten wurde gesteigert; dennoch wünschten sich 87% mehr Zeit für entsprechende Gespräche.

4.2 Ergebnisse der Befragung der Kursteilnehmenden

Auch wenn die Bearbeitung der Fragebögen nur einen begrenzten Zeitaufwand bedeutete, konnte dieser nicht von allen Teilnehmenden auf Grund der besonderen Bedingungen der COVID-19-Pandemie erbracht werden, so dass die Rücklaufquote besonders in den postinterventionellen Befragungen deutlich hinter den Erwartungen zurückblieb. Die Höhe der Arbeitsbelastung korrelierte mit geringerer Berufs- und Teamzufriedenheit, geringerem psychischen Wohlbefinden und größerer emotionaler Erschöpfung sowie Distanzierung von den Betreuten („Cool Down"). Die Berufszufriedenheit steigerte die Teamzufriedenheit deutlich ebenso das psychische Wohlbefinden und ging mit einer geringeren emotionalen Distanzierung einher. Das Mitgefühl war hiervon unabhängig. Ein positiver Effekt durch die Teilnahme am SpECi Curriculum auf die Zunahme von Resilienz und Berufszufriedenheit darf vermutet werden, da die Ergebnisse aus den Befragungsbögen trotz der erheblichen Belastungen durch die COVID-19-Pandemie keine negativen Veränderungen zeigten. Die Ressource Team-Spirit hängt eng mit Berufs- und Team-Zufriedenheit sowie mit psychischen Wohlbefinden und Mitgefühl zusammen, weswegen ihrer Weiterentwicklung besonderes Augenmerk gelten sollte.

Zusammenfassung der Ergebnisse der Teilnehmendenbefragung

Die Teilnahme am SpECi Kurs stellt eine effektive Maßnahme zur Verbesserung der spirituellen Begleitung im Gesundheitswesen dar und kann zur Minderung einer emotionalen Distanzierung aus dem Beruf beitragen.

4.3 Ergebnisse der Patient:innen-, Bewohner:innen- und Angehörigenbefragung

Bereits im Rahmen der präinterventionellen Befragung wurde ein extrem hoher Gesprächsbedarf der Bewohner:innen stationärer Einrichtungen der Altenpflege und der Hospizversorgung als auch von Krankenhauspatient:innen zu spirituellen und existenziellen Fragen deutlich, so dass der primär hierfür vorgesehene Zeitaufwand deutlich überschritten wurde (Gerundt 2024). Die meisten Befragten waren mit der generellen Unterstützung durch das Team zufrieden (87%), wobei 21% sich in ihren spirituellen Bedürfnissen nicht gut unterstützt fühlten. Die Auswertung der Bewohner:innen- bzw. Patient:innen- Fragebögen bestätigte die aus früheren wissenschaftlichen Untersuchungen belegte Bedeutung spiritueller Bedürfnisse in den vier Bereichen: Innerer Friede, Religiöse Fragen, existenzielle Fragen und Generativität (siehe Abb. 3). Diese waren zu den drei Befragungszeitpunkten trotz der Belastungen durch die COVID-19-Pandemie relativ konstant, wobei die Bedürfnisse nach innerem Frieden, familiärer Unterstützung und Generativität besonders ausgeprägt waren, während die existenziellen und religiösen Fragen eher nachgeordnete Bedeutung hatten. Ebenfalls relativ konstant blieben das primär schon hohe psychische und spirituelle Wohlbefinden über die drei Befragungszeitpunkte. Ähnliche Befunde ergaben sich auch bei der Befragung der Angehörigen (Büssing u. a. 2023).

Bedürfnisdimension	Bedürfnis
Religiös	Gebet, Teilnahme an religiösen Feiern
Existenziell	Suche nach Sinn und Bedeutung im Leben, Vergebung
Innerer Friede	Naturerleben, Verbundenheit, emotionaler Frieden, entlastende Gespräche
Generativität	Trost geben, Lebensgeschichte / -erfahrungen teilen, Vergewisserung der eigenen Bedeutung

Abbildung 3: Dimensionen spiritueller Bedürfnisse entsprechend dem Spiritual Needs Questinonaire (SpNQ Büssing u. a. 2010).

Die Interpretation dieser Daten bleibt auf Grund der Auswirkungen der coronabedingten Restriktionen im Gesundheitswesen während des gesamten Erhebungszeitraums gerade schwierig (Ausstieg von Kursteilnehmenden, lückenhafter Rücklauf der Fragebögen). Es stellt sich die Frage, ob die Ableitung eines positiven Effektes der Stärkung der SpC-Kompetenzen und des Empowerments der Mitarbeitenden auf Grund der Konstanz der erhobenen Befunde – insbesondere im Bereich der Unterstützungszufriedenheit aber auch hinsichtlich des spirituellen und psychischen Wohlbefindens – zulässig ist. Ein Blick auf die aktuelle Literatur zu der Belastung der Mitarbeitenden im Gesundheitswesen und die Auswirkungen auf die Betreuungsqualität lassen dieses als stimmig erscheinen.

4.4 Handlungsempfehlungen zur spirituellen Begleitung schwerstkranker und alter Menschen

Für die unzureichende Integration von SpC in den Versorgungsalltag ließen sich Defizite sowohl im personellen als auch strukturellen und organisatorischen Bereich identifizieren. Für deren Behebung existierte bis dato keine Roadmap, so dass sich eine multiprofessionell zusammengesetzte Arbeitsgruppe aus 27 Expert:innen die Entwicklung von Handlungsempfehlungen zur spirituellen Begleitung von schwerstkranken und alten Menschen zum Ziel setzte. Die auf der Basis von Literaturrecherche, den Ergebnissen des Projektes und persönlichen Erfahrungen ausgesprochenen fünfzehn Empfehlungen wurden nach Durchlaufen eines Delphiprozesses in der Langversion im Handbuch Spiritual & Existential Care, in der Kurzversion in der Zeitschrift für Palliativmedizin publiziert (Kloke u. a. 2024). Die Leitsätze betreffen sowohl den personellen als auch den strukturellen und organisatorischen Bereich (Abb. 4). Ihre Verbreitung und Umsetzung wird von den Trägern der Charta zur Betreuung Schwerstkranker und sterbender Menschen, dem Deutschen Hospiz- und PalliativVerband, der Deutschen Gesellschaft für Palliativmedizin, der Bundesärztekammer und den Mandatsträger:innen des Runden Tisches sowie der Koordinationsstelle der Charta unterstützt.

Bereich	Leitsatz	Gegenstand der Empfehlung
Personell	1	Integration der persönlichen Auseinandersetzung mit der eigenen Spiritualität und existenziellen Fragen in Fort- und Weiterbildung sowie Studium
	2	Verantwortung des Teams zur Ausbildung einer diversitätssensiblen Haltung und Kommunikation sowie Steigerung der Kompetenz einen verstehenden und vertrauensbildenden Zugang zu Menschen und ihren sozialen und familiären Beziehungssystemen zu schaffen; zusätzlich einbezogen werden eine religionsbezogene Aufklärung sowie die Erörterung aktueller Spiritualitätsmuster
	3	Akzeptanz der selbstverständlichen Zugehörigkeit von SpC als Teil einer ganzheitlichen Gesundheitsversorgung und

			Befähigung zum professionellen Umgang mit spirituellen Bedürfnissen von alten und/oder schwerstkranken Menschen sowie ihren An- und Zugehörigen
Strukturell		4	Verwendung validierter Messinstrumente zur Erfassung spiritueller Bedürfnisse
		5	Wahrnehmung und Unterstützung impliziter Spiritualität
		6	Dokumentation von spirituellen Bedürfnissen unter Wahrung des Vertrauensverhältnisses
		7	Sichtbarmachung von Angeboten der professionellen Seelsorge.
		8	Strukturierte Hinweise auf spirituelle Angebote / Rituale und Sicherung ihrer Verfügbarkeit
		9	Angebote zur spirituellen Unterstützung in den Einrichtungen
Organisatorisch		10	Sichtbarmachung von SpC als selbstverständlichen Teil des Versorgungskonzeptes
		11	Dokumentation von SpC-Leistungen und Sichtbarmachung ihrer Wirksamkeit für die Betreuten
		12	Schaffen von geeigneten Orten und Kommunikationsräumen für SpC
		13	Integration von SpC in gesundheitliche Vorausplanung
		14	Begleitung der Implementierung von SpC durch Vertretende von Religions- und Glaubensgemeinschaften
		15	Umgang mit spirituellen Bedürfnissen von An- und Zugehörigen auch nach dem Versterben

Abbildung 4: Gegenstand der Handlungsempfehlungen

4.5 Öffentlichkeitsarbeit und Sicherung der Nachhaltigkeit

Wesentlicher Teil der Öffentlichkeitsarbeit ist die Publikation des Buches *Spiritual & Existential Care interprofessionell. Handbuch spiritueller und existenzieller Begleitung in der Gesundheitsversorgung* im Springer Verlag mit mehr als 50 Beiträgen namhafter Expert:innen (Giebel u. a. 2024). Der Antrag auf Erstellung eines Expertenstandards Pflege wird zur Zeit von einem Expert:innengremium unter der Leitung von Prof. Dr. Hermann Brandenburg vorbereitet. Im Rahmen der Öffentlichkeitarbeit wurde u. a. eine Website erstellt, vier auf YouTube abrufbare Kaminabende sowie zwei große Fachtage durchgeführt (Details und Links unter www.speci-deutschland.de). Darüber hinaus wurde das Projekt durch zahlreiche Publikationen und Beiträge auf wissenschaftlichen Kongressen vorgestellt. Der Transfer der Ergebnisse in den Betreuungsalltag bedarf der Unterstützung durch die Politik, die großen Dach- und Wohlfahrtsverbände sowie wissenschaftlichen Fachgesellschaften. Sie alle sind Mitglieder des Runden Tisches der Charta zur Betreuung schwerstkranker und sterbender Menschen in Deutschland, die das hier vorgestellte Projekt begleitet, unterstützt und getragen haben. Das Projekt fand seinen Abschluss mit einem Parlamentarischer Abend zum Thema „Spiritual Care geht uns alle an! – Spiritualität in der gesundheitlichen Versorgung", an dem die Projektergebnisse noch einmal vorgestellt und mit Parlamentariern, Vertreter:innen aus der Gesundheitspolitik, Kostenträgern, Vertreter:innen aus medizinischen und pflegerischen Fachverbänden und weiteren Interessierten diskutiert wurden, um den Fokus auf die Notwendigkeit der Verbesserung der spirituellen Begleitung zu lenken.

5. Anschlussfähigkeit für die Praxis und weitere Forschung

Das Berufsbild der Gemeindepädagogik umfasst viele Arbeitsbereiche, die sich entweder ganz konkret mit gelebter Spiritualität beschäftigen oder in denen SpC im Kontext von gesundheitlichen Krisen zum Tragen kommen: Im Rahmen ihrer seelsorgerischen Tätigkeiten obliegt den Gemeindepädagog:innen (GP) die Thematisierung und Auseinandersetzung mit spirituellen und existenziellen Fragen innerhalb der gemeindlichen Strukturen. Im Rahmen der diakonischen Aufgaben übernehmen sie die unmittelbare Betreuung von schwerkranken, alten und trauernden Menschen einschließlich ihrer Angehörigen sowohl in stationären Einrichtungen als auch im ambulanten Bereich. Darüber hinaus wirken sie als Multiplikator:innen und Ausbilder:innen in zahlreichen sozialen und pädagogischen Einrichtungen und Gruppen. Somit ergeben sich aus dem SpECi Projekt anschlussfähige Forschungsfragen/-bereiche für die Gemeindepädagogik.

Projekt 1: GP als Moderator:innen des Implementierungsprozesses von SpC in einer stationären Einrichtung

1. *Hintergrund:* Spirituelle Bedürfnisse von alten und schwerkranken Menschen werden aktuell in der Versorgungsplanung und -umsetzung unzureichend berücksichtigt. Eine nachhaltige Veränderung dieser Situation erfordert einen strukturierten und systematischen Implementierungsprozess, wie es z. B. von Kloke und Degner (2024) beschrieben wurde. Neben einem modularen Aufbau mit fakultativen und obligaten Bausteinen (z. B. SpECi® als Inhouseschulung) ist die sogenannte Fokusgruppe Koordinator und Mo-

tor des Prozesses. In der Literatur gibt es zahlreiche Hinweise, dass die Integration von hauptamtlich Seelsorgenden – in diesem Fall von GP – zur Effizienz und Nachhaltigkeit der Implementierung beiträgt (Labitzke/Kuhn-Flammensfeld 2017).
2. *These:* GP haben spezifische Aufgaben bei der Implementierung von SpC in einer Einrichtung.
3. *Methode:* Begleitung eines Implementierungsprozesses und Beschreibung der spezifischen Aufgaben von GP.
4. *Umsetzung:* Beschreibung des Implementierungskonzeptes und seiner Elemente sowie Dokumentation der Arbeit der Fokusgruppe unter besonderer Berücksichtigung der spezifischen Aufgaben der GP (Chronik).

Projekt 2: GP als Motoren einer öffentlichen Auseinandersetzung mit spirituellen und existenziellen Fragen angesichts schwerer Krankheit und Sterben – Beschreibung eines Prozesses

1. *Hintergrund:* Die persönliche Auseinandersetzung mit spirituellen oder religiösen Themen findet in unserer säkularen und diversen Gesellschaft – wenn überhaupt – nicht in der Öffentlichkeit statt. Dennoch sind gesundheitliche Krisen und auch die Erfahrung der Begrenztheit des Lebens reale Erfahrungen von Menschen entweder als Selbstbetroffene oder als An-/Zugehörige. Die in diesen Kontexten aufkommenden spirituellen und/oder existenziellen Fragestellungen können zumeist nicht auf dem Hintergrund einer zuvor erfolgten Auseinandersetzung mit der eigenen Spiritualität angegangen werden und führen zu tiefgreifender Verunsicherung, der sprichwörtliche Boden unter den Füßen geht verloren.
2. *These:* Der Förderung einer nicht anlassbezogenen öffentlichen Auseinandersetzung mit diesen Fragestellungen kommt präventive Bedeutung zu im Sinne der Förderung einer persönlichen Resilienz im Umgang mit Erkrankung, Sterben und Trauer.
3. *Methode:* Entwicklung eines modularen Kursangebotes (drei bis vier Module mit insgesamt 10 – 12 Unterrichtsstunden) für Interessierte zur Auseinandersetzung mit spirituellen und existenziellen Fragestellungen angesichts schwerer Erkrankung, zunehmenden Alters und beim Verlust wichtiger Bezugspersonen.
4. Bewertung der Maßnahme durch semistrukturierte Interviews oder durch Verwendung des Spiritual Needs Questionnaire (SpNQ-20) vor und nach der Maßnahme (Prä-Post Ansatz).

Projekt 3: Analyse des säkularen Spiritualitätsempfindens sowie der spirituellen Praxis bei Konfirmanden und Mitgliedern gemeindlich organisierter Gruppen

1. *Ausgangssituation:* Spirituelle Fragen und Bedürfnisse sind bei kranken und alten Menschen relativ gut untersucht. Es gibt jedoch wenig Wissen zu ihrer Ausprägung bei Menschen, bei denen Interesse an einer Religion bzw. ein Zugehörigkeitsgefühl vermutet werden kann wie dieses bei Konfirmand:innen und/oder gemeindlich engagierten Ehrenamtlichen postuliert werden darf. Umgekehrt gibt es zahlreiche Hinweise darauf, dass gerade bei jungen Menschen Dankbarkeit und staunende Ehrfurcht eine säkulare Form des spirituellen Erlebens darstellen (Büssing u. a. 2021).
2. *These:* Spirituelle Bedürfnisse und Fragen bestehen bei Menschen mit gemeindlichem Bezug. Bei Jugendlichen dominiert die säkulare Form spirituellen Erlebens gegenüber der einer traditionellen spirituellen Praxis.
3. *Methode:* Einseitige Bearbeitung der Fragebögen zur spirituellen Praxis (SprEUK-P 17) sowie zur Erfassung von Ehrfurcht/Dankbarkeit (GrAw-7) durch Konfirmand:innen und Mitgliedern gemeindlich organisierter Gruppen mit vergleichender Auswertung.
4. *Methodische Hinweise:* Die Gruppen sollten annähernd gleich groß und repräsentativ sein. Die Zusicherung der Anonymität ist zwingend. Bei nicht volljährigen Teilnehmenden sollte die Einwilligung der Erziehungsberechtigten eingeholt werden. Der:die Forschende sollte nach Möglichkeit weder Mitglied einer Gruppe noch an der Arbeit mit den Konfirmand:innen (KA) beteiligt sein. Werden mehrere Konfirmand:innengruppen einbezogen, sollten der Zeitpunkt der Befragung in Bezug auf die KA für alle gleich gewählt und dokumentiert werden (z. B. vor Beginn oder am Ende).

Projekt 4: Effektivität der Arbeit mit Konfirmand:innen (KA) auf die Entwicklung von Ehrfurcht und Dankbarkeit als säkuläre Formen spirituellen Erlebens und auf die spirituelle Praxis

1. *Hintergrund:* Auch wenn die Motivationslage zur Teilnahme an der Konfirmandenarbeit für Jugendliche sicher vielschichtig ist, so darf doch ein gewisses Interesse an spirituellen und existenziellen Fragestellungen postuliert werden. Neben der reinen Wissensvermittlung sind Motivierung zur Auseinandersetzung mit der eigenen Spiritualität und der religiösen Praxis Ziele der KA. Es existiert wenig Wissen über die Effektivität der KA in Bezug auf die Erreichung dieser Zielsetzung.

2. *Methode:* Vor Beginn und nach Beendigung der KA werden die Möglichkeiten des Empfindens von staunender Ehrfurcht und tiefer Dankbarkeit als Ausdruck einer säkularen Form spirituellen Erlebens mittels des Gratitude/Awe Questionnaire (GrAw-7) sowie die spirituelle Praxis mittels Spiritual practices questionnaire (SpREUK-P) im Sinne eines Prä-Post-Ansatzes mit der KA als Intervention erfasst. Der Vergleich der Ergebnisse der beiden Befragungszeiträume gibt Auskünfte über das Ausmaß der Erreichung dieser Ziele. Eine Ableitung geeigneter Strategien zur Verbesserung des Outcomes ist wünschenswert.
3. *Methodische Hinweise:* Die Fragebögen müssen in anonymisierter Form zur Anwendung kommen. Bei nicht volljährigen Teilnehmenden ist die Einwilligung der Erziehungsberechtigten einzuholen. Der bzw. die Forschende sollte nicht identisch mit der leitenden Person der KA sein. Die Einbeziehung verschiedener Konfirmand:innengruppen erscheint sinnvoll.

Projekt 5: Erfassung der SpC-Kompetenzen (SCCQ) bei Gemeindepädagog:innen und Korrelation derselben mit emotionaler Distanzierung (CDI) sowie psychischen Wohlbefindens (WHO-5)

1. *Hintergrund:* Die Begleitung schwerkranker, sterbender und trauernder Menschen gehört zu den Aufgaben von GP. Während es zur Ausprägung von SpC-Kompetenzen bei im Medizinbereich tätigen und hier insbesondere zu Pflegepersonen wissenschaftliche Untersuchungen gibt, liegen diese für die Berufsgruppe der GP nicht vor. Praktizierte SpC minderte bei Mitarbeitenden in Gesundheitsberufen die emotionale Distanzierung und förderte das psychische Wohlbefinden; Effekte, die auch für GP förderlich sein könnten. Auch diesbezüglich ist die Datenlage in Bezug auf die Gruppe der GP schwach.
2. *Methode:* Einzeitige Befragung mittels validierter Fragebögen unter schwerpunktmäßig in der Betreuung kranker, alter oder trauernder Menschen tätigen GP unter Verwendung des Fragebogens zu Spiritual Care-Kompetenzen, des Cool Down Index (CDI) sowie des Fragebogens zum Wohlbefinden (WHO-5). Anschließend quantitative statistische Auswertung.

Projekt 6: *Entwicklung einer Kurzschulung für Leitende von gemeindlichen Gruppierungen zur Steigerung der Kompetenz im Erkennen von sowie Umgang mit spirituellen und existenziellen Fragen bei von ihnen Begleiteten*

1. *Hintergrund:* Jeder fünfte Mitarbeitende eines Betriebes hat in seinem unmittelbaren Umfeld einen Menschen mit schwerer Erkrankung, Hochaltrigkeit und der damit einhergehenden gesundheitlichen Vulnerabilität oder Jemanden, der aktuell den Verlust eines ihm nahen Menschen erlitten hat. Ähnlich hoch dürfte dieser Anteil bei den Mitgliedern gemeindlicher Gruppen sein. Diese Menschen sind oftmals mit ihren spirituellen und existenziellen Fragen und Nöten allein gelassen. Dem Selbstverständnis der meisten Gruppenleitungen entsprechend fühlen sich diese als Ansprechpersonen in solchen Krisensituationen. Die Qualität der Begleitung hängt aktuell jedoch eher von der individuellen Kompetenz denn von einer vermittelten ab, da gezielte Schulungen in diesem Bereich für Gruppenleitende nicht existieren.
2. *These:* Die Kompetenz von Leitenden gemeindlicher Gruppen in der Wahrnehmung von spirituellen Bedürfnissen und existenziellen Fragen bei den Gruppenleitungen kann wirksam geschult werden.
3. *Methode:* Entwicklung einer modularen Kurzschulung (insgesamt 10 bis 12 Stunden, aufgeteilt in 3 bis 4 Einheiten) zur SpC und Evaluation der Wirksamkeit durch Vergleich der vor und nach der Schulung durchgeführten Teilnehmendenbefragung unter Verwendung des Fragebogens zu Spiritual Care-Kompetenzen (SCCQ) (Prä-Post-Ansatz mit der Schulung als Intervention). Ergänzend können strukturierte Interviews mit den Teilnehmenden geführt werden oder Gelegenheit zu Freitextbewertungen der Kurzschulung gegeben werden.

Perspektive

Das SpECi Projekt legte seinen Fokus auf den Mitarbeitenden in Einrichtungen des Gesundheitssystems mit dem Ziel die spirituelle Begleitung der dort betreuten Menschen zu verbessern. Eine Nachhaltigkeit dieser Bemühungen erfordert aber gesamtgesellschaftliche Prozesse: nur wenn es gelingt, die Spiritualität des Menschen zum Gegenstand eines öffentlichen Diskurses zu machen und sie aus dem privaten Intimbereich somit herauszuholen, kann sie gelebt und als Kraftquelle zur Bewältigung von (gesundheitlichen) Lebenskrisen werden. Hier kommt der gemeindepädagogischen Forschung und Tätigkeit eine hohe Bedeutung zu.

Literaturverzeichnis[5]

BECH, PER/OLSEN, LIS RAABAEK/KJOLLER, METTE u. a. (2003), Measuring well-being rather than the absence of distress symptoms: a comparison of the SF-36 Mental Health subscale and the WHO-Five Well-Being Scale. Int J Methods Psychiatr 12, 85–91.

BREDLE, JASON M./SALSMAN, JOHN M./DEBB SCOTT, M. u. a. (2011), Spiritual Well-Being as a Component of Health-Related Quality of Life: The Functional Assessment of Chronic Illness Therapy – Spiritual Well-Being Scale (FACIT-Sp). Religions 2, 77–94.

BÜSSING, ARNDT/GIEBEL, ASTRID/ROSER, TRAUGOTT (Hg.) (2024), Spiritual & Existential Care interprofessionell. Handbuch spiritueller und existenzieller Begleitung in der Gesundheitsversorgung, (im Druck).

BÜSSING ARNDT/GERUNDT MAREIKE/GIEBEL ASTRID/NIESERT WOLFGANG (2023), Belastungsempfinden und Unterstützungszufriedenheit von Angehörigen der Bewohner und Patienten aus Alten-/ Pflegeheimen, Geriatrie, Palliativstationen und stationären Hospizen. Deutsche Zeitschrift für Onkologie 55, 19–23.

BÜSSING, ARNDT (2021), Spiritual Needs in Research and Practice. The Spiritual Needs Questionnaire as a Global Resource for Health and Social Care. Cham: Palgrave.

BÜSSING, ARNDT/RODRIGUES, RECCHIA DANIELA/DIENBERG, THOMAS u. a. (2021), Dynamics of Perceived Positive Changes and Indicators of Well-Being Within Different Phases of the COVID-19 Pandemic. Front. Psychiatry 12, 685975.

BÜSSING, ARNDT (2020), Ehrfurcht/Dankbarkeit als säkulare Form der Spiritualität bei jungen Erwachsenen und Ordens-Christen. Spiritual Care 9, 3–11.

BÜSSING, ARNDT/FALKENBERG, ZARAH/SCHOPPE, CARINA u. a. (2017), Work stress associated cool down reactions among nurses and hospital physicians and their relation to burnout symptoms. BMC Health Serv Res 17, 551.

BÜSSING, ARNDT/REISER, FRANZ/ MICHALSEN, ANDREAS u. a. (2012), Engagement of Patients with Chronic Diseases in Spiritual and Secular Forms of Practice: Results with the Shortened SpREUK-P SF17 Questionnaire. Integrative Medicine: A Clinician's Journal 11, 28–38.

BÜSSING, ARNDT/ HANS-JOACHIM, BALZAT/PETER, HEUSSER (2010), Spiritual needs of patients with chronic pain diseases and cancer – validation of the spiritual needs questionnaire. Eur J Med Res 15, 266–273.

BÜSSING, ARNDT/FISCHER, JOHN/HALLER, ALMUT/HEUSSER, PETER/OSTERMANN, THOMAS/MATTHIESSEN, PETER F (2009), Validation of the brief multidimensional life satisfaction scale in patients with chronic diseases. European Journal of Medical Research 14, 171–177.

FRICK, ECKHARD/THEISS, MAYLAW/RODRIGUES, RECHIA D./ARNDT, BÜSSING (2019), Validierung einer deutschsprachigen Spiritual Care-Kompetenz-Skala. Spiritual Care; 8, 193–207.

GERUNDT, MAREIKE (2024), Erprobung des Curriculums „SpECi" an 7 Projektstandorten – Ergebnisse der Schulungsevaluation in Spiritual Care & Existential Care interprofessionell. In: BÜSSING, ARNDT/GIEBEL, ASTRID/ROSER, TRAUGOTT (Hg), Handbuch spiritueller und existentieller Begleitung in der Gesundheitsversorgung. Heidelberg (im Druck).

GERUNDT, MAREIKE/BÜSSING, ARNDT/GIEBEL, ASTRID (2023), SpECi – Spiritual und Existential Care interprofessionell. Kurzvorstellung eines Modellprojekts zur Spirituellen Begleitung am Lebensende, seiner Ziele und erwarteten Effekte. Zeitschrift für Palliativmedizin 24: 76–84.

---

[5] Literaturhinweise zu den im Projekt verwendeten oder im Rahmen der Projekte vorgeschlagenen Fragebögen sind mit * gekennzeichnet.

GERUNDT, MAREIKE/KLOKE, MARIANNE/BÜSSING, ARNDT/GIEBEL, ASTRID (2023), „SpECi – Ein Modellprojekt zur Implementierung spiritueller Kompetenz im Gesundheitswesen", in: Spiritual Care.

HWANG, JEONG YEON/PLANTE, THOMAS/LACKEY, KATY (2008), The Development of the Santa Clara Brief Compassion Scale: An Abbreviation of Sprecher and Fehr's Compassionate Love Scale. Pastoral Psychology 56, 421–428.

KLOKE, MARIANNE/ALT-EPPING, BERND/BÜSSING, ARNDT/GIEBEL, ASTRID/EILTS-KÖCHLING, KATRIN/PROBST, STEPHAN/SCHRAGE, BRUNO (2024), Handlungsempfehlungen zur spirituellen Begleitung alter und/oder schwerstkranker Menschen. Kurzfassung, in: Zeitschrift für Palliativmedizin 25(1), 13–17.

KLOKE, MARIANNE/DEGNER, MARIA (2024), Wege zur Implementierung von Spiritual Care in der Betreuung schwer kranker und alter Menschen, in: Spiritual Care & Existential Care interprofessionell. In: BÜSSING, ARNDT/GIEBEL, ASTRID/ROSER, TRAUGOTT (Hg), Handbuch spiritueller und existenzieller Begleitung in der Gesundheitsversorgung. Heidelberg.

LABITZKE, KAROLIN/KUHN-FLAMMENSFELD, NORBERT (2017), Spiritual Care und Seelsorge in der Hospiz- und Palliativversorgung, Konzept der Sektion Seelsorge der Deutschen Gesellschaft für Palliativmedizin https://www.dgpalliativmedizin.de/images/stories/pdf/fachkompetenz.de [abgerufen am 10.04.2024].

NOLAN, SEONAID/SALTMARSH, PHILIP/LEGET, CARLO (2011), Spiritual care in palliative care: Working towards an EAPC task force. European Journal of Palliative Care 18: 86–89.

WEIHER, ERHARD (2021), Auf der Spur der Spiritualität. Zur Frage nach dem „Wie" der Seelsorge. Zeitschrift für Pastoraltheologie 41(2), 67–80.

Kapitel 19: Ich, Du, ein Wir! – Konturen einer diskriminierungssensiblen Gemeindepädagogik

Britta Konz & Stephanie Lerke

1. Einleitung

Obwohl der Schutz vor Diskriminierung seit 2006 durch das Allgemeine Gleichbehandlungsgesetz (AGG) rechtlich in Deutschland verankert ist und „Benachteiligungen aus Gründen der Rasse oder wegen der ethnischen Herkunft, des Geschlechts, der Religion oder Weltanschauung, einer Behinderung, des Alters oder der sexuellen Identität zu verhindern oder zu beseitigen" (AGG § 1) sind, ist aktuell eine bundesweite Rekordzunahme an Diskriminierungsfällen zu verzeichnen (ADS 2023). Dass die Gesellschaft vielschichtig von unterschiedlichen Diskriminierungsformen durchzogen ist, wird schon seit Jahren in Langzeitstudien beobachtet (Heitmeyer 2002, 301; Zick u. a. 2023). Die derzeitig wohl bekannteste ist die durchgeführte Bielefelder Langzeitstudie des Instituts für interdisziplinäre Konflikt- und Gewaltforschung (IKG), die sogenannte „Mitte"-Studie der Friedrich-Ebert-Stiftung. Sie untersucht „Gruppenbezogene Menschenfeindlichkeit" (GMF) in der Mitte der Gesellschaft in Deutschland. GMF besteht aus mehreren Diskriminierungskategorien und ist als Abwertung bestimmter gesellschaftlicher Gruppen zu verstehen, „die aufgrund natürlicher beziehungsweise anderweitig nur schwer veränderbarer Merkmale als fremd oder anders zur Referenzgruppe definiert und zum Beispiel wegen ihrer Migrationsgeschichte als Neuhinzugekommene oder aufgrund ihrer Ethnie oder Religion nicht als Dazugehörige betrachtet werden" (Zick u. a. 2016, 37).[1] Auch im Kontext christlicher Religion sind Diskriminierungskategorien wie Antisemitismus, Rassismus und Abwertung LGBTIQ* Menschen keine Seltenheit, wie die kirchliche Studie „Zwischen Nächstenliebe und Abgrenzung" der Evangelischen Kirche in Deutschland (EKD) aufzeigte (EKD 2022). Gemeinde soll eine Gemein-

---

[1] Zu den dort aufgeführten diskriminierenden und ausgrenzenden Differenzsetzungen gehören Rassismus, Sexismus, Etabliertenvorrechte, Fremden- und Ausländerfeindlichkeit, Antisemitismus, Muslimfeindlichkeit, Abwertung von Sinti und Roma, Abwertung asylsuchender und geflüchteter Menschen, Abwertung homosexueller Menschen, Abwertung von Trans*Menschen, Abwertung wohnungsloser Menschen, Abwertung von Menschen mit Behinderung, Abwertung langzeitarbeitsloser Menschen (Zick u. a. 2016).

schaft der Verschiedenen sein, die von den vielfältigen Begabungen ihrer Mitglieder getragen ist. Entgegen einem Wunsch nach einem Safer Space[2] und einer „Identität ohne Singularität – Unterschiedlichkeit ohne Dominanz – Teilhabe ohne Exklusion" (Nausner 2020, 281) sind jedoch immer noch vielschichtige Ausgrenzungspraktiken in Kirchen eingeschrieben. Pastor Quinton Ceasar wies in seiner Kirchentagspredigt im Schlussgottesdienst 2023 darauf hin, dass dies für viele nicht zutrifft: „Meine Geschwister und ich sagen: wir vertrauen Eurer Liebe nicht. Wir haben keine sicheren Orte in Euren Kirchen" (Henze 2023, o. S.). Religion kann aber auch eine wertvolle Ressource des Empowerings und der (selbstkritischen) Reflexion und Überwindung eines diskriminierenden Habitus im Christentum sein, auch in Bezug auf implizite Wissensbestände und Erfahrungen (Willems 2022, 110; Vecera 2022, 171ff). Ceasar betont, dass Veränderungen zur Verwirklichung einer gerechteren Welt im Sinne der Kirchentagslosung „Jetzt ist die Zeit" (Mk 1,15) nicht aufgeschoben werden dürfen, sowie Mut und Liebe erfordern. Für ihn ist mit Rückgriff auf Bell Hooks klar: „There can be no love without justice." Gelebte Nächstenliebe bedeutet für ihn Solidarisierung mit den marginalisierten, entrechteten und diskriminierten Personen der Gesellschaft. Es ist eine Liebe, die nicht von oben herab, sondern im wertschätzenden Miteinander auf Augenhöhe erfolgt (Ceasar 2023, o. S.).

2. Fragestellung

Angesichts dieser gesellschaftlichen und kirchlichen Herausforderungen stellt sich die Frage, wie Gemeindepädagogik diskriminierungssensibel gestaltet werden kann. Im Folgenden wird zunächst in Kürze der Diskurs um Diskriminierung und Othering kartiert, um hieran anschließend die ambivalente Funktion von Religion als Differenzdimension aber auch als Ressource auszuloten. Im nächsten Schritt werden Konturen einer diskriminierungssensiblen Gemeindepädagogik entfaltet. Von hier aus fragen wir nach Wegen der praktischen Gestaltung einer solchen Gemeindepädagogik und stellen mit der Methode des „Zoomings"

---

[2] Die Entwicklung des Konzepts von ‚Safe Spaces' zu ‚Safer Spaces' reflektiert eine zunehmende Anerkennung der Komplexität und Persistenz von Diskriminierung, Vorurteilen, Stereotypen und Gewalt innerhalb vermeintlich sicherer Umgebungen. Obwohl ‚Safe Spaces' ursprünglich Räume bezeichneten, die frei von Diskriminierung und Gewalt sein sollten, hat die Praxis gezeigt, dass absolute Sicherheit schwer zu gewährleisten ist. Die Terminologieänderung zu ‚Safer Spaces' unterstreicht das Bestreben, Räume zu schaffen, die sicherer als die allgemeine gesellschaftliche Umgebung sind, jedoch anerkennt, dass ein vollständig sicherer Raum wahrscheinlich unerreichbar ist. Diese Perspektive auf das Konzept von Sicherheit von bestimmten vulnerablen Gruppen und Personen in sozialen Räumen unterstreicht die Notwendigkeit kontinuierlicher Reflexion und Anpassung in der Praxis, um inklusive und unterstützende Umgebungen zu fördern.

ein Werkzeug vor, das für Othering sensibilisieren, aber auch Wege des Empowerings ermöglichen kann (Gerner 2022, 23–41). Zugleich bietet es thematische Anregungen für eigene Forschungsvorhaben.

3. Ich, du und die „anderen"? – (Religiöses) Othering und Doing Difference

Diskriminierung wird als gesellschaftsstrukturell verankertes Phänomen verstanden, das auf Vorurteilsstrukturen beruht. Systematisch werden hierbei individuelle oder gruppenspezifische Stereotype „für die Herstellung, Begründung und Rechtfertigung von Abgrenzungen und Hierarchien, insbesondere von Machtasymmetrien" benutzt, wodurch einzelne Personen oder Gruppen ausgegrenzt, benachteiligt und/oder ungleiche Chancen der Anerkennung sowie Teilhabe erhalten (Scherr 2017, 41; Foitzik u. a. 2018, 226; Härle 2018, 226).

Beim *Othering* findet eine Unterscheidung nach einem binären Konzept von „zugehörig – nicht zugehörig" in „Wir, die Norm" und „Ihr, die Anderen" statt, bei der 1.) die „Anderen" auf vermeintlich typische Eigenschaften reduziert werden, 2.) eine Totalisierung jener Stereotype auf alle Angehörigen der Gruppe vollzogen wird und 3.) hierbei eine „Andersartigkeit" (oder auch Exotisierung) hergestellt wird, die 4.) zur Negativfolie wird, wohingegen das ‚Eigene' positiv hervorsticht. Kurz gesagt, die Aufwertung der eigenen (z. B. oft weißen) Gruppe geht hierbei gleichzeitig mit der Abwertung der „Anderen" (z. B. People of Colour [PoC], Jüd:innen) einher. Beide Gruppen, also die Eigengruppe (Wir-Gruppe) und Fremdgruppe (Die-Gruppe) werden als (weitgehend) homogen betrachtet, bzw. durch den Prozess des Otherings werden die Gruppen zur Einheit. Dadurch kann eine vermeintlich klare Orientierung gewonnen, ein einheitliches „Wir" hergestellt und Überlegenheit produziert werden (Rothgangel 2002, 81). Die konstruierten Differenzierungen gehen mit der Zuteilung von Ressourcen bzw. dem Ausschluss von Ressourcen einher. Das Othering ermöglicht eine Stärkung privilegierter Positionen der machtausübenden Gruppierungen und gefährliche gruppenbezogene Identitätskonstuktionen (z. B. bei den NSU-Morden) (Mecheril/Thomas-Olalde 2021, 116ff).

Der Begriff des *religiösen Otherings* richtet das Augenmerk auf Religion als Differenzfaktor (Mecheril/Thomas-Olalde 2018, 179). Religion besitzt nicht nur eine „lebensweltliche Relevanz […] in individualisierten, pluralen und globalisierten Gesellschaften als fluides, optionales, deinstitutionalisiertes Phänomen", sondern ihr wohnt auch „die subjektformende, gesellschaftliche und politische Wirkmächtigkeit von Kultur" inne (Mecheril/Thomas-Olalde 2021, 115). Hierbei kann Religion als „natio-ethno-kultureller Zugehörigkeitscode" (z. B. antimuslimischer Rassismus oder Antisemitismus) herangezogen werden (Mecheril/Thomas-Olalde 2018, 179). Damit wird sie zum „Kommunikations- und Imaginationsschema" (Mecheril/Thomas-Olalde 2011, 58) und kann eine Ausgrenzung von Gruppen vorgeblich legitimieren. Zudem können religiöse Weltdeutungen und Dogmen innerhalb einer Religion, insbesondere bei fundamentalistischer Auslegung zur Legitimierung genutzt werden und zur Ausübung von Diskriminierung und demokratiefeindlicher, gar verfassungsfeindlicher Hetze motivieren. Während man religiösen Fundamentalismus gesellschaftlich eher mit Terrorismus durch Organisationen wie den IS gleichsetzt, gibt es auch christliche Formen und „religiöses Othering" in Gemeinden und Kirchen (Willems 2022, 110; Pickel 2022, 14; Bednarz 2019; Claussen u. a. 2021).[3]

Die Analysekategorie *Intersektionalität* adressiert die Verflechtungen der verschiedenen Formen von Diskriminierung wie Geschlecht, Ethnizität, Klasse, Religion, sexuelle Orientierung, Behinderung und anderer sozialer Merkmale, die sich verstärken können. Katharina Walgenbach bezeichnet Intersektionen als „interdependente Kategorien", um deutlich zu machen, dass es nicht nur um „Interdependenzen *zwischen* Kategorien" geht, sondern dass diese gleichzeitig in sich heterogen strukturierte soziale Kategorien sind (Walgenbach 2017, 65; Wischer/Spiering-Schomborg 2020, 268). Intersektionalität wird daher auch als „die Intersektion, also Kreuzung, Überlappung und Verstrickung, verschiedener Diskriminierungen und Privilegierungen verstanden, die auf diese Art individuelle oder kollektive Identitäten bilden" (Albrecht 2023, 2). Im gemeindepädagogischen Diskurs werden die Intersektionskategorien um die Kategorie Religion erweitert, die mit den anderen Kategorien wie Geschlecht, Herkunft, Klasse, Alter in stetiger und vielfältiger Beziehung steht (Held 2023, 4). Für das pädagogische Handeln bedeutsam ist Susanne Gerners Konzept der „Verschränkten Verletzbarkeiten" und die daraus resultierende Reflexion von Differenzverhältnissen als sozialer Bezugshorizont, in dem Menschen unter verschiedenen, in asymmetrischen Konstellationen auch ungleichen Voraussetzungen miteinander in Beziehung treten. Dies bedeutet, dass Menschen als soziale Akteur:innen interaktiv handeln und als Subjekte intersubjektiv miteinander „verschränkt" sind (Gerner 2022, 30). Unter Bezugnahme auf Axel Groenemeyer (2014, 156) hebt Gerner hervor, dass Prozesse des *Doing Difference* (Balzer/Ricken 2010, 62) auch auf routinisierten sozialen Praktiken basieren, bei denen „soziales Handlungswissen als habitualisiertes ‚implizites Körperwissen'" reproduziert wird. Es ist gerade deshalb so wirkmächtig, weil es sich im Sozialisationsprozess in die Körper „einschreibt" und deshalb auch unbewusst reproduziert und in einer selbst-

---

[3] An dieser Stelle sei auch auf die Studienergebnisse von Pickel et al. (2020) und die Leipziger Autoritarismus-Studie (2020) verwiesen, die darauf hinweisen, dass einige Freikirchen aufgrund ihrer teils dogmatischeren Ausrichtung häufiger vorurteilsbehafteter sind als die zwei allgemeinen großen christlichen Kirchen in Deutschland (Decker u. a. 2020, 27–88; Pickel u. a. 2020, 149–196).

verständlichen Form von allen Beteiligten zum Ausdruck gebracht wird" (Gerner 2022, 34). Bereits vorsprachlich werden „Muster des Wahrnehmens, Bewertens, Fühlens und Handelns" (Mattig 2017, 709) inkorporiert und zu einem Habitus, der Zugehörigkeit/Belonging (Pfaff-Czarnecka) und Solidarität zwischen Angehörigen einer Kultur oder Religion stiftet (Mattig 2017, 760). Sie sind ausschlaggebend dafür, was wir als „fremd" und „vertraut" wahrnehmen. Je selbstverständlicher man an den Gepflogenheiten partizipieren kann, ohne zu überlegen, desto vertrauter erlebt man seine Umgebung und Kontakte. Die eingeübten Handlungsvollzüge bleiben so lange unbewusst und scheinbar selbstverständlich, wie sie ungestört ablaufen (ebd., 761). Die Konfrontation mit anderen Ausdrucksformen der Zugehörigkeit und des Religiösen kann die kulturelle Bestimmtheit dieser Praktiken körperlich spürbar werden lassen und ein Gefühl der Befremdung und der Nicht-Zugehörigkeit bzw. Mechanismen der Aus- und Abgrenzungen auslösen. Diese Irritation kann (auch gewalttätige) Abwehrmechanismen hervorrufen (Gerner 2022, 25). Gleichzeitig birgt Irritation auch die Chance des Umlernens, um „Abwehrhaltungen zu verringern, Verletzlichkeit anzunehmen Komfortzonen zu verlassen und dadurch authentische Beziehungen und Vertrauen herzustellen" (Vecera 2022, 161). Zusammenfassend kann festgehalten werden, dass in Opposition zueinander und hierarchisch konstruierte, körperbezogene Differenzordnungen, wie Geschlecht, Behinderung oder Rassekonstruktionen entlang von Hautfarbe, als machtvoll-normierende Diskurse, quasi-natürliche Tatsachen, unhinterfragtes Alltagswissen und habitualisierte Routinen in soziale und kulturelle Prozesse tief verankert und ‚eingeschrieben' sind. Dadurch widersetzen sie sich zunächst sowohl einer Bewusstmachung als auch einer Öffnung für Vorstellungen, wie die Welt eine andere sein könnte (Gerner 2022, 37).

Für Gerner ist demnach

> „Subjektivität [...] stets fragil und verletzbar; im wechselseitigen Spannungsfeld von Selbstbehauptung und Negation muss um intersubjektive Anerkennung immer auch gerungen werden. Hinsichtlich der Ermöglichung von (Inter-)Subjektivität ruft der:die äußere Andere aber auch notwendige ‚produktive Irritationen' [...] hervor. Denn wenn es gelingt, sich den Assimilierungsbestrebungen des anderen Gegenübers zu widersetzen und das eigene Bestreben nach Selbstbehauptung in den Beziehungsprozess einzubringen, kann zwischen zwei Subjekten ein Spielraum entstehen, der in der wechselseitigen Angewiesenheit auch Anerkennung denkbar macht" (Gerner 2022, 37).

4. „Ich, Du und ein Wir"! – Diskriminierungssensible Gemeindepädagogik als vielfaltsfördernde Ressource

Auch religiöse Bildung und gemeindepädagogische Praxis sind nicht frei von stereotypisierenden Einstellungen und Otheringpraxen. Der normativ-theologische Anspruch von Kirchengemeinden, inklusiv aufgestellt zu sein, steht „häufig im Widerspruch zu gemeindepädagogischen Exklusionsmechanismen, die strukturell verankert" sind (Held 2023, 9). Auch wenn der Gemeindepädagogik mit Keßler grundsätzlich eine „inklusive Qualität" zugesprochen werden kann, erreichen gemeindepädagogische Angebote, wie Felicitas Held betont, meist nur spezifische Zielgruppen (ebd.). Obwohl gerade hier eine Grundlage für eine diskriminierungssensible und -überwindende Theologie der Vielfalt gelegt werden kann (Knauth u. a. 2020), sind sie als Brennspiegel gesellschaftlicher Vorkommnisse Orte der (Re-) Produktion „von Ungleichheitsverhältnissen und sozialen Exklusionsmechanismen" (Foroutan/Ikiz 2016, 145; Dirim/Mecheril 2018, 25) und Orte „der potentiellen Verletzung" (Czollek 2023, o. S.). Stereotypisierungen und Ausgrenzungspraktiken vollziehen sich im Bildungs- und Gemeindekontext meist subtil und bewegen „sich zwischen Sichtbarkeit und Unsichtbarkeit, zwischen Angriff und Spaß" (Lerke/Wolf 2020, o. S.). Auch wenn sie nicht immer ganz explizit artikuliert werden, wirken gesellschaftlich tradierte Dispositive von Diskriminierung ins Bildungsgeschehen und Gemeindeleben ein (Berstein/ Diddens 2020, 42ff; Bernstein 2020).[4] Neben Lehrer:innen kommt auch Gemeindepädagog:innen als Teil der demokratischen Gesellschaft und durch ihre Bildungsarbeit eine Verantwortung zu (Dressler 2003), präventive und interventive Bildungsangebote in Form von (inter-)religiösen Bildungsarrangements zu machen. Eine selbstkritische Professionalisierung und Haltung als selbst permanent Lernende ist hierbei unumgänglich, da sie etwa in der Kinder- und Jugendarbeit und Erwachsenenbildung lebensweltbezogene und Glaubensfragen thematisieren und als Vorbilder mit (un-)reflektierten vorurteilsbehafteten und stereotypisierenden Einstellungen wirken können. Zugleich haben sie aufgrund der in den Grund- und Menschenrechten verankerten Bildungszielen und dem kirchlichen Gewaltpräventionsgesetz (GPrävG) eine Schutzpflicht bei Äußerungen, „die sich gegen die Achtung der Menschenwürde und das Verbot der Diskriminierung als zentrale grund- und menschenrechtliche Prinzipien richten" und müssen situationsbedingt, kritisch und intervenierend reagieren. Vorfälle von Diskriminierung dürfen daher nicht geduldet und unbehandelt im Raum

---

[4] Sarah Vecera macht auf ihrem Instagram-Profil „moyo.me" oder in ihrem Podcast „Stachel und Herz" wiederholt auf die eigenen Diskriminierungserfahrungen als PoC und auf Diskriminierungsdimensionen innerhalb der Kirche aufmerksam, weshalb sie wiederholt Hass und Drohungen mitunter aus kirchlichen Kreisen ausgesetzt ist.

stehen bleiben. Vielmehr müssen sie im Sinne einer religiösen „Bildung für die Zivilgesellschaft" (Simojoki u. a. 2018, 46ff; 156ff) und einer handlungsorientierten Partizipationskompetenz thematisiert und somit kompetenz- und subjektorientiert zum Gegenstand gemeindepädagogischer Handlungsfelder gemacht werden (Cremer 2019, 22; EKHN 2024). Für den kirchlichen Kontext sind hier die Schutzkonzepte und Selbstverpflichtungserklärungen (von Haupt- und Ehrenamtlichen) wichtig, die ihren Ausgangspunkt in der Prävention sexualisierter Gewalt haben, inzwischen aber auch auf jegliche Gewalt- und Diskriminierungsformen ausgeweitet wurden (z. B. EKHN 2024).

Zunächst geht es dabei um die Einübung einer Kultur des Zuhörens und der Dezentrierung, die mit Spivak als „Praxis des Verlernens" bezeichnet werden kann (Castro Varela 2017, o. S.). Dies impliziert eine Sensibilisierung sowohl für aktiv gewollte Diskriminierungen als auch für Diskriminierungen, die durch unbewusst habituierte Strukturen fortgeschrieben werden. Dies ist beispielsweise der Fall, wenn eine Frau im Rollstuhl nicht angesprochen wird, sondern über sie mit ihrem Begleiter kommuniziert wird, oder wenn ein PoC in der Kirche mit den Worten begrüßt wird, „Wo kommst du eigentlich her?". Eine „Praxis des Verlernens" beinhaltet Powersharing und Empowerment: *Powersharing* zielt darauf, ausgrenzende Normen zu durchbrechen und Gemeindestrukturen insgesamt diverser werden zu lassen. *Empowerment* zielt auf die Stärkung von Menschen mit Diskriminierungserfahrungen, die Förderung von Selbstbestimmung und Wirkmächtigkeit. Gemeindepädagog:innen sollten sich ihrer „individuellen und strukturellen Positioniertheiten" (Chehaia/Jagusch 2023, 12) bewusstwerden und reflektieren, welche pädagogischen Leitbilder ihr Handeln bestimmen, welche Vorstellungen des Menschseins und welche Kompetenzen als Standard gesetzt werden, wer mit (Gemeinde-)Angeboten angesprochen und wer bei Lernprozessen bedacht oder übersehen wird. Wie werden Gemeindemitglieder mit Marginalisierungserfahrungen angesprochen und wo wird ihr Wissen produktiv eingebunden? Darüber hinaus geht es um eine kritische Revision möglicher stereotyper Zuschreibungen, unterschiedliche Perspektiven und Repräsentationspraktiken, z. B. hinsichtlich dessen, was als Inspiration oder Vorbild dargeboten wird: Werden vielfältige Menschenbilder aufgezeigt und die Perspektiven antirassistischer befreiungstheologischer Ansätze, die Geschichte von Christ:innen weltweit, die Theologien von Christ:innen mit Behinderung wahrgenommen etc. (Clumbia Center for Teaching and Learning 2017; Mätschke 2015)? Um menschenfeindlichen und diskriminierenden Strukturen in Schule, Kirche und Gemeinde Einhalt zu gebieten, muss eine diskriminierungssensible Gemeindepädagogik

1. im Sinne einer Diversitätskompetenz an die Lebenswelt ihrer Mitglieder anknüpfen und aktuelle gesellschaftliche Geschehnisse thematisieren,

2. im Sinne einer religiösen Wahrnehmungs- und Darstellungsfähigkeit intersektional auf Macht- und Herrschaftsverhältnisse sowie Diskriminierungsstrukturen und Praktiken aufmerksam sowie zum Lern- und Predigtgegenstand machen,
3. im Sinne einer auf demokratischen Grundsätzen aufbauenden Urteilsfähigkeit, Sprach- und Handlungskompetenz eine mehrperspektivische, kritisch-reflexive und kollegiale Auseinandersetzung mit verschiedenen Diskriminierungsdimensionen in verschiedenen Lehr-Lernsettings anbieten und vollziehen.

Dazu gehört auch die faktische Komplexität von Intersektionalität, Machtstrukturen (auch innerhalb des Christentums und der Kirchen), die „verschränkten Verletzbarkeiten" (Gerner 2023, 23) und die Produktion von sozialen Ungleichverhältnissen wahrzunehmen und zu reflektieren sowie eine Gemeindearbeit zu etablieren, die den vielfältigen Ausdrucksformen des christlichen Glaubens in ihren verschiedenen Dimensionen vor Ort gerecht wird. Entsprechend einer „aufgeklärten Heterogenität" sollte dabei die „Unterschiedlichkeit" von Menschen (z. B. in Hinsicht auf Religion, Kultur, Lebensstile) anerkannt, die „Ungleichheit" (z. B. in Hinsicht auf soziale Ungleichheit) dagegen abgebaut werden (Grümme 2018, 409ff). Kompetenzen hierfür bringen viele Gemeindepädagog:innen aus dem Studium der Sozialen Arbeit und der Gemeindepädagogik/Theologie mit. Nicht zuletzt ist es wichtig, niedrigschwellige Anlaufstellen und Beschwerdeverfahren in den Gemeinden zu etablieren.

5. Anregungen für eine „Praxis des Verlernens"

Wie können in der gemeindepädagogischen Bildungsarbeit Wege gestaltet werden, um Zielgruppen gemeindepädagogischer Bildungsarbeit dafür zu sensibilisieren, dass Intersektionalität und Diskriminierung in ihrer Vielschichtigkeit verletzend sind, Interventionen bedürfen und auch Sanktionen nach sich ziehen können? Wie können dabei Gemeindemitglieder mit Diskriminierungserfahrungen ernst genommen werden und Empowering erfahren? Es gibt hierfür keine einfachen Patentrezepte, da Einstellungen sehr schwer veränderbar sind, gerade auch wegen der oben beschriebenen unbewussten Habituierung. Bei einer diskriminierungssensiblen Gemeindepädagogik ist Differenzsensibilität, Alteritätskompetenz und Empathie gefordert, was jedoch nicht bei allen vorausgesetzt werden kann. Kritik kann auch Abwehr hervorrufen, besonders, wenn die adressierten Kinder, Jugendlichen und Erwachsenen eigene Vulnerabilitätserfahrungen haben. Bei ihnen können die mit dem Thema Diskriminierung verbundenen Fragen von Macht und Unterdrückung bei Menschen eigene Erfahrungen von Abhängigkeiten, „Verletzungen und Kränkungen" aufrufen (Gennerich 2010,

385; Konz 2023). Ein bedeutsamer Ausgangspunkt ist es, Redekulturen aufzubauen, in der ein wertschätzendes Zuhören praktiziert wird und Menschen als handlungsfähige Individuen verstanden werden, „die sich zu den Verhältnissen, in denen sie leben und die sie mit mehr oder weniger Macht ausstatten, aktiv verhalten und in Beziehung setzen" (Foitzik u. a. 2019, 12). Diskriminierungssensible Lehr-Lernprozesse sollten auf eine Stärkung der Identität zielen, die nicht auf einer Abwertung ‚Anderer' basiert. Für solch eine religiöse Sprach- und Handlungsfähigkeit bieten die folgend vorgestellten Methoden Räume, um in kritischer und dialogischer Auseinandersetzung mit anderen (religiösen) Perspektiven, Sinn- und Wertangeboten vergangene, gegenwärtige und zukünftige diskriminierende und demokratiefeindliche Gesellschafts- und Kulturphänomene zu erkennen und Verbindungen zwischen Intersektionalität und Religion zu identifizieren (Wahrnehmungs- und Dialogkompetenz). Zugleich werden Lernende und Lehrende gleichermaßen herausgefordert, Stellung zu beziehen, Verantwortung zu übernehmen und Konsequenzen für den eigenen Einsatz für Gerechtigkeit und Menschenwürde abzuleiten (Deutungs- und Handlungskompetenz) (Konz/Lerke 2020, 169ff; Simojoki u. a. 2018, 46ff u. 156ff).

Da es eine Vielzahl an Ungleichheitsdimensionen gibt und das Verständnis von Intersektionalität anspruchsvoll ist, eine intersektionale Sensibilität gemeindepädagogisch zugleich aber auch bereichernd sein kann, wird hier die hermeneutische Methode des „Zooming", ein Werkzeug zum produktiv-verändernden Umgang mit Intersektionalität, vorgestellt. Hierbei werden unterschiedliche Dimensionen von Diskriminierung in der religiösen Bildungsarbeit fokussiert, ohne die anderen Dimensionen auszublenden. Wie mit einem Fotoobjektiv einer Kamera wird der wahrnehmende Blick zunächst auf das größere und komplexe Strukturgefüge innerhalb des Themas gelenkt und Heterogenität in ihrer Komplexität erfasst. Anschließend wird wie in einer Spurensuche in das vielfältige Geflecht punktuell hineingezoomt bzw. ein Aspekt nach dem anderen von Intersektionalität „scharfgestellt". Die damit einhergehenden diskriminierenden Ungleichheitsdimensionen und Machtstrukturen können dadurch produktiv aufgedeckt und unter stetigen Rückbezug zum anfänglichen Vielfaltsgeflecht konstruktiv, reflexiv und lebensweltlich im Lehr-Lernprozess thematisiert werden (Freuding/Lindner 2022, 89ff; Wischer/Spiering-Schomberg 2020, 369–371). Zugleich muss sich eine diskriminierungssensible Gemeindepädagogik als Teil einer inklusiven Religionspädagogik der Vielfalt mehrperspektivisch dem jeweiligen „Zoompunkt" widmen, um ein differenziertes Verständnis und eine anerkennende und selbstkritische Haltung von Diversität entwickeln zu können. Das „Zooming" wird daher in dreierlei Hinsicht bedeutsam. Zum einen eröffnet es Lehrenden in Schule und Kirche die Chance, in einer professionellen Perspektive „mit den eigenen Haltungen im Hinblick auf Vielfalt noch einmal beweglicher, lebendiger, kritischer und kreativer umzugehen" (Wischer/Spiering-Schomberg 2020, 371). Auch erkennt das religions- und gemeindepädagogische Werkzeug ohne eine Reduktion der lebensweltlichen und intersektionalen Komplexität an, dass zur Thematisierung und Einübung konkreter diskriminierungssensibler Handlungs- und Lebenssituationen nicht immer alles (gleichzeitig) von Lehrenden als auch Lernenden wahrgenommen werden kann und muss. Zum anderen kann eine im gemeindepädagogischen Setting geförderte und etablierte „Zoom"-Kompetenz in Form einer Lebenskompetenz in einen diskriminierungssensiblen Habitus und/oder Moment des Empowerments der Lernenden übergehen, da gelernt werden kann, „dass Heterogenität nicht zu Blockaden und Abwehr, sondern zu neuer Beweglichkeit und lebendigen, tieferen wie auch kritischen Einsichten führt" (ebd.). Von hier aus können Themen wie „Armut und Reichtum", „Gewalt", „Anerkennung", „Gerechtigkeit", „Scham und Schuld", „Frieden", „Körper" „Heil und Heilung" oder „Fremdheit" thematisiert werden, wie sie beispielhaft in der Inklusiven Religionspädagogik der Vielfalt entfaltet werden (Knauth u. a. 2020). Zudem können Anregungen aus Praxisformaten wie der Arbeitsgemeinschaft der Evangelischen Jugend in Deutschland e. V. (aej) mit ihrer Online-Impuls-Reihe „Inklusion ganz praktisch" oder der ausleihbaren Ausstellung „Exit racism" aufgegriffen werden (aej o. J.). Das Konzept des Zoomings bietet darüber hinaus mögliche Anknüpfungspunkte für eigene Forschungsthemen. Die daraus resultierenden Anregungen können wiederum für eigene Forschungsvorhaben, wie beispielsweise durch teilnehmende Beobachtungen, Einzel- oder Gruppeninterviews genutzt werden.

6. Anschlussfähigkeit für Praxis und weitere Forschung

Angesichts der wachsenden ethnischen, kulturellen und religiösen Pluralisierung und Heterogenität sowie des Wiedererstarkens fremdenfeindlicher Motive und Mechanismen wird die Notwendigkeit einer diskriminierungssensiblen Gemeindepädagogik deutlich. Die pädagogische Bemühung um Integration und Teilhabe sollte daher nicht auf das Ziel einer konfliktfreien Gemeinschaft ausgerichtet sein. Angesichts der zunehmenden Komplexität der Gesellschaft und des gesteigerten Konfliktpotentials sollte Bildung stattdessen darauf zielen, Diversitätskompetenz aufzubauen und konstruktive Aushandlungsprozesse einzuüben (Konz 2020, 243; El Mafaalani 2019, 41–45). Eine diskriminierungssensible Gemeindepädagogik muss als Teil einer inklusiven Religionspädagogik der Vielfalt das „Ich, Du und Wir" in ihrer Vielfalt wertschätzen und in intersektionaler Ausrichtung anhand aktueller exemplarischer Beispiele Lernende und Gemeindemitglieder für Macht- und Herrschaftsverhältnisse sowie für Diskriminierungsstrukturen und Praktiken sensibilisieren und mögliche Deutungs-, Sprach- und Handlungsoptionen aufzeigen und einüben. Dies darf wohlgemerkt nicht auf der normativen Ebene verbleiben, sondern muss ganz konkret auch auf Struktur- und Subjektebene einwirken, z. B. im Konfirmandenunterricht, bei der Schulung von Ehrenamtlichen, in der Freizeitarbeit oder auch im Gemeindewesen Diakonie, in denen es darum geht, die vielfältigen Lebenslagen von Menschen wahrzunehmen und eine „Sehschärfe für Vielfältigkeit der nahen und vertrauten Nachbar:innen" einzuüben (Held 2023, 11–13).

Ein anerkennender und wertschätzender Diskurs im Bereich Diskriminierung ist durch die Existenz „verschränkter Verletzbarkeiten" ohnehin komplex. Angesichts der Herausforderungen, die Unsicherheit hervorrufen kann, hat die Trainerin und Beraterin für Rassismuskritik und Antirassismus Tupoka Ogette einen wertvollen Rat:

> „[...] wenn du manchmal Frust oder Unsicherheit darüber empfindet, was du sagen kannst oder möchtest, ohne Menschen zu verletzten – denn ich gehe natürlich davon aus, dass du dies auf keinen Fall möchtest – dann möchte ich dir folgende Gedanken mitgeben, die auch mir geholfen haben: Freu dich! Unsicherheit ist gut. Sie bedeutet, dass Veränderung in der Luft liegt. Und Veränderung braucht den Zweifel, das Nachdenken, das neu Justieren und die damit einhergehende Unsicherheit. Und die Dinge zu verändern, die viele Jahrhunderte so oder so waren, dauert. Das geschieht nicht über Nacht [...]. Aber du musst dann auch bereit sein, [...] Verantwortung für das eigene Sprechen [und Handeln; BK/SL] zu übernehmen" (Ogette 2020, 80).

Weiterführende Literatur und Hinweise zur Vertiefung

Neben allgemeinen Werken zum Forschungsfeld „Diskriminierung" (siehe SCHERR, ALBERT/EL-MAFAALANI, ALADIN/YÜKSEL, GÖKÇEN (Hg.) (2020), Handbuch Diskriminierung, Wiesbaden, sollten auch Publikationen mit einem theologischen Blickwinkel konsultiert werden (siehe EVANGELISCHE KIRCHE IN DEUTSCHLAND (EKD) (Hg.) (2022), Zwischen Nächstenliebe und Abgrenzung. Eine interdisziplinäre Studie zu Kirche und politischer Kultur, Leipzig; KHORCHIDE, MOUHANAD/LINDNER, KONSTANTIN/ROGGENKAMP, ANTJE u. a. (Hg.) (2022), Stereotype – Vorurteile – Ressentiments. Herausforderungen für das interreligiöse Lernen, Göttingen; WILLEMS, JOACHIM, Art. Diskriminierung/Rassismus, in: SIMOJOKI, HENRIK/ROTHGANGEL, MARTIN/KÖRTNER, ULRICH H. J. (Hg.) (2022), Ethische Kernthemen. Lebensweltlich – theologisch-ethisch und didaktisch, 3. Aufl. Göttingen, 107–117.)

Generierte Forschungsergebnisse müssen jedoch wiederum in gemeindepädagogische Bildungsarbeit überführt werden. Hierzu bieten sich verschiedene Methoden an. Eine Möglichkeit Identitätsfragen zu thematisieren, Perspektivwechsel anzuregen und diskriminierungssensible Denk- und Lernprozesse zu initiieren, bietet die Methode der Identitätszwiebel (siehe ARNHOLD, OLIVER/LERKE, STEPHANIE/PINSCH, JAN CHRITSIAN (Hg.) (2023), Themenheft: Religiöse Feindbilder, Bausteine für die Sekundarstufe II, Göttingen; BILDUNGSSTÄTTE ANNE FRANK E. V. (2017), (K)eine Glaubensfrage. Religiöse Vielfalt im pädagogischen Miteinander. Grundkenntnisse und praktische Empfehlungen für Schule und außerschulische Bildungsarbeit, Frankfurt am Main.) Mit ihrer „kompetenzorientierten, subjektorientierten, dialogisch-korrelativen Ausrichtung" (Grümme 2013, 31–42) kann eine kritisch-marginalitätssensibel ausgerichtete Kinder- und Jugendtheologie mittels der Methode des Theologisierens den Rahmen für konstruktive Gesprächsprozesse bieten. Hierbei kann nicht nur Kunst als Ausgangspunkt genutzt werden (siehe Konz, Britta/Lerke, Stephanie (2022), Kommt das Friedensreich zu allen Menschen? - Raoef Mamedov: Das letzte Abendmahl, in: Konz, Britta/Roggenkamp, Antje (Hg.) unter Mitarbeit von Stephanie Lerke, Vielgestaltige Christusansichten. Im Theologisieren Unbeachtetes entdecken, Bd. 12: Bibel – Schule – Leben, Berlin, 115–126, Dies. (2022), Critical Whiteness? Ronald John Petts: Wales Window for Alabama, in: Dies., Vielgestaltige Christusansichten. Im Theologisieren Unbeachtetes entdecken, Bd. 12: Bibel – Schule – Leben, Berlin, 201–209), sondern auch für eigene Erfahrungen und Erlebnisse Raum zur diskriminierungssensiblen Auseinandersetzung bieten (siehe Konz, Britta/Lerke, Stephanie (2023), Theologisieren zum Thema Flucht und Religion, in: Katechetische Blätter 5, 345–348).

Literatur

Albrecht, Jessica A. (2023), Art. Intersektionalität und Religion(swissenschaft), in: Klöcker, Michael/Tworuschka, Udo/Rötting, Martin (Hg.), Handbuch der Religionen. Kirchen und andere Glaubensgemeinschaften in Deutschland und im deutschsprachigen Raum, Berlin, I-30.3, 1–19.

Antidiskriminierungsstelle des Bundes (ADS) (2023), Diskriminierung in Deutschland – Erfahrungen, Risiken und Fallkonstellationen. Vierter Gemeinsamer Bericht der Antidiskriminierungsstelle des Bundes und der in ihrem Zuständigkeitsbereich betroffenen Beauftragten der Bundesregierung und des Deutschen Bundestages, Berlin.

Arbeitsgemeinschaft der Evangelischen Jugend in Deutschland e. V. (AEJ) (o. D.), URL: www.aej.de

Balzer, Nicole/Ricken, Norbert (2010), Anerkennung als pädagogisches Problem. Markierungen im erziehungswissenschaftlichen Diskurs, in: Schäfer, Alfred/Thompson, Christiane (Hg.), Anerkennung, Paderborn, 35–87.

Bednarz, Liane (2019), Die Angstprediger. Wie rechte Christen Gesellschaft und Kirchen unterwandern, Bd. 10312: Schriftenreihe der bpb, Bonn.

Bernstein, Julia/Diddens, Florian (2020), Umgang mit Antisemitismus in der Schule, in: APuZ 26–27 (2020), 42–47.

Bernstein, Julia (2020), Antisemitismus an Schulen in Deutschland. Befunde – Analysen – Handlungsoptionen, Weinheim Basel.

Castro Varela, María do Mar (2017), (Un-)Wissen. Verlernen als komplexer Lernprozess, in: MigraZine 1, online unter: https://www.migrazine.at/artikel/un-wissen-verlernen-als-komplexer-lernprozess.

Ceasar, Quinton (2023), Wir vertrauen Eurer Liebe nicht. Predigt auf dem Deutschen Evangelischen Kirchentag 2023 in Nürnberg, online unter: https://www.kirchentag.de/redemanuskripte?manuscriptId=92%7C%7C1&sessionId=380092101&cHash=b5fe6a355cd9797c62caf0e4fd777052 [abgerufen am 10.04.2024].

Chehaia, Yasmine/Jagusch, Birgit (2020), „Wenn Wissen und Diskurs persönlich wird" und werden sollte, in: Chehaia, Yasmine/Jagusch, Birgit (Hg.), Empowerment und Powersharing. Ankerpunkte – Positionierungen – Arenen, 2. Aufl. Weinheim Basel, 9–18.

Columbia Center for Teaching and Learning (2017), Guide for Inclusive Teaching at Columbia, online unter: https://ctl.columbia.edu/resources-and-technology/resources/inclusive-teaching-guide/ [abgerufen am 10.04.2024].

Claussen, Johann Hinrich/Fritz, Martin/Kubik, Andreas u. a. (2019), Christentum von rechts. Theologische Erkundungen und Kritik, Tübingen.

CREMER, HENDRIK (2019), Das Neutralitätsgebot in der Bildung. Neutral gegenüber rassistischen und rechtextremen Positionen von Parteien?, Berlin.

CZOLLEK, MAX (2023), Einblick in die Keynote „Unterricht als Gegenwartsbewältigung. Zwischen Diskriminierungssensibilität und Selbstbestimmung" in: Instagram, online unter https://www.instagram.com/p/Cy0cDZ5ML7A/?igshid=YzZhZTZiNWI3Nw== .

DECKER, OLIVER u. a. (2020), Die Leipziger Autoritarismus Studie 2020. Methode, Ergebnisse und Langzeitverlauf, in: DECKER, OLIVER/BRÄHLER, ELMAR (Hg.), Autoritäre Dynamiken. Alte Ressentiments – neue Radikalität, Gießen, 27–88.

DRESSLER, BERND (2003), Religion in der Schule. Was können Kirchengemeinden tun? in: LOCCUMER PELIKAN 1, 30–36.

EL-MAFAALANI, ALADIN (2019), Alle an einem Tisch. Identitätspolitik und die paradoxen Verhältnisse zwischen Teilhabe und Diskriminierung, in: APuZ 9–11 (2019), 41–45.

EVANGELISCHE KIRCHE IN DEUTSCHLAND (EKD) (2022), Zwischen Nächstenliebe und Abgrenzung. Eine interdisziplinäre Studie zu Kirche und politischer Kultur, Leipzig.

Evangelische Kirche in Hessen und Nassau (EKHN) (2024), Prävention, online unter: https://www.ekhn.de/themen/null-toleranz-bei-gewalt/infos/praevention [abgerufen am 10.04.2024].

FOITZIK, ANDREAS/HOLLAND-CUNZ, MARC/RIECKE, CLARA (2019), Praxisbuch Diskriminierungskritische Schule, Weinheim-Basel.

FOROUTAN, NAIKA/IKIZ, DILEK (2016), Migrationsgesellschaft, in: Mecheril, Paul unter Mitarbeit von Veronika Kourabas und Matthias Rangger (Hg.), Handbuch Migrationspädagogik, Weinheim/Basel, 138–151.

FREUDING, JANOSCH/LINDNER, KONSTANTIN (2022), Stereotype und Othering in religiösen Bildungsprozessen. Herausforderungen für die Religionslehrer*innenbildung, in: KHORCHIDE, MOUHANAD/LINDNER, KONSTANTIN/ROGGENKAMP, ANTJE u. a. (Hg.), Stereotype – Vorurteile – Ressentiments. Herausforderungen für das interreligiöse Lernen, Göttingen, 89–106.

GENNERICH, CARSTEN (2010), Empirische Dogmatik des Jugendalters. Werte und Einstellungen Heranwachsender als Bezugsgrößen für religionsdidaktische Reflexionen, Stuttgart.

GERNER, SUSANNE (2022), Verschränkte Verletzbarkeiten in komplexen Differenzbezügen. Interdisziplinäre Annäherungen an eine inklusionsorientierte Pädagogik und Soziale Arbeit in der Migrationsgesellschaft in: KONZ, BRITTA/SCHRÖTER, ANNE (Hg.), DisAbility in der Migrationsgesellschaft. Betrachtungen an der Intersektion von Behinderung, Kultur und Religion in Bildungskontexten. Bad Heilbrunn, 23–41.

GROENEMEYER, AXEL (2014), Soziale Praxis – Institutionen – Diskurse – Erfahrung: Behinderung im Problematisierungsprozess. Soziale Probleme, 25 (2), 150–172, online unter: https://nbn-resol- ving.org/urn:nbn:de:0168-ssoar-447957 [abgerufen am 10.04.2024].

GRÜMME, BERNHARD (2013), Mit bildungsfernen Schülern theologisieren. Skizze einer kritischmarginalitätssensiblen Kindertheologie, in: Religionspädagogische Beiträge 70, 31–42.

GRÜMME, BERNHARD (2018), Aufgeklärte Heterogenität. Auf dem Weg zu einer neuen Denkform in der Religionspädagogik, in: Zeitschrift für Pädagogik und Theologie 70 (4) , 409–423.

HÄRLE, WILFRIED (2018), Ethik, Berlin/Boston.

HEITMEYER, WILHELM (2002), Gruppenbezogene Menschenfeindlichkeit – die theoretische Konzeption und erste empirische Ergebnisse, in: HEITMEYER, WILHELM (Hg.), Deutsche Zustände. Folge 1., Frankfurt am Main.

HELD, FELICITAS (2023), Art. Gemeindepädagogik und Intersektionalität, in: KLÖCKER, MICHAEL/TWORUSCHKA, UDO/RÖTTING, MARTIN (Hg.), Handbuch der Religionen. Kirchen und andere Glaubensgemeinschaften in Deutschland und im deutschsprachigen Raum, Berlin, I-30.8, 1–18.

HENZE, ARND (2023), 72 Stunden zu spät. Quinton Ceasars Predigt und die kirchliche Krisenkommunikation, in: zeitzeichen (2023), online unter: https://zeitzeichen.net/node/10523?

fbclid=PAAabfPgbcTAWubO3RRKN4n31Zbs2sT2SE-kNzL7JD3OF9nxeJto1a1gjylyw_aem_th_AQLQSE3ctirhOcOqSAlT9zpKKL3smFnmFc6sFaLrbDXowpTGEfLbhtQwYcAK1R9p8- 4.

Knauth, Thorsten/Möller, Rainer/Pithan, Annabelle (Hg.) (2020), Inklusive Religionspädagogik der Vielfalt. Konzeptionelle Grundlagen und didaktische Konkretionen, Bd. 42: Religious Diversity and Education in Europe, Münster/New York.

Konz, Britta (2020), Kulturelle und religiöse Zwischenräume. Warum wir auch ein intrareligiöses Lernen an Schulen brauchen, in: Willems, Joachim (Hg.), Religion in der Schule. Pädagogische Praxis zwischen Diskriminierung und Anerkennung, Bielefeld, 241–254.

Konz, Britta (2020), Kulturelle und religiöse Zwischenräume. Warum wir auch ein intrareligiöses Lernen an Schulen brauchen, in: Willems, Joachim (Hg.), Religion in der Schule. Pädagogische Praxis zwischen Diskriminierung und Anerkennung, Bielefeld 2020, 241–254.

Konz, Britta (2023),Typisch westlich? Eine Auseinandersetzung mit Menschenbildern aus postkolonialer Sicht, in: Jahrbuch der Religionspädagogik 39, 189–199.

Konz, Britta/Lerke, Stephanie (2020), Bekenntnisse und Parolen: Fußball aus religionspädagogischer Perspektive, in: Block, Alexander/Ostmeyer, Karl Heinrich (Hg.), Fußball – Kunst, Kultur, Religion. Elf akademische Beiträge rund um den Fußball, Münster, 169–189.

Lerke, Stephanie/Seebach, Leonie (2022), Art. Rassismus, in Berning Kunibert/Niehoff Rolf/Pauls Karina (Hg.), Lexikon der Kunstpädagogik. von 2. Aufl. Stuttgart, 444–447.

Lerke, Stephanie/Wolf, Janine (2020), Gehört Antisemitismuskritik zu Inklusion?, in: inrev-Blog, online unter: https://inrev.de/2020/10/19/gehoert-antisemitismuskritik-zu-inklusion/ [abgerufen am 10.04.2024].

Mattig, Ruprecht (2021), Transkulturelles Lernen, in: Kraus, Anja/Budde, Jürgen/Hietzge, Maud u. a. (Hg.), Handbuch Schweigendes Wissen. Erziehung, Bildung, Sozialisation und Lernen, 2. überarb. Aufl., Weinheim Basel, 708–718.

Mätschke, Jens (2015), Ablauf Werkstatt, in: Werkheft Werkstattreihe Globales Lernen. Postkoloniale Perspektiven und pädagogische Praxis, 17–20, online unter: http://www.epiz-berlin.de/wp-content/uploads/EPZ_Werkheft_2016_web.pdf [abgerufen am 10.04.2024].

Mecheril, Paul & Thomas-Olalde, Oscar (2011), Die Religion der Anderen. Anmerkungen zu Subjektivierungspraxen der Gegenwart, in: Allenbach, Birgit u. a. (Hg.), Jugend, Migration und Religion. Interdisziplinäre Perspektiven, Bd. 4: Religion – Wirtschaft – Politik , Zürich, 35–66.

Mecheril, Paul/Thomas-Olalde, Oscar (2018), Religion oder die Identifikation der Anderen, in: Dirim, Inci/Mecheril, Paul (Hg.), Heterogenität, Sprache(n), Bildung, Bad Heilbrunn, 179–196.

Mecheril, Paul/Thomas-Olalde, Oscar (2021), Religion als Differenzierungsoption. Die Identifikation migrationsgesellschaftlicher Anderer, in: Grümme, Bernhard/Schlag, Thomas/Ricken, Norbert (Hg.), Heterogenität. Eine Herausforderung für Religionspädagogik und Erziehungswissenschaft, Stuttgart, 109–123.

Nausner, Michael (2020), Eine Theologie der Teilhabe, Bd. 2: Reutlinger Beiträge zur Theologie (RBT), Leipzig.

Ogette, Tupoka (2019), exit RACISM. Rassismuskritisch denken lerne, 9. Aufl. Münster.

Pickel, Gert u. a. (2020), Religiöse Identitäten und Vorurteil in Deutschland und der Schweiz – Konzeptionelle Überlegungen und empirische Befunde, in: Zeitschrift für Religion, Gesellschaft und Politik 4 (1), 149–196.

Pickel, Gert (2022), Stereotype und Vorurteile als Herausforderungen für das interreligiöse Lernen, in: Khorchide, Mouhanad/Lindner, Konstantin/Roggenkamp, Antje u. a. (Hg.), Stereotype – Vorurteile – Ressentiments. Herausforderungen für das interreligiöse Lernen, Göttingen, 13–28.

ROTHGANGEL, MARTIN (2002), Von der Diagnose zur Therapie. Christliche Identität ohne Antijudaismus, in: TheoWeb. Zeitschrift für Religionspädagogik 2, 80–97.

SCHERR, ALBERT (2017), Soziologische Diskriminierungsforschung, in: SCHERR, ALBERT/EL-MAFAALANI, ALADIN/YÜKSEL, GÖKÇEN (Hg.), Handbuch Diskriminierung, Wiesbaden.

SIMOJOKI, HENRIK u. a. (Hg.) (2018), Zukunftsfähige Konfirmandenarbeit. Empirische Erträge – theologische Orientierungen Perspektiven für die Praxis, Bd. 12: Konfirmandenarbeit erforschen und gestalten, Gütersloh.

STATISTISCHES BUNDESAMT (2022), Mikrozensus – Bevölkerung mit Migrationshintergrund, URL: https://www.destatis.de/DE/Themen/Gesellschaft-Umwelt/Bevoelkerung/Migration-Integration/_inhalt.html#586354 [abgerufen am 10.04.2024].

VECERA, SARAH (2022), Wie ist Jesus weiß geworden? Mein Traum einer Kirche ohne Rassismus, Ostfildern.

Walgenbach, Katharina (2017), Heterogenität - Intersektionalität – Diversity in der Erziehungswissenschaft. 2., Aufl. Opladen/Toronto.

WILLEMS, JOACHIM (2022), Art. Diskriminierung/Rassismus, in: SIMOJOKI, HENRIK/ROTHGANGEL, MARTIN/KÖRTNER, ULRICH H. J. (Hg.), Ethische Kernthemen. Lebensweltlich – theologisch-ethisch und didaktisch, 3. Aufl. Göttingen, 107–117.

WISCHER, MARIELE/SPIERING-SCHOMBORG, NELE (2020), Zooming – ein Werkzeug zum produktiv-verändernden Umgang mit Intersektionalität in religiösen Lernprozessen, in: KNAUTH, THORSTEN/MÖLLER, RAINER/PITHAN, ANNABELLE (Hg.), Inklusive Religionspädagogik der Vielfalt. Konzeptionelle Grundlagen und didaktische Konkretionen, Bd. 42: Religious Diversity and Education in Europe, Münster/New York, 363–374.

ZICK, ANDREAS/KRAUSE, DANIELA/BERGHAN, WILHELM u. a. (2016), Gruppenbezogene Menschenfeindlichkeit in Deutschland 2002–2016, in: ZICK, ANDREAS/KÜPPER, BEATE/KRAUSE, DANIELA (Hg.), Gespaltene Mitte – Feindselige Zustände. Rechtsextreme Einstellungen in Deutschland 2016, Bonn, 33–82.

ZICK, ANDREAS/KÜPPER, BEATE/BERGHAN, WILHELM u. a. (2019), Verlorene Mitte – feindselige Zustände. Rechtsextreme Einstellungen in Deutschland 2018/19, Bonn.

ZICK, ANDREAS/KÜPPER, BEATE /MOKROS NICO u. a (Hg.) (2023), Die distanzierte Mitte. Rechtsextreme und demokratiegefährdende Einstellungen in Deutschland 2022/23. Bonn.

Kapitel 20: Religiöse Sinnsuche auf Abwegen – Konfliktträchtigen Gruppen gemeindepädagogisch entgegentreten

Stephanie Lerke, Jan Christian Pinsch & Andreas Hahn

1. Einleitung

Gerade in multiplen Krisensituationen wie beispielsweise der Corona-Pandemie, den weltweiten Kriegen, der Klimakrise oder der Inflation gewinnt die Suche nach Halt an immenser Bedeutung. Menschen suchen ihn in Beziehungen, in der Politik oder in religiösen Antworten. Aber je größer die Ungewissheit ist, desto attraktiver erscheinen auch vermeintlich einfache Antworten auf komplexe Probleme. Populismen, Verschwörungstheorien und Formen des politischen und religiösen Extremismus erfahren insbesondere im Angesicht von Katastrophen hohe Resonanz (Riede 2022)[1]:

- Eine junge Frau beginnt plötzlich, regelmäßig eine spirituelle Gruppe zu besuchen, verbringt immer mehr Zeit dort, bricht zunehmend ihre bisherigen Kontakte und bald auch ihre Berufsausbildung ab.
- Ein Klassenkamerad möchte nicht zur Geburtstagsfeier kommen und auch seinen eigenen Geburtstag nicht feiern.
- Ein Ehepaar zieht sich aus dem Seniorenkreis völlig zurück, nachdem dort das Tragen medizinischer Masken und eine Impfung gegen „das Virus" empfohlen wurde. Schon seit Jahren nennen sie die staatliche Migrationspolitik „Umvolkung".
- Nach einem Wochenende zeigt eine Jugendliche ausgeprägte Angstzustände und erzählt von Dämonen und Besessenheit.

Hinter solchen Auffälligkeiten stehen nicht selten konfliktträchtige Formen von Religiosität und somit auch Gruppen, die im Volksmund unter „Sekten" zusammengefasst werden.

---

[1] Zu ähnlichen Ergebnissen kommt auch Sekteninfo Berlin in ihrem Jahresbericht.

2. Fragestellung

Konfliktträchtige Gruppen zu erkennen ist meist nicht einfach, weshalb sich der erste Teil der Frage widmet, wie konfliktträchtige Gruppen erkannt werden können. In der direkten Begegnung sowie während der Forschung sind Feingefühl und ein stetiger kritisch reflexiver Habitus gefordert, die bestimmte Handlungsempfehlungen nach sich ziehen. Der zweite Teil stellt daher die Frage, wie man damit umgeht, wenn eigene Gemeinde- bzw. Familienmitglieder religiös in destruktive Gruppendynamiken „abdriften" und wie man sich als Forscher:in in diesem Forschungsfeld verhalten sollte.

3. Konfliktträchtige und destruktive Gruppen erkennen

Für Gruppierungen und Angebote, in denen Menschen manipuliert und unter Druck gesetzt werden bis hin zu Abhängigkeiten, wurde (und wird zum Teil immer noch) der Begriff „Sekte" verwendet. Es ist ein Abgrenzungsbegriff und beschrieb zunächst ein theologisches Kriterium: „Sekten" bzw. „Sektierer" waren demnach kleinere Religions- oder Weltanschauungsgemeinschaften, die durch Abspaltung von einer dominierenden größeren Religion aufgrund von Sonderlehren hervorgegangen sind (Funkschmidt 2021, o. S.) Insbesondere in der religiösen und weltanschaulichen Vielfalt hat sich der Sektenbegriff aber über Jahrhunderte hinweg als problematisch und unterkomplex erwiesen. Weder Größe noch Priorität können geeignete Kriterien sein. Die ursprüngliche Etymologie von sequi (lat. folgen) wäre zwar eine neutrale Beschreibung für Nachfolger:innen einer bestimmten Lehre, wird aber heute von einer diffamierenden Konnotation überdeckt: „Sekten" – das sind diejenigen, bei denen die Mitgliedschaft zu Konflikten führt (Enquete-Kommission „Sogenatte Sekten und Psychogruppen" 1996, 17ff). In der Moderne bezeichnet der Sektenbegriff nicht mehr ausschließlich religiöse Gemeinschaften, sondern auch parareligiöse, therapeutische und politische Gruppen, deren Konfliktpotenzial nicht nur religiöser Natur ist, sondern auch ethisch, sozial und psychologisch bestimmt werden kann (ebd.). Auf eine Verwendung des Begriffs im wissenschaftlichen Kontext wird daher praktisch ganz verzichtet. Um die eingangs aufgeführten Auffälligkeiten der einzelnen Personen richtig einzuschätzen und daraus Deutungs-, Handlungs- und Lösungsstrategien sowie Forschungsthemen zu entwickeln, muss man die religiösen und weltanschaulichen Hintergründe kennen und sich damit auseinandersetzen, wie eine auf den ersten Blick fremd erscheinende Religiosität „funktioniert" und was ihre inneren Plausibilitätsstrukturen sind.

Viele Konflikte lassen sich aus einer *fundamentalistischen Grundhaltung* verstehbar machen, die in allen Religionen anzutreffen ist. Beim christlichen Fundamentalismus gründet sich der Glaube auf einen Umgang mit der Bibel, die wortwörtlich von Gott diktiert und deshalb in allen – auch wissenschaftlichen und historischen! – Fragen als irrtumslos verstanden wird. Diese Haltung ist eine Reaktion auf die Erfahrung der modernen Relativierung aller Glaubensfundamente, besonders durch eine historisch-kritisch arbeitende Bibelexegese und einer Liberalisierung gesellschaftlicher Wertvorstellungen, besonders in Fragen der Sexualität und der geschlechtlichen Vielfalt. Mit der Betonung von Glaubensfundamenten („fundamentals") versucht man sich beispielsweise in der „Chicagoer Erklärung zur Irrtumslosigkeit der Bibel" dieser Gefährdung des eigenen Glaubens zu erwehren. Unsicherheiten oder Grautönen begegnet ein solcher Fundamentalismus skeptisch und bevorzugt stattdessen klare Antworten und Schwarz-weiß-Muster. Entsprechend richtet sich das gesamte Leben nach strengen Regeln aus mit einer normativen Orientierung an konservativen Werten (Fritz 2021, o. S.; Rothgangel 2010, 345ff). Für eine Präzisierung des mitunter inflationär und nicht immer trennscharf verwendeten Fundamentalismusbegriffes sind die neun Charakteristika fundamentalistischer Gruppierungen hilfreich, die Martin Rothgangel in Anknüpfung an Martin E. Marty und R. Scot Appleby aufführt. Er nennt die fünf ideologischen Charakteristika *Reaktivität* (als Reaktion auf „Prozesse und Konsequenzen von Säkularisation und Moderne"), *Selektivität* (als Komplexionsreduktion, bei der ganz bestimmte Traditionselemente ‚fundamental', aber auch Aspekte der Moderne selektiv rezipiert werden), *moralischen Manichäismus* (dualistische Einteilung der Welt in Licht und Dunkelheit bzw. Gut und Böse), *Absolutismus und Irrtumslosigkeit* (‚Heilige Schrift' in allen Teilen absolut wahr, weshalb historisch-kritische Auslegungsmethoden abgelehnt werden), *Millenarismus und Messianismus* (Endzeiterwartung verbunden mit baldiger Erlösung oder Entrückung) sowie die vier organisatorischen Charakteristika *Gemeinschaft der Erwählten* (als ‚heiliger Rest'), *scharfe Grenzziehung* (Unterscheidung zwischen „sich als gerettetem Personenkreis und den anderen als verlorenen Sündern"), *autoritäre Organisationsstruktur* („charismatische[s] Führerprinzip") und *strikte Verhaltensvorschriften* (etwa bezüglich Kleidung und Partnerwahl). Es wird sich zeigen, dass einige dieser Merkmale sich auch bei der Einschätzung konflikträchtiger Gruppen wiederfinden lassen (Rothgangel 2010, 358). In christlich-fundamentalistischen Gemeinschaften dominiert die Sorge, durch eine große Nähe zu allem „Weltlichen" in schlechten Einfluss zu geraten und die Glaubensfundamente zu verlieren. Entsprechend versucht man, sich selbst wie auch die Heranwachsenden davor zu schützen, indem sich möglichst allen fremden Einflüssen entzogen und ein separates Milieu aufbaut wird. Wenn die Gemeinschaften groß genug sind, ist es auch kein Problem, das gesamte soziale Leben innerhalb dieser Gruppe stattfinden zu lassen und jeden Nachmittag oder Abend mit gemeindlichen Aktivitäten zu füllen. Entsprechend wenig Zeit bleibt für außergemeindliche Aktivitäten oder Verabredungen. Aus einem wortwörtlichen Verständnis der biblischen Texte werden gesellschaftliche Vorstellungen der Antike auf das heutige Leben übertragen. Wenn die Frau „dem Mann untertan" (Eph 5,22) sein soll, dann gelte das auch unter heutigen Bedingungen. Im daraus resultierenden Gesellschaftsbild ist die Frau für die Kindererziehung zuständig, eine Berufsausbildung oder gar ein Studium sind eigentlich nicht nötig. In extremen Formen kann diese wortwörtliche Übertragung antiker Wirklichkeit bis zu einer Fundamentalkritik an demokratischen Gesellschaften führen: Die von Gott gewollte Gesellschaft sei das Königtum. Beispiele für solche Gemeinschaften finden wir etwa in der „Konferenz für Gemeindegründung" oder in Teilen der ostwestfälischen großen Aussiedler:innengemeinden (Hahn 2019, 210ff).

Im Laufe der Jahre entstanden zahlreiche Kriterienkataloge mit unterschiedlichen Schwerpunktsetzungen, die als Hilfestellung zur Identifikation von konfliktträchtigen und destruktiven Gruppen herangezogen werden können. Sie bieten dabei meist grundlegende Informationen zur Aufklärung an, die zugleich zur kritischen Auseinandersetzung mit dem Konfliktpotential dieser religiösen Gruppen einladen, wie z. B. die des *Berufsverbands der Deutschen Psychologinnen und Psychologen*, der *Berliner Senatsverwaltung für Schule, Jugend und Sport* oder des Theologen Georg Schmids.

Der *Berufsverband der Deutschen Psychologinnen und Psychologen* hat eine „Checkliste" erstellt, wonach destruktive Gruppierungen erkannt werden können. Diese umfasst die sechs Punkte „Ideologie", „Die zentrale Figur", „Gruppenstruktur", „Einfluss auf das Mitglied", „Techniken zur Persönlichkeitsveränderung" und „Kontakte nach außen und Umgang mit Ehemaligen und Kritikern". Die praxisorientierte Publikation legt dabei stets den Fokus auf die persönlichkeitsverändernde Einflussnahme der betroffenen Person (Gross 1996).

Die *Berliner Senatsverwaltung für Schule, Jugend und Sport* listet ähnliche Merkmale und Strukturen (potenziell) konfliktträchtiger Angebote auf; die genannten Kriterien sind „Lehre" (absoluter Wahrheitsanspruch, Schwarz-Weiß-Bild), „Organisationsstruktur", „Reglementierung des Alltags", „zeitliche Einbindung", „Sprache" (eigene Begrifflichkeiten und Kunstwörter), „Elitementalität", „Kritikunfähigkeit" und das Schaffen von „Feindbilder[n]" (Senatsverwaltung für Schule, Jugend und Sport Berlin 1997, 15ff).

Der Theologe Georg Schmid von der *Schweizer Evangelischen Informationsstelle Kirchen – Sekten – Religionen* hat mit Blick auf die dynamische Komponente konfliktträchtiger Gruppen das „Sektenthermometer"[2] entwickelt, das zwar am Sektenbegriff festhält, aber dennoch ähnlich wie die Checkliste des Berufsverbands

---

[2] Während er selbst vom Begriff „Sektenskala" Gebrauch macht (Schmid 1998, 6), finden analoge Begrifflichkeiten wie „Sekten-Thermometer" oder „Sektenbarometer" nach Schmid Einzug in den Sektendiskurs (InfoSekta 2000, 250f.; Sauer/Schönherr 2016, 58.)

der Deutschen Psychologinnen und Psychologen Möglichkeiten der Kategorisierung bietet. Schmid spricht von einem „dynamische[n] Prozess der Versektung/Entsektung": Jede religiöse Gruppe kann zur Sekte werden („versekten"), aber auch „entsekten". Auf den ersten beiden Stufen versteht sich die Gruppe als „etwas besonderes" bzw. „besser als die anderen", während die dritte Stufe den „Beginn einer sektiererischen Mentalität" (Gefühl von Erhabenheit, Beginn von Missionieren und Anpassung der Personen an die Gruppe) markiert. Stufe 4 überschreitet den Fundamentalismus, Stufe 5 stellt eine Steigerung der vorherigen Eigenschaften dar, die in weiteren Eskalationsstufen zum „Größenwahn" (6), „Verfolgungs- und Allmachtswahn" (7) oder „kollektiven Amoklauf" (8) führen können. Die Grenzziehung einer „Sekte" bzw. konfliktträchtigen Gruppe vollzieht sich Schmid zufolge mit dem Überschreiten des Fundamentalismus (InfoSekta 2000, 250).

Da die Merkmale einer konfliktträchtigen Gruppe unterschiedlich stark ausgeprägt sein können und somit eine trennscharfe Abgrenzung zwischen konfliktträchtiger und nicht konfliktträchtiger Gruppe immer nur graduell möglich ist (Hahn u. a. 2024, 4), schlagen wir für eine noch präzisere Bestimmung im religions- und gemeindepädagogischen Kontext vor, Schmids Modell unter Berücksichtigung von Rothgangels Fundamentalismuskriterien, der Checkliste des Berufsverbandes der Deutschen Psychologinnen und Psychologen zu destruktiven Gruppen und des Kriterienkataloges der Berliner Senatsverwaltung für Schule, Jugend und Sport durch die Verwendung folgender Überprüfungsmerkmale zu modifizieren (Abb. 1):

1. *Fundamentalistische Lehre*: Es herrscht ein Elitedenken vor, das auf einem dualistischen Weltbild basiert; ein absoluter Wahrheits- und Erlösungsanspruch wird verbunden mit „Geheimwissen", Schwarz-Weiß-Denken, Endzeiterwartung und Kritikunfähigkeit.
2. *Zentrale Figur*: Es liegt ein Personenkult um die Leiter:innen vor, die über jede Kritik erhaben sind; ggf. wird sich dabei sogar auf eine fiktive oder bereits verstorbene Figur berufen.
3. *Gruppenstruktur*: Es ist eine betonte Gemeinschaft nach innen und die Abwehr oder gar ein Verbot von Außenkontakten (z. B. Ehemalige und Kritiker:innen) zu beobachten.
4. *Mitgliedereinfluss*: Es besteht eine Kontrolle der strengen Vorschriften in vielen oder allen Lebensbereichen, die sich in Bespitzelung äußern kann und die die vollständige finanzielle, berufliche, familiäre usw. Abhängigkeit der Mitglieder von der Gemeinschaft und ihrer Leitung umfasst, sodass ein normales gesellschaftliches Leben nicht mehr möglich ist.
5. *Techniken zur Persönlichkeitsveränderung*: Durch körperliche und psychologische Einflüsse soll das Mitglied eine „Wiedergeburt" erfahren, die die völlige Hingabe an die Gruppe markiert und ein Märtyrerbewusstsein initiieren soll.

6. *Feindbilder*: Eine kollektive Identitätskonstruktion findet durch die Abwertung und Diskriminierung anderer Gruppen statt, was gleichzeitig zum Gefühl der Aufwertung der eigenen Gruppe führt. Dies kann mit dem Prozess des weltweit zu beobachtenden (religiösen) Otherings[3] verglichen werden. Die Feindbildkonstruktion, die nicht zuletzt auch antisemitisch konnotiert sein kann, ermöglicht häufig eine Anschlussfähigkeit für die Verbreitung von Verschwörungstheorien.

Abbildung 1: „Sektenbarometer 2.0", © Lerke/Pinsch/Hahn

4. Herausforderungen für gemeindepädagogische Bildungsarbeit

Das Konfliktpotenzial solcher und anderer Gruppen zeigt sich auch im Lehr-Lernort Gemeinde. Typische Brennpunkte für Konflikte im gemeindepädagogischen Kontext sind etwa stark missionierende konflikträchtige Gruppen, wie

---

[3] Religiöses Othering meint den Prozess des Andersmachens von Menschen aufgrund ihrer religiösen Orientierung. Diese Abgrenzung erfüllt auch eine identitätspolitische Funktion, indem sie durch die Abwertung der als „Andere" konstruierten Fremdgruppe gleichzeitig das Gemeinschaftsfühl der Eigengruppe stärkt (etwa Mecheril/Thomas-Olalde 2021, 109–123; Juergensmeyer u. a. 2023). Es lassen sich in diesem Abwertungsprozess durch kollektive Fremdzuschreibungen Gemeinsamkeiten mit dem Syndrom Gruppenbezogener Menschenfeindlichkeit (GMF) beobachten, wonach „Menschen aufgrund eines oft einzigen gemeinsamen Merkmals in Gruppen eingeteilt und diese abgewertet und ausgegrenzt werden" (Küpper/Zick 2015, o. S.).

beispielsweise die synkretistische koreanische Neureligion Shincheonji. Ihr Gründer Man-Hee Lee sieht sich als den verheißenen „Pastor der Endzeit", der das Volk Gottes sammelt, um es auf das Kommen Jesu vorzubereiten. Dabei beruft er sich auf verschiedene Stellen aus der Offenbarung des Johannes und behauptet, er allein könne die Bibel „richtig" auslegen. Damit begründet er ein umfangreiches System an Kursen, Lernstoffen und Prüfungen für die Mitglieder. Die Hintergründe oder der Name Shincheonji werden nicht transparent gemacht. Für die Missionierung und Außendarstellung nutzt sie Fassaden- und Tarnnamen. Erst in jüngerer Zeit tritt sie mit Klarnamen auf. Selbstbezeichnungen und Adressen wechseln häufig (Koch/Zentrum Oekumene 2023, 5ff; Pöhlmann/Goldenstein 2021, 89–105). Die Mitglieder von Shincheonji sind davon überzeugt, einen „neuen Himmel und eine neue Erde"[4] zu errichten. Die Polarität zwischen der „wahren Lehre in Shincheonji" einerseits und den „abgefallenen satanischen Kirchen" begründet ein ausgeprägtes dualistisches Welt- und Menschenbild mit einem exklusiven Sendungsbewusstsein. In der Praxis erlebt man eine bisher in unbekanntem Maßstab ausgefeilte strategische Missionstaktik. Die zunächst harmlos erscheinenden, in einem dreigliedrigen System aufgebauten Bibelkurse werden zunehmend verbindlicher und sehr zeitintensiv, sodass die Mitgliedschaft in dieser Neureligion nahezu immer begleitet wird von einem Abbruch bisheriger sozialer Beziehungen und Lebenszusammenhänge, auch von Studien- und Berufsabbrüchen, und dem enormen Druck, selbst zu missionieren. Eine große Herausforderung stellt allein das Erkennen und Identifizieren von Shincheonji-Gruppen dar. Für Gemeinden besteht die Gefahr einer Unterwanderung – diese Missionsstrategie wurde mit dem Slogan „Gemeinden sind unser Futter" von Man-Hee Lee selbst ausgerufen (ebd.). Aber auch zahlreiche Anfragen von Gemeinden zu esoterischen Gruppen und Verschwörungsglauben sind in den offiziellen Beratungsstellen wie etwa bei den Beauftragten für Sekten und Weltanschauungsfragen zu verzeichnen.

Ein Beispiel für die Verbindung von Esoterik und Verschwörungsideologien ist die auch in Deutschland immer stärker verbreitete Anastasia-Bewegung. Die „Familienlandsitze" dieser esoterisch gefärbten sozialutopischen Lebensgemeinschaft wirken im Internet idyllisch, doch dahinter steckt rechtes Gedankengut. Die zentrale Figur der Bewegung entstammt der „Anastasia"-Buchreihe des russischen Autors Wladimir Megre. Neben antidemokratischen und rassistischen werden wiederholt uralte antisemitische Stereotype wie der vermeintliche „Wucher" der Jüdinnen:Juden und ihre Einflüsse auf die Finanzwelt aufgegriffen sowie levitische Priester als heimliche Drahtzieher im Hintergrund dargestellt. Die Bewegung wird mittlerweile im Bereich völkischer, rechtsextremer Blut-und-Boden-Ideologie verortet und in verschiedenen Bundesländern als rechtsextremer Verdachtsfall eingestuft. Auch sie wenden sich wiederholt etwa an Gemeinden und Kommunen, um Mitglieder, Raum und/oder Grundstücke für

---

4 Das ist die deutsche Übersetzung des Namens Shincheonji.

den Ausbau ihrer Landsitze zu (er-)werben (Pöhlmann 2021, 206f; Moses Mendelsohn Zentrum 2020).

Religiöser Fundamentalismus, rechte Esoterik und Verschwörungsideologie lassen sich auch bei der von dem Schweizer Laienprediger Ivo Sasek gegründeten Organischen Christus Generation (OCG) beobachten (Evangelische Informationsstellen Kirchen – Sekten – Religionen 2021; Pöhlmann 2023). Auf Saseks Nachrichtenkanal Kla.tv (ehemals Klagemauer TV), der nach eigenen Aussagen unzensiert und unabhängig seine „anderen Nachrichten" als Gegenstück zu den „Lügenmedien" verbreitet, finden sich unzählige Videos mit antisemitisch konnotierten Chiffren und Verschwörungstheorien. Aufgrund dieser umfassenden Aktivitäten im Internet erreicht die OCG auch in Deutschland eine große Anhängerschaft. Neben dem fundamentalistischen Glaubensverständnis sind das von Körperstrafen und der Ablehnung sexueller Aufklärung geprägte Erziehungsverständnis der Gemeinschaft sowie die Ängste schürenden apokalyptischen Szenarien und eine damit verbundene Frontstellung gegenüber staatlichen Institutionen zentral, weshalb für Kirche und Politik eine Aufklärung der Gemeindemitglieder und Bürger:innen geboten ist (Grotepass 2017).

5. Handlungsempfehlungen im Umgang mit konfliktträchtigen Gruppen

Eine Grenzziehung zwischen innerpsychischen, sozialen oder entwicklungsbedingten Faktoren für Auffälligkeiten einerseits und den religiös oder weltanschaulich begründeten Faktoren andererseits bleibt immer unscharf. Oft handelt es sich um eine Mischung aus beidem. Man muss Differenzen wahrnehmen können und sollte gegebenenfalls fachliche Informationen einholen. Im direkten Kontakt und während der Forschung kann es passieren, dass man sich in einen religiösen Graubereich bewegt. Man verlässt den Bereich, den man selbst als religiös „richtig" und „gut" befindet. Dann können Fragen auftauchen, ob die Religiosität, die von den Forschungsteilnehmenden gelebt wird, noch in Ordnung befunden wird oder als problematisch angesehen werden. Daher empfiehlt es sich, die eigene Haltung dazu zu klären und stets zu reflektieren. Manches von dem, was bedenklich erscheint, ist eher eine Geschmacksfrage und einfach nur „anders". Dennoch sollte im Kontakt mit destruktiven Gruppen ein eigenes Schutzkonzept ggf. mit Unterstützung der offiziellen Beratungsstellen entwickelt werden. Problematisch wird es nämlich dort, wo eine innere Zerrissenheit der Kontaktperson oder der Gruppe erkennbar wird und das Denken und Fühlen als eingeschränkt erlebt wird; wo Zensur und Indoktrination verhindern, dass gesunde Autonomiebedürfnisse ausgelebt werden können; wo ein selbstbestimmtes Leben in einer pluralistischen und demokratischen Welt nicht mehr gegeben erscheint. Sicherlich ist zu bedenken:

Fundamentalistische Religiosität antwortet auf die menschliche Sehnsucht nach Vergewisserung und Sicherheit. Die gegenwärtigen Unübersichtlichkeiten provozieren die Suche nach Verlässlichkeit, nach Klarheit, nach Verbindlichkeit, nach einem klaren Profil und bisweilen auch nach Abgrenzung. Diese Verunsicherung ist ernst zu nehmen, indem statt Abgrenzung und Kritik an einer als zu eng empfundenen Religiosität in persönlichen Begegnungen zunächst eine Vertrauensbasis geschaffen wird. Erst darauf aufbauend kann nach Wegen gesucht werden, um die bislang engen Horizonte zu weiten. In Gemeinden müssen Räume geschaffen werden, sich mit kritischen Fragen auseinanderzusetzen und zunächst vielleicht problematisch empfundene Dinge mitzumachen, ohne dass die eigene religiös oder weltanschaulich geprägte Identität einfach verleugnet werden muss. Erst auf einer vertrauensvollen Basis kann dann auch sachliche Kritik an konflikträchtigen Phänomenen geäußert werden, die nicht gleich die Identität infrage stellt, sondern essenzielle und existenzielle Fragen besser und weiter beantworten als es der bisherige religiöse Kontext vermochte. Geduldige Begleitungen wie auch das Aufzeigen der Grenzen von Religionsfreiheit können auf lange Sicht Veränderungen bringen. Gerade bei späteren Aussteiger:innen aus konflikträchtigen Gruppen hört man oft von positiven Erfahrungen, wenn sich Menschen trotz großer Differenzen unaufgeregt um sie bemüht hätten (Thoma u. a. 2022).

Insgesamt haben sich problematische religiöse oder weltanschauliche Gruppierungen oft bewusst von der Mehrheitsgesellschaft abgekehrt und pflegen ein auf dem Fundamentalismus aufbauendes elitäres Selbstverständnis. Dies steht dem demokratieverbundenen Bildungsziel der Befähigung zum individuellen „Einsatz für Gerechtigkeit und Menschenwürde" (IF 3), zur kritischen Auseinandersetzung mit und Stellungnahme zu „politischen Ideologien, säkularen Weltanschauungen und den anderen Weltreligionen" (IF 5) bzw. „Bildung für die Zivilgesellschaft" und zum Erwerb von Pluralitätskompetenz entgegen (MSB NRW 2013, 25ff; Simojoki u. a. 2018, 46ff; 156,ff). Aus diesem Grund sollte man im Gespräch mitteilen, was für die Arbeit in Gemeinde und Kirche relevant ist. Die aufgetretenen Probleme sind dabei möglichst so zu beschreiben, dass eine gemeinsame Unterstützung der betroffenen Person möglich wird. Bei religiös oder weltanschaulich auffälligeren Kindern und Jugendlichen sollte der Kontakt zu den Erziehungsberechtigten bedacht werden. Hier gilt zunächst das, was all solchen Begegnungen zugrunde liegt: Nicht konfrontativ agieren, sondern so weit wie möglich versuchen, ein gemeinsames Vorgehen zu verabreden und Kompromisslösungen auszuloten. Wer die gemeinsame Sorge um das Kind/den Jugendlichen in den Mittelpunkt stellt, hat die Erziehungsberechtigten oft schon auf seiner Seite. Kritik an der religiösen und weltanschaulichen Einstellung der Erziehungsberechtigten ist nur dann geboten, wenn sie für die Problemlösung relevant ist und/oder menschenrechtliche Grundsätze verletzt werden. Überzeugungsmachtkämpfe sind hier fehl am Platz. Am Schluss solcher Gespräche sollten konkrete Verabredungen getroffen werden – selbst bei noch ungeklärten Konfliktfällen. Auch hier sollte die Suche nach tragfähigen und möglicherweise individuellen Kompromissen leitend sein und zumindest ein neuer Gesprächstermin vereinbart werden, ggf. auch in Rücksprache mit oder der Teilnahme von Vertreter:innen der offiziellen und landesspezifischen Beratungsstellen für Weltanschauungsfragen und Sekten.

Zum Dialog gehört es, sich gegenseitig die Positionen zu erläutern und die inneren Plausibilitäten nachzuvollziehen, auch und gerade, wenn sie nicht geteilt werden. Das Angebot, Veranstaltungen einer als konfliktträchtig eingeschätzten Gemeinschaft zu besuchen, kann oft schon Türen öffnen und der anschließende Austausch über das Erlebte die unterschiedlichen Sichtweisen noch einmal klarer machen. Zuvor sollte man sich jedoch grundsätzliche Information einholen, um das, was man dann erlebt und erfährt, einordnen, reflektieren und im Anschluss auch umgehen zu können. Nach der Forschung sollte als Forscher:in ggf. der Kontakt zu der oder den Forschungspersonen beibehalten werden, da in destruktiven Gruppen Außenkontakt vermieden werden soll bzw. untersagt ist. Betroffenen Personen kann so ein haltgebender Ankerpunkt außerhalb der Gruppe offeriert werden und ggf. ein Ausstieg aus der Gruppe erleichtert werden. Zum Schluss sollten die Forschungsergebnisse zur Prävention in der Ausbildung von kirchlichem Personal bereitgestellt werden und bestenfalls in der Präventionsarbeit in gemeindepädagogischen Bildungskontexten mitgewirkt werden.

6. Anschlussfähigkeit

Konfliktträchtige Gruppen mit destruktiven Gruppendynamiken sind über die Jahrhunderte hinweg Bestandteil unser gesellschaftlichen Lebenswelt, wenngleich sie einem mal mehr oder mal weniger im Alltag begegnen. Das ihnen zum Teil innenwohnende Konfliktpotenzial macht ein religiöses Miteinander aber nicht weniger herausfordernd. Häufig fehlt die Sensibilisierung, weshalb vor allem die versteckte Ideologie meist nicht erkannt wird und/oder konkretes Handeln erschwert wird. Tatsächlich sind konfliktträchtige Gruppen und der Umgang mit ihren destruktiven Gruppendynamiken ein Feld, das in der Lehramts-, Religions- und Gemeindepädagog:innen-, Diakon:innen-, Küster:innen und Pfarramtsausbildung und auch in der Vocatio bisher zu kurz kommt. Auch fehlende Fortbildungen in Gemeinden und ein Mangel an religionssensiblen Psycholog:innen sind zu beobachten.

Die aufgezeigten Beispiele konfliktträchtiger Gruppen machen angesichts des neuen Auflebens extremistischer, demokratie- und menschenfeindlicher Motive und Mechanismen deutlich, dass eine enge, kollegiale Zusammenarbeit unterschiedlicher Bildungsbereiche (z. B. Schule, Kirche und Universität) unabdingbar ist. „Heute mehr denn je muss Bildung für jeden ermöglicht werden – klar ausgerichtet gegen jegliche Form der Diskriminierung und des politischen Extremismus" (BSK 2023, 9). Dies bedeutet aber auch eine kritische Auseinandersetzung mit religiösem Extremismus und den damit zugrundeliegenden weltweiten fundamentalistischen Strukturen, die wie o.g. auch konfliktträchtigen Gruppen als Glaubensbasis zugrunde liegen. Egal ob politischer oder religiöser Natur, fundamentalistisches Verhalten äußert sich in Form von Intoleranz gegenüber Andersdenkenden und kann beim Hang zum Fanatismus auch demokratiefeindliche Formen annehmen und gefährlich für die jeweiligen Mitmenschen werden. Dies ist vor allem dann der Fall, wenn sie die Autonomie und Grundrechte eines Individuums beschneiden und ihre Meinung mit Gewalt durchsetzen wollen (Rothgangel 2010, 343ff; Küenzlen u. a. 414–426). In Anbetracht der vielfältigen kulturellen und religiösen Pluralisierungs- und Aushandlungsprozesse in der Migrationsgesellschaft muss daher eine Sensibilisierung dieses Themas im Sinne einer kritisch-reflexiven weltanschaulichen Orientierungskompetenz verstärkt in religiöser und gesellschaftlicher Bildungsarbeit und ihren fachspezifischen Ausbildungen (z. B. Gemeinde- und Religionspädagog:innen) ggf. in Kooperation mit offiziellen Beratungsstellen (z. B. den Beauftragten für Weltanschauungsfragen und Sekten der jeweiligen Landeskirche oder des katholischen Bistums oder den staatlichen Beratungsstellen) verankert werden. So können gesellschaftlich eine auf demokratischen Grundsätzen aufbauende religiöse Grundbildung, religiöse Sprach- und Handlungsfähigkeit und folglich ein religiöses Zusammenleben in Vielfalt gewährleistet werden. Dass solch präventive Bildungsarbeit notwendig ist und auch in vielfältiger Weise maßgeblich zum Schutz vor konfliktträchtigen und destruktiven Gruppen beiträgt, zeigte bereits 2016 die qualitative Studie von Karin Sauer und Hartmut Schönherr zum Thema „Sektenprävention im Unterricht an berufsbildenden Schulen". Sie kamen zu dem Ergebnis, dass schulische Präventionsarbeit nicht nur einen Beitrag zur Ausbildung einer religiösen Kompetenz, zur Stärkung der Selbstbestimmung der Lernenden mit religiösen Angeboten und zur Vermittlung von themenbezogenem Fachwissen leisten, sondern auch eine allgemeine Stärkung der „Mündigkeit in weltanschaulichen Bezügen" von Schüler:innen anbahnen kann (Sauer/Schönherr 2016, 126f u. 172; Pfister/Roser 2018). Die Erforschung solcher vielversprechender Präventionsarbeit sollte daher auch in außerschulischen Bildungskontexten, wie etwa im Rahmen von gemeindepädagogischen Settings, erfolgen. Da sich die Kontaktaufnahme zu konfliktträchtigen Gruppen mehr oder weniger komplex und durch ihre teils manipulativen und undurchsichtigen Missionsstrategien auch nicht unproblematisch gestaltet, bietet sich die Methode der Ethnografie an. Die Feldforschung kann zum Beispiel auf Distanz erfolgen. Hierbei kann mittels teilnehmender Beobachtung etwa das Missionsverhalten konfliktträchtiger Gruppen schriftlich festgehalten und ausgewertet werden. Innerhalb religionswissenschaftlicher und religionssoziologischer Empirie erfährt sie daher große Resonanz (Bollig/Schulz 2016).[5] Sofern Kontakte zu Gemeinde- und Gruppenmitgliedern, ihren Angehörigen oder mehreren Gruppen bestehen, bietet sich auch die Durchführung qualitativer oder quantitativer Interviews an.

Weiterführende Literatur und Hinweise zur Vertiefung

Wichtige Info: Wenn Sie sich unsicher sind, konkrete Informationen zu einer (konfliktträchtigen) Gruppe oder eine persönliche Beratung benötigen, wenden Sie sich bitte an die regionalen oder bundesländerspezifischen Beratungsstellen. Eine Übersicht finden Sie z. B. auf der Website der EZW oder in der spirituellen Apotheke.[6]

ARNHOLD, OLIVER/LERKE, STEPHANIE/PINSCH, JAN CHRISTIAN (Hg.) (2023), Themenheft: Religiöse Feindbilder, Bausteine für die Sekundarstufe II, Göttingen.

EVANGELISCHE ZENTRALSTELLE FÜR WELTANSCHAUUNGSFRAGEN (Hg.), Lexikon für Religion und Weltanschauungen, online unter: https://www.ezw-berlin.de/publikationen/lexikon/ [abgerufen am 10.04.2024].

HAHN, ANDREAS (2022), Entschwörung. Was man über Verschwörungstheorien wissen sollte und wie uns der Glaube Orientierung gibt, Holzgerlingen: SCM.

HAHN, ANDREAS/HEMPELMANN, REINHARD/KOCH, OLIVER/PÖHLMANN, MATTHIAS (2024), Evangelische Orientierungen inmitten weltanschaulicher Vielfalt. Basisinformationen - Argumentationshilfen - Handlungsempfehlungen, online unter: https://sektenfragen.ekvw.de/fileadmin/mcs/sektenfragen/downloads/EvOrientNeu_2024_Stammteil_PDF.pdf [abgerufen am 10.04.2024].

HAHN, ANDREAS (2019), Integration oder Parallelgesellschaften? Privatschulen russlanddeutscher Mennoniten, Materialdienst der EZW 6, 210–216.

PÖHLMANN, MATTHIAS/JAHN, CHRISTINE/VELKD (Hg.) (2015), Handbuch Weltanschauungen, Religiöse Gemeinschaften. Freikirchen, Gütersloh: Gütersloher Verlagshaus.

PÖHLMANN, MATTHIAS/GOLDENSTEIN, JOHANNES/VELKD (Hg.) (2021), Handbuch Weltanschauungen, Religiöse Gemeinschaften. Freikirchen. Ergänzungsheft, Gütersloh: Gütersloher Verlagshaus.

SCHMID, GEORG/SCHMID, GEORG OTTO (Hg.) (2002), Kirchen. Sekten. Religionen. Religiöse Gemeinschaften, weltanschauliche Gruppierungen und Psycho-Organisationen im deutschen Sprachraum. Ein Handbuch, Kempten: TVZ.

UTSCH, MICHAEL/EZW (Hg.) (2021), ABC der Weltanschauungen, Bd. 272: EZW-Texte, Berlin.

---

[5] Siehe auch Forschungen von Heinrich Schäfer an der Universität Bielefeld.
[6] EZW, Kontakt und Beratung, online unter: https://www.ezw-berlin.de/kontakt-u-beratung/; Spirituelle Apotheke, Beratungsstellen, online unter: https://www.spirituelle-apotheke.de/beratungsstellen/ [abgerufen am 10.04.2024].

Literatur

BUNDESSCHÜLERKONFERENZ (BSK) (2023), Gemeinsam für #Zukunft Bildung. Ein Forderungspapier der deutschen Lernenden im Namen der Bundesschülerkonferenz, online unter: https://bundesschuelerkonferenz.com/wp-content/uploads/2023/10/GemeinsamFuer ZukunftBildung_FORDERUNGSPAPIER_-BUNDESSCHUeLERKONFERENZ_BILDUNGSKON GRESS2023.pdf [abgerufen am 10.04.2024].

BOLLIG, SABINE, SCHULZ MARC (2016), Art. Ethnografie, in: WiReLex, online unter: https://bibelwissenschaft.de/stichwort/100117/ [abgerufen am 10.04.2024].

ENQUETE-KOMMISSION „SOGENANNTE SEKTEN UND PSYCHOGRUPPEN" (1996), Endbericht, eingesetzt durch Beschluss des Deutschen Bundestages vom 9. Mai 1996, Drucksache 13/4477.

EVANGELISCHE INFORMATIONSSTELLE KIRCHEN – SEKTEN – RELIGIONEN (2021), Organische Christus-Generation (OCG), Rüti ZH https://www.relinfo.ch/lexikon/christentum/aeltere-und-evangelikale-freikirche/neuere-fundamentalistische-sondergruppen/organische-christus-generation-ocg/ [abgerufen am 10.04.2024].

FRITZ, MARTIN (2021), Art. Christlicher Fundamentalismus, in: Lexikon für Religion und Weltanschauungsfragen der EZW, online unter: https://www.ezw-berlin.de/publikationen/lexikon/christlicher-fundamentalismus/ [abgerufen am 10.04.2024].

FUNKSCHMIDT, KAI (2021), Art. Sekten, in: Lexikon für Religion und Weltanschauungsfragen der EZW, online unter: https://www.ezw-berlin.de/html/3_199.php [abgerufen am 10.04.2024].

GROSS, WERNER FÜR BERUFSVERBAND DEUTSCHER PSYCHOLOGINNEN UND PSYCHOLOGEN E. V. (ARBEITSKREIS „PSYCHOMARKT UND RELIGION") (1996), Was eine alternativ-spirituelle Gruppe zum problematischen Kult macht. Psychologische Kriterien zur Beurteilung von Destruktiven Gruppierungen (1996), online unter: https://www.bdp-verband.de/fileadmin/user_upload/BDP/verband/Untergliederungen/Sektionen/Gesundheits-und-Umweltpsychologie/Religionspsychologie/religionsps-psychokulte.pdf [abgerufen am 10.04.2024].

GROTEPASS, CHRISTOPH (2017), „Fundamentalismus und Verschwörungsglaube am Beispiel der Organischen Christus-Generation (OCG), https://sekten-info-nrw.de/information/artikel/fundamentalismus/fundamentalismus-und-verschwoerungsglaube-am-beispiel-der-organischen-christus-generation-(ocg) [abgerufen am 10.04.2024].

INFOSEKTA (Hg.) (2000), „Sekten", Psychogruppen und vereinnahmende Bewegungen: wie der einzelne sich schützen kann, was der Staat tun kann, Zürich.

JUERGENSMEYER, MARK/MOORE, KATHLEEN/SACHSENMAIER, DOMINIC (Hg.) (2023), Religious Othering. Global Dimensions, New York.

HAHN, ANDREAS/HEMPELMANN, REINHARD/KOCH, OLIVER/PÖHLMANN, MATTHIAS (2024), Evangelische Orientierungen inmitten weltanschaulicher Vielfalt. Basisinformationen – Argumentationshilfen – Handlungsempfehlungen, online unter: https://sektenfragen.ekvw.de/fileadmin/mcs/sektenfragen/downloads/EvOrientNeu_2024_Stammteil_PDF.pdf [abgerufen am 10.04.2024].

HAHN, ANDREAS (2019), Integration oder Parallelgesellschaften? Privatschulen russlanddeutscher Mennoniten, Materialdienst der EZW 6, 210–216.

KOCH, OLIVER/ZENTRUM OEKUMENE (Hg.) (2023), Empfehlungen zum Umgang mit Shincheonji, 4. aktualisierte Aufl., Frankfurt https://www.zentrum-oekumene.de/fileadmin/redaktion/Weltanschauungen/Leitfaden_Shinchonji_2023.pdf. [abgerufen am 10.04.2024].

KÜENZLEN, GOTTFRIED/KIENZLER, KLAUS/HAMILTON, MICHAEL S. (2000), Art. Fundamentalismus, in: RGG4 3, 414–426.

KÜPPER, BEATE/ZICK, ANDREAS (2015), Gruppenbezogene Menschenfeindlichkeit, in: Dossier Rechtsextremismus der Bundeszentrale für politische Bildung, online unter:

https://www.bpb.de/themen/rechtsextremismus/dossier-rechtsextremismus/214192/gruppenbezogene-menschenfeindlichkeit/ [abgerufen am 10.04.2024].

MECHERIL, PAUL/THOMAS-OLALDE, OSCAR (2021), Religion als Differenzierungsoption. Die Identifikation migrationsgesellschaftlicher Anderer, in: GRÜMME, BERNHARD/SCHLAG, THOMAS/RICKEN, NORBERT (Hg.), Heterogenität. Eine Herausforderung für Religionspädagogik und Erziehungswissenschaft, Stuttgart, 109–123.

MOSES MENDELSSOHN ZENTRUM FÜR EUROPÄISCH-JÜDISCHE STUDIEN (Hg.) (2020), Demokratiefeindliche Fabelwelten. Die Anastasia-Bewegung im Land Brandenburg zwischen Esoterik und Rechtsextremismus. Mitteilungen der Emil Julius Gumbel Forschungsstelle Antisemitismus und Rechtsextremismus, Nr. 8.

PFISTER, STEFANIE/ROSER, MATTHIAS (Hg.) (2018), Religiöse Sonderwege. Weltanschauliche Orientierungskompetenz für Religionslehrkräfte, Göttingen.

PÖHLMANN, MATTHIAS (2021), Rechte Esoterik. Wenn sich alternatives Denken und Extremismus gefährlich vermischen, Freibung im Breisgau.

PÖHLMANN, MATTHIAS/GOLDENSTEIN, JOHANNES/VELKD (Hg.) (2021), Handbuch Weltanschauungen, Religiöse Gemeinschaften. Freikirchen. Ergänzungsheft, Gütersloh.

PÖHLMANN, MATTHIAS (Hg.) (2023), Organische Christus-Generation, Kla.TV und Anti-Zensur-Koalition. Die Verschwörungswelten des Sasekismus, EZW-Texte 276, Berlin https://www.ezw-berlin.de/fileadmin/user_upload/ezw-berlin/PDF/EZW-Texte_PDF_Dateien/EZW-Texte_276_WEB.pdf [abgerufen am 10.04.2024].

RIEDE, SABINE (2022), Bericht über die Arbeit des Sekten-Info Nordrhein-Westfalen e. V. und über Aktivitäten der neuen religiösen Gemeinschaften in 2022, URL: https://sekten-info-nrw.de/information/artikel/jahresberichte/bericht-ueber-die-arbeit-des-sekten-info-nrw-und-die-aktivitaeten-neuer-religioeser-gemeinschaften-2022.

ROTHGANGEL, MARTIN (2010), Fundamentalismus, in: LACHMANN, RAINER/ROTHGANGEL, MARTIN/SCHRÖDER, BERND (Hg.), Christentum und Religionen elementar. Lebensweltlich – theologisch – didaktisch, Göttingen, 343–361.

SAUER, KARIN/SCHÖNHERR, HARTMUT (Hg.) (2016), Sektenprävention im Unterricht Eine empirisch basierte Studie mit Vorschlägen zum Religionsunterricht an Beruflichen Schulen, Wiesbaden.

SCHMID, GEORG (1998), Sekten, in: Bausteine. Zeitschrift für Ethik, Kirche und Gesellschaft 6, Oberdiessbach.

SENATSVERWALTUNG FÜR SCHULE, JUGEND UND SPORT (1997), Sekten? Risiken und Nebenwirkungen. Bericht an das Berliner Abgeordnetenhaus, Berlin.

SIMOJOKI, HENRIK/ILG, WOLFGANG/SCHLAG, THOMAS/SCHWEITZER, FRIEDRICH (Hg.) (2018), Zukunftsfähige Konfirmandenarbeit. Empirische Erträge – theologische Orientierungen Perspektiven für die Praxis, Bd. 12: Konfirmandenarbeit erforschen und gestalten, Gütersloh.

THOMA, MYRIAM V./Rohner, Shauna L./Heim, Eva/Hermann, Rahel/Roos, Melanie/Evangelista, Keegan W.M./Nater, Urs M./Höltge, Jan (2022), Identifying well-being profiles and resilience characteristics in exmembers of fundamentalist Christian faith communities. Stress and Health, 1.

Kapitel 21: Transformation braucht Gemeindepädagogische Praxisforschung

Britta Lauenstein

Einleitung

Ein Begriff geistert seit einiger Zeit durch die Diskurse in der und über die Kirche[1]: *Transformation*. Für die einen ein bedrohliches Schreckgespenst und Synonym für Verlust, für die anderen ein Begriff der Hoffnung, für viele ein Containerbegriff, in den alles „hineingeworfen" wird, was die Zukunft der Kirche betrifft.

Im Entstehungsprozess dieses Buches hatte das Herausgebendenteam alle Autor:innen zu einem „grünen Tisch" zu Forschungsdesideraten Gemeindepädagogischer Praxisforschung und dazu geeigneten Forschungsmethoden eingeladen. Die dort verhandelten Themen passen alle zur Forderung nach und Notwendigkeit von Transformation in Kirche.

Daher wird in diesem Beitrag, der die Ergebnisse des „grünen Tisches" und weitere Forschungsdesiderate präsentiert, zunächst der Begriff der Transformation entfaltet, bevor dann die gesammelten Themen mit konkreten Forschungsansätzen benannt werden.

1. Was ist Transformation?

Transformation bedeutet, abgeleitet vom lateinischen Wort transformare (= umwandeln, umformen, verwandeln, verändern), grundlegende Veränderung. Gesellschaft verändert sich stetig, doch sind in den letzten Jahrzehnten Entwicklungen wahrzunehmen, die sich von früheren, stetigen, aber eher langsamen Veränderungen unterscheiden. Die Gesellschaft wandelt sich schneller (Rosa 2005) und wird dabei immer pluraler, individualisierter und singularisierter (Reckwitz 2019) mit einer Tendenz zur Disruption (Greschke u. a. o. J.), also zu

---

[1] Kirche wird dabei als Begriff umfassend verstanden und beinhaltet alle institutionalisierten, aber auch freien Organisationsformen evangelischer Spiritualität: parochiale Gemeinden, überregionale und/oder digitale Angebote, Events, diakonische Einrichtungen, Initiativen und Vereine.

fundamentalen plötzlichen Veränderungen. Das bedeutet noch mehr als früher einen großen Faktor von Unsicherheit und Unberechenbarkeit in Bezug auf zukünftige Entwicklungen. Die Gesellschaft mit ihren Institutionen, Organisationen und anderen geregelten Formen muss sich an diese Veränderungen anpassen, nicht nur, um weiterzubestehen, sondern auch um diese Veränderungen mitzugestalten.

Auch Kirche (im Folgenden besonders die Evangelische Kirche in Deutschland) sieht sich der Notwendigkeit zur Transformation ausgesetzt. Selbst wenn Kirche nichts tun würde, würde Transformation geschehen, weil die bestehende Ordnung ohne Veränderung in absehbarer Zeit kollabieren würde (Pohl-Patalong 2021, 37f). Dies zu verhindern und Kirche in eine zukunftsfähige und lebendige Organisation zu verwandeln, lässt sich im aktuellen Diskurs als Ziel feststellen (Burkowski 2022, Bauer 2022, Pohl-Patalong 2021, Künkler 2019, in katholischer Parallele Bünker 2017). Die Autor:innen schlagen verschiedene Wege vor, diese Transformation zu gestalten. Burkowski (2022) nimmt die Ideen der anderen auf, verbindet sie mit Erkenntnissen aus der Unternehmensforschung und formuliert daraus die Forderung nach mehreren Paradigmenwechseln:

- *Von der Zukunft her denken und handeln*: Kirche darf sich nicht länger als alle Zeiten überdauernde Institution allein aus der Vergangenheit definieren und ausrichten, sondern sollte als lebendige und lernende Organisation von der Zukunft her denken und handeln. Die Bestrebungen der Bewahrung des Bestehenden werden zugunsten der Ausrichtung an der Zukunft und den damit verbundenen neuen Formen der Kommunikation des Evangeliums aufgegeben. „Es zählt nicht mehr die bisherige Dauer der Wahrnehmung einer Aufgabe, sondern die zukünftige Relevanz für die Kommunikation des Evangeliums" (Burkowski 2022, 3; 5).
- *Zyklisch statt linear*: Bisher „funktionieren" die Prozesse in Kirche linear und Entscheidungen werden auf langen Wegen durch das presbyterial-synodalen System getroffen. Diese Entscheidungen und Beschlüsse sind gut durchdacht und erkenntnisreich und scheitern dann dennoch häufig an der Umsetzung. Burkowski fordert daher die Implementierung eines zyklischen Systems, bei dem die Entscheidungsfindungsprozesse durch Controlling der Umsetzung der Ergebnisse und Beschlüsse ergänzt und immer wieder in Frage gestellt und überprüft werden, ob Auftrag, Erkenntnis, Leitbild, Beschlüsse, Ressourcen und Umsetzung noch zusammenpassen (ebd., 6).
- *Stabilität und Flexibilität*: In Anlehnung an Bauer (2022) und Kotter (2006, 2016, kurz in Interconsilium/Kotter o. J.) beschreibt Burkowski ein ambidextrisches („beidhändiges") Vorgehen als Lösungsansatz. Das bestehende (hierarchische) System wird dabei durch eine parallele netzwerkartige Struktur ergänzt. Dieses neue System wird von einer positiven Vision einer Kirche von morgen getragen, die die Beteiligten teilen. Die Vision beruht sowohl auf Fakten als auch auf der Kommunikation des Evangeliums als Herzensangelegenheit und verbindet die Dringlichkeit mit der Lust und dem

Willen zur Veränderung (Interconsilium/Kotter o. J., 2f). Die Partizipation spielt dabei als Grundprinzip eine entscheidende Rolle. Veränderungen können nur mit vielen Menschen zusammen umgesetzt werden. Ein solches zusätzliches System wird einen nicht kleinen Teil der Ressourcen (v. a. Zeit von Haupt- und Ehrenamtlichen) brauchen, verspricht aber größeren Erfolg durch die Chance zur Mitentwicklung und die daraus resultierende höhere Identifikation mit den Entscheidungen (Burkowski 2022, 7–9).

— *Rolle(n) statt Position oder Amt*: Die Leitung der Zukunft ist eine kommunikative, dienende und gemeinschaftliche Aufgabe. Dazu ist ein Umdenken von Ämtern und Positionen mit dem damit verbundenen personengebundenen Gelingen von Prozessen hin zu einer „angemessenen Wahrnehmung von unterschiedlichen, geklärten und bewusst wahrgenommenen Rollen in komplexen Bezügen" nötig (ebd., 9).

— *Gemeinsam statt einsam*: Daraus ergibt sich unweigerlich, dass Führen und Leiten der Zukunft eine Teamaufgabe ist. Es ist in Kirche immer noch relativ neu in inter- oder multiprofessionellen Teams „abgestimmt zu arbeiten, zu leiten, einander zu entlasten, gaben- und kompetenzorientiert zu agieren und gemeinsam die aktuelle Transformation zu verantworten" (ebd., 11). Hier liegt noch viel Potential brach.

— *Bleibende Konzentration auf den Auftrag: Warum gibt es uns?* Im Kern geht es bei allem um den Auftrag der Kirche. Die Fragen „Warum gibt es uns? Wozu sind wir da?" muss sich die Kirche von heute immer wieder von der Zukunft her stellen. Kirche gibt es nicht um ihrer selbst willen, sondern sie ist bestimmt durch ihren Auftrag: „Gottes Wort von der Liebe und von der Befreiung kommt zu den Menschen in Wort und Tat, damit Menschen gut leben und getröstet sterben können" (ebd., 12).

Mit Bunker möchte ich ergänzen: Bildung spielt dabei eine entscheidende Rolle, denn nur mit Hilfe von Bildung kann Wissen generiert werden und damit Identifikation und Motivation entstehen (Bünker 2017, 1). Im Prozess der Trasformation spielt allerdings auch das *Verlernen* eine große Rolle. Dabei geht es um das *Verlernen* der tradierten Formen, Sichtweisen und Gewohnheiten kirchlichen Handelns, die bisher umfassende Veränderungen blockieren oder zumindest erschweren. Es braucht Zeit, bis aus der „Trauerarbeit" die Erkenntnis wächst, die Verluste als „Freiheitszuwachs" zu verstehen (ebd., 4f). Entscheidend bleibt die Vision einer Kirche von morgen, für die es sich lohnt zu investieren.

2. Welche Forschung braucht Transformation?

Hinsichtlich der Forschungsinhalte kann sich die Gemeindepädagogik an den geforderten Paradigmenwechseln für eine gelingende Transformation (siehe voriger Absatz) leiten lassen. Demnach ist es die Aufgabe der Gemeindepädagogischen Praxisforschung, Transformationsprozesse zu initiieren, zu begleiten und Vorschläge für eine verbesserte Praxis einzubringen. Dazu gehört es, durch die Forschung Wissen zu generieren, Identifikation zu schaffen und Motivation zu steigern. Dies befördert den Willen und die Lust zu Innovation und Gestaltung der Transformation. Eine Möglichkeit besteht auch darin, die geforderten zirkulären Prozesse zu begleiten, anzuleiten, zu evaluieren und die Schleife des Controllings in die kirchliche Arbeit zu implementieren.

Die eigene Einbindung von Gemeindepädagog:innen ist zugleich eine Chance und ein Risiko: Ihre Situation in den Arbeitsfeldern spiegelt die zunehmend drängende Problematik wider. Gemeindepädagog:innen sind sich bewusst und erfahren täglich, dass die Kirche sich verändern muss, um bestehen zu können. Gleichzeitig zählen Gemeindepädagog:innen oft zu den Personen, die sich in den bestehenden Systemen und Strukturen wohl fühlen oder sich zumindest damit arrangiert haben. Sie haben in der jetzigen oder einer früheren Form der Kirche ihren persönlichen Zugang zu Gemeinschaft und Glauben gefunden und fühlen sich damit emotional verbunden. Ein kritisch reflektiertes Verständnis davon, wie die Kirche bisher funktioniert hat – und warum dies bald nicht mehr funktionieren wird – ist bei gleichzeitiger Leidenschaft für den Auftrag der Kirche ein Schlüssel zur Transformation.

3. Themenbereiche Gemeindepädagogischer Praxisforschung und mögliche Forschungsansätze

Konkret könnte sich Gemeindepädagogische Praxisforschung in folgenden Themenbereichen wiederfinden:
- *Übergänge gestalten und Lebenskrisen begleiten*: Hierbei geht es einerseits um Übergänge im Leben eines jeden Menschen als auch um besondere persönliche Ereignisse und Krisen (Geburt, Taufe, Schulbeginn, Schulwechsel, Schulabschluss, Kinder verlassen das Haus, Umzug, Arbeitsstellenwechsel, Hochzeit, Scheidung, Ehejubiläen, Übergang in den Ruhestand, Pflegebedürftigkeit, Trauer, Abschied, psychische und physische Beeinträchtigungen bis hin zum Umgang mit Suizid). Die Möglichkeiten Gemeindepädagogi-

scher Praxisforschung liegen hier z. B. in der Evaluation oder der Wirksamkeitsanalyse bestehender erfolgreicher Projekte wie „Segen45" aus Essen oder „St. Moment" in Hamburg, sowie der „Caring Community" in Köln.
- *Lebensrelevanz der kirchlichen Angebote ermitteln*: Gemeindepädagogische Praxisforschung kann helfen, die lebensrelevanten und lebensdienlichen Anknüpfungspunkte von Kirche zu identifizieren und herauszufinden, welche Angebote für die verschiedenen Altersgruppen in Betracht kommen. Hierzu bietet sich z. B. ein qualitativ-vertiefendes Design an, das quantitative Ergebnisse qualitativ weiterbeforscht (siehe die Herangehensweise von Behrendt-Raith u. a. in diesem Buch).
- *An der (positiven und attraktiven) Vision der Kirche von morgen arbeiten*: Was ist (evangelische) Kirche und was macht das evangelische Profil heute und in Zukunft aus? Kann und will Kirche auch in einer pluralistischen und individualisierten Gesellschaft Kirche für alle sein? Welche gesellschaftlichen Entwicklungen sind längst in Kirche angekommen und wie gehen wir damit um? Wie folgt auch die Kirche der Forderung nach Alleinstellungsmerkmalen im Zuge der Singularisierung der Gesellschaft (Reckwitz 2019)? Wie werden in diesem Zusammenhang dazu Frömmigkeitsstile und Traditionen in Gemeinden und kirchlichen Einrichtungen wahrgenommen?
Gemeindepädagogische Praxisforschung könnte Presbyterien, andere Leitungsgremien oder interessierte Gruppen bei ihrem Zukunftsprozess begleiten. Pohl-Patalong bietet in ihrem Buch „Kirche gestalten" (2021) mehrere Ansätze, das eigene Verständnis von Kirche und Gemeinde zu befragen und neu auszurichten.
- *Gesellschaftliche Themen und ihre Bedeutung in und für Kirche*: Die Chancen Gemeindepädagogischer Praxisforschung liegen hier in der Erforschung der Haltung von Kirchengemeinden, kirchlichen Einrichtungen oder von wichtigen kirchlichen (Leitungs-)Personen (z. B. mit Hilfe der Methode der Dokumentenanalyse) und zum anderen wie auch schon in anderen Themen in der Wirksamkeitsanalyse und der Evaluation von gelingenden Ansätzen an den verschiedensten Orten. Dabei kann es sowohl schwerpunktmäßig um das Engagement gegen Menschenfeindlichkeit oder strukturelle Diskriminierung gehen als auch um Best Practise-Beispiele für Menschenfreundlichkeit (z. B. Kirchliche Queer Communities in Köln oder Bottrop, Anti-Rassismus-Arbeit der VEM).
Es kann aber auch um Kirche und ihr Verhältnis zu den aktuellen Mega-Trends gehen: Wie stehen Kirchenmitglieder und Menschen, die bei Kirche arbeiten, zu den Themen Globalisierung, Digitalisierung, Sicherheit, Urbanisierung, (Neo-)Ökologie/Klimawandel, Gesundheit, Konnektivität, Silverpreneure (Berufstätigkeit im Rentenalter), Female Shift, Neues Lernen, New Work, Mobilität oder Individualisierung bzw. Singularisierung und welche Auswirkungen hat dies auf das eigene und gesamte kirchliche Handeln? Hier

könnte ebenfalls mit diversen Mixed Methods Verständnis und Haltung erforscht, Sensibilisierung vorangetrieben und Handlungsnotwendigkeiten und Wechselwirkungen mit kirchlichem Denken und Handeln aufgezeigt werden.
- *Aufarbeitung der ForuM-Studie*: Eine Vielzahl von Forschungsansätzen bietet der Themenbereich Sexualisierte Gewalt. Dabei geht es nicht nur um die wissenschaftliche Begleitung von Schutzkonzepten und damit verbundenen Präventionsmaßnahmen, sondern gerade nach der Veröffentlichung der ForuM-Studie um eine sorgfältige und professionelle Aufarbeitung mit wissenschaftlicher und damit auch empirisch ausgerichteter Begleitung. Hierbei geht es u. a. um die weitere Erfassung und Bekanntmachung von Fällen in der evangelischen Kirche als auch um die kritische Begleitung der Aufarbeitung sowie die Begleitung von betroffenen Personen (sowohl sexueller Übergriffe als auch zu Unrecht Beschuldigter) und auch von Täter:innen und Verantwortlichen.
Hier kann ebenfalls quantitativ und qualitativ gearbeitet werden. Aufgrund der Dringlichkeit des Themas ist zu hoffen, dass hier genügend finanzielle und personelle Ressourcen bereitgestellt werden.
- *Weiterführende Forschung im Anschluss an die oder auf der Datenbasis der Kirchenmitgliedschaftsstudien*: Die Kirchenmitgliedschaftsuntersuchungen der letzten Jahre, besonders die KMU 5 und 6, bieten eine gute Grundlage für weitere Forschung.
- *Kirche als Arbeitgeberin*: Kirche wirbt für sich als Arbeitgeberin auch und gerade mit dem Thema Transformation, z. B. auf der aktuellen Homepage der EKvW.
Hier könnten folgende Fragen beforscht werden: Was hält Mitarbeitende? Welche Haltung haben Mitarbeitende? Was wünschen sich Mitarbeitende? Forschungsthema könnten auch arbeitsrechtliche Fragen (Benachteiligung durch das kirchliche Arbeitsrecht) sein. Auch das Thema Salutogenese mit Zuspitzung auf Kirche als Arbeitgeberin könnte in diesem Zusammenhang bearbeitet werden.
- *Neue Finanzierungsmodelle entwickeln*: Wie kann Kirche in Zukunft ihre Finanzen organisieren? Ist eine Kirche als staatlich refinanzierte Dienstleisterin der Gesellschaft, aber ohne Kirchensteuer denkbar? Gemeindepädagogische Praxisforschung ist häufig interdisziplinär unterwegs. Als gemeinsames Thema mit wirtschaftswissenschaftlichen Fachrichtungen bietet sich die Entwicklung neuer Finanzierungsmodelle für kirchliche Angebote an. Der Trend nimmt zu, dass die Angebote von Kirche allen Menschen unabhängig von Religion oder Gemeindemitgliedschaft offenstehen sollen, sondern vielmehr als Dienstleistung im Sozialraum angesehen wird. Dies kann nicht ohne Konsequenzen für die Finanzierungsmodelle bleiben.

Hier könnten Projekte untersucht werden, die als Pilotprojekte kirchliche Anschubfinanzierung bekommen haben, sich nach Ablauf des Förderzeitraums aber selbst oder anders finanzieren mussten. An einigen Orten ist dies gelungen und könnte hinsichtlich der Übertragbarkeit auf weitere Projekte untersucht werden.
- *Neue Gemeindeformen*: In der Entwicklung, Begleitung oder Evaluation von neuen Gemeindeformen liegt großes Forschungspotenzial. Unter Oberbegriffen wie z. B. Erprobungsräume, TeamGeist oder Fresh X existieren eine Reihe von neuartigen Gemeinden oder Initiativen, die begleitet und deren Konzepte evaluiert und u. U. zur Nachahmung bekannt gemacht werden können.
- *Inter-/multiprofessionelle Teams*: In mehreren Landeskirchen haben sich neue Formen der (inter-/multi-)professionellen Zusammenarbeit in der Gemeindeleitung entwickelt oder wurden aus der Schublade der 1970er Jahren wieder hervorgeholt, z. B. in der EKvW, der EKiR oder der EKM[2]. Hier könnten bestehende Formen evaluiert und weiterentwickelt werden.

Anregungen bieten außerdem die vorangestellten Beiträge zu Spiritual Care als Handlungsfeld der Gemeindepädagogik (siehe Gerundt u. a. in diesem Buch), sowie weitere Aspekte diskriminierungssensibler Gemeindepädagogik (siehe Konz & Lerke in diesem Buch) sowie das Handlungsfeld rund um religiös konfliktträchtige Gruppen (siehe Lerke u. a. in diesem Handbuch).

4. Kritische Schlussbemerkungen

Dieser Beitrag endet mit einigen kritischen Schlussbemerkungen:
- *Forschen will gelernt sein*: Gemeindepädagogische Praxisforschung braucht eine gute Grundlage in Ausbildung und Studium gemeindepädagogisch-diakonischer Berufe.

Für eine effektive Gemeindepädagogische Praxisforschung sind fundierte Kenntnisse empirischer Forschungsmethoden unverzichtbar. Sowohl qualitative als auch quantitative Methoden sollten beherrscht werden, um die vielfältigen Aspekte und Dimensionen gemeindepädagogischer Arbeit erfassen und analysieren zu können. Dazu gehört auch die Fähigkeit, Forschungsdesigns zu entwickeln, die spezifisch auf die Bedürfnisse und Besonderheiten des kirchlichen Kontextes zugeschnitten sind. Eine solide Methodenausbildung ermöglicht es zudem, praxisrelevante Fragen präzise zu formulie-

---

[2] Eine gute Übersicht findet sich im Text von Schendel (2020), Multiprofessionalität und mehr. Multiprofessionelle Teams in der evangelischen Kirche – Konzepte, Erfahrungen, Perspektiven, in: SI KOMPAKT 3/2020 Hannover.

ren, angemessene Daten zu erheben und diese kritisch auszuwerten. Die Integration von empirischen Forschungsmethoden in die Ausbildung gemeindepädagogischer Fachkräfte sollte daher ein zentraler Bestandteil der Curricula sein.

Der Dialog und Austausch zwischen Fach- und Hochschulen, Universitäten und Ausbildungsstätten, dem gemeindepädagogischen Alltag und den Verantwortlichen der Kirche ist ausbaufähig, was die Inhalte der Curricula einerseits und die Anforderungen in der Praxis und Erwartungen der Leitungsebene andererseits angeht. Die Vernetzung dieser Beteiligten stellt ebenfalls ein Forschungsdesiderat dar.

- *Neugier vs. Nutzen und Selbstbestätigung:* Forschung sollte nicht dazu dienen, sich selbst bzw. das Bestehende zu bestätigen, sondern sollte ergebnisoffen geschehen. Transformation bedeutet Veränderung und damit das Verlassen der Komfortzone. Veränderung ist im Bestehenden nicht zu finden und verursacht immer ein gewisses Unwohlsein. Nur so kommt es zu Veränderung. Auch ein „Verwertungszwang" ist forschungsfeindlich, da dann viele Themen ausgeschlossen bleiben. Neugier ist dagegen ein Motor der Transformation, der neue Wege eröffnen kann.
- *Fehlende Vernetzung und akademische Verankerung:* Gemeindepädagogische Praxisforschung stellt sich bisher noch eher als Flickenteppich einzelner Engagierter mit intrinsischer Motivation zur Forschung dar. Auch wenn durch den Arbeitskreis Gemeindepädagogik und die Gesellschaft für wissenschaftliche Religionspädagogik (GwR) der Anfang gemacht ist, wäre ein Ausbau hier wünschenswert. Auch eine institutionelle Verankerung, z. B. durch eine Professur für Gemeindepädagogische Praxisforschung, und die vermehrte Schaffung von Promotionsmöglichkeiten fehlen bisher.
- *Interdisziplinarität und Offenheit für neue Perspektiven:* Gemeindepädagogische Praxisforschung profitiert enorm von einer interdisziplinären Herangehensweise. Die Öffnung gegenüber Erkenntnissen und Methoden aus Bezugsdisziplinen wie der Soziologie, Psychologie, Ethnologie und Theologie kann neue Perspektiven aufzeigen und die Entwicklung innovativer Ansätze in der gemeindepädagogischen Arbeit fördern. Diese Offenheit bereichert die Forschung, ermöglicht eine ganzheitlichere Betrachtung komplexer Phänomene und trägt dazu bei, die Wirksamkeit gemeindepädagogischer Angebote zu steigern.
- *Praxisorientierte Forschung und Evaluation:* Eine enge Verzahnung von Forschung und Praxis ist essenziell, um die Relevanz und Anwendbarkeit der Forschungsergebnisse sicherzustellen. Praxisorientierte Forschungsprojekte, die in direkter Zusammenarbeit mit Gemeinden und kirchlichen Einrichtungen durchgeführt werden, ermöglichen es, unmittelbar auf die Bedürfnisse und Herausforderungen der kirchlichen Arbeit und ihrer Zielgruppen einzugehen. Systematische Evaluationen von Programmen und Projekten sollten standardmäßig integriert werden, um die Effektivität

gemeindepädagogischer Maßnahmen kontinuierlich zu verbessern und die Grundlage für evidenzbasierte Entscheidungen zu schaffen.
- *Die Erkenntnisse Gemeindepädagogischer Praxisforschung müssen gehört werden*: Alle Forschung ist wirkungslos, wenn sie nicht gehört wird. Es ist also notwendig, sich besonders auf den Leitungsebenen der Kirche Gehör zu verschaffen. Hierzu ist eine strukturelle Verankerung in den Transformations- und anderen Entscheidungsprozessen unerlässlich, die dafür sorgt, dass die Forschungsergebnisse wahrgenommen und in die Entscheidungen einbezogen werden.

Durch die Berücksichtigung dieser Punkte kann die Gemeindepädagogische Praxisforschung eine tragende Rolle in der Transformation der Kirche spielen, indem sie fundierte Erkenntnisse liefert, die sowohl die theoretische Reflexion als auch die praktische Arbeit bereichern und vorantreiben. Aus diesem Beitrag geht deutlich hervor, dass Gemeindepädagogische Praxisforschung gerade für die Transformation der Kirche von großer Bedeutung ist. Jeder Mensch, der in Kirche arbeitet, sollte daher einen Stellenanteil für die fachliche Weiterentwicklung, Forschung und/oder Innovation haben, damit überhaupt Zeitfenster für das Nachdenken über die Zukunft vorhanden sind. Nur dann wird die Transformation der Kirche nicht einfach geschehen, sondern durch Menschen gestaltet, die sie aufbrechen wollen und die die Veränderung und Entwicklung der Kirche mit Herz, Hirn, Gottvertrauen und einer vielversprechenden Vision mutig und optimistisch angehen.

Literatur

Es empfiehlt sich eine grundlegende Auseinandersetzung mit aktuellen Zuständen der Gesellschaft (und damit auch der Kirche) und dem Begriff der Transformation, auch dieser im Besonderen in seinem Bezug auf die (evangelische) Kirche:
a) Situation der (westlichen) Gesellschaft
GRÜNEWALD, STEFAN (2013), Die erschöpfte Gesellschaft, Frankfurt am Main.
RECKWITZ, ANDREAS (2019), Die Gesellschaft der Singularitäten, Berlin.
ROSA, HARTMUT (2016), Resonanz. Eine Soziologie der Weltbeziehung, Berlin.
TAYLOR, CHARLES (2012), Ein säkulares Zeitalter, Berlin.
b) Situation der Kirche (in der westlichen Gesellschaft)
BAUER, STEFFEN (2022), Kirche der Menschen. Zuversichtlich, mutig, beidhändig ermöglichen, Oer-Erkenschwick.
BURKOWSKI, PETER (2022), Transformation der Kirche – einige notwendige Paradigmenwechsel, in: futur2 02/2022, URL: www.futur2.org/article/transformation-der-kirche-einige-notwendige-paradigmenwechsel/ [abgerufen am 10.04.2024].
HERBST, MICHAEL/POMPE, HANS-HERMANN (Hg.) (2023), Vertrauen und Verantworten, Berlin
KÜNKLER, TOBIAS (2019), Kirche in Transformation, in: CZETH_1, 121–129.

POHL-PATALONG, UTA (2021), Kirche verstehen, Gütersloh.
PYKA, HOLGER (2022), Bescheidenheit als Leitmotiv der künftigen Kirche: Perspektiven einer „palliativen Ekklesiologie" in Praktische Theologie 57 (2022), 2, 94–99.

Die zu den Themen gehörende Literatur wird hier nur in Auswahl benannt:
c) Bereits vorhandene (aktuelle) Studien zur Situation der Kirche
EKD (2019): Kirche im Umbruch. Zwischen demografischem Wandel und nachlassender Kirchenverbundenheit. Eine langfristige Projektion der Kirchenmitglieder und des Kirchensteueraufkommens der Universität Freiburg in Verbindung mit der EKD, Hannover.
EKD (2023), Wie hältst du's mit der Kirche? Zur Bedeutung der Kirche in der Gesellschaft. Erste Ergebnisse der 6. Kirchenmitgliedschaftsuntersuchung, Leipzig.
ILG, WOLFGANG (2023), Die sechste Kirchenmitgliedschaftsuntersuchung: Zentrale Erkenntnisse und Herausforderungen für die Religionspädagogik und Gemeindepädagogik, in: ZPT 2023; 75 (4), 370–386.
MÜKE, MARCEL/TRANOW, ULF/SCHNABEL, ANNETTE/EL-MENOUAR, YASEMIN (2024), Zusammenleben in religiöser Vielfalt (Religionsmonitor 2023), URL: https://www.bertelsmann-stiftung.de/de/unsere-projekte/religionsmonitor/projektnachrichten/so-gelingt-religioese-vielfalt-durch-kontakt-zueinander [abgerufen am 14.04.2024].

d) Übergänge gestalten
CARING COMMUNITY KÖLN, URL: https://caringcommunity.koeln/ [abgerufen am 10.04.2024].
SEGEN 45 (Kasualagentur Kirchenkreis Essen), URL: https://www.segen45.de/ [abgerufen am 10.04.2024].
ST. MOMENT (KASUALAGENTUR KIRCHENKREIS HAMBURG), URL: https://stmoment.hamburg/ [abgerufen am 10.04.2024].

e) Thema Sexualisierte Gewalt
FORSCHUNGSVERBUND FORUM (Hg.), Forschung zur Aufarbeitung von sexualisierter Gewalt und anderen Missbrauchsformen in der Evangelischen Kirche und Diakonie in Deutschland. Abschlussbericht.

f) Kirche als (zukünftige) Arbeitgeberin
EKD: URL: https://www.ekd.de/karriere-in-der-evangelischen-kirche-67998.htm [abgerufen am 10.04.2024].
EKvW (als Arbeitgeberin): URL: https://www.evangelisch-in-westfalen.de/stellen/ [abgerufen am 10.04.2024].

g) Zukunftsprozesse gestalten
KOTTER, JOHN P./KONIECZNY, MARC (o. J.), Die Kraft der zwei Systeme, URL: https://www.interconsilium.de/die-kraft-der-zwei-systeme/ [abgerufen am 14.04.2024].

h) Neue Gemeindeformen
FRESH X: https://www.freshexpresions.de [abgerufen am 14.04.2024].
ERPROBUNGRÄUME EKIR: https://erprobungsraeume.de [abgerufen am 14.4.2024].
TEAMGEIST: https://www.teamgeist.jetzt [abgerufen am 14.04.2024].

i) Inter- bzw. multiprofessionelle Zusammenarbeit
https://www.ipt.ekvw.de/ [abgerufen am 10.04.2024].
HÖRSCH, DANIEL/KUSCH, CLAUDIA/BECK, JOACHIM L. (2021), Auf alle Gaben kommt es an. Multiprofessionelle Perspektiven für die kirchliche Praxis, URL: https://www.mi-di.de/magazin/auf-alle-gaben-kommt-es-an [abgerufen am 10.04.2024].
SCHENDEL, GUNTHER (2020), Multiprofessionalität und mehr. Multiprofessionelle Teams in der evangelischen Kirche – Konzepte, Erfahrungen, Perspektiven, in: SI KOMPAKT 3/2020, URL: https://www.siekd.de/wp-content/uploads/2020/09/2020-09-28_SI-KOMPAKT_Multiprofessionelle-Teams_Schendel.pdf [abgerufen am 14.04.2024].

Verzeichnis der Autor:innen

Diakonisse Marianne Anschütz, Evangelische Stiftung Diakoniewerk Ruhr Witten.
Korrespondenz an: anschuetz-marianne@web.de

Dr. Nina Behrendt-Raith, Diakonie Ruhr gGmbH, Bochum.
Korrespondenz an: behrendt-raith@gmx.de

Marielena Berger, Religions-/Gemeindepädagogin und Sozialarbeiterin, aktuell Studentin der Religionswissenschaft an der Phillips-Universität Marburg.
Korrespondenz an: marielenaberger@gmail.com

Carolin Erdmann, ordinierte Gemeindepädagogin im Pfarrdienst und Bibliodramaleiterin bei der Gesellschaft für Bibliodrama in Berlin.
Korrespondenz an: carolin.erdmann@gemeinsam.ekbo.de

Mareike Gerundt (M. A.), Dipl.-Theol., Wissenschaftliche Mitarbeiterin an der Professur für Lebensqualität, Spiritualität und Coping an der Universität Witten/Herdecke.
Korrespondenz an: mareike.gerundt@uni-wh.de

Dr. Astrid Giebel, Vorstandsmitglied Diakonie Deutschland, Evangelisches Werk für Diakonie und Entwicklung e. V., Berlin.
Korrespondenz an: dr.astrid.giebel@diakonie.de

Andreas Hahn, Pfarrer und Beauftragter für Sekten und Weltanschauungsfragen am oikos-Institut für Mission und Ökumene in der Evangelischen Kirche von Westfalen.
Korrespondenz an: andreas.hahn@ekvw.de

Dr. Felicitas Held, Wissenschaftliche Mitarbeiterin am Lehrstuhl für Religionspädagogik an der Otto-Friedrich-Universität Bamberg.
Korrespondenz an: felicitas.held@uni-bamberg.de

Dr. Wolfgang Ilg, Professor für Gemeindepädagogik (Schwerpunkt Jugendarbeit) an der Evangelischen Hochschule Ludwigsburg.
Korrespondenz an: w.ilg@eh-ludwigsburg.de

Dr. Florian Karcher, Professor für Religions- und Gemeindepädagogik und Leiter des Instituts für missionarische Jugendarbeit an der CVJM-Hochschule Kassel.
Korrespondenz an: karcher@cvjm-hochschule.de

Dr. Hildrun Keßler, Professorin für Religions- und Gemeindepädagogik, an der Evangelischen Hochschule Berlin.
Korrespondenz an: hildrun.kessler@eh-berlin.de

Dr. Marianne Kloke, Vorm. Direktorin der Klinik für Palliativmedizin an den Evangelischen Kliniken Essen-Mitte.
Korrespondenz an: marianne.kloke@gmx.de

Dr. Britta Konz, Professorin für Praktische Theologie mit dem Schwerpunkt Religionspädagogik an der Evangelisch-Theologischen Fakultät der Johannes Gutenberg Universität Mainz.
Korrespondenz an: bkonz@uni-mainz.de

Dr. Britta Lauenstein, Diakonin, Dipl.Soz.Päd., Dipl.Rel.Päd., Lehrkraft für besondere Aufgaben an der Evangelischen Hochschule Rheinland-Westfalen-Lippe, in Bochum und Studienleitung der Diakon:innen-Ausbildung Martineum e. V. in Witten.
Korrespondenz an: britta.lauenstein@evh-bochum.de

Dr. Stephanie Lerke, Lehrkraft für besondere Aufgaben an der Universität Bielefeld und Lehrbeauftragte am Institut für Evangelische Theologie der Universität Paderborn.
Korrespondenz an: stephanie.lerke@uni-bielefeld.de

Konstantin Hardi Lobert (M. A.), Diakon, staatlich anerkannter Sozialarbeiter/Sozialpädagoge und Gemeindepädagoge, studierte an der Evangelischen Hochschule Rheinland-Westfalen-Lippe, in Bochum Management in sozialwirtschaftlichen und diakonischen Organisationen.
Korrespondenz an: k.lobert@yahoo.de

Ann-Sophie Markert, (M. Ed.), Wissenschaftliche Mitarbeiterin am Institut für Praktische Theologie (Religions- und Gemeindepädagogik), Friedrich-Alexander-Universität Erlangen-Nürnberg.
Korrespondenz an: ann-sophie.markert@fau.de

Sina Müller (M. A.), Wissenschaftliche Mitarbeiterin, Institut für missionarische Jugendarbeit an der CVJM-Hochschule Kassel.
Korrespondenz an: smueller@cvjm-hochschule.de

Jennifer Paulus (M. A.), Wissenschaftliche Mitarbeiterin beim Forschungsinstitut empirica der CVJM-Hochschule Kassel und Promovierende am Institut für Evangelische Theologie an der Pädagogischen Hochschule Ludwigsburg.
Korrespondenz an: jennifer.paulus@prom.ph-ludwigsburg.de

Jan Christian Pinsch (M. A.), Wissenschaftlicher Mitarbeiter am Institut für Evangelische Theologie der Universität Paderborn, Wissenschaftlicher Mitarbeiter am Zentrum für antisemitismuskritische Bildung am Institut für Evangelische Theologie und Religionspädagogik der Julius-Maximilians-Universität Würzburg und Prädikant in der Lippischen Landeskirche.
Korrespondenz an: jan.christian.pinsch@uni-paderborn.de

Autor:innenverzeichnis

Leonie Proß, geb. Preck (B. A.), Sozialarbeiterin und Religions-/Gemeindepädagogin, aktuell Studentin des Masters Friedenspädagogik an der Evangelischen Hochschule Freiburg und Wissenschaftliche Mitarbeiterin am Forschungsinstitut empirica der CVJM-Hochschule Kassel.
Korrespondenz an: leonie.preck@posteo.de

Bente Ruge (M. A.), Diakonin, Gemeindepädagogin und staatlich anerkannte Sozialarbeiterin/Sozialpädagogin, studierte an der Evangelischen Hochschule Rheinland-Westfalen-Lippe in Bochum Management in sozialwirtschaftlichen und diakonischen Organisationen und ist Bildungsreferentin für die Handlungsfelder Grundsatzfragen und Rassismuskritik im Amt für Jugendarbeit der Evangelischen Kirche von Westfalen in Schwerte.
Korrespondenz an: bente.ruge@ekir.de

Dr. Tino Schlinzig, bis 2020 Institut für Soziologie, Lehrstuhl für Mikrosoziologie an der Technischen Universität Dresden, ab April 2020 ETH Wohnforum – ETH CASE, Departement Architektur der ETH Zürich.
Korrespondenz an: schlinzig@arch.ethz.ch

Dr. habil. Martin Steinhäuser, Professor für Gemeindepädagogik an der Evangelische Hochschule Dresden, Campus Moritzburg.
Korrespondenz an: martin.steinhaeuser@ehs-dresden.de

Simon Traute (M. A.), staatlich anerkannter Sozialarbeiter/Sozialpädagoge und Gemeindepädagoge, studierte an der Evangelischen Hochschule Rheinland-Westfalen-Lippe in Bochum Management in sozialwirtschaftlichen und diakonischen Organisationen.
Korrespondenz an: simon-traute@caritas-witten.de

Stefan van der Hoek (M. A.), Leiter und Koordinator des Forschungs- und Promotionszentrums der Evangelischen Hochschule Rheinland-Westfalen-Lippe in Bochum.
Korrespondenz an: vanderhoek@evh-bochum.de

Maraike Winkler, Ordinierte Gemeindepädagogin im Pfarrdienst, Frankfurt (Oder)-Lebus.
Korrespondenz an: maraike.winkler@gemeinsam.ekbo.de

Dr. Dr. Christian Zwingmann, Professor für Empirische Sozialforschung an der Evangelischen Hochschule Rheinland-Westfalen-Lippe in Bochum.
Korrespondenz an: zwingmann@evh-bochum.de